Raízes do conservadorismo brasileiro

Juremir Machado da Silva

Raízes do conservadorismo brasileiro
A abolição na imprensa e no imaginário social

5ª edição

CIVILIZAÇÃO BRASILEIRA
Rio de Janeiro
2023

Copyright © Juremir Machado da Silva, 2017

Capa: COPA (Rodrigo Moreira e Steffania Paola)
Diagramação: Aline Martins

CIP-BRASIL. CATALOGAÇÃO NA PUBLICAÇÃO
SINDICATO NACIONAL DOS EDITORES DE LIVROS, RJ

S579r

Silva, Juremir Machado da
  Raízes do conservadorismo brasileiro: a abolição na imprensa e no imaginário social/Juremir Machado da Silva. – 5ª ed. – Rio de Janeiro: Civilização Brasileira, 2023.
  448 p.; 23 cm.

5ª ed.

ISBN: 978-85-2001-331-1

1. Imprensa e política – Brasil – História. 2. Jornalismo – Brasil – História. 3. Jornais brasileiros – Aspectos políticos. 4. Abolicionismo.

17-41321

CDD: 079.81
CDU: 070(81)

Todos os direitos reservados. É proibido reproduzir, armazenar ou transmitir partes deste livro, através de quaisquer meios, sem prévia autorização por escrito.

Texto revisado segundo o novo Acordo Ortográfico da Língua Portuguesa.

Direitos desta edição adquiridos pela
EDITORA CIVILIZAÇÃO BRASILEIRA
Um selo da
EDITORA JOSÉ OLYMPIO LTDA.
Rua Argentina, 171 – Rio de Janeiro, RJ –
20921-380 – Tel.: (21) 2585-2000

Seja um leitor preferencial Record.
Cadastre-se no site www.record.com.br
e receba informações sobre nossos
lançamentos e promoções.

Atendimento e venda direta ao leitor:
sac@record.com.br

Impresso no Brasil
2023

Aos negros, trazidos da África como
escravos, e aos seus descendentes,
que construíram o Brasil.

Sumário

1. Manchetes da segunda-feira, 14 de maio de 1888 — 11

2. Parasitas pedem medidas contra a "vagabundagem" — 21

3. Lei Áurea – "Inconstitucional, antieconômica e desumana" — 27

4. Como a cria de qualquer animal e cotas de negros para brancos — 39

5. Sofismas escravistas de José de Alencar, o escritor e político que votou contra o Ventre Livre — 53

6. O antiescravismo precoce de José Bonifácio, o velho — 65

7. A abolição na Câmara dos Deputados e no Senado: a vontade política contra as manobras regimentais — 77

8. A doença do imperador refém na imprensa — 87

9. Seis dias inesquecíveis em maio de 1888 — 93

10. Seis senadores votaram contra a abolição — 119

11. Lenta, gradual e infame (ou Contratos devem ser respeitados) — 141

12. A retórica fulminante de Joaquim Nabuco — 173

13. Lenda da criação do preto — 187

14. O emancipacionismo temeroso de Perdigão Malheiro (ou O primeiro "esqueçam tudo o que eu escrevi") — 193

15. O grito de guerra de Rui Barbosa 203

16. Leis antiescravistas que nunca "pegaram", projetos
de abolição e africanos livres que não eram livres 223

17. Direito à infâmia (pena de morte sem recurso,
açoites e a mais bárbara das leis) 257

18. Não se nascia livre pela Lei do Ventre Livre 263

19. Não se ficava livre aos 60 anos pela Lei dos Sexagenários
(armadilhas parlamentares, tentativas de anistia a
traficantes, regulamentos hediondos e superfaturamento
dos preços de escravos para indenização pelo Estado) 277

20. Lutas no campo jornalístico (a escravidão é um roubo e a mais
radical ideia apropriada pelo capitalismo: o trabalho gratuito;
Redempção versus Correio Paulistano e *A Província de São Paulo*) 295

21. Jornais abolicionistas e jornais na abolição (*A Província
de São Paulo* e depois *O Estado de S. Paulo* publicavam
anúncios de leilão de escravos ainda em 1884) 303

22. A hipótese radical: por que os escravos não
mataram todos os seus donos? 311

23. Senhores e feitores assassinos, um crime exemplar 319

24. Os caifazes de Antônio Bento (só a desordem liberta) 327

25. Heróis negros da abolição (Luiz Gama,
André Rebouças e José do Patrocínio) 335

26. Matar um senhor de escravos é sempre legítima defesa
(um escravocrata da gema não se arrepende) 345

27. Províncias abolicionistas e tráfico interprovincial
(muitos interesses e poucos méritos) 351

28. Tráfico na bolsa de valores (trabalho negro, preguiça branca) 357

29. Abolição, imigração e racismo (tudo menos a reforma agrária) 363

30. Abolição com ou sem negros? (libertações ao vivo) 371

31. O 13 de Maio na ficção ou como ficção
(escravocratas fizeram a abolição?) 377

32. Escravizar como missão sagrada e alforria para morrer pela
pátria (escravidão mais dura do que nos Estados Unidos) 385

33. *Commodities* humanas e marfim (escravismo, o pecado
original do capitalismo, negócios com elites africanas) 393

34. A cerimônia de sanção da Lei Áurea 405

35. Festas nas ruas 411

36. Holocausto negro: raízes do racismo e
do conservadorismo brasileiros 417

37. O ponto de virada (a desordem libertadora, o exército
rebelado, os fazendeiros subitamente emancipacionistas,
a imprensa em pé de guerra, os estudantes visionários
e o imperador que realmente hesitava) 423

38. O papel de dom Pedro II na abolição (os olhares de um historiador
americano e de brasileiros que participaram da luta) 429

Agradecimentos 437

Referências e interferências 439

1. Manchetes da segunda-feira, 14 de maio de 1888

A riqueza do Brasil foi construída pelo braço escravo. Para sempre, os brancos serão devedores dos negros trazidos da África como mercadorias, raptados e violentados. A acumulação primitiva do capital das classes dominantes brasileiras foi produto da barbárie legalizada. Jamais se pagará a devida indenização aos descendentes desses heróis anônimos expatriados, subjugados, espoliados, humilhados, parasitados e abusados. Seria o caso, no entanto, de exigi-la. Por que não? Qual é o tempo de prescrição para o mais hediondo crime contra a humanidade praticado em permanência e de modo continuado por mais de três séculos? Negros foram mantidos sequestrados em cativeiros públicos e familiares sob a proteção de leis de conveniência feitas pelos interessados. Essa mancha é indelével, como são as marcas da infâmia racionalizadas pelos vencedores inescrupulosos. Como atenuante, só se encontra o espírito da época.

A escravidão moderna, começada por obra e graça dos portugueses e dos espanhóis, justificada como retaliação a atos dos mouros contra inimigos ibéricos, teria consciência permanente da sua ilegitimidade. Os ideólogos do escravismo trabalhariam duro para tentar limpá-lo, legitimá-lo e valorizá-lo. Grotescas categorias, como a de resgate, seriam inventadas e propagadas em nome da fé, da razão, da cultura, do bem contra o mal e da civilização. Os brancos bons – racionais, civilizados e cristãos – agiriam pela recuperação dos seus irmãos aprisionados e também em benefício da África e dos selvagens africanos necessitados de salvação e de proteção contra os seus.

O tempo passa e as manchetes se apagam ou perdem nitidez. Tudo se torna uma espécie de névoa sem especificações e escolhas. Qualquer um sabe, ou imagina, no entanto, que o século XIX está muito próximo, especialmente quando se trata do conflito entre capital e trabalho. Os jornais de 1888 eram muito diferentes dos que chegam às casas dos brasileiros, em papel ou em edições eletrônicas, mais de um século depois? Como se manifestavam os articulistas? O que defendiam as linhas editoriais? É comum que se veja o século XIX como um tempo dominado por jornais político-partidários, veículos de causas, abolicionistas, republicanos, instrumentos de luta ideológica. Será muito diferente hoje? O que diziam os homens engajados no processo abolicionista? O que argumentavam os defensores da escravidão? Como foram os últimos embates, os derradeiros combates, as estratégias finais, os golpes regimentais, as tentativas de ganhar tempo?

A narrativa histórica varia com o tempo, que faz os homens que o fazem. Contar é investigar, recolher dados, dialogar com documentos, selecionar, editar, hierarquizar e atribuir sentido ao que já se foi, ao que se tornou ausente, pretérito. Houve a época das descrições épicas dominadas por personalidades individuais poderosas e avassaladoras. Houve o tempo das narrativas positivistas, centradas em pretensos números frios e verdades incontestáveis. Houve o período da dominação das estruturas, quase sem espaço para os indivíduos com suas escolhas, projetos, idiossincrasias e visões de mundo. Houve o momento do cotidiano, da história social, das mentalidades, dos pequenos acontecimentos, das margens e dos atores anônimos.

Já se sonhou com uma narrativa histórica tão "científica" quanto uma análise de laboratório. Já se postulou uma narrativa histórica tão ficcional quanto um romance. Já se fez de tudo para separar história e jornalismo. Nada, porém, pode barrar o surgimento ou o retorno de hipóteses: e se a narrativa histórica for, acima de tudo, uma grande reportagem? E se o historiador for um jornalista investigando o passado? E se o historiador for um jornalista liberado para usar as mais variadas fontes, inclusive os livros e os teóricos, tendo, como qualquer jornalista, de desconfiar dessas fontes e cruzá-las com muitas outras conforme o assunto for mais controvertido?

MANCHETES DA SEGUNDA-FEIRA, 14 DE MAIO DE 1888

E se o narrador da história for um jornalista na contramão dos princípios espetaculares de leveza, facilidade, rapidez e interesse local?

Lê-se o passado em toda sorte de vestígios, de vitrais a manuscritos e impressos. Jornais são marcas consagradas desses passados que batem à porta do presente, desses presentes futuros que jamais param de se atualizar e só esperam o toque mágico que os trará de volta. O jornalista, na pressa da sua labuta diária e por força dos clichês da profissão, costuma acreditar que sua obra perece no dia seguinte à sua publicação. Não percebe, muitas vezes, que se torna objeto de arquivo no mesmo dia em que perde atualidade. Os jornais do passando continuam, no silêncio dos arquivos, a gritar "extra, extra" e a iluminar, na obscuridade das encadernações, aquilo que, com a passagem de anos, se torna imprescindível compreender.

Para compreender o noticiário de um dia paradigmático como o 14 de maio de 1888, referente ao histórico domingo 13 de maio de 1888, será preciso adotar um mecanismo de *flashback*. O leitor do século XXI está cada vez mais acostumado a essa leitura hipertextual, que, por meio de links, o joga para todos os lados em busca de complementação para o que está sendo capturado no plano imediato pelo olho preso ao texto, que se dá a ver como um sumário comentado, articulado e aprofundado a cada salto para trás. É preciso fazer falar amplamente as vozes que se apagaram, assim como certas vozes que pouco foram ouvidas. Um dia nas manchetes de jornal nunca é apenas um dia na sua limitação do calendário. É sempre uma sequência, uma sucessão de fatos, datas, relações e interpretações.

O mês de maio de 1888 sacudiu o Brasil de sul a norte. Colocou o país nas manchetes mundiais. Um oceano de telegramas inundou as redações dos grandes veículos internacionais, dando conta dos seis dias que abalaram a escravidão no gigante da América do Sul, o último a enterrar a infâmia do parasitismo escravista justificado por razões econômicas, os "interesses da lavoura", e reforçado, no imaginário de muitos, por teorias que se pretendiam científicas. Um furacão varreu o Brasil entre 8 e 13 de maio de 1888. Não chegou de repente. Era previsível. Não estava, porém, fixado num calendário imutável e conhecido de todos. A cada ano, os ventos sopravam mais forte. A imprensa brasileira viveu dias de euforia e de grandes notícias.

O viajante no tempo que se depara com os jornais de maio de 1888 surpreende-se com ecos do futuro. Estranhamente, como um homem perdido no tempo feito um personagem de ficção científica, sente-se deslocado, anacrônico e atual. Como não pensar na segunda-feira, 14 de maio de 1888? Como amanhece um país depois de, em um domingo qualquer, haver abolido a mais odiosa de suas instituições seculares? Como desperta uma nação que travou, no parlamento, depois de tantos combates nas mais diferentes instâncias da vida cotidiana, o mais importante confronto de sua história? O que disseram os jornais, aqueles que saíam às segundas-feiras, sobre a batalha dominical, sem sangue, mas com troca de farpas, do Senado? Limitaram-se a elogiar, a louvar, a comemorar? Que papel se atribuíram nesse último ato?

Quem foram os homens que se opuseram à abolição? O que faziam? O que pediam? O que disseram? Muitos desapareceram na poeira do tempo. Outros recebem a poeira dos dias como nomes de ruas e até de cidades. Será que seus argumentos eram típicos apenas daquela época ou ainda estão por aí aplicados a novas situações que, por vias transversas, repetem em novos contextos a velha astúcia dos poderosos dispostos a tudo, inclusive a falar em nome da ponderação, para não perder seus privilégios? Nas páginas dos jornais de 1888 vive uma história que não pode morrer, a história de um dia, um domingo, 13 de maio, resultado de uma aceleração jamais vista no parlamento, que, em efeito dominó, acarretaria, de certo modo, outro dia capital, 15 de novembro de 1889. Essas páginas precisam ser reabertas e relidas.

Na segunda-feira, 14 de maio de 1888, os jornais abolicionistas e a imprensa enfim convertida imaginaram pagar parte dessa dívida imensa com manchetes ditirâmbicas. A *Gazeta de Notícias* trombeteou: "Brasil Livre – Treze de Maio – Extinção dos Escravos". O *Diário de Notícias*, do Rio de Janeiro, "significou" – foi esse o termo usado – "todo o seu júbilo pela nova era da vida nacional ontem iniciada".

Estranhos reflexos do presente saltam das páginas do passado. Sombras projetam-se em espiral, em saltos para a frente e para trás. As raízes do mal se espalharam como se nada pudesse frear a retórica conservadora. Por toda parte, resquícios do absurdo disseminaram-se como marcas de uma suposta normalidade transfigurada. O *Diário de Notícias*, como outros jornais, estampou a íntegra da Lei 3.353:

MANCHETES DA SEGUNDA-FEIRA, 14 DE MAIO DE 1888

A Princesa Imperial Regente, em nome de Sua Majestade o Imperador, o Senhor dom Pedro II, faz saber a todos os súditos do Império que a Assembleia Geral decretou e ela sancionou a Lei seguinte:

Art. 1° – É declarada extinta desde a data desta Lei a escravidão no Brasil.

Art. 2° – Revogam-se as disposições em contrário.

Manda, portanto, a todas as autoridades, a quem o conhecimento e execução da referida lei pertencer, que a cumpram e façam cumprir e guardar tão inteiramente como nela se contém.

O Secretário de Estado dos Negócios da Agricultura, Comércio e Obras Públicas e Interino dos Negócios Estrangeiros, Bacharel Rodrigo Augusto da Silva, do Conselho de Sua Majestade o Imperador, o faça imprimir, publicar e correr.

Dada no Palácio do Rio de Janeiro em 13 de maio de 1888, 67° da Independência e do Império, – PRINCESA IMPERIAL REGENTE – Rodrigo Augusto da Silva.

Raras vezes um texto legal tão econômico em palavras e artigos provocou tamanha reação e produziu tanto impacto. O mesmo *Diário de Notícias* titulou em tom de informação: "No Brasil já não há escravos." E comentou:

Não há brasileiro algum que, no dia de hoje, não se sinta elevado ao nível a que tendem as sociedades bem organizadas! Sim, o Brasil não tem mais escravos. É uma realidade a extinção da escravidão! Quem dissera há três meses que seria um fato antes do fim do século o sucesso glorioso que todos festejamos?! No entanto, o fato realizou-se rápida e incruentamente! Não há mais escravos no Brasil!

Essa afirmação encerrava, de certo modo, o século XIX no Brasil. Um século começado em 1808, com a chegada da família real portuguesa fugindo de Napoleão Bonaparte. Seria, porém, verdade que "brasileiro algum" não se sentia elevado à condição de cidadão de sociedades "bem-organizadas"? Estariam todos em uníssono? Todos eram abolicionistas? Claro que não. A escravidão acabou sem uma explosão, sem uma guerra civil generalizada, sem o rio de sangue imaginado por alguns, mas não sem luta, não sem mortes e muito menos sem lamentos, insatisfação e previsões funestas quanto ao imediato.

A abolição não foi um presente do "generoso" Império à nação convertida ao culto da liberdade por repentino esclarecimento intelectual. Não foi um gesto de grandeza dos escravocratas arrependidos depois de séculos de exploração covarde legitimada por leis vergonhosas. Tampouco pode ser reduzida à evolução do capitalismo e à pressão da Inglaterra. Também não se resume à clarividência de Pedro II e aos princípios humanistas de sua filha Isabel. Osório Duque Estrada (2005, p. 237) bem observou:

> Dotado, embora, de coração magnânimo e de sentimentos generosos e humanitários, o imperador não teve jamais uma iniciativa francamente abolicionista, nem contribuiu para qualquer medida de caráter acentuadamente liberal, que pusesse em sério perigo a existência da instituição servil.

Dom Pedro II deixou-se levar pela corrente. Há, porém, controvérsia. Será preciso investigar e analisar esse ponto.

Um ano depois, em 13 de maio de 1889, em comemoração ao que chamou de "Dia Máximo", ainda o *Diário de Notícias*, cujo redator-chefe era o hoje mítico Rui Barbosa, reconhecia, em sua primeira página, um elemento capital que teria escapado a muitos analistas e historiadores: "O escravo teve um papel autonômico na crise terminativa da escravidão." A chamada Lei Áurea só consumou a luta travada por negros, dia a dia, especialmente ao longo dos anos 1880.

O texto preciso do *Diário de Notícias*, ao fazer o balanço de uma conquista tão vasta, impactante e ainda tão próxima, apenas doze meses depois do grande dia da eliminação da mais infame das instituições, vivida à sombra do direito e até da constituição imperial, ia muito além em sua radiografia dos fatos:

> Depois da propaganda multiforme que lhe abriu os olhos para o senso íntimo da iniquidade que o vitimava, ele [o escravo] constitui o fator dominante na obra de redenção de si mesmo. O *não quero* dos cativos, esse êxodo glorioso da escravaria paulista, solene, bíblico, divino como

MANCHETES DA SEGUNDA-FEIRA, 14 DE MAIO DE 1888

um episódio dos livros sagrados, foi para a propriedade servil, entre as dubiedades e as tergiversações do império, o desengano definitivo.

O negro escravo produziu a sua libertação. Os sinos dobraram pela escravidão quando as fugas se tornaram massivas: "Aqueles dias memoráveis presenciaram os *estados gerais* da revolução abolicionista, celebrados pela multidão reprimida". A monarquia ainda tentou salvar a iniquidade que lhe servia de esteio:

Houve, entretanto, ainda uma potência, neste país, a maior de todas enquanto durou a escravidão, que não soube ver nesse protesto da raça escravizada o último termo do domínio do homem-algoz sobre o homem-coisa. Foi o trono, que convocou a postos o exército para abrir nas serranias de São Paulo a caçada aos cativos foragidos no seio protetor das matas, restituindo-os à opressão das senzalas.

O desfecho, relembrou o *Diário de Notícias*, não poderia ser mais impressionante:

A milícia brasileira não se prestou a descer abaixo dos escravos, resignando-se a instrumento do cativeiro sacudido por eles; e, com a firmeza dos heroísmos tranquilos da consciência, interpôs gloriosamente na mais peremptória recusa uma barreira insuperável entre a coroa e a liberdade proclamada naquela insurreição incruenta.

A liberdade não foi uma concessão, mas uma conquista. "Essa desobediência bendita, essa indisciplina salvadora, selou a emancipação do povo negro." A abolição, contudo, não foi uma dádiva dos militares insubordinados. Estes apenas se renderam à resistência crescente e desassombrada dos negros em debandada.

Perdigão Malheiro, autor de um estudo que se tornou referência pelo momento em que foi escrito, de 1863 a 1867, intitulado *A escravidão no Brasil, ensaio histórico, jurídico e social*, destacou o fato de que o projeto de Constituição Imperial, abortado em 1823, previa em seu art. 253 a criação de "estabelecimentos para a catequese e a civilização dos índios" e a "emancipação lenta dos negros". (Malheiro, 1976, vol. 2, p. 87) Malheiro, porém, observou o fracasso dessa moderada e controversa pretensão já em seu ponto de partida: "Mas já na Constituição de 1824 coisa alguma se disse sobre escravos, nem no Ato Adicional de 1834 que extinguiu os Conselhos Gerais da Província e substituiu pelas Assembleias Provinciais, nem na Lei da sua interpretação de 1840." (*idem*, p. 146) Um recuo.

A lei precisaria ser empurrada pelos braços dos negros em busca da liberdade. O próprio Malheiro identificou os principais mecanismos de retardamento do processo de libertação gradual ou definitiva dos escravos:

> Adiada sempre e indefinidamente a questão ou a solução a pretexto de *inoportunidade, perigo da ordem pública, da paz das famílias, da ordem econômica e da fortuna pública e privada!* Dormiu-se assim o sono da indiferença sobre o vulcão, sobre o abismo. De temor de encará-lo, embriagavam-se com as insidiosas flores que o encobriam, *o produto do trabalho escravo*. (1976, v. 2, p. 146)

O vulcão rugiria continuamente, mas sem uma irrupção única devastadora. A imprensa abolicionista desempenharia na reta final papel essencial. Contudo, nada teria conseguido sem a própria resistência negra.

Na segunda-feira, 14 de maio de 1888, os jornais colheram seus frutos. A *Gazeta de Notícias*, que obviamente também escancarou o texto da lei redentora em sua primeira página, rendeu homenagem ao incansável José do Patrocínio, o negro que ficou conhecido como "tigre da abolição", com um texto de Ferreira de Araújo: "Tem-se dito e escrito que na questão do elemento servil não há vencedores nem vencidos. Isso não é rigorosamente exato." Não havia como ser. Os escravocratas choravam suas perdas, preparavam projetos de lei pedindo indenização e profetizavam a bancarrota do país. Vencedores eram todos os que haviam enfrentado o senso comum disfarçado de bom senso, que pediam tempo, apenas tempo, para evitar a ruína da economia nacional: "Pode não haver vencidos porque há convencidos, mas incontestavelmente há vencedores." Foram aqueles que lutaram, expuseram-se, arriscaram tudo, ousaram e derrotaram o monstro tentacular: "José do Patrocínio combateu e venceu. O que está feito não é obra exclusivamente do seu trabalho, da sua dedicação e das suas convicções. Não é tudo dele, mas é o principal." José do Patrocínio começara,

MANCHETES DA SEGUNDA-FEIRA, 14 DE MAIO DE 1888

em 1879, na *Gazeta de Notícias*, a cruzada sem trégua contra a barbárie da escravidão. Ninguém conseguiu pará-lo.

O tom de A *Gazeta de Notícias* só poderia ser de apoteose:

> O dia 13 de maio não é só o maior dia da nossa história; é maior do que toda a nossa história, na bela frase de Afonso Celso Júnior. Não há mais escravos; todos são livres; todos são iguais; todos têm aberta diante de si uma carreira por onde podem avançar até onde seus talentos o permitirem.

Quantas ilusões em tão poucas linhas! Quem poderia criticar um redator por palavras como essas em relação ao que foi imediatamente rotulado de "maior dia da nossa história"? Quanto tempo levaria para que os negros libertados pela lei de 13 de maio de 1888 se tornassem livres como seus iguais, os brasileiros brancos? Essa é a história que ainda não terminou para já poder ser contada.

O jornal *O Paiz* não tinha manchetes. Sob a palavra "ABOLIÇÃO", despejou seu entusiasmo:

> Está extinta a escravidão no Brasil. Desde ontem, 13 de maio de 1888, entramos para a comunhão dos povos livres. Está apagada a nódoa da nossa pátria. Já não fazemos exceção no mundo. Por uma série de circunstâncias felizes fizemos em uma semana uma lei que em outros países teria levado anos. Fizemos sem derramar uma gota de sangue uma revolução que a outros países custou todos os horrores de uma guerra fratricida.

Quanto sangue negro foi jorrado ao longo dos séculos até se chegar a essa revolução dita "pacífica"? Quantos mártires anônimos foram castigados, torturados, assassinados ou humilhados até o último suspiro na infâmia do cativeiro? Quem se atreveria a observar num dia histórico que essa nódoa jamais se apagaria? O Brasil foi o último da fila. A igualdade ainda não foi alcançada. Os méritos poucas vezes são respeitados.

O Paiz também cometeu o seu crime de metonímia. Tomou a parte pelo todo: "Dia como o de ontem nunca tivemos na história do Brasil. Todos os brasileiros ou pela nacionalidade ou pelo coração pareciam sentir o mesmo entusiasmo. Somos hoje uma nação livre." A nova liberdade deslumbrava e assustava. O *Diário do Maranhão – Jornal do Comércio, Lavoura e Indústria*, na segunda-feira, 14 de maio de 1888, não economizou palavras para saudar a lei aprovada na Câmara dos Deputados e no Senado em seis dias de trabalho. Tudo começou no dia 8 de maio. Joaquim Nabuco pediu que o projeto fosse dispensado de publicação para que pudesse ser discutido imediatamente. O deputado Andrade Figueira rejeitou essa ideia. Foi vaiado pelas galerias. O *Diário do Maranhão* contava esses detalhes e destacava que a princesa Isabel também sancionara, em 1871, a Lei do Ventre Livre. Uma predestinada. O Maranhão também vibrava, dizia o jornal, por ter sido a primeira província "a cuidar da emancipação" e a "primeira a proclamá-la". Dito isso, um subtítulo, "a substituição do braço escravo", servia de guarda-chuva para as preocupações imediatas: a utopia realizada não deveria encobrir os interesses em jogo. O futuro batia à porta. O jornal maranhense queria falar de pragmatismo.

2. Parasitas pedem medidas contra a "vagabundagem"

A festa ainda estava nas ruas e já o *Diário do Maranhão* cobrava um programa governamental repressivo contra os novos cidadãos livres do Império. Depois de um elogio ao gabinete organizado por João Alfredo Correia de Oliveira, em substituição ao de Cotegipe, e de um voto de louvor ao projeto de abolição enviado ao parlamento pelo ministro da Agricultura, Rodrigo da Silva, o jornal de São Luís passava ao que realmente lhe interessava: "A criação de leis repressivas contra a vagabundagem e a ociosidade." A importação de mão de obra branca da Europa não era vista como uma saída para o norte do Brasil. O aproveitamento do braço negro exigiria, no entender do redator, um dispositivo disciplinar:

> Centenas de indivíduos sem ofício, e que terão horror ao trabalho, entregando-se por isso a toda sorte de vícios, precisam ficar sob um rigoroso regime policial para assim poderem ser mais tarde aproveitados, criando-se colônias, para as quais vigore uma lei, como a que foi adotada na França, recolhendo a estabelecimentos especiais os vagabundos, sujeitando-os à aprendizagem de um ofício, ou da agronomia, para que mais tarde o país utilize bons e úteis cidadãos. Assim se praticou nos Estados Unidos depois da emancipação.

Os negros ainda acreditavam na vitória obtida e já o *Diário do Maranhão* retomava os argumentos usados ao longo dos anos na tentativa de manter o controle sobre os verdadeiros produtores da nação. Como poderiam ter horror ao trabalho e nada saber fazer aqueles que tudo faziam? O *Jornal do Comércio, da Lavoura e da Indústria* inquietava-se com o presente e com o futuro. O clima do Maranhão e os salários oferecidos não atrairiam imigrantes. A conclusão era paradoxal:

> Com a própria gente nacional é que devemos contar para o trabalho do campo e ela deve ser, em sua maioria, preferida, porque temos muitos braços sem trabalho e que necessitam dele: assim lucrará a lavoura e se evitará [*sic*] muitas das cenas tristes que terão de dar-se, e que se darão em número muito maior se tais braços não estiveram aplicados, se a vagabundagem não for reprimida com a maior severidade, e se os filhos dos libertos não estiveram em estabelecimentos apropriados, onde possam receber educação profissional e moral que os ponha no futuro a coberto do vício e lhes indique o caminho do trabalho e da honestidade.

A repressão deveria ser o instrumento preferencial contra os excessos da liberdade conquistada havia apenas um dia.

Junto com a publicação da Lei Áurea deveria o governo, recomendava o *Diário do Maranhão*, editar leis que "garantam os trabalhos agrícolas, protejam a propriedade e evitem a vagabundagem, com a qual farão sempre boa liga o vício, a pilhagem e o crime". Prático, o jornal enumerava as medidas a serem adotadas para salvaguardar os interesses das "classes produtoras": "legislação para o trabalho agrícola; aumento das polícias nas províncias; escolas e núcleos agrícolas nas comarcas; leis coercitivas do vício e da ociosidade; tribunais correcionais com processos sumários; escolas para artes e ofícios." Desde o primeiro dia do fim da escravidão, o negro liberto seria visto como vagabundo e bêbado em potencial.

Ideologicamente pragmático, o *Diário do Maranhão* propunha formas de aproveitamento dos ex-escravos: associá-los "à fazenda em conta de participação". Nos termos do século XXI, em uma primeira possibilidade, submetê-los ao que viria a ser chamado de escravidão moderna:

PARASITAS PEDEM MEDIDAS CONTRA A "VAGABUNDAGEM"

Referimo-nos, neste caso, aos libertos que eram da própria fazenda e que pelos ex-senhores forem preferidos e quiserem continuar a trabalhar ficando-lhes, como até então, garantido o sustento, vestuário e tratamento, incluídas tais despesas no custeio, portanto, da parte dos interesses que lhes possam tocar, ou por meio de contrato igual aos dos colonos.

De escravo a servo da gleba. Outra alternativa seria, da parte dos proprietários, "a cessão de terrenos àqueles dos seus libertos que quiserem trabalhar sobre si", sob a condição de contratar com eles "o fornecimento dessas terras e o que forem necessitando de materiais e mantimentos para receberem em produtos". Por fim, o jornal aventava a possibilidade de pagamento a libertos vindos de outras fazendas, "mantendo-se eles às suas custas, ou então fornecendo-lhes nesse tempo os mantimentos e o que mais precisarem para ser descontado no vencimento semanal ou mensal".

Em um ponto, o *Diário do Maranhão* parecia irretocável: a produtividade dos ex-escravos tenderia a crescer pelo fato de passarem a ser remunerados como homens livres. Fazia todo o sentido, um sentido negado por mais de três séculos. Esperava-se que pessoas respeitadas como tal tivessem mais interesse no produto do trabalho recompensado do que quando eram fustigadas pelo látego dos feitores para atingir metas e cumprir objetivos. Porém, nessa mesma segunda-feira, 14 de maio de 1888, na qual o *Diário do Maranhão* vibrava com a abolição da escravatura e pregava medidas repressivas contra a vagabundagem dos libertos, os anúncios da segunda página revelavam que as mentalidades exigiriam muito mais tempo para mudar: "Aluga-se uma mulatinha de 14 anos de idade própria para todo serviço doméstico; e aluga-se também o 1º andar da casa nº 8 na rua dos Barbeiros, próxima ao Largo do Carmo, com muitos cômodos. A tratar-se no 2º andar da mesma." Tudo, como se verá, de acordo com as leis, inclusive as leis de emancipação gradual, como a do Ventre Livre. Uma semana antes, o mesmo anúncio já ocupava duas linhas da mesma página dois: "Aluga-se uma mulatinha de 14 anos de idade própria para todo serviço doméstico." Haveria muita oferta e pouca procura? Estariam os clientes preocupados com a provável aprovação de novas leis? Haveria retração no mercado, que não gosta de riscos, diante da conjuntura? A Lei do Ventre Livre permitia que o serviço dos ingênuos fosse alugado por quem deles se encarregasse em lugar das mães. Em 1881, fazia-se muito mais do que isso: vendiam-se ingênuos, conforme se comprova por uma lista de dez menores oferecidos por preços de 400 mil-réis a 10 mil-réis publicada no *Jornal do Commercio*. (Conrad, 1978, p. 142)

Um anúncio da "mulatinha para aluguel" também apareceu na edição de 12 de maio de 1888 do *Diário do Maranhão*, espremido entre muitas ofertas, comunicados e explicações, como, por exemplo: "Vendem-se dois carros com dois burros e competentes arreios por preços muito baratos." No dia 20 de maio de 1888, menos de uma semana depois da sanção da Lei Áurea, dois anúncios chamavam a atenção. O primeiro segue o padrão: "À Rua dos Remédios, nº 37, precisa-se alugar uma engomadeira que seja perfeita. Paga-se bem, agradando, contanto que durma em casa." Pode-se, entretanto, aceitar que o termo "alugar" fosse usado no sentido de "contratar". O segundo é mais moderno:

> Jorge & Santos precisam contratar duas raparigas de bom comportamento e ótimos costumes para o serviço de uma casa de família no Pará, uma das quais deverá saber engomar bem, e a outra, cozinhar e fazer alguns doces. Os anunciantes pagam as despesas de transporte, mas só lhes servem pessoas de confiança, visto ser a casa magnífica e de uma família respeitável.

A linguagem, os costumes e os valores arraigados não costumam andar em sintonia com a legislação. Às vezes, andam na frente. Em outras, seguem atrás. Em paralelo com a libertação dos escravos, andou mesmo foi a demanda dos ex-proprietários por leis para obrigar os novos homens livres a lhes servir pacificamente e pelo menor preço. No seu conservadorismo e no seu atraso, o *Diário do Maranhão* esteve na vanguarda de sua classe. Não foi o primeiro a pedir medidas contra a "vagabundagem" dos libertos, mas não deixou de fazer isso mesmo no dia que deveria ter sido de agradecimento pelos trabalhos gratuitamente prestados pelos negros e de um pedido de desculpas.

Na *Gazeta de Notícias* de 14 de maio de 1888, lê-se este anúncio: "Aluga-se uma perita ama seca [*sic*] de cor, carinhosa, para casa de tratamento." Alugava-se também uma moça para todo serviço. Os sentidos

PARASITAS PEDEM MEDIDAS CONTRA A "VAGABUNDAGEM"

das palavras nunca param de mudar. Nem de se revelar. O historiador americano Robert Conrad cita um engenheiro alemão, Wilhelm von Eschwege, conhecedor do Brasil do século XIX, para quem o brasileiro livre, mesmo pobre, era um vagabundo incorrigível: "Não move uma palha, pois até na vadiagem encontra com que viver". (*apud* Conrad, 1978, p. 13) Outro viajante, também citado por Conrad, John Mawe, notou que havia quem se limitasse a "alugar seus negros e viver preguiçosamente". (*ibidem*) A exploração era tanta e tão primária que Mawe considerou que os explorados eram intelectualmente superiores aos exploradores, que tratavam seus cativos como burros de carga, ignorando avanços tecnológicos e desconhecendo produtividade.

Os fazendeiros maranhenses temiam ser imitados pelos novos homens livres no amor à preguiça e à vagabundagem? Afinal, haviam ensinado que liberdade era nada fazer. A abolição da escravidão inaugurou simultaneamente o longo ciclo da marginalização do negro. Uma marginalização nova, em relação à que acabava de expirar, a marginalização do homem livre como suspeito por antecipação de crimes que poderia ou não cometer. O crime maior seria o de ser negro.

3. Lei Áurea – "Inconstitucional, antieconômica e desumana"

Nos renhidos combates finais no parlamento, o senador Paulino de Sousa havia disparado sua última e desesperada fórmula contra a lei da abolição: "Inconstitucional, antieconômica e desumana." Já não era um grito de protesto ou de resistência, mas uma melancólica e patética confissão de derrota. O projeto estava em sua terceira discussão no Senado. O país vivia uma espécie de transe, entre a euforia quase incontida e a contagem regressiva para a explosão de alegria. Como um país escravista e racista podia parecer tão disposto a emancipar os negros depois de mais de três séculos de cativeiro? Domingo, 13 de maio de 1888, um dia anunciado de antemão para a história. O antigo palácio do conde dos Arcos, como era conhecido o prédio do Senado, estava lotado. Não havia espaço disponível para mais nada. A multidão acotovelava-se em um silêncio inverossímil.

Um espírito muito sensível, quem sabe, conseguiria ouvir as respirações ansiosas, embora, em determinado momento, o orador tenha sido "prejudicado" pela impaciência dos ouvintes. Paulino de Sousa havia começado seu discurso, que apareceria em fragmentos nas páginas dos jornais, entre os quais o *Diário de Notícias*, de até um ano depois, cautelosamente: "Eis-nos, senhor presidente, chegados quase ao momento em que se vai dar o passo decisivo na questão mais grave e importante até hoje agitada no Brasil." Os dados não mudariam o destino. Ao senador do Rio de Janeiro restava depor as armas: "No meio de tantas impaciências, o debate é impossível. Não vou, pois, discutir a proposta, nem preciso lavrar protestos. Venho, somente, justificar, em poucas palavras, o meu procedimento, qualificar a medida proposta e declarar-me vencido." Franco e direto por falta de opção, o próprio senador rememorava seu passado de lutas contra as várias etapas da luta pela emancipação dos escravos. Representante das grandes fortunas cafeeiras, ele reafirmava os seus interesses, que considerava "legítimos", e destacava com a oratória dos vencidos: "Foi assim que resisti em 1869 e 1870, quando ministro do gabinete de 16 de julho; fundado nos mesmos motivos, achei-me em 1871 colocado à frente da oposição ao gabinete de 7 de março, em uma das mais memoráveis campanhas parlamentares." Seria o último arroubo do escravocrata convicto, embora astucioso o suficiente para declarar que ninguém poderia acusá-lo de "querer manter o trabalho servil como a forma mais perfeita ou definitiva do trabalho nacional".

Foi nesse momento que Paulino de Sousa proferiu sua fórmula paradoxal e constrangedora: "A proposta que se vai votar é inconstitucional, antieconômica e desumana." Não é muito difícil imaginar razões para as duas primeiras qualificações. A terceira é que chama mais a atenção de uma pessoa do século XXI. O senador começara por ela:

> É desumana porque deixa expostos à miséria e à morte os inválidos, os enfermos, os velhos, os órfãos e crianças abandonadas da raça que se quer proteger, até hoje nas fazendas a cargo dos proprietários, que hoje arruinados e abandonados pelos trabalhadores válidos, não poderão manter aqueles infelizes por maiores que sejam os impulsos de uma caridade que é conhecida e admirada por todos os que frequentam o interior do país.

Não consta que os presentes tenham rido ou vaiado. A situação era grave. Em 1871, quando da discussão e da aprovação da Lei do Ventre Livre, que libertou o ventre e os filhos das escravas, os proprietários já haviam subitamente passado a ter enormes preocupações com a infância e o infanticídio.

LEI ÁUREA – "INCONSTITUCIONAL, ANTIECONÔMICA E DESUMANA"

Com a Lei dos Sexagenários, tomaram-se de profundo zelo pelos velhinhos que seriam sacrificados pelos maus senhores.

O deputado Rui Barbosa, em sessão no parlamento, em 28 de julho de 1884, não deixou de desmascarar a hipocrisia dos escravocratas:

> A lei de 28 de setembro de 1871, que os nobres deputados hoje erguem como seu escudo, como garantia da ordem e liberdade, sofreu neste recinto os estigmas mais duros, mais estrondosos que se podem impor a um ato legislativo. Chamaram-na Lei do Infanticídio, Lei do Morticínio e do Roubo, Lei da Conflagração e da Miséria, Lei da Improbidade e da Bancarrota, Lei do Servilismo proclamando a liberdade. (Cf. *Abolição no parlamento*, 2012, p. 21)

Rui Barbosa duelava contra o passado e já contra o futuro: "Respondo ao nobre deputado por São Paulo, que nos acusa de ser a nossa bandeira a vermelha da comuna." (*idem*, p. 28) Nada mudou? Insultos recorrentes. Paulino de Sousa via-se como o porta-voz dos "sensatos" senhores de escravos comprometidos com a ordem e com a segurança alimentar do país. Rui Barbosa seria o "comunista" insensato, o vermelho defensor dos negros, a ponto de colocar em segundo plano a economia nacional.

Paulino de Sousa não perdeu a oportunidade de entrar para a história pela porta dos fundos. Seu discurso, repercutido pelos jornais e arquivado nos *Anais do Senado*, ressoa como o último hino à escravidão:

> Há três anos, em 1885, quando entrei nesta Casa, achávamo-nos em plena propaganda abolicionista, estando o governo sob a influência e responsabilidade do honrado senador pela Bahia (o sr. Dantas), meu particular amigo, que trouxera, como disse, para o parlamento, a solução da questão, por ele achada nas ruas. Houve, é certo, naquele tempo, muito ruído e alguns excessos; mas devo dizer, em honra daquela administração, que nos estabelecimentos agrícolas, nas oficinas do trabalho nacional, a ordem e a tranquilidade não foram perturbadas; antes, manteve-se em todos os pontos a regularidade da produção e o respeito à legalidade. Se o honrado senador quisesse então pôr em prática o processo conservador ultimamente empregado em São Paulo,

e, depois da ascensão do atual gabinete, assestado como um morteiro de anarquia contra os proprietários da minha província, teria necessariamente feito em poucos dias a abolição.

A ordem da produção, protegida por vasto conjunto de leis, não podia ser perturbada. O direito servia para legitimar a maior das infâmias.

Diante do inevitável, capaz de suplantar separações profundas, o senador escravagista, sempre falando em nome da ordem, da tranquilidade, da produção, da prudência e do bom senso, atacou a fragilidade dos partidos: "Não é de hoje que sustento a necessidade de partidos fortes, regulares e sinceros, cada um deles com a sua bandeira bem definida, fiéis às suas ideias, dirigidos pelos seus chefes: são eles necessários, no interesse do progresso nacional." Restava-lhe fustigar os jornalistas pelo

apoio entusiástico, com que uma parte da imprensa desta capital, notoriamente adversa à ordem política das instituições, sustenta o gabinete, e tanto mais freneticamente o aplaude, quanto mais ele se envereda na senda cuja saída não sei se o preocupa nas suas previsões. Essa imprensa é e deve ser adversa à grande propriedade territorial, sem dúvida importantíssimo elemento conservador em todas as sociedades regulares, e ponto de apoio para a resistência às pretensões exageradas da democracia.

Tudo estava em jogo. A abolição abalava os alicerces do Império, da grande propriedade e do conservadorismo. A imprensa era acusada de servir aos interesses dos baderneiros.

Paulino de Sousa nada tinha a perder, pois tudo já estava perdido. Descarregava seus últimos cartuchos:

A grande propriedade agrícola em nosso país, que é, por sua constituição, uma espécie de feudalismo patriarcal, tem oposto até hoje, por sua índole, hábitos e interesses, embaraço poderosíssimo à realização dos fins a que se propõe o partido ultrademocrático. Se a imprensa, que o representa, hostiliza francamente e por todas as formas ao seu alcance, adversário de tamanho peso na organização social e procura enfraquecê-lo, senão despeitá-lo para tê-lo como auxiliar em qualquer

LEI ÁUREA – "INCONSTITUCIONAL, ANTIECONÔMICA E DESUMANA"

ação conjunta posterior, é bem de ver que não faz senão promover o seu próprio interesse, alargar e facilitar o seu caminho, mediante a destruição de uma força essencialmente conservadora. É essa imprensa sagacíssima e muito hábil para não aproveitar o concurso do atual gabinete, valiosíssimo auxiliar, que seduz e atrai por todos os modos, favorecendo-lhe a vaidade e a ambição.

Os inimigos estavam designados. A imprensa recebia exultante seu quinhão. Nem sempre estivera do lado dos abolicionistas. Mas recuperara o tempo perdido.

Mesmo derrotado, Paulino de Sousa, como se pode ver nos *Anais do Senado*, lutava pelo que ainda imaginava ser possível: a indenização dos proprietários pelo Império. É preciso que suas frases sejam recuperadas para se ter ideia mais profunda do que buscava sinuosamente em tomo humilde. Ele foi buscar em outros processos abolicionistas argumentos para sua tese:

> A história moderníssima, a história recente ainda dos nossos dias, apresenta um exemplo de abolição do elemento servil, levado a efeito em plena revolução. Em 1848, a revolução de fevereiro, depois de derrubar a monarquia de julho, teve, para ser lógica, de promover a emancipação dos escravos das colônias francesas, reputando a escravidão incompatível com o novo regime, que se assentava na liberdade, igualdade e fraternidade. O governo provisório, que se compunha, como o Senado se há de recordar, de Lamartine, o poeta, de Arago, o astrônomo, de Luis Blanc, o publicista da desorganização, de Garnier-Pagès, o doutrinário da anarquia, de Ledru-Rolin, o incendiário político, e de outros, a quem poderia dar análogas qualificações; esse governo revolucionário não se animou a praticar o que, em plena tranquilidade e em uma época regular, vai-se, em poucas horas, praticar no Brasil, não, sob a direção, mas com a cumplicidade de homens políticos que se dizem conservadores.

Como o Brasil poderia deixar de ressarcir aqueles que exploravam havia séculos o trabalho dos negros? Como nem pensar em indenizá-los? A lógica cultural era outra. Ou nem tanto?

Não passava pela cabeça dos senhores de escravos que os devedores fossem eles. O senador Paulino de Sousa utilizava-se do ocorrido na França para pleitear a derradeira exploração:

> O contraste é tão saliente que o Senado me há de permitir referir o que ali se passou. A 27 de abril expediram-se 12 decretos e duas deliberações, declarando-se no primeiro daqueles que eram livres todos os que se achassem em qualquer terra do mundo à sombra da bandeira francesa; mas logo no artigo 1º do mesmo decreto se determinou que a emancipação não se tornaria efetiva se não dois meses depois da promulgação do ato nas colônias, para se dar tempo a efetuar-se a safra daquele ano. Em outro artigo do mesmo decreto se assegurou que a assembleia nacional atribuiria, como de feito [sic] fez, os fundos necessários para indenização dos proprietários. Não convinha, dizia-se, que no dia em que as mãos dos trabalhadores servis fossem livres, as mãos dos proprietários estivessem vazias.

O sofisma sempre foi um dos principais instrumentos usados pelos políticos em desespero. Paulino de Sousa seria confrontado por colegas abolicionistas. Senadores lhe oporiam a realidade como princípio de razão. Outros estremeciam ao ouvir o seu réquiem pela escravidão.

O presidente do Conselho de Ministros, João Alfredo Correia de Oliveira, empossado em 10 de março de 1888 no lugar do barão de Cotegipe, convertido de última hora à abolição definitiva, suspirou:

> Mas, senhores, em todo caso hão de ser medonhas as deslocações das fortunas, as transmutações rápidas de situação, e por uma engrenagem forçada, eu pergunto: durante esses anos aflitivos de transição onde iremos buscar meios que bastem para todos os encargos do Estado, para toda a nossa vida e serviços da administração?

Essas palavras provocaram um eco. Fernandes da Cunha lamentou-se: "Deus permita que a crise se estenda apenas a um período decenal." João Alfredo sentiu-se encorajado a continuar: "Muito infeliz foi o Brasil herdando esta instituição; porém, mais infeliz será se a sua extinção não for

LEI ÁUREA – "INCONSTITUCIONAL, ANTIECONÔMICA E DESUMANA"

conseguida mediante sábias cautelas e previsões, de modo que não acarrete graves perturbações."[1] Fazia mais de três séculos que os escravos sofriam com a cautela e a sabedoria de seus parasitas.

Como um condenado a quem se dá o direito de exprimir seus últimos desejos, Paulino de Sousa continuava a louvar a abolição à francesa:

> Para continuarem os trabalhos era necessário pagar salários e estes não podiam sair senão da indenização, aliás, devida em toda desapropriação; estando os lavradores das colônias francesas tão oberados como os nossos, e sujeitos a uma liquidação repentina e atropelada, que, aliás, não foi tão aflitiva como se figura a que vamos presenciar.

Os proprietários de escravos queriam repassar a conta para o Estado. Apesar do privilégio da secular exploração gratuita de mão de obra, alegavam estar descapitalizados. Previam o caos para tentar obter compensações:

> Bem, sr. presidente, é o governo regular do Brasil que, em contraposição àquele governo revolucionário, faz decretar, de um dia para outro, a abolição imediata, pura e simples, sem uma garantia para os proprietários, espoliando-os da propriedade legal, abandonando-os à sua sorte nos ermos do nosso interior, entregando-os à ruína, expondo-os às mais temerosas contingências, sem também por outro lado tomar uma providência qualquer a bem daqueles, que vota em grande parte à miséria e ao extermínio, nos primeiros passos de uma liberdade, de que, não preparados convenientemente, dificilmente saberão usar a seu benefício.

Senhores e escravos não saberiam viver por conta própria. Sem seus escravos, os proprietários seriam arruinados. Sem seus amos, os escravos ficariam ao léu. Assim pensava Paulino de Sousa. Em sua estratégia desesperada, pelas piores razões, não deixava de dizer uma verdade: os escravos seriam abandonados à própria sorte. Se já não podiam ser explorados, seriam largados à margem da produção.

---

1 Todas essas citações não referenciadas a cada fragmento, que podem ser encontradas nos *Anais do Senado*, foram retiradas da excelente publicação on-line *A abolição no parlamento: 65 anos de luta (1823-1888)*. Brasília: Senado Federal, 2012.

Por isso a abolição parecia-lhe inconstitucional, antieconômica e desumana.

> É antieconômica porque desorganiza o trabalho, dando aos operários uma condição nova, que exige novo regime agrícola; e isto, senhor presidente, ao começar-se uma grande colheita, que aliás poderia, quando feita, preencher apenas os desfalques das falhas dos anos anteriores. Ficam, é certo, os trabalhadores atuais; mas a questão não é de número, nem de indivíduos, e sim de organização, da qual depende principalmente a efetividade do trabalho, e com ela a produção da riqueza.

O prudente e pragmático Paulino de Sousa queria, ao menos, garantir a colheita de uma supersafra antes de ter de passar a pagar pelo trabalho de seus camponeses. Barganhava. Exagerava os perigos para tentar colher alguma ajuda oficial.

A abolição feria, segundo a ótica dos escravagistas, o sagrado princípio da propriedade privada. O defensor da iniquidade podia apresentar-se humildemente como um legalista cioso do cumprimento da Constituição:

> É inconstitucional porque ataca de frente, destrói e aniquila para sempre uma propriedade legal, garantida, como todo direito de propriedade, pela lei fundamental do Império entre os direitos civis de cidadão brasileiro, que dela não pode ser privado, senão mediante prévia indenização do seu valor.

Paulino de Sousa queria uma abolição, na medida em que não poderia evitá-la, feita com toda a prudência do mundo e com menor dano aos interesses dos proprietários. Queria um imenso omelete sem um só ovo quebrado. A história não lhe daria essa satisfação. Não deixou, porém, de humilhar João Alfredo, ao citar o trecho de um discurso do chefe do governo:

> Eu estou convencido de que o Brasil não há de perecer pela falta de escravos: mas não posso deixar de ter na maior consideração as dificuldades desta liquidação, que a política, todas as razões de Estado, os interesses econômicos, os interesses industriais, aconselham que

LEI ÁUREA – "INCONSTITUCIONAL, ANTIECONÔMICA E DESUMANA"

se faça com a máxima prudência, com o menor prejuízo possível das fortunas em boa-fé adquiridas.

Nenhuma fortuna adquirida graças ao trabalho escravo foi obtida em boa-fé. Anacronismo? José Bonifácio, em 1823, como se verá, já dizia isso. A acumulação primitiva do capital no Brasil ostentava um superávit de cadáveres jamais visto em outro lugar. Em breve, descobriria novos métodos para continuar a aumentar o fosso e a fossa entre proprietários e despossuídos de tudo. Ainda assim, terminava uma era.

Restava ao inconsolável senador Paulino de Sousa despedir-se em tom melancólico e pretensamente cavalheiresco, como deve ser num correto canto fúnebre:

> São tantas as impaciências que não posso deixar de concluir, e sem demora; tanto mais quanto é sabido, senhor presidente, e os jornais todos que li esta manhã anunciam, que Sua Alteza, a serreníssima senhora princesa imperial regente, desceu hoje de Petrópolis e estará à uma hora da tarde no paço da cidade à espera da deputação desta Casa para sancionar e mandar promulgar já a medida ainda há pouco por Vossa Excelência sujeita à deliberação do Senado. Cumpri, como as circunstâncias permitiram, o meu dever de senador; posso cumprir o de cavalheiro, não fazendo esperar uma dama de tão alta hierarquia; e se assinalo o fato, é para a todo o tempo ser memorado nos anais do nosso regímen parlamentar.

Fim de percurso.

Não, porém, sem uma última e ressentida estocada, um golpe de lança desferido apenas para constar nos anais da derrota:

> Devo, antes de terminar, dizer que se iludem ou querem iludir-se aqueles que acreditam remover uma grande dificuldade com esta lei da abolição do elemento servil; pelo contrário, é agora que recrescem, com a desorganização do trabalho e com a entrada de 700 mil indivíduos não preparados pela educação e pelos hábitos da liberdade anterior para a vida civil, as contingências previstas para a ordem econômica e social.

Dez mil pessoas – a população do Rio de Janeiro andava pelas 500 mil pessoas – aglomeravam-se à espera da grande novidade. Parte delas, as que podiam ouvir o discurso sendo proferido na tribuna, certamente se deliciava com o choro de perdedor do senador do café.

No *Diário de Notícias*, de 13 de maio de 1889, Coelho Neto resumiria com estilo e pontaria certeira:

> Primeiro aniversário da nossa história política. Começamos a viver em 13 de maio de 1888, antes éramos um povo de bárbaros, no estado primitivo. Depois das naus portuguesas, que descobriram o solo, era mister alguma coisa que descobrisse as almas – um coração encarregou-se disso. O Brasil deixou de ser o presídio dos negros da África para ser um Estado livre, independente da suserania dos oligarcas. Treze de maio é a data inicial da nossa história. Depois da Gênese, o Êxodo.

Um inferno.

O pai de Paulino de Sousa, o visconde do Uruguai, Paulino José Soares de Sousa, como ministro da Justiça do jovem imperador dom Pedro II, opusera-se ferrenhamente a Bill Aberdeen, o decreto inglês que dava poderes absolutos a navios britânicos para abordar, vistoriar e apresar navios brasileiros suspeitos de tráfico de escravos, considerando pirataria o crime cometido pelos traficantes. Paulino, o pai, considerava que a Inglaterra cometia grave violação ao direito internacional e praticava o pior dos crimes: desrespeito à soberania nacional. Os ingleses fleumaticamente entendiam que comprar pessoas, traficá-las e mantê-las em cativeiro era algo muito mais grave. Paulino de Sousa, o pai, via na atitude dos ingleses uma demonstração inaceitável de arrogância e de imperialismo. Os ingleses viam na postura brasileira uma prova de iniquidade e de barbárie nacional. Paulino, o pai, entendia que os ingleses insultavam os brasileiros. Os britânicos compreendiam que o Brasil ofendia toda a humanidade.

Paulino José Soares de Sousa, o pai, aceitava o fim do tráfico, mas não a abolição da escravatura. Paulino José Soares de Sousa, o filho, admitia o fim da escravidão, mas gradualmente e com indenização aos

LEI ÁUREA – "INCONSTITUCIONAL, ANTIECONÔMICA E DESUMANA"

proprietários "lesados". Tal pai, tal filho. Ambos foram derrotados. Ambos caíram atirando. Ambos causaram estragos. A abolição, lenta e gradualmente, precisou vencê-los durante décadas. Os discursos dos escravagistas fincaram raízes na cultura brasileira. Sempre em nome da legalidade, da ordem, da produção, da produtividade, do direito, da Constituição, das famílias, das fortunas adquiridas dentro da lei, do respeito à propriedade, da paz, da segurança jurídica e alimentar, das instituições e do bem comum.

4. Como a cria de qualquer animal e cotas de negros para brancos

Parece quase impossível imaginar, no século XXI, que homens de lei possam ter defendido o direito de propriedade sobre seres humanos. O imaginário comporta o inimaginável. Há quem suponha que, na época da escravidão, todos considerassem natural ter pessoas, como se propriedades fossem. Veremos que, desde muito cedo, o absurdo de tratar pessoas como coisas ou animais foi denunciado. Perdigão Malheiro listou impugnações a qualquer legitimidade de escravizar pessoas desde o século XV:

> O Papa Pio II, em bula de 7 de outubro de 1462, o censurou, e com especialidade a redução dos neófitos da África à escravidão. Em 1537 o Papa Paulo III reprovou o cativeiro, mesmo dos pagãos. E se alguns em diversas épocas o toleraram, foi a título de resgate, na errada intenção, visto o fato de que não podiam abolir diretamente, de melhorar a sorte dessa mísera gente e de reduzi-los à fé cristã. (1976, v. 2, p. 24)

Mas a Igreja fechou os olhos, teve escravos e sucumbiu. Em 1866, dom Pedro ofereceu uma caixa de rapé de diamantes ao prior do mosteiro de São Bento quando este decidiu libertar os filhos pequenos dos cerca de dois mil escravos dos beneditinos. Beneditinos e carmelitas juntos chegaram a ter mais de 4 mil cativos. O termo resgaste é uma das mentiras mais ardilosas inventadas na história das coisas abjetas. Resgatar significava salvar pela escravização os negros de si mesmos, do paganismo, da África, da selvageria, da feitiçaria e da barbárie.

Na história, os caminhos costumam ter atalhos, bifurcações, sendas e veredas. Uma bula do papa Gregório XVI, de 3 de dezembro de 1839, "prescrevia, condenava e proibia o tráfico e a escravidão". (Malheiro, 1976, v. 2, p. 52) As igrejas brasileiras cobertas de ouro seriam tentativas de "resgaste" dos senhores de escravos, que viviam no pecado descumprindo determinações papais? Pagava-se a peso de ouro por uma absolvição terrena capaz de garantir um lugar no céu para quem infernizava a vida de seres humanos comprados na África. A Igreja, pelas bulas de Nicolau V, *Dum diversos e Divino Amorecommuniti*, de 1452, autorizou o tráfico de negros com a bondosa e sagrada missão de convertê-los ao cristianismo salvador de almas.

Estrada (2005, p. 27) situa o momento original da vinda de escravos para o Brasil:

> Ao instituir, em 1534, o malogrado sistema das capitanias hereditárias, de que fez doação a diversas pessoas gradas da sua Corte, estabeleceu dom João III, entre as concessões feitas aos donatários, a "de poderem cativar os gentios que quisessem para o seu serviço e dos seus navios, e mandarem vender anualmente em Lisboa um certo número, livres da ciza QUE PAGAVAM TODOS OS OUTROS, E PAGANDO SOMENTE O DÍZIMO". Estes últimos dizeres invalidam por completo a opinião de alguns historiadores menos avisados, segundo os quais teria sido na expedição de Antônio de Oliveira, já no governo de Tomé de Sousa, que vieram para a Bahia, em 1551, os primeiros escravos importados da África; e confirmam a do Visconde de Porto Seguro: escravos africanos vieram para o Brasil desde a sua primitiva colonização.

Em nota de rodapé, ele completa:

> A importação direta começou exatamente ao tempo das capitanias hereditárias, pois é desse mesmo ano de 1534 que data a invasão dos portugueses em Guiné, onde Alonso Gonçalves aprisionou alguns naturais do

COMO A CRIA DE QUALQUER ANIMAL E COTAS DE NEGROS PARA BRANCOS

país, vendendo-os como escravos. Nem foi outra, certamente, a origem do tráfico africano para o Brasil, posto que de Lisboa nos houvessem vindo alguns escravos desde 1532, ou mesmo antes.

Esse foi o longo percurso, um descaminho sujeito a pequenas correções e a polêmicas de eruditos.

Em uma emenda ao Projeto de Lei nº 48, apresentado por Rodolfo Dantas, protocolado na Assembleia Geral (Câmara dos Deputados) em 15 de julho de 1884, ponto de partida para a Lei dos Sexagenários, de 1885, lê-se uma definição sem ambiguidade:

> A escravidão é uma violação da personalidade; repelem-na os princípios absolutos do direito, os quais não reconhecem domínio do homem sobre o homem. É, porém, uma instituição, um fato mantido e garantido pelo nosso direito civil, por interesses de ordem pública, como o foi, desde remotos tempos, pela legislação de outros povos.

Nunca faltou consciência do opróbrio, mas os interesses imediatos se impuseram como sensatos. Os escravagistas sabiam que praticavam algo hediondo, mas se socorriam dos exemplos da antiguidade e das nações europeias modernas e "civilizadas" para se legitimar. Ou simplesmente não argumentavam.

Perdigão Malheiro apresentou em seu livro clássico vários textos, publicados ao longo do tempo do cativeiro, sobre a impropriedade da escravidão ou com propostas de abolição ou de alguma reforma do sistema. Uma das mais contundentes penas contra o escravismo foi a de Tavares Bastos, cuja obra *Cartas do solitário* (as 23 primeiras publicadas originalmente no *Correio Mercantil*, em 1862) causou sensação por atacar o "capitalista riquíssimo" e defender o povo "que não é proprietário". Bastos (1938, p. 123) praticava o estilo combativo que faz os melhores e mais fiéis inimigos:

> Meu amigo. Há poucos dias os jornais denunciaram que se tem negado a carta de emancipação a um africano livre empregado em trabalhos públicos e em serviço particular desde 1831. Há trinta anos, pois, um

homem cuja liberdade, por leis e em tratados, solenemente prometemos garantir, serve sem haver obtido a remuneração a que tem direito. Ele há envidado todos os esforços, todos os empenhos, todas as súplicas para que lhe permitiam gozar, no fim dos seus dias, aquele bem precioso que se lhe fazia esperar. Tudo é inútil, o cativeiro continua.

Os proprietários não queriam perder dinheiro. Trata-se de uma velha e resistente filosofia que sombreia os espíritos e os impede de ver com clareza. Em voto em separado ao projeto Dantas, Sousa Carvalho, um desses políticos defensores do razoável, considerou:

Essa indenização é ainda indispensável porque representa valores que garantem avultadíssimos débitos dos produtores, os quais, sob a fé e promessas das leis, se empenharam em contratos, para os quais careceriam de crédito se a propriedade servil não fosse, pela lei, acessório do solo. E nem se diga que tais contratos representam apenas interesses particulares, porque a soma deles em quantidade e valores é tal que interessam muito diretamente à riqueza e crédito públicos. (*A abolição no parlamento*, 2012, p. 171)

A ideologia escravista, porém, não economizou racionalizações para se justificar e postular a perpetuação de seus pretensos direitos. Em 1871, durante os debates relativos ao projeto da Lei do Ventre Livre, os parlamentares escravagistas usaram todas as suas armas, como inventariou Rui Barbosa em parecer relativo ao polêmico projeto Dantas.

Alencar Araripe disparou com a sinceridade dos que se sentiam confortados pelo senso comum:

A decretação da liberdade do ventre, sem prévia indenização, viola a propriedade, é evidente; porquanto contraria o princípio de nossas leis civis, consagrado nesta muito conhecida fórmula: *partus sequitur ventrem*. Em consequência deste princípio, o filho da escrava é também escravo, e pertence ao dono desta. Logo, o proprietário do fruto procedente do ventre servil não pode ser privado de sua propriedade sem prévia indenização, conforme o preceito constitucional.

COMO A CRIA DE QUALQUER ANIMAL E COTAS DE NEGROS PARA BRANCOS

O já combativo Paulino de Sousa sustentava, escorado no direito romano e na linguagem bacharelesca dominante:

> Considerada juridicamente, a injustiça da disposição é atentatória do direito de propriedade. No direito do senhor compreendem-se o *dominium* e a *potestas*: em relação ao domínio, o escravo é objeto de propriedade, e, portanto, equiparado à coisa; em relação à *potestas* é que os textos do direito romano o denominaram *persona*, e como tal o consideram, nesta parte, as nossas leis.

O direito é uma ficção histórica que se repete com farsa, tragédia, comédia, tragicomédia e drama. Exceto como épico. Paulino de Sousa não se cansava de desnudá-lo:

> Oh! Senhores como querem contestar o que é inconcusso, o que a razão jurídica tem sancionado e é a verdade do direito em todos os tempos? As escravas são propriedade, e propriedade são os filhos que tiverem, como são os que têm tido até hoje, sujeita aos mesmos princípios que regulam o direito de propriedade em geral, aos quais a lei não fez exceção com relação a eles, como atestam a jurisprudência de todos os tempos neste país, a doutrina dos jurisconsultos, os julgados dos tribunais. Como, pois, vindes dizer que os filhos das escravas não são propriedade dos senhores destas, e os fazeis do estado, que deles pode dispor? Se não são escravos, por que os libertais? Se são, liberta-os embora, estancai a fonte, como dizeis; mas reconhecei o direito, desapropriai, e indenizai. É o que permite a Constituição (*Anais da Câmara dos Deputados*, v. 4, Anexo, pp. 1-114.)

Não se tratava mais de negar o direito de emancipação, mas de cobrar por ele. A escravidão mostrou os limites dessa ficção jurídica como fundamento de justiça e de humanidade. O direito, antes de estabelecer o justo e o moral, fixa o legal, aquilo que uma sociedade se permite legitimar ou entende conveniente legalizar. Em uma época de violência explícita e legalizada, um deputado, Barros Cobra, verbalizou brutalmente o pensamento dos proprietários de escravos: "Mas, uma vez dado o fato legal, ainda que não legítimo, da escravidão, tão legal é a propriedade dos escravos atuais, como é a propriedade do ventre escravo e dos filhos que provierem dele." Se for legal, pratica-se. A legitimidade seria apenas uma veleidade moral.

Pragmático, Barros Cobra remetia à história do direito o suposto direito dos proprietários a uma indenização por suas perdas:

> O nosso direito pátrio, tanto o português como o brasileiro, sempre consagrou e reconheceu o princípio romano *partus sequitur ventrem*, e sempre o respeitou a jurisprudência constante e uniforme dos nossos tribunais. Logo, o fruto do ventre escravo pertence ao senhor deste tão legalmente como a cria de qualquer animal do seu domínio. Por mais que esta conclusão ofenda os nossos sentimentos humanitários, é ela incontestavelmente lógica e conforme a lei. (*ibidem*)

Politicamente incorreto no século XIX, Cobra, assim como Paulino de Sousa, falava sob aplausos e gritos de apoio de seus parceiros ideológicos:

> Diz-se que o direito aos escravos nascituros não existe ainda; porque não se firma na posse atual. Mas, senhores, se na verdade não há ainda o fato material do nascimento e da posse efetiva e real do fruto do ventre, há, sem dúvida, um direito adquirido a esse fruto, tão rigoroso como o do proprietário da árvore aos frutos que ela pode produzir; há perfeita identidade de condições. (*ibidem*)

O direito era só um conjunto de regras formuladas pelos dominantes para atender a seus interesses. Levado ao extremo, contudo, permitia sua contestação.

Como os latifundiários ao longo do século XX, os senhores de escravos eram "legalistas" e repetiam um mantra: "A Constituição só permite a desapropriação mediante indenização." (*ibidem*) Em dois séculos, a retórica conservadora variou muito pouco. Um parecer da comissão especial da Câmara dos Deputados, de 30 de julho de 1871, ousou contrariar o senso comum jurídico dos proprietários de escravos:

COMO A CRIA DE QUALQUER ANIMAL E COTAS DE NEGROS PARA BRANCOS

O que a nossa Constituição assegura, em toda a sua plenitude, é o direito de propriedade, mas da real, da verdadeira, da natural; é o que recai sobre coisas; pois não é propriedade o que recai sobre pessoas. Instituição puramente de direito civil, manifestamente viciosa, privilégio que tem uma raça de conservar outra no cativeiro, não se chama propriedade. (*ibidem*)

O fundamento do direito a tratar homens como coisas era uma tríade: força, dinheiro e poder.

Rui Barbosa bem observou que os escravistas diziam não se opor à abolição. Mas nunca achavam que tivesse chegado o tempo de fazê-la. Em 1837, o deputado Cunha Mattos considerava que abolir o tráfico arruinaria a agricultura e seria um "golpe cruel nas rendas do Estado". (*ibidem*) Falava em nome da cautela e do gradualismo: "O que me proponho é mostrar que ainda não chegou o momento do abandonarmos a importação dos escravos: pois que, não obstante ser um mal, é um mal menor do que não os recebermos." (*ibidem*) O deputado Morais Sarmiento recorreria a um argumento que se repetiria na boca dos apoiadores de golpes e ditaduras: o tráfico era apoiado pela maioria da população. A história da humanidade é a história de suas racionalizações, que, em princípio, parecem limitadas no tempo, mas, vistas de perto, apresentam repetições antropológicas como estruturas recorrentes.

A ganância e a infâmia dos senhores de escravos sempre manipularam uma retórica baseada no bom senso, no senso comum, na defesa da produção, na ordem, na segurança alimentar, na defesa do trabalho, da agricultura, da lavoura, da sociedade, da responsabilidade e do interesse geral. Há invariantes nas variações impostas pelo tempo histórico. O conservador José de Alencar, contrário à Lei do Ventre Livre, acusara o governo de tentar "incutir o terror nos proprietários e lavradores, com a esperança de obter deles, pelo receio de maiores calamidades, o sacrifício de direitos importantes, de interesses respeitáveis, criados à sombra da lei". (*ibidem*)

Em sessão de 1º de setembro de 1854, na Câmara dos Deputados, defendendo o projeto contra o tráfico interprovincial de escravos, o barão de Cotegipe provocou:

RAÍZES DO CONSERVADORISMO BRASILEIRO

> Ora, senhores, se isso dá-se na propriedade considerada em geral, o que acontecerá quando se tratar de uma propriedade que funda-se no abuso? A sociedade não terá o direito de limitar esse abuso, de fazer com que ele seja menos prejudicial à mesma sociedade? Se nós entendêssemos que devíamos acabar a escravatura entre nós, haveria alguém que se nos viesse opor e a quisesse perpetuar, porque assim feriríamos o direito de propriedade? Como, pois, entende-se que é inconstitucional fazer-se cessar o comércio de escravos de província a província? Posso usar e abusar da minha propriedade, é uma consequência dela – diz-me o ilustre deputado por Mato Grosso. Podeis abusar, sim, da vossa propriedade em geral; mas, da propriedade sobre o homem, não podeis abusar se entenderdes que podeis abusar até o ponto de destruí-la, esse abuso poder-vos-á levar até a forca.

Era apenas uma imagem. Uma imagem paradoxal desenhada por um notório defensor da escravidão.

Cotegipe acreditava que o salário alto destruía o lucro. Melhor era a inexistência de salário. Se defendeu o fim do tráfico interprovincial em 1854, não foi por virtude, mas para evitar o que viria a acontecer: a disparidade entre as províncias do sul e as do norte. Sentia que o aprofundamento dessas diferenças abalaria a totalidade do sistema. Paradoxalmente, foi contrariado por Silveira da Motta, que, mais tarde, seria um abolicionista destacado. Motta lamentou que a indústria da reprodução de escravos estivesse pouco desenvolvida no Brasil. Os fazendeiros viviam de vantagens concedidas pelo Estado. Não queriam perder privilégios, mas não deixavam de aproveitar as boas oportunidades de negócios. O comércio interprovincial de escravos era uma tentação. Lacerda Werneck sustentou que os brasileiros não tinham a capacidade dos fazendeiros da Virgínia, nos Estados Unidos, para obter os mesmos resultados de reprodução humana. Criar escravos custava caro. Conrad (1978, pp. 44-45) compreendeu que todo o sistema escravista brasileiro tratava o cativo como mercadoria volátil, de curta duração, com obsolescência programada. A separação de cônjuges pela venda só seria declarada ilegal em 1869, mas, ainda assim, com algumas exceções. Nesses termos, comprar peças prontas era mais rentável que produzi-las.

COMO A CRIA DE QUALQUER ANIMAL E COTAS DE NEGROS PARA BRANCOS

Thomas Henry Huxley, lembraria Rui Barbosa em seu balanço dos processos longos e graduais da emancipação dos escravos no Brasil, afirmava, em nome de uma lei moral com a força de um elemento físico da natureza, que uma "criatura humana não pode senhorear arbitrariamente a outra". Por fazer citações como essa, o incansável Rui Barbosa precisava defender-se: "Onde estribar, pois, essas imputações de socialismo, de proselitismo comunista, com que nos tentam desarmar?" Ele se permitia ironizar:

Não se poderia, com análogo fundamento, arguir de socialista a ampla intervenção do estado [sic] na instrução popular? O ensino obrigatório? A extensão excepcional franqueada à autoridade no regime da higiene pública e na polícia sanitária das cidades?[2]

Quem poderia imaginar que se pudesse considerar atual essa observação em pleno século XXI? Rui Barbosa pertencia a um século no qual o visconde de Muritiba havia podido afirmar:

A libertação forçada ou sem indenização dos escravos que tiverem atingido e atingirem 60 anos é um atentado contra o direito de propriedade, uma restrição arbitrária e odiosa da propriedade servil, que deve ser tão garantida e respeitada como qualquer outra.

Do ponto de vista legal, o rolo compressor da história deixaria, antes da abolição definitiva consagrada em 13 de maio de 1888, os "sensatos" proprietários de escravos sem o tráfico externo e interno de novos negros, sem as "crias", que consideravam suas tanto quanto os filhotes de suas vacas e os frutos de suas árvores, e sem os negros velhos dos quais ainda queriam sugar gratuitamente a experiência antes de ter de enterrá-los como máquinas obsoletas. O senador Sales Torres Homem, defensor das "exigências da justiça" e dos "direitos da humanidade", em discurso feito em 28 de setembro de 1871, depois de aprovado o Ventre Livre, mostraria que "cria-

---

2 Todas essas citações não referenciadas a cada fragmento, que podem ser encontradas nos *Anais* do Senado ou da Câmara dos Deputados, foram retiradas da excelente publicação on-line *A abolição no parlamento: 65 anos de luta (1823-1888)*. Brasília: Senado Federal, 2012.

turas inteligentes, dotadas, como nós, de nobres atributos e dos mesmos destinos, não podem ser equiparadas, do ponto de vista da propriedade, ao potro e ao novilho". (*apud* Estrada, 2005, p. 69)

Muita água rolaria sob o berço esplêndido do florão da América e muito sangue negro seria sacrificado ao som do mar e à luz do céu profundo antes que as vozes da África pudessem se fazer ouvir minimamente pelo gigante adormecido e guardado zelosamente pelos chicotes dos senhores de escravos e de seus capitães do mato, pelas leis feitas por seus representantes no parlamento e pelas bênçãos dos sacerdotes escravagistas em nome da salvação cristã.

Na origem do tráfico para o Brasil, os engenhosos promotores do comércio forçado da mão de obra mais barata já inventada criaram uma eficiente e precoce política de cotas de negros escravos para senhores brancos. Perdigão Malheiro não a ignorou:

> Desenvolvendo-se a cultura da cana-de-açúcar, e consequentemente os engenhos, e desejando a metrópole promover essa indústria, facultou por Alv. de 29 de março de 1549 (dom João III) o resgaste à custa dos colonos senhores de engenho, e a introdução de escravos africanos de Guiné e ilha de S. Tomé, em número de 120 a cada senhor de engenho montado e em estado de funcionar, mediante o favor da redução de direitos. (1976, v. 2, p. 26)

Era uma política "moderna" de incentivo a produtores rurais baseada na generosa ideia em voga de "resgate", com incentivos fiscais para aqueles que preenchessem os requisitos.

Citando *Brasil histórico* (1867, pp. 210-212), de Alexandre José de Melo Morais Filho, Malheiro deu mais detalhes sobre essa operação de compensação aos homens mais empreendedores da colônia. Pode-se entender que foi um embrião de meritocracia: os mais produtivos podiam dispor de uma cota de escravos resgatados de seu inferno africano para viver as delícias do cativeiro sul-americano.

> Também concedeu por mercês especiais a diversos o resgatarem à sua custa determinado número de escravos sem pagarem direito algum.

COMO A CRIA DE QUALQUER ANIMAL E COTAS DE NEGROS PARA BRANCOS

Igualmente eram dados aos solados, na Bahia v.g., negros remetidos da África, descontando-se o seu valor pelos soldos. (1976, v. 2, p. 26)

O sistema evoluiu para a terceirização: "Em 1583 Salvador Correia de Sá fez um contrato com João Guterres Valerio, obrigando-se este a pagar certa quantia por cada escravo que trouxesse da África em navio seu." (Malheiro, 1976, v, 2, p. 27) A terceirização informal avançou para a criação de empresas especializadas no "resgate" de negros na África. A burocracia sacramentou os contratos (chamados de *assentos*) e os contratadores (*assentistas*). O sistema de cotas não podia ser desrespeitado. O contrato com a Companhia de Comércio do Grão-Pará e Maranhão, de 12 de fevereiro de 1682, determinou a entrada na colônia de "10 mil negros em vinte anos, à razão de quinhentos por ano, para serem vendidos por 100$000 cada um". (Malheiro, 1976, v. 2, p. 27) Houve um problema que se tornaria costumeiro na história brasileira: a empresa, em 1683, ainda não havia desembarcado um só negro vindo da África, apesar de estar na vigência do contrato. A população "amotinou-se", ou seja, organizou manifestações violentas.

Cotas também beneficiaram "estabelecimentos religiosos e pios, dando-lhes a preferência para a importação no Brasil de certo número a cada ano, como fosse em 1693 a de setecentos à Junta das Missões de Angola e em 1694 a de quinhentos à Misericórdia de Luanda." (Malheiro, 1976, v. 2, p. 37) O governo cobrava impostos de entrada no país.

O capitalismo mostrou sua força pela lei da oferta e da procura e da produtividade. Disseminou-se a ideia de que os índios não eram dados ao trabalho, fugiam facilmente para as matas e não davam o retorno esperado. Se um índio valia 4$000, um negro valia 10$000. Só os negros seriam capazes de executar as tarefas mais árduas. Os brancos eram mais aptos ao uso do chicote. Malheiro (1976, v. 2, p. 29) cita uma frase de Gomes Freire de Andrade, governador do Maranhão, que resume a ideologia em ato: "Sabida coisa é que os trabalhos das suas fábricas só os escravos podem suportar." Não consta que os brancos beneficiados por esse regime de incentivos governamentais jamais tenham reclamado do privilégio recebido.

RAÍZES DO CONSERVADORISMO BRASILEIRO

O uso do trabalho escravo na América foi uma ideia simples e pragmática: pequenos países da Europa, na expansão do capitalismo comercial, enfrentaram o desafio de colonizar um imenso continente. De onde um país minúsculo como Portugal tiraria homens para povoar um lugar vasto como o Brasil? A África tornou-se o celeiro da mão de obra que seria transplantada pela força para desenvolver o Novo Mundo. O capitalismo industrial alteraria essa dinâmica. A Inglaterra, como locomotiva da industrialização, seria a primeira nação a realmente empenhar-se pelo fim do tráfico de escravos. Ao adotar essa medida saneadora, não poderia permitir que seus concorrentes continuassem a produzir com base em trabalho gratuito, provocando aviltamento de preços. Ideias humanitárias e condições econômicas objetivas foram associadas para eliminar uma aberração jurídica e redefinir as condições internacionais de competição.

As operações inglesas contra o tráfico encareceriam a mercadoria traficada. Todas as fraudes possíveis seriam feitas para enganar os ingleses: jogar ao mar a carga humana proibida, comprar atestados de saúde certificando a existência de doenças contagiosas a bordo, subornar quem fosse possível e apostar na engenhosidade do contrabando, na medida em que o risco sempre maior eleva a margem de lucratividade. Os dias estavam contados. Aos poucos, no Brasil, os produtores rurais ficariam endividados com os traficantes por uma lógica cristalina: compravam produtos mais caros, a crédito, com juros altos. O fim definitivo do tráfico, em 1850, seria também uma jogada extrema para valorizar o preço dos escravos que já possuíam.

Os escravos apresentavam inconvenientes naturais intransponíveis para seus exploradores sem pruridos de qualquer natureza: se trabalhavam de graça, exigiam muito investimento em aparato repressivo para contê-los e forçá-los a produzir; a produtividade, nesses termos, era limitada; mas o principal problema era a obsolescência programada pela natureza e pelas condições de trabalho e existência a que eram submetidos. Tinham um tempo de vida útil bastante restrito. Acabavam por morrer, enterrando capital e exigindo a renovação do efetivo. Até certo momento, essa lógica não impediu a rentabilidade. Sales Torres Homem, em 1844,

COMO A CRIA DE QUALQUER ANIMAL E COTAS DE NEGROS PARA BRANCOS

expressou magistralmente a percepção do moderno empreendedor rural em vias de compreensão do atraso representado pelo escravismo:

> Capitais imensos empregados em negros são todos os anos sepultados debaixo da terra ou anulados pelas enfermidades e pela velhice; e, entretanto, a facilidade de achar à mão estas máquinas já feitas impede que olhemos para tantos melhoramentos introduzidos pela atividade do gênio europeu nos processos da indústria, que procuremos para o Brasil uma população melhor, convidando de outras nações colonos que venham cultivar nosso solo (*apud* Queiróz, 1982, pp. 33-34).

Para Torres, a escravidão por nascimento era "pirataria em torno dos berços". O trabalhador livre não pesaria sobre os lucros das classes produtivas com a inconveniência da morte. Eram "máquinas" de uso mais flexível.

Só quando a fartura se tornou escassez é que os empresários brasileiros perceberam a necessidade de adotar novos métodos de produção e de recrutamento de mão de obra. Em suas planilhas de custos, tiveram de incluir um novo item: salários. Um deles exclamaria depois de muito resistir aos novos tempos: "Não é tão caro, como a princípio parece, este ponto foi a minha maior surpresa na transformação por que passamos." (*apud* Conrad, 1978, p. 317)

5. Sofismas escravistas de José de Alencar, o escritor e político que votou contra o Ventre Livre

O escritor e deputado José de Alencar encarnou o pior da retórica conservadora brasileira do século XIX. Defendeu as piores causas como sendo as melhores, com base nas supostas virtudes abstratas da moderação, da prudência e do bom senso. Morreu em 1877. Foi deputado por várias legislaturas. Em 1871, como parlamentar conservador, depois de ter sido ministro da Justiça no governo do escravocrata Itaboraí, destacou-se na oposição ferrenha ao Ventre Livre. Mesmo fora de cena, exerceu influência sobre políticos que debateram a emancipação dos cativos. Foi assim com a Lei dos Sexagenários e com a Lei Áurea. No calor apaixonado das discussões, seu nome era citado como grande jurista ou pela firmeza de suas ideias.

São dele afirmações como esta, que desafiam a lógica e não se justificam nem mesmo à luz de seu tempo, pois causavam horror em seus oponentes: "Entretanto, senhores, nesta luta que infelizmente se travou no País, a civilização, o cristianismo, o culto da liberdade e a verdadeira filantropia estão do nosso lado. Combatem por nossa causa." Para o escritor José de Alencar, a ordem econômica contava mais do que a grandeza de princípios racionais:

Vós, os propagandistas, os emancipadores a todo o transe, não passais de emissários da revolução, de apóstolos da anarquia. Os retrógrados sois vós, que pretendeis recuar o progresso do país, ferindo-o no coração, matando a sua primeira indústria, a lavoura. (*Anais da Câmara dos Deputados*, 1871, v. III, p. 135)

Sabe-se que o principal inimigo da dignidade humana adotou muitas vezes o nome de progresso. Nome e sobrenome: Progresso da Modernidade. Inatacável.

Em sua cruzada escravista, em defesa da ordem, da economia, do progresso e dos interesses dos fazendeiros, José de Alencar não media as palavras, tornando-se mais arrebatado do que em seus livros melosos:

> Vós quereis a emancipação como uma vã ostentação. Sacrificai os interesses máximos da pátria a veleidades de glória. Entendeis que libertar é unicamente subtrair ao cativeiro e não vos lembrais de que a liberdade concedida a essa massas brutas [*sic*] é um dom funesto; é o fogo sagrado entregue ao ímpeto, ao arrojo de um novo e selvagem Prometeu!

Os argumentos de José de Alencar serviam para legitimar a falta de argumentos dos conservadores que não dispunham da mesma agilidade retórica e buscavam desesperadamente em um passado ainda recente fundamentos para salvar o presente de um futuro que viam como calamitoso e muito próximo: a emancipação dos escravos.

Em *Ao Imperador, novas cartas políticas de Erasmo*, escritas em 1867, tomando por pseudônimo o nome do autor de *O elogio da loucura*, José de Alencar permitiu-se todas as fantasias retóricas. Primeiro, na carta de 15 de julho de 1867, advertiu: "A fama é um oceano para a imaginação do homem." Para Alencar, dom Pedro II teria se deixado encantar pelas palavras abolicionistas da imprensa:

> Vosso espírito, senhor, permiti que o diga, foi vítima desta fascinação. De longe vos sorriu a celebridade. A glória, única ambição legítima e digna dos reis, aqueceu e inebriou um coração, até bem pouco tempo ainda, frio e quase indiferente. Correstes após. Mas, deslumbrado pela visão especular, abandonastes a luz pura, límpida e serena da verdadeira glória, para seguir o falaz clarão. Proteger, ainda com sacrifício da pátria, os interesses de outros povos e favonear, mesmo contra o Brasil,

SOFISMAS ESCRAVISTAS DE JOSÉ DE ALENCAR

as paixões estrangeiras, tornou-se desde então a mira única de vossa incansável atividade.

Deslumbramento? Cegueira? O quê?

Sim, para o nacionalista José de Alencar, o imperador estava cego pelo prazer de parecer um filantropo, um humanista a serviço do politicamente correto internacional de seu tempo:

> Para a imaginação ávida, a fama estrangeira tem decerto melhor sabor e outra abundância. O elogio, nalguma dessas línguas que se fizeram cosmopolitas, contorna o mundo e difunde-se imediatamente na opinião universal. Os quatro ventos da imprensa transportam aos confins da terra o nome em voga, que repetem centos de milhões de indivíduos.

A armadilha da fama impediria o monarca de ver o mal que estaria provocando no Brasil com seus incentivos implícitos ou explícitos às bandeiras emancipacionistas ou francamente abolicionistas:

> Já começastes a colher as primícias da celebridade, que tanto cobiçais. O jornalismo europeu rende neste momento ao imperador do Brasil aquelas homenagens da admiração pródiga e inexaurível, que saúda a ascensão de todos os astros da moda. O estrangeiro vos proclama um dos mais sábios e ilustres dos soberanos. Não há muitos dias leu o país o trecho da mensagem em que o presidente dos Estados Unidos, aludindo à franquia do Amazonas, vos considerou entre os primeiros estadistas do mundo.

Só a fama póstuma, exortava José de Alencar, cabe ao imperador. Fora disso, estaria o monarca fazendo o jogo dos interesses estrangeiros e afundando o trabalho honesto das classes produtivas de sua nação.

Alerta máximo em um momento em que a parte da nação comprometida com seus destinos parecia confusa ou com medo de aceitar a emergência do novo:

> A emancipação é a questão máxima do dia. Vós a descarnastes, senhor, para arremessá-la crua e palpitante na teia da discussão, como um pábulo

às ambições vorazes do poder. Imediatamente o arrebatou essa facção que se intitula progressista, como os vândalos se diziam emissários celestes. Rompidos porventura os diques da opinião, a revolução se precipitara assolando este mísero país, já tão devastado. A ninguém é dado prever até onde chegaria a torrente impetuosa. Felizmente o espírito são e prudente do povo, arrostando [*sic*] com a odiosidade dos preconceitos, acudiu pronto em defesa da sociedade ameaçada por falsa moral. Salutar energia que poupou à nação brasileira males incalculáveis e ao vosso reinado um epílogo fatal!

O mal, porém, continuava a rondar. Era preciso ser mais realista do que o rei e mostrar-lhe a nudez de sua grande vaidade. A estratégia retórica do verboso José de Alencar, que nunca cessa de ser repetida em tempos de conflitos de classe e de exacerbação ideológica, consistia matreiramente em inverter os termos em nome de certa lógica e racionalidade, fazendo dos progressistas reacionários e dos reacionários os supostos verdadeiros progressistas.

Para isso, Alencar se dirigia ao imperador em tom imperativo. Não pedia, não implorava, não fazia genuflexões. Aconselhava, censurava, opinava:

> Pesa-me desvanecer a grata ilusão em que se deleita vossa alma. Libertando uma centena de escravos, cujos serviços a nação vos concedera; distinguindo com um mimo especial o superior de uma ordem religiosa que emancipou o ventre: estimulando as alforrias por meio de mercês honoríficas; respondendo às aspirações beneficentes de uma sociedade abolicionista de Europa; e finalmente reclamando na fala do trono o concurso do poder legislativo para essa delicada reforma social; sem dúvida julgais ter adquirido os foros de um rei filantropo. Grande erro, senhor, prejuízo rasteiro que não devera nunca atingir a altura de vosso espírito. Estas doutrinas que vos seduziram, longe de serem no Brasil, e nesta atualidade, impulsos generosos de beneficência, tomam ao revés o caráter de uma conspiração do mal, de uma grande e terrível impiedade.

O imperador tomava um dolorido puxão de orelha.

José de Alencar escrevia ao imperador para clamar por cautela na emancipação dos escravos. Formado em Direito, dono de uma vasta cultura, podia

SOFISMAS ESCRAVISTAS DE JOSÉ DE ALENCAR

permitir-se a defesa das teses mais ingratas e menos heroicas: a escravidão como fato social protegido pelo direito legítimo e útil. As luzes do futuro não poderiam, segundo seu entendimento, escurecer o presente e apagar os benefícios do passado: "A escravidão caduca, mas ainda não morreu; ainda se prendem a ela graves interesses de um povo. É quanto basta para merecer o respeito." Nos termos de hoje, a ideologia falava pelo homem, que racionalizava sua posição:

> Tolerado semelhante fanatismo do progresso, nenhum princípio social fica isento de ser por ele atacado e mortalmente ferido. A mesma monarquia, senhor, pode ser varrida para o canto entre o cisco das ideias estreitas e obsoletas. A liberdade e a propriedade, essas duas fibras sociais, cairiam desde já em desprezo ante os sonhos do comunismo.

Antes de tudo, a lei.

Nenhum espantalho seria mais evocado no Brasil, diante de qualquer tentativa de avanço social, do que o do comunismo. Quantas vezes os brasileiros seriam assustados com a ameaça vermelha? Quem poderia imaginar que, já nas lutas em torno da abolição da escravatura, o fantasma comunista fosse agitado, como seria em 1954 e em 1964, para tentar frear o ímpeto dos progressistas ou as aspirações da população? Quem poderia imaginar que até a dom Pedro II um escritor e político famoso como José de Alencar citaria o espectro vermelho?!

O jurista reclamava respeito à lei e aos supostos benefícios de uma instituição que não se envergonhava de defender, por seus supostos benefícios sociais, e brandia já a pior das ameaças, embora em estado nascente: o comunismo. Daí o seu princípio:

> É, pois, um sentimento injusto e pouco generoso o gratuito rancor às instituições que deixaram de existir ou estão expirantes. Toda a lei é justa, útil, moral, quando realiza um melhoramento na sociedade e apresenta uma nova situação, embora imperfeita da humanidade. Neste caso está a escravidão.

Uma defesa radical e completa: "É uma forma, rude embora, do direito; uma fase do progresso; um instrumento da civilização." Defesa provocativa e com direito a alguns lances mais arrojados para obter efeitos agudos:

57

Na qualidade de instituição me parece tão respeitável como a colonização; porém muito superior quanto ao serviço que prestou ao desenvolvimento social. De feito [*sic*], na história do progresso representa a escravidão o primeiro impulso do homem para a vida coletiva, o elo primitivo da comunhão entre os povos. O cativeiro foi o embrião da sociedade; embrião da família no direito civil; embrião do estado no direito público.

Chocante?

Normal para seu tempo, como gostam de imaginar os que absolvem as infâmias do passado com o argumento do anacronismo? Nem tanto. Como o próprio José de Alencar revelava, ele estava escrevendo contra uma posição ascendente. Cada argumento era mais forte do que o anterior, mas cada palavra estava fadada a ser suplantada pelo futuro: "Se a escravidão não fosse inventada, a marcha da humanidade seria impossível, a menos que a necessidade não suprisse esse vínculo por outro igualmente poderoso." O interesse em escravizar teria evitado a eliminação em massa de populações antigas e até de indígenas. Entre morrer e tornar-se escravo, todos sairiam ganhando. Alencar chamava isso de racionalidade, uma razão desconhecida dos filantropos, uma razão que atuava por caminhos transversos ou até perversos. O cristianismo teria "adoçado" a escravidão, levando o escravo, embora sempre possuído como objeto, a deixar de ser coisa para ser homem. Como?

A retórica de José de Alencar parece estranhamente saída de discursos de dois séculos depois, uma espécie de antecipação degenerada do ovo da serpente ou, certamente, sua herança passada de geração em geração. Pode-se certamente falar em raízes da argumentação conservadora, o eterno confronto entre românticos defensores de utopias irrealizáveis e perigosas e sensatos homens com os pés no chão conhecedores das injunções da realidade e dispostos a pagar o preço da falta de glórias vãs para fazer a sociedade funcionar na prática:

Os filantropos abolicionistas, elevados pela utopia, não sabem explicar este acontecimento. Vendo a escravidão por um prisma odioso, recusando-lhe uma ação benéfica no desenvolvimento humano, obstinam-se em atribuir exclusivamente às más paixões humanas, à cobiça e à indolência o efeito de uma causa superior.

Imbatível?

O que deveria ser visto como positivo no escravismo? O que se poderia encontrar de desenvolvimento humano em uma prática baseada no rapto, na tortura e na privação injusta da liberdade?

> Sem a escravidão africana e o tráfico que a realizou, a América seria ainda hoje um vasto deserto. A maior revolução do universo, depois do dilúvio, fora apenas um descoberta geográfica, sem imediata importância. Decerto, não existiriam as duas grandes potências do novo mundo, os Estados Unidos e o Brasil. A brilhante civilização americana, sucessora da velha civilização europeia, estaria por nascer.

Alencar nos leva a pensar no personagem de Voltaire para quem o nariz fora inventado para segurar os óculos. Havia pragmatismo na erudição que o levava a citar Aristóteles: "Se a enxada se movesse por si mesma, era possível dispensar o escravo." Eis o gênio da raça, o gênio da raça branca que se deve ler por imposição escolar.

Ao imperador, Alencar perguntava com a falta de cerimônia de quem se tinha em alta conta: "É a escravidão um princípio exausto, que produziu todos os seus bons efeitos e tornou-se, portanto, um abuso, um luxo de iniquidade e opressão?" A resposta era óbvia:

> Nego, senhor, e o nego com a consciência do homem justo, que venera a liberdade; com a caridade do cristão, que ama seu semelhante e sofre na pessoa dele. Afirmo que o bem de ambas, da que domina como da que serve, e desta principalmente, clama pela manutenção de um princípio que não representa somente a ordem social e o patrimônio da nação; mas, sobretudo, encerra a mais sã doutrina do evangelho.

A Igreja, apesar das bulas papais renovadas, era invocada como a pedra fundamental do edifício da dominação do homem pelo homem. A mais imaginativa obra de ficção de José de Alencar foi, sem dúvida, sua argumentação em defesa da escravidão. Teria sido melhor, embora não do seu estilo, adotar o silêncio enigmático de Machado de Assis.

Na última carta, de 20 de julho de 1867, José de Alencar, sob a máscara de Erasmo, em total estado de loucura, ou seja, de pretensa hiper-racionalidade, mais racional que o racionalismo iluminista, o escravocrata José de Alencar, defensor da abolição lenta, gradual e restrita, partiu de um princípio racista: "A repulsão e o amálgama das raças humanas são duas leis de fisiologia social tão poderosas como na física os princípios da impenetrabilidade e coesão." Milagrosamente, o tráfico de africanos para o Brasil teria conseguido superar essa lei:

> Eis um dos resultados benéficos do tráfico. Cumpre não esquecer, quando se trata desta questão importante, que a raça branca, embora reduzisse o africano à condição de uma mercadoria, nobilitou-o não só pelo contato, como pela transfusão do homem civilizado. A futura civilização da África está aí nesse fato em embrião.

Ter vendido seus naturais como escravos seria a grande sabedoria da mãe África, o que lhe asseguraria um futuro civilizado. Daí a conclusão pretensamente sábia:

> Chegado o termo fatal, produzido o amálgama, a escravidão cai decrépita e exânime de si mesma, sem arranco nem convulsão, como o ancião consumido pela longevidade que se despede da existência adormecendo. Mas, antes do seu prazo, quem fere mortalmente uma lei derrama sangue, como se apunhalara um homem.

O mal estaria na abolição precipitada, não na permanência da infâmia. O sábio não tem pressa. Nem despreza o horror. Apressar o parto da liberdade, contrariando interesses econômicos e abalando a ordem vigente, mereceria a pena de morte:

> Nas memórias da escravidão moderna está registrado o sumário crime dos governos que guilhotinaram essa instituição, para obedecer à

SOFISMAS ESCRAVISTAS DE JOSÉ DE ALENCAR

fatuidade de uma utopia. De uma utopia, sim; pois outro nome não tem essa pretensão de submeter à humanidade o direito a uma craveira matemática.

Como seus herdeiros conservadores dos séculos XX e XXI, Alencar atacava os utopistas, os filantropos, os defensores das "boas causas", os revolucionários, os comunistas e os sonhadores em nome da ciência. Fazia-o incrivelmente também em nome do direito à diferença e à singularidade. Nada de padrão único:

> Porque somos livres agora, nós, filhos de uma raça hoje superior, havemos de impor a todo o indivíduo, até ao bárbaro, este padrão único do homem que já tem a consciência de sua personalidade! Não nos recordamos que os povos nossos progenitores foram também escravos e adquiriram, nesta escola do trabalho e do sofrimento, a têmpera necessária para conquistar seu direito e usar dele?

É o mesmo argumento, guardadas as proporções, usado ainda hoje por certos defensores do trabalho infantil que acreditam ser essa uma forma de dar suposta oportunidade de emprego aos mais carentes ou de formar desde cedo para o trabalho em condições "adequadas". Eles ainda existem, inclusive na mídia.

Para ele, tentar impor a todos a liberdade era abusivo, o que se poderia chamar, nos termos antropológicos vigentes, de etnocentrismo. Para consolidar seus postulados, Alencar recorria a números duvidosos e argumentos de autoridade:

> Os algarismos são na frase do escritor especialista, que já referi, testemunhas impassíveis; relatam a verdade, sem deixar-se influir da paixão e interesse. Esse mesmo testemunho imparcial da estatística invoco eu agora, em favor do império ameaçado de uma grande calamidade.

A abolição só poderia prosperar onde houvesse reduzido número de cativos, de modo a diminuir os prejuízos financeiros:

> Ainda outro algarismo, que vem depor como testemunha neste processo da emancipação precoce. Em 1859 a escravatura dos Estados Unidos se distribuía por 347.525 possuidores. Desse número, apenas 7.929 possuíam mais de cinquenta escravos: entretanto que os proprietários de um até dez escravos montavam a 254.268. No Brasil não se levantou ainda, que eu saiba, qualquer estatística acerca deste objeto. Pretende-se legislar sobre o desconhecido, absurdo semelhante ao de construir no ar, sem base nem apoio.

Nada parece mudar. Em nome da prudência, contra castelos no ar, a advertência: "Rompa-se este freio, e um sopro bastará para desencadear a guerra social, de todas as guerras a mais rancorosa e medonha." Cautela, imperador, cautela!

Muitos países aboliram a escravidão ou adotaram leis emancipacionistas antes do Brasil, inclusive na América Latina. Alencar sabia disso como qualquer intelectual de seu tempo:

> Buenos Aires em 1816; Colômbia e Chile em 1821; Bolívia em 1826; Peru, Guatemala e Montevidéu em 1828; México em 1829; Uruguai em 1843; finalmente a Inglaterra em 1833 e a França em 1848 para suas colônias. Tantos golpes sucessivos desfechados na escravatura parece que deviam reduzi-la imenso.

O resultado, porém, teria sido desastroso: "Todas as repúblicas abolicionistas foram dilaceradas pela anarquia, enquanto o Brasil se organizava com uma prudência e circunspeção admirável." A prudência teria de respeitar um princípio:

> Como todas as instituições sociais que têm radicação profunda na história do mundo e se prendem à natureza humana, a escravidão não se extingue por ato do poder; e sim pela caduquice moral, pela revolução lenta e soturna das ideias. É preciso que seque a raiz, para faltar às ideias a seiva nutritiva.

No entender do romântico pragmático, cabia aos escravos saber esperar trabalhando para seus donos. De graça. Aos abolicionistas por princípio,

SOFISMAS ESCRAVISTAS DE JOSÉ DE ALENCAR

José de Alencar reservava ironias que, ao longo do tempo, só mudariam de objetos:

> O filantropo europeu, entre a fumaça do bom tabaco de Havana e da taça do excelente café do Brasil, se enleva em suas utopias humanitárias e arroja contra estes países um aluvião de injúrias pelo ato de manterem o trabalho servil. Mas por que não repele o moralista com asco estes frutos do braço africano? Em sua teoria, a bebida aromática, a especiaria, o açúcar e o delicioso tabaco são o sangue e a medula do escravo. Não obstante, ele os saboreia. Sua filantropia não suporta esse pequeno sacrifício de um gozo requintado; e, contudo, exige dos países produtores que, em homenagem à utopia, arruínem sua indústria e ameacem a sociedade de uma sublevação. Neles desculpa-se. É fácil e cômoda a filantropia que se fabrica em gabinete elegante, longe dos acontecimentos e fora do alcance da catástrofe por ventura [sic] suscitada pela imprudente reforma.

Não faz pensar nos insultos da direita do século XXI aos "comunistas" de classe média ou aos artistas ricos e bem-sucedidos como Chico Buarque? Só faltava algo do gênero: "Vai para Paris, abolicionista caviar!"

José de Alencar via com a clarividência opaca dos convertidos o que ninguém desinteressado enxergava. Como em alguns dos seus livros, idealizava personagens, adulterava realidades, inventava mundos, deformava situações, mentia para si mesmo e, principalmente, para os leitores:

> Pode-se afirmar que não temos já a verdadeira escravidão, porém um simples usufruto da liberdade, ou talvez uma locação de serviços contratados implicitamente entre o senhor e o Estado como tutor do incapaz.

O senhor de escravos era apenas um usufrutuário de seus bens humanos semoventes, um pobre produtor abnegado? Era o escravizado que ganhava: "A raça africana tem apenas três séculos e meio de cativeiro. Qual foi a raça europeia que fez nesse prazo curto a sua educação?" Alencar foi um grande escritor romântico. Não consta que tenha sido humorista. Certamente ele não merece estátua em qualquer país africano:

Se algum dia, como é de esperar, a civilização projetar-se pelo continente africano adentro, penetrando os povos da raça negra, a glória desse imenso acontecimento, amargue embora aos filantropos, caberá exclusivamente à escravidão. Foi ela que preparou os precursores negros da liberdade africana.

Poucos terão dito tantas sandices com tamanha repercussão. Estrategista, Alencar podia dizer que eram argumentos de um louco, Erasmo.

Esse intelectual destemido, adulado e lido inspirou muitos conservadores, racistas e escravagistas na reta final que levou ao 13 de Maio de 1888. Só falava, porém, para os convencidos. José de Alencar votou contra a Lei do Ventre Livre e chegou a acusar dom Pedro II de ditador por sua intromissão no parlamento em defesa de reformas na escravatura. Num discurso feito em 13 de julho de 1871, na Câmara dos Deputados, Alencar resumira sua posição com um talento de ficcionista e uma imaginação transbordante:

> Senhores, é um fato reconhecido a moderação de que se tem revestido sempre, e ainda mais nos últimos tempos, a instituição da escravidão em nosso país. Nossos costumes, a índole generosa de nossa raça, impregnaram essa instituição de brandura e solicitude que a transformaram quase em servidão [...] Pois bem, se com a nossa impaciência sufocarmos esses sentimentos generosos, se sopitarmos esses sentimentos benévolos; se criarmos o antagonismo entre raças que viveram sempre unidas, retribuindo uma com sua proteção os serviços da outra, não receais que desapareça de repente esse caráter de moderação e de caridade. (Alencar, 1977, p. 240)

Não lhe faltariam imitadores no futuro. Alencar poderia ser invocado como patrono dos que combatem cotas e outras políticas ditas afirmativas de compensação às vítimas do racismo.

6. O antiescravismo precoce de José Bonifácio, o velho

Teria sido José de Alencar o mero porta-voz, em 1867, da visão de mundo dominante de seus contemporâneos sem que existisse contestação intelectual de seus pressupostos? Nada mais falso. Já em 1823, durante os trabalhos da primeira Constituinte brasileira, José Bonifácio de Andrade e Silva preparou uma representação que pode ser tomada como um projeto de abolição contundente, ainda que gradualista. A Assembleia Geral Constituinte Legislativa do Império do Brasil acabou dissolvida por dom Pedro I. José Bonifácio foi preso e deportado. Uma cópia de seu manifesto devastador para os escravistas resistiu para fazer história, sendo impressa a partir de 1825.

Na aurora do Império, José Bonifácio queria apressar a emancipação dos escravos. Em seu crepúsculo, José de Alencar lutava para retardar a abolição. No alvorecer da nação brasileira, José Bonifácio tentava iluminar o futuro do país. No apagar das luzes do século XIX, José de Alencar trabalhava para escurecer o passado e obscurecer o presente. José Bonifácio usava sua inteligência para eliminar falácias. José de Alencar exultava disseminando sofismas. Poucas vezes duas inteligências brasileiras se contrapuseram virtualmente com tamanha força. Alencar não se alimentou da inteligência de Bonifácio? Teria evitado um mau lugar na história.

Bonifácio definiu prontamente o objetivo de sua representação:

Nela me proponho a mostrar a necessidade de abolir o tráfico da escravatura, de melhorar a sorte dos atuais cativos, e de promover a sua progressiva emancipação. Quando verdadeiros cristãos e filantropos levantaram a voz pela primeira vez na Inglaterra contra o tráfico de escravos africanos, houve muita gente interesseira ou preocupada que gritou ser impossível ou não política a abolição porque as colônias britânicas não podiam escusar um tal comércio sem uma total destruição. Todavia, passou o *bill* e não se arruinaram as colônias.

Para cada passo dos utopistas, um alerta dos "realistas". A história dos argumentos conservadores se repete como tragicomédia. Quem vê cedo demais colhe amargura e descrédito. Bonifácio propunha um arrependimento que nunca veio. Para ele, a Constituição de um país livre não poderia ter por base uma nação de escravos. Sua leitura da situação pode ser vista como um exercício de racionalidade intemporal e universal. Ele sabia que a escravidão não cabia na ideia de justiça. Designava também um responsável:

Como poderá haver uma Constituição liberal e duradoura em um país continuamente habitado por uma multidão imensa de escravos brutais e inimigos? Comecemos, pois, esta grande obra pela expiação de nossos crimes e pecados velhos. Sim, não se trata somente de sermos justos, devemos também ser penitentes: devemos mostrar à face de Deus e dos outros homens que nos arrependemos, e tudo o que nesta parte temos obrado há séculos contra a justiça e contra a religião, que nos bradam acordes que não façamos aos outros o que queremos que não façam a nós. É preciso, pois, que cessem de uma vez os roubos, incêndios e guerras que fomentamos entre os selvagens da África.

Não havia desconhecimento acerca das condições desumanas do tráfico e do cativeiro. Se o feroz Paulino de Sousa classificaria de inconstitucional e desumana a abolição, José Bonifácio, mais de meio século antes, rejeitava que se constitucionalizasse a mais abjeta e desumana das instituições:

É preciso que não venham mais a nossos portos milhares e milhares de negros, que morriam abafados no porão de nossos navios, mais

O ANTIESCRAVISMO PRECOCE DE JOSÉ BONIFÁCIO, O VELHO

apinhados que fardos de fazenda: é preciso que cessem de uma vez por todas essas mortes e martírios sem conta, com que flagelávamos e flagelamos ainda esses desgraçados em nosso próprio território. É tempo, pois, e mais que tempo, que acabemos com um tráfico tão bárbaro e carniceiro; é tempo também que vamos acabando gradualmente até os últimos vestígios da escravidão entre nós, para que venhamos a formar em poucas gerações uma Nação homogênea, sem o que nunca seremos verdadeiramente livres, respeitáveis e felizes.

Para José Bonifácio, não cabia dúvida sobre o principal culpado pela escravidão:

> Foram os portugueses os primeiros que, desde o tempo do infante dom Henrique, fizeram um ramo de comércio legal de prear homens livres e vendê-los como escravos nos mercados europeus e americanos. Ainda hoje, perto de 40 mil criaturas humanas são anualmente arrancadas da África, privadas de seus lares, de seus pais, de seus filhos e de seus irmãos, transportadas às nossas regiões, sem a menor esperança de respirarem outra vez os pátrios ares, e destinadas a trabalhar toda a vida debaixo do açoite cruel de seus senhores, elas, seus filhos, e os filhos de seus filhos para todo o sempre!

Qual o fundamento disso tudo? Somente a força bruta:

> Se os negros são homens como nós e não formam uma espécie de brutos animais; se sentem e pensam como nós, que quadro de dor e de miséria não apresentam eles à imaginação de qualquer homem sensível e cristão? Se os gemidos de um bruto nos condoem, é impossível que deixemos de sentir também certa dor simpática com as desgraças e misérias dos escravos.

Nas primeiras páginas de seu livro sobre a escravidão no Brasil, Perdigão Malheiro sintetizou o percurso da captura moderna de homens para o trabalho forçado. Um certo Antônio Gonçalves, em 1442, teria levado para Portugal os primeiros dez africanos escravizados. A informação, ele observa, seria contestada. Os espanhóis teriam sido os primeiros escravagistas modernos. Em 1444, porém, o

> capitão Lançarote desembarcou em Lagos (Algarves) duzentos ou 235 escravos negros, que vendeu. Madeira e Canárias eram focos do comércio. E os maometanos da África também os traziam a Portugal para trocarem pelos prisioneiros que os portugueses lhes faziam. (1976, v. 2, p. 23)

O negócio evoluiria rapidamente em todos os sentidos por toda a Europa. Em 1511, o rei Fernando tomaria medidas para favorecer, em seu país, a entrada de escravos vindos da Guiné. Em 1517, Carlos V autorizou o tráfico de africanos com um argumento que faria história: a robustez dos negros os tornava mais adequados aos piores trabalhos.

A fase pioneira e amadora do tráfico cederia rapidamente lugar a práticas oficializadas por contratos, chamados pelos espanhóis de *asientos*:

> A princípio com os portugueses, com quem cessaram em virtude do tratado de 18 de julho de 1701 entre Filipe V de Espanha e dom Pedro II de Portugal. Passaram à França pelo tratado de 27 de agosto de 1701, que conferiu o monopólio por dez anos (1702 a 1712) à Companhia Francesa da Guiné. E finalmente por trinta anos aos ingleses (1713 a 1743). Nesses contratos o carregamento não era determinado só pelo número, mas também por *toneladas* de escravos como verdadeira mercadoria, ou carga! (Malheiro, 1976, v. 2, p. 25)

Toneladas de carne humana negra para consumo de brancos europeus. Máquinas humanas para o trabalho animal. Malheiro nada disse ou defendeu que José Bonifácio não tenha compreendido, percebido ou denunciado. Implacável, meio século antes das cartas de José de Alencar, sob o pseudônimo de Erasmo, ao imperador Pedro II, José Bonifácio dava a cara a tapa e desmontava os argumentos falaciosos de todo escravista de plantão:

O ANTIESCRAVISMO PRECOCE DE JOSÉ BONIFÁCIO, O VELHO

Para lavar-se pois das acusações que merecia lançou sempre mão e ainda agora lança de mil motivos capciosos, com que pretende fazer a sua apologia; diz que é um ato de caridade trazer escravos da África, porque assim escapam esses desgraçados de serem vítimas de despóticos reis; diz igualmente que, se não viessem esses escravos, ficariam privados da luz do evangelho, que todo cristão deve promover e espalhar; diz que esses infelizes mudam de um clima e país ardente e horrível para outro doce, fértil e ameno; diz, por fim, que devendo os criminosos e prisioneiros de guerra serem mortos imediatamente pelos seus bárbaros costumes é um favor que se lhes faz, conservar a vida, ainda que seja em cativeiro.

O escravismo moderno deu-se em um alicerce retórico.

Não há apelação possível. No coração das trevas, José Bonifácio iluminava seu tempo com elementos extraídos da mais pura racionalidade. Pregava, contudo, para contemporâneos que não desejavam ouvi-lo:

Homens perversos e insensatos! Todas essas razões apontadas valeriam alguma coisa se vós fôsseis buscar negros à África para lhes dar liberdade no Brasil e estabelecê-los como colonos; mas perpetuar a escravidão, fazer esses desgraçados mais infelizes do que seriam, se alguns fossem mortos pela espada da injustiça, e até dar azos certos para que se perpetuem tais horrores é de certo um atentado manifesto contra as leis eternas da justiça e da religião.

Como foi possível que o culto José de Alencar tivesse fechado os olhos a essas linhas cristalinas de uma personalidade brasileira?

O fundamento retórico do escravismo tinha mais rachaduras do que admitiam seus defensores quando precisavam debater. Compravam-se negros na África para salvá-los da opressão local? O que responder, então, à lógica desta pergunta de Bonifácio ainda hoje chocante?

E por que continuaram e continuam a ser escravos os filhos desses africanos? Cometeram eles crimes? Foram apanhados em guerra? Mudaram de clima ruim para outro melhor? Saíram das trevas do paganismo para a luz do Evangelho? Não, todavia seus filhos e filhos desses filhos devem, segundo vós, ser desgraçados para todo o sempre.

A resposta era o refrão do sagrado direito à propriedade, dos negócios feitos de boa-fé sob a proteção das leis e das necessidades da economia e da produção. José Bonifácio estava pronto para a guerra. Invalidou cada um dos sofismas de seus opositores: "Os apologistas da escravidão escudam-se com os gregos e romanos, sem advertirem que entre os gregos e romanos não estavam ainda bem desenvolvidos e demonstrados os princípios eternos do direito natural e os da religião." A cada um, seu quinhão no latifúndio da infâmia.

Nada se fez, no entanto, sem a cumplicidade quase geral. José Bonifácio de Andrade e Silva não perdoou qualquer um dos muitos algozes dos escravos:

> Qual é a religião que temos, apesar da beleza e santidade do Evangelho, que dizemos seguir? A nossa religião é pela maior parte um sistema de superstições e de abusos antissociais; o nosso clero, em muita parte ignorante e corrompido, é o primeiro que se serve de escravos, e os acumula para enriquecer pelo comércio, e pela agricultura, e para formar, muitas vezes, das desgraçadas escravas um harém turco. As famílias não têm educação, nem a podem ter com o tráfico de escravos, nada as pode habituar a conhecer e amar a virtude e a religião. Riquezas e mais riquezas gritam os nossos pseudoestadistas; os nossos compradores e vendedores de carne humana; os nossos sabujos eclesiásticos; os nossos magistrados, se é que se pode dar um tão honroso título a almas, pela maior parte, venais, que só empunham a vara da Justiça para oprimir desgraçados, que não podem satisfazer à cobiça, ou melhorar a sua sorte.

Tudo está nesse parágrafo, a síntese brutal de um modelo de vida, de uma visão de mundo, de um estado das coisas que se pretendia natural: a escravidão foi obra de um conjunto de instituições que eram tidas como muito honradas: família, justiça, Estado, Igreja e negociantes. José Bonifácio mostra que, salvo os de pouca inteligência, todos tinham consciência do

O ANTIESCRAVISMO PRECOCE DE JOSÉ BONIFÁCIO, O VELHO

horror que, por interesse, sustentavam e para o qual buscavam justificativas falaciosas no passado, na cultura, na religião e até mesmo na bondade. Estariam os males brasileiros do século XXI explicados na diatribe de José Bonifácio antes da metade do século XIX?

> O luxo e a corrupção nasceram entre nós antes da civilização e da indústria; e qual será a causa principal de um fenômeno tão espantoso? A escravidão, senhores, a escravidão, porque o homem, que conta com os jornais de seus escravos, vive na indolência, e a indolência traz todos os vícios.

O indolente parasita, o senhor de escravos "consumidor" de carne humana, buscou, na suposta preguiça dos brasileiros, a justificativa para a escravidão. José Bonifácio percebia o truque:

> Diz, porém, a cobiça cega que os escravos são precisos no Brasil, porque a gente dele é frouxa e preguiçosa. Mentem por certo. A província de São Paulo, antes da criação dos engenhos de açúcar, tinha poucos escravos, e, todavia, crescia anualmente em povoação e agricultura, e sustentavam de milho, feijão, farinha, arroz, toucinhos, carnes de porco etc. a muitas outras províncias marítimas e interiores.

Cultura não lhe faltava para se defender ou atacar no debate:

> Na Cochinchina não há escravos, e, todavia, a produção e exportação do açúcar já montavam em 1750, segundo nos diz o sábio Poivre, a 40 mil pipas de 2 mil libras cada uma, e o seu preço era baratíssimo no mercado; ora, advirta-se que todo este açúcar vinha de um pequeno país sem haver necessidade de estragar matas e esterilizar terrenos, como desgraçadamente entre nós está sucedendo.

Teria sido José Bonifácio de Andrade e Silva o primeiro ecologista brasileiro?
Com uma linguagem que praticamente não destoa da empregada quase duzentos anos depois, ele pulverizou o argumento recorrente do direito à propriedade que os conservadores brandiriam desesperadamente

contra as leis do Ventre Livre, dos Sexagenários e, novamente, contra
a Lei Áurea:

> A sociedade civil tem por base primeira a justiça, e por fim principal
> a felicidade dos homens; mas que justiça tem um homem para roubar a
> liberdade de outro homem, e o que é pior, dos filhos deste homem, e dos
> filhos destes filhos? Mas dirão que se favorecerdes a liberdade dos escra-
> vos será atacar a propriedade. Não vos iludais, senhores, a propriedade
> foi sancionada para bem de todos, e qual é o bem que tira o escravo de
> perder todos os seus direitos naturais, e se tornar de pessoa a coisa, na
> frase dos jurisconsultos? Não é pois o direito de propriedade que querem
> defender, é o direito da força, pois que o homem, não podendo ser coisa,
> não pode ser objeto de propriedade. Se a lei deve defender a propriedade,
> muito mais deve defender a liberdade pessoal dos homens, que não pode
> ser propriedade de ninguém, sem atacar os direitos da providência, que
> fez os homens livres, e não escravos.

Eis tudo.

A base das alegações dos escravistas nunca passou de algo primário
transformado em fundamento jurídico pelo simples fato de que o direito
pode ser apenas a expressão dos donos do poder: "Comprei, paguei, é meu."
Esse simplismo não intimidava José Bonifácio:

> Não basta responder que os compramos com o nosso dinheiro; como se
> dinheiro pudesse comprar homens! Como se a escravidão perpétua não
> fosse um crime contra o direito natural, e contra as leis do Evangelho,
> como disse. As leis civis, que consentem estes crimes, são não só culpadas
> de todas as misérias que sofre esta porção da nossa espécie, e de todas
> as mortes e delitos que cometem os escravos, mas igualmente o são de
> todos os horrores, que em poucos anos devem produzir uma multidão
> imensa de homens desesperados, que já vão sentindo o peso insuportável
> da injustiça, que os condena a uma vileza e miséria sem fim.

José Bonifácio calou José de Alencar antes mesmo do nascimento daquele
que seria um grande escritor brasileiro.

O ANTIESCRAVISMO PRECOCE DE JOSÉ BONIFÁCIO, O VELHO

Apesar de toda a sua lucidez e de sua coragem, José Bonifácio tinha seus limites:

> Acabe-se pois de uma vez o infame tráfico da escravatura africana; mas com isto não está tudo feito; é também preciso cuidar seriamente em melhorar a sorte dos escravos existentes, e tais cuidados são já um passo dado para a sua futura emancipação. As leis devem prescrever estes meios, se é que elas reconhecem que os escravos são homens feitos à imagem de Deus. E se as leis os consideram como objetos de legislação penal, por que o não serão também da proteção civil? Torno a dizer, porém, que eu não desejo ver abolida de repente a escravidão; tal acontecimento traria consigo grandes males. Para emancipar escravos sem prejuízo da sociedade, cumpre fazê-los primeiramente dignos da liberdade: cumpre que sejamos forçados pela razão e pela lei a convertê-los gradualmente de vis escravos em homens livres e ativos.

Por que não seriam dignos da liberdade esses homens, como os demais? Na verdade, a sociedade é que não se sentia preparada para viver sem sua mão de obra compulsória e gratuita. Faltava-lhe dignidade para trabalhar e pagar salários.

José Bonifácio preparou um projeto de emancipação gradual com 32 artigos. Ferreira de Meneses (*apud* Estrada, 2005, p. 220) diz que

> foi em Paris, em 1825, deportado pelas vis intrigas de uns miseráveis aristocratas, absolutos e retrógrados, que José Bonifácio redigiu o "Projeto da Emancipação", reproduzido no 3º número do *Abolicionista*, e que a posteridade guardará como um dos principais títulos de benemerência do imortal varão, que tanto trabalhou na organização da sociedade brasileira. De longe, livre dos insolentes vozerios dos traficantes de escravos e dos exploradores da infeliz raça africana; com o coração apertado pelas saudades da pátria, ele olhou, através do Atlântico, para esse Brasil imenso, para esse paraíso indescritível, e chorou, vendo-o reduzido a um imundo ergástulo, onde senhores, sem cabeça e sem coração, faziam morrer sob o azorrague, estaquear, definhar sobre formigueiros, sepultar em caixas de açúcar destinadas ao Havre e a Liverpool, os infelizes

que não tinham outro crime além do de trabalhar dia e noite para que eles pudessem viver na ociosidade e na preguiça, no jogo e na crápula.

O art. 8º do projeto de Bonifácio estabelecia:

Todo senhor que forrar escravo velho ou doente incurável será obrigado a sustentá-lo, vesti-lo e tratá-lo durante sua vida, se o forro não tiver outro modo de existência: e no caso de o não fazer, será o forro recolhido ao hospital, ou casa de trabalho à custa do senhor.

O art. 10 determinava:

Todos os homens de cor forros, que não tiverem ofício ou modo certo de vida, receberão do estado [sic] uma pequena sesmaria de terra para cultivarem, e receberão, outrossim, dele os socorros necessários para se estabelecerem, cujo valor irão pagando com o andar do tempo.

Outros artigos propunham avanços importantes, embora nem tanto para o vanguardismo do autor em termos de crítica acerba à escravidão: "O senhor não poderá castigar o escravo com surras, ou castigos cruéis, senão no pelourinho público da cidade, vila, ou arraial, obtida licença do juiz policial, que determinará o castigo à vista do delito." (art. 13) "Os escravos podem testemunhar em juízo não contra os próprios senhores, mas contra os alheios." (art. 15)

A escrava, durante a gravidez e passado o terceiro mês, não será obrigada a serviços violentos e aturados; no oitavo mês só será ocupada em casa; depois do parto terá um mês de convalescença; e passado este, durante um ano não trabalhará longe da cria.[3] (art. 18)

Se o projeto era moderado ou até conservador quanto à abolição total da escravidão, se José Bonifácio era, como José de Alencar e tantos outros,

---

3 Todas essas citações não referenciadas a cada fragmento da representação de José Bonifácio foram retiradas do volume 1 da excelente publicação on-line *A abolição no parlamento: 65 anos de luta (1823-1888)*. Brasília: Senado Federal, 2012.

O ANTIESCRAVISMO PRECOCE DE JOSÉ BONIFÁCIO, O VELHO

gradualista, o essencial de sua representação sempre esteve no abalo aos fundamentos da instituição escravista. Vê-se o político em ação, entre a crítica pertinente e a proposta possível em um momento em que o imaginário social ainda não estava povoado por uma imprensa abolicionista. A grandeza das ideias de José Bonifácio é maior na medida em que floresceram antes de a terra tornar-se fértil para o desabrochar do sonho da liberdade total. Outros tiveram de pegar o bastão e desmontar muitas vezes os mesmos odiosos argumentos. José Bonifácio, o velho, foi o novo absoluto contra o escravismo.

7. A abolição na Câmara dos Deputados e no Senado: a vontade política contra as manobras regimentais

A história da escravidão foi repassada pelos parlamentares nos seis dias que arrancaram o Brasil de sua página mais hedionda. O *Correio Paulistano*, jornal do Conselheiro Antônio Prado, figura conservadora da elite paulista e membro influente do governo, que votou contra a Lei do Ventre Livre e só abraçou a causa da abolição quando não havia mais volta, para não perder os dedos, narrou, em sua edição de 15 de maio de 1888, o último ato da luta contra a escravidão como uma epopeia dos conservadores: "Cumpre-nos reconhecê-lo no dia do triunfo, após as tremendas crises do passado, que ao partido conservador cabe grande, mui grande, a máxima parte dos louros colhidos na refrega." A luta dos negros não recebeu destaque.

Sem pudor, o veículo dos latifundiários escravocratas paulistas louvou a si próprio:

O saudosíssimo Euzébio de Queiroz extinguiu o tráfico dos africanos, a fonte mais rica da escravidão. O grande visconde do Rio Branco estancou a fonte servil, decretando que ninguém mais nascia escravo no Brasil. A lei de 1885, incontestavelmente, precipitou os acontecimentos. E o gabinete 10 de março consumou a obra de redenção. Treze de maio é o complemento lógico, necessário, fatal de 28 de setembro de 1871 e de 28 de setembro de 1885. O partido conservador iniciou a grande obra. O partido conservador completou-a. Honra e glória aos partidos constitucionais e à monarquia do Brasil.

A Lei do Ventre Livre (1871), a Lei dos Sexagenários (1885) e a Lei Áurea (1888) foram aprovadas na vigência de governos conservadores, mas por força de combates históricos para os quais contribuíram diversas instituições e personalidades. O senador Antônio Prado, alegando doença, nem compareceu à sessão que sepultou a escravidão no Brasil. Rui Barbosa não o poupou por isso. Teria zombado dos senadores que não saem e dos que nunca ficam.

Antônio da Silva Prado foi um escravocrata empedernido que só se converteu à abolição quando sentiu que se tratava de uma guerra perdida para sua classe, com a fuga de grandes levas de escravos em São Paulo. Como ministro da Agricultura do ministério Cotegipe, conseguiu a façanha de tornar uma lei ruim para os escravos, a dos Sexagenários, ainda pior. Suas manipulações foram chamadas pelos abolicionistas de "regulamento negro". O brasilianista Robert Conrad, em seu livro *Os últimos anos da escravidão no Brasil*, resumiu assim a ação do conselheiro Prado na aplicação da Lei dos Sexagenários: "Ampliou diretamente a vida da escravidão por mais de um ano ao determinar que as diminuições anuais dos valores dos escravos só começariam a contar a partir da data do registro dos escravos e não da data da lei." (1978, p. 284) A lei proibia a venda de escravos de uma província para outra. Prado determinou, pelo decreto de 12 de junho de 1886, que a cidade do Rio de Janeiro, município neutro, era parte da província do Rio de Janeiro, permitindo que 30 mil escravos da cidade do Rio fossem transferidos para a zona produtora de café em um passe de mágica. Fez questão de aplicar o artigo da lei que punia severamente quem permitisse a fuga ou desse abrigo a escravo fugido em uma tentativa de amordaçar a imprensa e os ativistas ousados. Adversário do que chamava de "abolicionismo cego e apaixonado", aderiu à abolição na reta final para ajudar seus amigos fazendeiros a tirarem o que ainda fosse possível dos escravos: um período adicional de trabalho de cada negro como indenização aos donos, o que chamou de política razoável, sensata e flexível. Prado é o autor de uma das pérolas contra os escravos fujões. Segundo ele, a miséria e a fome eram os "primeiros castigos de sua negra ingratidão para com seus ex-senhores".

A ABOLIÇÃO NA CÂMARA DOS DEPUTADOS E NO SENADO

Alguns sustentam que Antônio Prado teria redigido o texto da Lei Áurea, mas, de fato, no dia da votação ele nem compareceu ao plenário. O projeto que ele gostaria de ter visto aprovado no lugar da Lei Áurea previa indenização monetária para os ex-proprietários, colheita gratuita da safra madura pelos ex-cativos e obrigação de todos eles de permanecer por mais longos seis anos nos lugares onde haviam sido emancipados. Queria ainda sugar homens enfim livres. Seus argumentos ancoravam-se nas imposições da realidade. Via-se como um gestor público e um empresário às voltas com situações concretas.

O *Correio Paulistano*, fundado em 1845, teve diferentes donos e ideologias. A partir de 1882, passou a ser controlado por esse tentacular Antônio da Silva Prado. Lilia Moritz Schwarcz sintetizou corretamente a volatilidade desse jornal a serviço da plutocracia cafeeira:

> Foi então que se deu a última e definitiva mudança no jornal, ou seja, o *Correio*, como num "passe de mágica", passa de monarquista conservador e escravocrata, até 1887, a abolicionista e republicano em 1889, ganhando louvores e principalmente postos destacados na nova configuração política que se montava. (2001, p. 69)

De uma costela do *Correio Paulistano*, surgiria, em 1875, *A Província de São Paulo*, que se tornaria abolicionista em 1884, mesmo publicando anúncios de venda de escravos, e mais tarde passaria a ser o para sempre conservador *O Estado de S. Paulo*. Tudo se encadeia.

Antes de louvar-se a si mesmo pela abolição, o *Correio Paulistano* fez um cândido elogio a todos os brasileiros:

> A emancipação total dos escravos é, sem dúvida, obra de toda a nação brasileira. E o patriótico gabinete 10 de março, realizando-a, obedeceu à ditadura da opinião pública. Não era lícito, como bem observou o honrado ministro da Agricultura, o paulista ilustre a quem coube a honra de referendar a lei, "conservar-se surdo à voz convincente dos pastores da Igreja; às aspirações ardentes da mocidade de todas as Academias; à abnegação significativa dos proprietários; ao desinteresse da Lavoura; à agitação universal da imprensa; à pertinácia da propaganda; à adesão

dos nossos bravos soldados; que no mar e em terra defendem a integridade e a honra da Pátria; ao mal-estar, enfim, de todos os partidos".

Nunca, talvez, dizendo parte da verdade, um jornal mentiu tanto para si e para seus leitores ao declarar algumas verdades que deplorava. Só havia abolicionistas? Não. Muitos continuavam escravocratas. Em contrapartida, muitos dos atores citados na louvação do jornal do conselheiro Prado realmente haviam contado para a abolição. A abnegação dos proprietários era uma licença poética.

A glória maior, segundo o articulista do *Correio Paulistano* de 15 de maio de 1888, cabia aos conservadores paulistas:

> Por entre as uníssonas aclamações ao ministério João Alfredo, aos próceres do abolicionismo, à imprensa, ao povo, cumpre não esquecermos o nome daquele a quem se deve o movimento de espíritos que deu como resultado o acontecimento memorável de anteontem. Quem provocou a ação do governo na última sessão legislativa? Quem, encerrado o Parlamento, pôs-se à frente da propaganda emancipadora, pacífica, leal, ordeira, humanitária, conservadora? Quem operou uma transformação completa na organização do trabalho nesta província, advogando a causa da libertação e da colonização nacional? Quem, pela propaganda tenaz na imprensa, na tribuna e nos comícios populares, obrigou o Império a acompanhar a província de São Paulo? São Paulo foi quem exerceu a ditadura da opinião. E a opinião, oriunda de São Paulo, ditou a Abolição. Isso é que é. Honra e glória ao grande patriota, ao Wilberforce paulista. Honra e glória ao senador Antônio da Silva Prado.

William Wilberforce foi um dos mais destacados abolicionistas britânicos. Começou sua luta contra a escravidão em 1787. Obteve grande vitória em 1807, com a aprovação da Lei contra o Comércio de Escravos. Não merecia comparação com Antônio Prado.

A *Gazeta da Tarde* conseguiu ser bem mais descritiva nos atos finais da escravidão no Brasil. Como sempre, houve uma batalha regimental na Câmara dos Deputados, na derradeira e desesperada tentativa de impedir a crônica de uma abolição tornada inevitável. O deputado Andrade Figueira

A ABOLIÇÃO NA CÂMARA DOS DEPUTADOS E NO SENADO

fez o que pôde para tentar retardar o desfecho. Em 1871, quando dos embates sobre a Lei do Ventre Livre, Figueira considerava que tudo no projeto era inconstitucional. Para ele, até para receber doações os escravos precisavam ser autorizados por seus donos. Postulava que, como em 1850, as discussões fossem secretas sobre o mais público tema de interesse de sua época. Em 1888, quando Joaquim Nabuco pediu que fosse nomeada uma comissão de cinco membros para examinar o projeto de abolição do governo, Figueira tentou jogar com o regimento interno para ganhar tempo.

A comissão, integrada pelos deputados Duarte de Azevedo, Joaquim Nabuco, Gonçalves Ferreira, Afonso Celso Júnior e Alfredo Corrêa, reuniu-se prontamente para formular seu parecer. Figueira entendia que, pelo regimento, as comissões eleitas teriam um "processo a absorver para os seus trabalhos", havendo a necessidade de "uma indicação reformando o regimento; e somente depois desta reforma poder-se-ia permitir a urgência". Figueira bradou também "contra a invasão de pessoas estranhas à Câmara, convertendo a augusta majestade do recinto em circo de cavalinhos!". Era uma alusão ao teatro Polytheama, no qual os abolicionistas reinavam. Insistiu:

> Como se não bastassem tais transgressões que importam ao decoro da câmara, o nobre relator da comissão especial, sem observar os processos estabelecidos para os termos dos trabalhos das comissões, pede que seja dispensada a impressão do projeto para entrar na ordem do dia. O senhor presidente não pode aceitar como parecer o papel que foi enviado à mesa, e que é contrário aos termos do regimento.

Foi vencido. Joaquim Nabuco liquidou a questão dizendo que nada no regimento obrigava a Comissão a esperar 24 horas para emitir seu parecer.

Tudo se acelerou. Em 9 de maio, deu-se a segunda discussão do primeiro artigo do projeto. O ministro da Agricultura, Rodrigo da Silva, antigo escravocrata da gema convertido à abolição por falta de opção, defendeu-o argumentando que, desde a Lei dos Sexagenários, a escravidão tornara-se ilegítima. O deputado Araújo Góis propôs uma emenda ao primeiro artigo do projeto para acrescentar a expressão "desde a data desta lei", de modo a eliminar o prazo normal de 60 dias para a entrada em vigência das leis, ficando assim: "É declarada extinta, desde a data desta lei, a escravidão no Brasil." O deputado Zama pediu que a votação fosse nominal. Votaram contra o barão de Araçagy, Bulhões Carvalho, Castrioto, Pedro Luiz, Bezamat, Alfredo Chaves, Lacerda Werneck, Andrade Figueira e Cunha Leitão. Resultado: 83 favoráveis e nove contra. No mesmo dia, deu-se a segunda discussão do segundo artigo. Joaquim Nabuco pediu que não houvesse necessidade de impressão e do tempo regimental previsto para que se entrasse na terceira discussão. Foi preciso remeter o projeto à Comissão de Redação para incorporar a emenda aprovada. A sessão foi prorrogada por trinta minutos. Antes da terceira e última discussão, já no dia 10 de maio, o deputado Afonso Celso apresentou um projeto para transformar em feriado nacional o dia da aprovação da lei da abolição. Era festa.

O deputado Pedro Luiz ainda discursaria para reprovar o método de discussão do projeto. Joaquim Nabuco, incansável, derrubou todos os obstáculos, contornou todos os golpes regimentais, obteve aprovação de todas as suas solicitações, como a da formação de uma comissão de redação interina para dar forma ao projeto completo a ser votado. A redação permaneceu a mesma elaborada pela comissão especial. Nabuco se permitiria um vibrante discurso com um mínimo de inverdade para comemorar a vitória antes da batalha no Senado:

> A vitória final do abolicionismo no Parlamento não é a vitória de uma luta cruenta, não há vencidos nem vencedores nesta questão, são ambos os partidos políticos unidos que se abraçam neste momento solene de reconstituição nacional, são dois rios de lágrimas que formam um mar bastante largo para que nele se possa banhar inteira a nossa bandeira nacional.

Sua fala sobre não haver vencedores nem vencidos, como se viu, repercutiria nos jornais como fórmula perfeita ou ilusória.

As ilusões contavam pouco em um momento em que cada movimento deveria traduzir-se em transformações legais sem precedentes. Os sonhos é que se tornavam realidade depois de séculos de pesadelo. Os conservadores haviam conseguido adiar, com base no discurso da responsabilidade e do patriotismo, o máximo possível o desfecho que tanto temiam e que sabiam

A ABOLIÇÃO NA CÂMARA DOS DEPUTADOS E NO SENADO

ter os dias contados. A época de ouro do escravismo ficava para trás como uma mancha da qual muitos nunca se arrependeriam. A opinião pública fora corroída pelo incansável trabalho dos abolicionistas, pelas revoltas, pelas fugas e pela resistência dos principais interessados na mudança, os escravos, e por deputados e senadores determinados a discutir cada artigo de projetos de lei sempre mais exigentes e ousados. O fim do século e do milênio se aproximava dobrando sinos por um Brasil anacrônico.

Alguns homens, porém, não se vergaram. Não lhes pesava jamais a consciência? O tempo apagou boa parte de seus rastros. O que sentiam profundamente esses membros da elite brasileira que ousariam dizer não à liberdade quando tudo para o escravismo já estava perdido? Em maio de 1888, depois da "fala do trono", lida pela princesa regente, e do envio do projeto do governo propondo o fim imediato do cativeiro, nada mais poderia barrar a abolição. Votar não, contrariando uma maioria explícita, teve o valor simbólico de uma recusa de princípio, uma defesa, na certeza da derrota, para marcar posição. Estrategicamente, jogando para a plateia e para a história, diante do que estava anunciado, teria sido mais inteligente declarar-se vencido e acompanhar a maioria em uma votação nominal para marcar com ferro e fogo quem se colocasse na contramão da história.

A bancada escravista empedernida era composta por homens de formações diversas e de posições sinuosas, adotando, em alguns casos, posturas progressistas. O barão de Araçagy, depois visconde de Rio Formoso, Francisco de Caldas Lins, representante de Pernambuco, era advogado, juiz municipal, herdeiro de engenho de açúcar em Rio Formoso e defensor ferrenho dos interesses de sua casta. Ganhou o título de nobreza por haver formado batalhões para lutar na Guerra do Paraguai. Carlos Frederico Castrioto, eleito pelo Rio de Janeiro, era advogado. Foi promotor de justiça, ministro da Marinha (1887-1888) e depois senador da República. Pedro Luiz Soares de Sousa, outro deputado do Rio de Janeiro, era engenheiro. O fluminense Alberto Bezamat era advogado e chegou a ser juiz de direito. Alfredo Rodrigues Fernandes Chaves foi engenheiro, ministro da colonização, depois da Marinha e, por fim, da Guerra. Tornou-se nome de município no Espírito Santo, onde, enviado por dom Pedro II, em 1878, expulsou os índios que atrapalhavam a vida dos colonos italianos. A cidade gaúcha de Veranópolis também chegou a se chamar Alfredo Chaves. Manoel Peixoto de Lacerda Werneck, advogado e fazendeiro, nasceu em Paty do Alferes e morreu em Vassouras. Era filho de Francisco Peixoto de Lacerda Werneck, militar que se tornou famoso como caçador de escravos fugidos das fazendas de sua região e por ter esmagado a revolta de Manoel Congo, no Vale do Paraíba. Congo foi enforcado a título de exemplo em 1839, em Vassouras. Francisco Peixoto concluiu que era preciso ser firme com os escravos, mas sem excessos de qualquer natureza.

Antônio Cândido da Cunha Leitão foi presidente da província de Sergipe. Propôs o ensino obrigatório para meninos de 7 a 14 anos nos locais onde houvesse escola. Foi oficial de gabinete do ministro da Justiça José de Alencar e várias vezes deputado pelo Rio de Janeiro. João Evangelista Sayão de Bulhões Carvalho foi advogado, formado em Recife, magistrado, especialista em direito romano e deputado pelo Rio de Janeiro. Já no período republicano, dirigiu a Faculdade de Ciências Jurídicas e Sociais do Rio de Janeiro e o Banco da República. Domingos de Andrade Figueira, nascido no Rio de Janeiro, advogado, presidente da Câmara dos Deputados de 1886 a 1887, presidente da província de Minas Gerais de 1868 a 1869, tentou restaurar a monarquia, questionando a sanidade mental de seu desafeto republicano Benjamin Constant. Foi objeto do sarcasmo devastador do escritor Lima Barreto, que sobre ele escreveu frases irrefutáveis:

> A escravatura triunfante quero!
> De há muito seu desejo realizar procura da liberdade
> Que volte a escravatura! É o seu programa
> De seu sopro vamos apagar o facho/Da liberdade que nos perde e inferem
> Meus amigos! Não temais tais pessoas.
> O Andrade é bananeira que deu cacho.

> (*apud* Lima Barreto, 2011, p 570)

Um time formado majoritariamente por abastados representantes do Partido Conservador do Rio de Janeiro.

O jornal O *Paiz*, no sábado, 12 de maio de 1888, resumiu com precisão o caminho do projeto de lei até seu envio para o Senado. Fundado, no Rio de Janeiro, em 1º de outubro de 1884, O *Paiz* teve Rui Barbosa, por três dias, como seu primeiro redator-chefe, sendo substituído por Quintino Bocaiúva. Republicano e abolicionista, deixou de contar com os artigos do abolicionista e monarquista Joaquim Nabuco. Na ebulição dos acontecimentos, cada peça se movia no tabuleiro com saltos, recuos, avanços e cálculos imprevisíveis.

A síntese de *O Paiz*, na véspera da aprovação da Lei Áurea, quase não evitava a comemoração, mas informava, sob o título "Amanhã":

> O Senado recebeu ontem a abolição como era de esperar do seu patriotismo, depois da marcha que a lei tivera na câmara. Ali não se perdeu um minuto. O gabinete começou na segunda-feira pedindo hora para apresentar o projeto, antes de se apresentar ele mesmo. Na terça-feira o projeto foi apresentado como proposta do poder executivo, evitando-se assim uma discussão, e nesse mesmo dia foi nomeada a comissão especial e dado parecer. Na quarta-feira foi votado o projeto em 2ª discussão e na quinta mandado para o Senado.

Um recorde de agilidade. Mostra de uma virada que o próprio jornal tentaria explicar na mesma edição. No imaginário social, uma ideia prosperava: quando o parlamento quer, tudo anda. O mais provável é que, nas ruas, o povo dissesse: quando eles querem, aí vai. Foi.

8. A doença do imperador refém na imprensa

O redator de *O Paiz* previa o previsível:

> O caminho da lei no senado deve ser ainda mais rápido, sendo possível. Há uma razão para isso. O estado de saúde do imperador, a urgência, mesmo, da piedade filial, de fazer a lei fechar o segundo reinado em vez de abrir o terceiro, sendo assinada pela regente e não pela imperatriz.

Dom Pedro II, doente, em Milão, sobreviveria para ser derrubado do poder um ano e meio depois por muitos dos abolicionistas. Em maio de 1888, os jornais noticiavam dia a dia a evolução de suas condições de saúde. Na mesma primeira página de 12 de maio, *O Paiz* alarmava-se nos telegramas: "Milão, 11: É infelizmente certo que o estado de saúde de Sua Majestade o sr. Pedro II tem-se agravado muito e apresenta aspecto bem inquietador. Aumenta sempre a agitação nervosa do enfermo." Será que era a ansiedade com a abolição? Mais: "Milão, 11: confirmam-se as notícias desfavoráveis sobre o estado do imperador."

O imperador era vítima de uma doença e também de suas vacilações. Refém dos proprietários de escravos, dava um passo à frente e parava. Temia ter caminhado depressa demais. Queria estar à altura do humanismo que lhe atribuíam, mas não ousava romper os grilhões que o mantinham atrelado aos espíritos conservadores de sua época. Fora educado para o bom senso, a prudência, a ponderação e a moderação. Quando dava um passo mais longo, sentia vertigens. Pensava correr. Se não andava, ficava tonto. Não queria que o acusassem de lerdeza. Nem de correria. Para cada declaração em favor da abolição, precisava fazer um gesto que tranquilizasse a lavoura e acalmasse os escravistas.

Outro telegrama de Milão, 11, recebido às 4h35 da tarde, assustava: "Aumenta de gravidade a moléstia do imperador. A febre é intensa e o dr. Semmola receia que sobrevenham perturbações cerebrais." De Lisboa, um telegrama informava que eram "impotentes os esforços dos médicos para debelar a pleurisia de que Sua Majestade foi acometido". Em contrapartida, destacava-se a preocupação de monarcas europeus, em especial o rei Humberto, da Itália, com dom Pedro II. Um telegrama noturno, de Lisboa, parecia definitivo. Tudo estaria perdido: "Os médicos desesperam de salvar Sua Majestade." A escravidão morria. O imperador também? De Petrópolis, porém, às dez horas da noite, vinha a informação de que o imperador havia "melhorado dos últimos sintomas assustadores". Haveria missa no dia seguinte por sua recuperação total. O país preparava-se para uma festa sem proporções e temia que tudo terminasse em velório real.

O Paiz, um dos principais formadores da opinião nacional, definia:

> Toda e qualquer discussão pode ficar para mais tarde. A enfermidade do imperador abre uma crise que impõe silêncio. Nem o conservantismo intransigente representado pelo sr. Paulino, nem o abolicionismo triunfante representado pelo sr. Dantas, precisam mais falar. Quanto aos matizes propriamente políticos do Senado, eles têm campo mais livre para suas manifestações em outros debates e nada perdem esperando alguns dias mais.

Era hora de dar o grande salto:

> O barão de Cotegipe pode defender muito melhor a sua administração na discussão do voto de graças do que na do projeto, e tanto os que impugnam como os que sustentam o procedimento da regente pisarão mais sólido depois que tiver cessado a incerteza da hora presente.

A DOENÇA DO IMPERADOR REFÉM NA IMPRENSA

O restante do texto era uma ode à libertação imediata dos escravos, ainda mais que os parlamentares se dispunham a acelerar o processo:

> Ouvimos que o Senado fará sessão amanhã, domingo, e que a lei será sancionada imediatamente depois de votada. É um dever de lealdade para com os escravos, no ponto em que chegou a questão, não demorar a liberdade de um dia, aconteça o que acontecer.

Nem a morte de dom Pedro II deveria adiar a abolição. *O Paiz* exortava: "Nenhuma dor por mais profunda pode neste momento colocar-se entre a ação do legislador e a impaciência do escravo." Advertia:

> Nenhuma dor sincera o faria e seria da parte do Senado uma compreensão errônea dos sentimentos da princesa, como também do verdadeiro luto nacional, se ele, por qualquer motivo, suspendesse a libertação iminente do país.

Insistia quase desejando a morte do soberano: "As lágrimas de uma nação livre seriam mais gratas ao imperador patriota se ele as pudesse sentir sobre o seu túmulo, do que o pranto do povo dividido em livres e escravos." Propunha: "Libertemos o país primeiro – o nosso luto será maior, a nossa dor, mais livre, se o destino quiser que tão grande fatalidade venha colher a nossa pátria no dia da sua maior alegria." Encaminhava: "Adiemos as festas da abolição, mas não a própria abolição. Esta deve estar concluída amanhã, se o Senado não puder descobrir o meio de concluí-la hoje mesmo." Exultava: "O mundo inteiro já saúda em nós uma nação emancipada." As lágrimas da princesa podiam esperar. Os escravos haviam chorado por muito mais tempo.

A ênfase dada pelo jornal *O Paiz* à doença do imperador roçava o mau gosto ou, para quem possa acreditar nisso, o mau agouro:

> Durante o dia de ontem circularam tristes boatos pela cidade sobre o estado de saúde do imperador. Conquanto nada de positivo se conheça é infelizmente certo que, pelos termos das notícias recebidas, Sua Majestade está na fase mais grave e perigosa da sua enfermidade e não será para surpreender que

RAÍZES DO CONSERVADORISMO BRASILEIRO

um desenlace fatal nos seja comunicado a qualquer momento. Confirmam isto os boatos divulgados com uma insistência inquietadora e mais ainda as notícias que chegam de Petrópolis, onde reina geral tristeza e desolação. Sabemos que Sua Alteza a princesa imperial está consternadíssima e já demonstra nas lágrimas, que o seu coração de filha extremosa não pode ocultar, a dolorosa previsão que está em todos os espíritos.

A abolição deveria ser o último presente da herdeira do trono ao seu pai moribundo.

A edição de 12 de maio de 1888 de *O Paiz*, véspera do grande ato libertador, trazia também um elogio a João Alfredo, por ele ter, com seu gabinete dito de 10 de março, ouvido a pressão da opinião pública e empurrado seu Partido Conservador para a abolição:

O honrado senador João Alfredo não julgou ser ato de energia resistir à torrente da opinião, que tão forte pressão exercia sobre todos os espíritos e ameaçava fazer explosão, graças às contrariedades dos resistentes. E na verdade só os cegos poderiam não ver os efeitos da violenta pressão popular. Ela obrigava os emperrados de boa-fé a mudar de opinião, retalhava os partidos, unia e desunia as facções, convertia infiéis e ia até as alturas inacessíveis animar alguns desfalecimentos e evitar aqueles eclipses a que, na questão servil, era frequente o astro-rei.

O Paiz não destoava do *Correio Paulistano*. Saudava a Coroa por ter ouvido o clamor popular e creditava a abolição à habilidade final dos conservadores, apesar de algumas oposições e certos "maus conselheiros" reais. Eis o veredito laudatório: "O honrado conselheiro João Alfredo vinga os créditos do seu partido, que está hoje desobrigado do compromisso que contraíra."

O jornalismo brasileiro do século XIX não vivia sem um folhetim nem sem a tranquila e assumida veiculação de boatos. Na *Gazeta da Tarde* do dia da abolição, podia-se ler o sétimo capítulo de *Os Fidalgos da Casa Mourisca*, de Júlio Dinis. Em 13 de maio de 1888, certamente para amenizar o alarmismo do dia anterior, *O Paiz* recorreu a uma dezena de telegramas de Milão, Lisboa, Buenos Aires e Petrópolis para tentar ser mais preciso. O tom foi de explicação:

A DOENÇA DO IMPERADOR REFÉM NA IMPRENSA

No intuito de informar com a maior minuciosidade os nossos leitores sobre o estado de Sua Majestade o imperador, recomendamos aos nossos correspondentes que nos transmitissem reiteradas notícias, atentos ao interesse imenso com que a população desta cidade tem recebido os aterradores boatos acerca da enfermidade do sr. dom Pedro II.

O quadro ganhava moldura. De Milão, vinha a informação de que a doença surgira durante um passeio, na quinta-feira, 10 de maio, ao lago Como. O imperador sentira-se indisposto ao retornar. A febre revelara-se no dia seguinte: "O doutor Semmola, célebre médico italiano, foi chamado para atender Sua Majestade e tomou a si o tratamento." Diagnóstico: pleurisia. Os boletins passaram a oscilar, indicando melhoras e pioras: "Não diminuiu de gravidade o estado do imperador. Em conferência médica entre os doutores Charcot, Semmola e Giovanni consta que foi resolvido mudar de tratamento." De Lisboa, vinham notícias alentadoras. De Buenos Aires, vinha a notícia de que se soubera por telegrama da melhora na saúde do imperador brasileiro.

De Petrópolis, telegrama recebido no dia 13 de maio, às 17h20, desanuviava o tempo e liberava os monarquistas abolicionistas para a grande festa: *"Empereur mieux. Danger éloigné."* Nas ruas do Rio de Janeiro, em meio à comemoração popular pelo fim da escravatura, enquanto a elite chorava em casa, a notícia espalhava-se como um vírus: o imperador está melhor. O perigo se foi. Dom Pedro II sofria de diabetes e de perturbações nervosas. Fora à Europa, acompanhado por seu médico, Motta Maia, consultar-se com especialistas, entre os quais Jean-Martin Charcot, mundialmente célebre em psiquiatria e neurologia, pelo uso da hipnose para tratar a histeria. Receitaram-lhe hidroterapia e estricnina. Depois de uma passagem pela França, o monarca brasileiro chegou a Milão, em 3 de maio de 1888, onde contraiu uma pleurite (inflamação das pleuras pulmonares). Mariano Semmola prescreveu-lhe um tratamento novo com injeções de cafeína. Dom Pedro II amava as novidades científicas.

No dia 14 de maio de 1888, a *Gazeta de Notícias* terminou de acalmar os súditos de dom Pedro II: "Sua Alteza, a princesa imperial regente, recebeu hoje o seguinte telegrama: 'Milão, 13, febre quase cessou, estado nervoso calmo'." Os demais comunicados repetiam o primeiro. O imperador saborearia em vida o triunfo da abolição. Em Paris, em uma de suas visitas a Charcot, no Faubourg Saint-Germain, dom Pedro II presenteou o médico com uma arara e a fêmea de um sagui, Harakiri e Zibidie. Em Milão, Carlos Gomes tocou para ele os dois primeiros atos de sua ópera *Schiavo* – o escravo. (cf. Quinet, 2005, p. 85) A abolição assinou o atestado de óbito da monarquia. Charcot assinaria, em 5 de dezembro de 1891, em Paris, o de dom Pedro II.

O imperador não atrapalharia a festa da abolição. O baiano "mulato", como era visto conforme os termos da época, barão de Cotegipe, João Maurício Wanderley, cujo nome figura na Lei dos Sexagenários – conhecida também como Lei Saraiva-Cotegipe –, chefe do Conselho de Ministros até 7 de março de 1888, pouco depois de votar contra a abolição no Senado, cumprimentou a princesa Isabel com uma frase de efeito: "A senhora acabou de redimir uma raça e perder o trono." Mas o que pode valer um trono diante da liberdade?

9. Seis dias inesquecíveis em maio de 1888

O olhar retrospectivo pode saltar etapas. O andamento da história pode ser bem mais lento. A abolição arrancou o Brasil de uma tragédia que parecia não ter fim. A cada ano, avançava-se um pouco ou se recuava outro tanto. Depois de 1885, parecia haver mais recuos que progressos. O ano de 1888 pode ser rotulado como o ano da aceleração de todos os processos contidos ao longo dos anos por diques de conservadorismo e de interesses econômicos poderosos. Foi como se, de repente, nada mais pudesse deter a força das águas da liberdade.

Nunca é demais lembrar que, apesar das perdas de cerca de 25% da carga durante a viagem da África para o Brasil, no apogeu do tráfico, os lucros podiam ir a 500% ou até 600%. Grandes fortunas foram construídas à sombra fresca do ardente desespero dos negros transplantados do continente africano para uma América desconhecida. Em 12 de fevereiro de 1888, a cidade de São Paulo, onde as lutas se acirraram em alguns anos, libertou seus escravos. Em 2 de março, a polícia do Rio de Janeiro espancou e prendeu Leite Lobo, um ex-oficial da Marinha reformado por problemas mentais. Os militares protestaram contra a agressão. A imprensa desencadeou mais uma fase de sua campanha contra Coelho Bastos, o chefe de polícia, especializado em reprimir abolicionistas. A *Gazeta de Notícias* assumiu o combate e pediu a demissão de Bastos. Naquela época, o jornal entendia que, para ter uma polícia melhor, era preciso pagar salários melhores. A

RAÍZES DO CONSERVADORISMO BRASILEIRO

princesa Isabel exigiu providências a Cotegipe, chefe do governo, que se recusou a dispensar João Coelho Bastos.

Osório Duque Estrada, nascido em Vassouras, território da escravidão nua e crua, que, além de escrever o poema que se tornou letra do Hino Nacional, foi auxiliar de José do Patrocínio, escreveu no jornal *Cidade do Rio* sem poupar termos escrachados para definir o chefe de polícia:

> Situação diametralmente oposta foi a que atravessou o abolicionismo quando assumiu a chefia de polícia o desembargador Coelho Bastos – o "rapa-cocos". Escravocrata peludo e servindo à política reacionária do gabinete Cotegipe, jurara ele que daria cabo da Confederação Abolicionista, prendendo em flagrante os seus membros como roubadores de escravos. (2005, pp. 88-89)

A regente deu-se o trabalho de deixar Petrópolis, em 7 de março, para enquadrar Cotegipe, que não cedeu. Foi defenestrado. Retirou-se com uma carta cerimoniosa, mas não sem ressentimento:

> Senhora. O meu colega da Justiça comunicou-me, e eu apresentei ao Conselho de Ministros, a carta que Vossa Alteza Imperial lhe dirigiu em data de 4 do corrente sobre os distúrbios ocorridos nestes últimos dias. Resultando do seu contexto que a V. A. Imperial podem merecer mais crédito outras informações que não as dadas sob a responsabilidade dos seus conselheiros constitucionais, não resta ao gabinete outro alvitre senão o de pedir, como pede, respeitosamente, a V. A. Imperial, a sua demissão coletiva, sentindo, contudo, tomar essa resolução atualmente, quando temos a consciência de que nem nos falta o apoio da verdadeira opinião pública, nem os recursos necessários para manter a ordem. Julgo não dever entrar em justificações e explicações, por desnecessárias, visto como parceriam ter por fim permanecer numa posição que aceitei unicamente por dedicação à causa pública e obediência a S. M. o imperador. Digne-se Vossa Alteza dar-me suas ordens. Sou, senhora, com o mais profundo respeito de V. A. Imperial súdito muito reverente, barão de Cotegipe. 7 de março de 1888. (*apud* Estrada, 2005, p. 183)

SEIS DIAS INESQUECÍVEIS EM MAIO DE 1888

Quem choraria pela demissão de Cotegipe? Os escravocratas mais empedernidos? O conservador João Alfredo seria chamado para compor o gabinete que ficaria conhecido como 10 de março. (cf. Schulz, 1994, p. 118) Em 1º de abril, a princesa Isabel, em um gesto simbólico, acabou com a escravidão em Petrópolis. As sessões preparativas da Câmara dos Deputados foram instaladas em 27 de abril. Nada estava decidido. Todos os dados haviam sido lançados. Era questão de poucos dias. No tabuleiro da política brasileira, apostas ainda eram feitas. Ninguém seria capaz de apostar todas as suas fichas na abolição imediata.

A sessão legislativa foi aberta no dia 3 de maio. Na "fala do trono", às 13 horas, a regente Isabel, no Palácio Conde dos Arcos, na futura Praça XV, acompanhada pelo marido, o Conde d'Eu, de grande participação na Guerra do Paraguai, desferiu o golpe mortal na escravidão com suavidade e alguma malícia:

> A extinção do elemento servil, pelo influxo do sentimento nacional e das liberalidades particulares, em honra do Brasil, adiantou-se pacificamente de tal modo, que é hoje aspiração aclamada por todas as classes, com admiráveis exemplos de abnegação da parte dos proprietários. Quando o próprio interesse privado vem espontaneamente colaborar para que o Brasil se desfaça da infeliz herança, que as necessidades da lavoura haviam mantido, confio que não hesitareis em apagar do direito pátrio a única exceção que nele figura em antagonismo com o espírito cristão e liberal das nossas instituições. (Cf. *Anais do Senado do Império*)

No dia 7, João Alfredo discursou na Câmara dos Deputados. Foi categórico, como já não mais poderia deixar de ser diante da aceleração dos fatos e das intenções imperiais: "Amanhã será apresentada a proposta do Poder Executivo para que se converta em lei a extinção imediata e incondicional da escravidão no Brasil." Cada passo depois dessa fala seria apenas um salto para o futuro ou uma constrangedora tentativa de salvar um passado podre como um velho cadáver exposto ao sol. A princesa expressara o que fora negociado antes. Era o último passo.

A *Gazeta de Notícias*, de 14 de maio de 1888, não deixou de continuar os devidos combates. Nas honras a José do Patrocínio, aproveitou para

RAÍZES DO CONSERVADORISMO BRASILEIRO

distribuir pontos positivos aos merecedores e também para denunciar estratégias de retorno dissimulado ao escravismo:

> Nada de querer, por meio de leis sobre vagabundagens, curar em poucos rabiscos de penas as consequências de uma lepra que lavrou três séculos os nossos organismos. Não se deixou que os senhores vicejassem impunes durante três séculos? Por que não se há de deixar os vagabundos sossegados ao menos durante três meses?

Parecia uma resposta ao conservadorismo já mostrado aqui do *Diário do Maranhão*. Não era. Os textos saíram no mesmo dia. Era uma resposta ao imaginário sórdido dos escravistas, que já buscavam novos ardis para continuar a praticar o velho parasitismo por outras vias legais.

Para a *Gazeta de Notícias*, a arrancada rumo à abolição havia começado em 1871, com novo impulso em 1878, sem nunca mais cessar. Cada derrota suscitava nova luta. Cada luta obtinha sua vitória: "Quando José Bonifácio desceu ao túmulo, sua alma transfundiu-se na de Antônio Prado e transformou-a." O jornal se referia a José Bonifácio, o moço, militante convicto do abolicionismo, falecido de ataque cardíaco em 1886, neto do velho guerreiro da representação de 1823. Era o julgamento da hora. Não cabia desdenhar de ninguém. Toda contribuição devia receber seu elogio, até mesmo ao odioso Prado:

> Nesta campanha gloriosa muitos se distinguiram e não é possível dar-lhes desde já o lugar que legitimamente lhes compete. Pelas consequências, pertence a preeminência ao Ceará, e no Ceará ao Acarape. A libertação deste município trouxe a de Pacatuba e Icó, a de Icó na ocasião em que um batalhão era deportado para província estranha por causa de suas tendências libertadoras, e os escravistas cantavam vitória. Com estes três focos de luz, libertou-se a província, e logo depois a do Amazonas.

O jornal soltava seu grito de louvor: "João Cordeiro, José do Amaral, os jangadeiros, a *Perseverança e Porvir*, *O Libertador*, a *Sociedade Libertadora*, Theodureto Souto e seus companheiros são nomes votados à veneração perpétua do futuro." Mas o futuro dura muito tempo. Fica para trás. Foi assim:

SEIS DIAS INESQUECÍVEIS EM MAIO DE 1888

Aos dez dias do mês de julho de 1884 do nascimento do N. S. Jesus Cristo, sexagésimo terceiro da Independência e do Império, trigésimo terceiro da fundação da Província, às 12 horas do dia, na cidade de Manaus, na Praça Vinte e Oito de Setembro, onde se achavam reunidos o Excelentíssimo Senhor Theodureto Carlos de Faria Souto, presidente da província, os diversos chefes do Serviço Público, autoridades civis, militares e eclesiásticas (...), foi, pelo mesmo Excelentíssimo declarado, em homenagem à civilização e à pátria e em nome do povo amazonense que pela vontade soberana do mesmo e em virtude de suas leis, não existir escravos no território desta província e de hoje para sempre, abolida a escravidão e proclamada a liberdade dos direitos de todos os seus habitantes.

Poucas vezes um governante usou tão bem as verbas públicas: Souto comprou os 184 derradeiros escravos da província e concedeu-lhes a liberdade sem a menor burocracia. Só a demissão poderia ser o prêmio para um homem assim. Ele se adiantou. Entregou o cargo. Voltou para o Rio de Janeiro. Tinha feito a sua obra. Dela, ele jamais se arrependeria.

Havia jangada no mar e havia jangadeiro que já não ia na onda do escravismo: "De todas as províncias do Império, a do Ceará foi aquela que mais dinamismo e eficiência insuflou no movimento abolicionista. Na cidade de Fortaleza, já em 1880, fundava-se a Cearense Libertadora por iniciativa de João Cordeiro." Havia mais do que jangada no mar:

Uma presença que celebrizou a campanha no Ceará foi a dos jangadeiros dirigidos por Francisco José do Nascimento sob a inspiração de João Cordeiro e de José Correa do Amaral. No Ceará a jangada era usada no transporte dos escravos do Norte para o Sul. Movidos pelos propagandistas, os jangadeiros resolveram dificultar o transporte de negros nas suas embarcações. Ainda ajudavam na fuga de escravos, escondendo-os no meio do seu pessoal. (Moura, 2004, p. 96)

Nascimento foi o Dragão do Mar, o "mulato" chefe dos jangadeiros, também conhecido como Chico da Matilde, que liderou a resistência ao tráfico interprovincial. Virou capa da *Revista Illustrada* (v. 9, nº 376, 1884) com um desenho de Ângelo Agostini e uma legenda triunfante: "À testa dos jangadeiros cearenses, Nascimento impede o tráfico dos escravos da província do Ceará vendidos para o sul." Homenageado no Rio de Janeiro, para onde fora levado com sua jangada, Chico ganhou os "títulos" de Almirante Negro e Dragão do Mar.

As façanhas do Ceará, onde se tornara famoso o grito "no porto do Ceará não se embarcam mais escravos", e do Amazonas repercutiram por toda parte: de Porto Alegre, Uruguaiana, Viamão, São Borja e Conceição do Arroio, no Rio Grande do Sul, a São Paulo. Manifestações antiescravistas começaram a pipocar, assustando os mais resistentes à abolição. A primeira cidade brasileira, no entanto, a abolir a escravidão foi Mossoró, no Rio Grande do Norte, em 30 de setembro de 1883. Desde 1848, o Rio Grande do Norte sinalizava não precisar mais de escravos. O trabalho livre já produzira seus efeitos. A seca de 1877, que assolou o sertão, fez com que muitos escravos fossem vendidos no litoral. A necessidade e as contingências muitas vezes ajudam mais nos partos históricos do que as intenções explicitadas ou sussurradas. Não foram apenas os ideais que orientaram o desprendimento das províncias do norte do país. A história costuma seguir causalidades complexas. A *Gazeta de Notícias*, em sua edição histórica de 14 de maio de 1888, procurou capturar o que lhe parecia incontornável. Os critérios de noticiabilidade transparecem. Era fundamental inventariar nomes, estratégias, erros e grandes viradas.

Para a *Gazeta de Notícias*, depois dos emancipadores do norte, o segundo lugar nas glórias abolicionistas pertenciam a José do Patrocínio e a João Clapp. Patrocínio é descrito como feito de "uma coerência, de tão profunda, quase incrível". Clapp, "a atenção que não franqueia, o detalhe, a ação e o movimento". Aplausos:

> Na volta de uma das suas viagens ao Ceará, tendo concorrido poderosamente por meio de duas conferências para a libertação do Acarape, Patrocínio encontrou aqui uma comissão que queria libertar o município neutro, pondo à margem o grande batalhador. Foi Clapp quem o amparou e, fundando a Confederação Abolicionista, deu-lhe a força de que precisava aquele alto espírito para continuar e consumar a empresa que tomara aos ombros.

Não se faz história sem vencer intrigas.

SEIS DIAS INESQUECÍVEIS EM MAIO DE 1888

Patrocínio é um nome que soa aparentemente conhecido mesmo para os que o desconhecem por ignorância ou por obra do tempo, que tudo apaga ou, com sua memória seletiva, ignora, muitas vezes, o essencial. Quem foi João Clapp? Abolicionista dito popular, companheiro de refregas de Patrocínio e de André Rebouças, ativista fundador do Clube dos Libertos de Niterói, de 1881, e da Escola Noturna e Gratuita do Clube dos Libertos de Niterói, de 1883, Clapp integrou a rede dos incansáveis que trabalharam pelo fim da abolição. Consta que entregou um buquê de camélias à regente logo depois da assinatura da Lei Áurea, a flor dos abolicionistas, cultivada no Quilombo do Leblon, espaço de escravos fugidos acobertados pelo português José de Seixas Magalhães, e usada, muitas vezes, pela própria princesa Isabel. A camélia era mais do que uma flor casual. Perfumou as mãos de muitos, inclusive do escritor Raul Pompeia, como a senha para os escravos em fuga. Homens com uma camélia esperavam nas estações de trem os escravos a quem deviam dar cobertura. Tudo foi feito para libertar cativos, até mesmo roubar escravos e falsificar cartas de alforria com a cumplicidade de cartórios e de chefes de polícia, pois havia chefes de polícia rebeldes, como o desembargador Ovídio Fernando Trigo de Loureiro. Podia-se até mesmo jurar em falso sobre a Bíblia nas delegacias, pois o bispo Lacerda, consultado por José do Patrocínio (Estrada, 2005, p. 88), perdoava pela grandeza da causa e porque para Deus não existiam escravos.

Clapp, de origem norte-americana, viveu para a causa da abolição. Júlio de Lemos (Estrada, 2005, p. 231) rendeu homenagem a ele em termos inalcançáveis:

> Para todos os que militam na causa abolicionista, mesmo para os que apenas olham com simpatia para o movimento libertador da nossa pátria, o homem cujo nome encima estas linhas representa a encarnação do mais poderoso esforço em prol da liberdade dos cativos. Arrancado diariamente aos seus trabalhos, para ir pugnar nas ruas ou nos tribunais pelos infelizes escravos, ele nos tem dado constantemente o exemplo de desprendimento, de energia inquebrantável e do trabalho mais perseverante. Como um chefe no campo da batalha, é sempre encontrado no lugar do perigo. Deixando mil vezes os seus interesses para correr a

um tribunal; lutando aí, braço a braço, com o sentimento escravagista; vendo muitas vezes a pendência degenerar em insulto; repelindo-o com a dureza com que o aço polido repele a seta envenenada; colhendo sucessivas vitórias pelo seu esforço e pela grandeza da causa que advoga; seu nome é hoje abençoado por uma legião de criaturas que lhe devem a liberdade, e por todos os que lhe seguem os passos na espinhosa senda, através de mil calúnias e de mil pequeninas vinganças, quase todas platônicas – seja dito em honra dos senhores de escravos.

Um percurso exemplar.

A história da abolição é uma corrente de cumplicidades, de pequenas ou grandes ousadias, de gestos estudados ou ações inesperadas, de mudanças de posição e de resistências apaixonadas. Chegou-se ao desfecho por acumulação de estratégias, de pressões, de artigos, de palestras, de fugas, de mortes, de assassinatos, de suicídios e de infrações às regras do conservadorismo vigente. A *Gazeta de Notícias* sabia do que falava ao salientar o papel dos homens que souberam remar contra a maré do "realismo responsável": "O terceiro lugar pertence aos nossos parlamentares: a Joaquim Nabuco, que desde o princípio da sua carreira jogou toda a sua fortuna nesta causa em cuja vitória ninguém acreditava e, honra para todos, ganhou a causa e não perdeu a fortuna." Nabuco atravessou o deserto e venceu. Foi objeto de zombaria, de desconfiança e de duras críticas.

A vitória foi também, na leitura da *Gazeta de Notícias*,

> de Dantas, que converteu em programa de governo as aspirações tímidas da população, de José Bonifácio, José Mariano, Leopoldo de Bulhões, Afonso Celso Júnior, Aristides Spínola, Jaguaribe, Rui Barbosa, Amaro Bezerra, muitos outros, tantas vezes iguais, tantas vezes superiores àqueles dois astros de primeira grandeza.

A abolição era o resultado de uma longa caminhada que se acelerara, desde 1886, com o apoio da província de São Paulo, que, "segundo dizem, paga dois terços das prodigalidades e loucuras do Império", tendo Antônio Prado, Leôncio de Carvalho e Raphael de Carvalho se colocado à frente, "sendo logo distanciados", superados pela "fuga dos escravos de Capivari, o aviso

SEIS DIAS INESQUECÍVEIS EM MAIO DE 1888

ministerial mandando dar baixa nas matrículas dos escravizados libertos condicionalmente, a proposta dos republicanos de libertação imediata, o assassinato do Rio do Peixe" e muito mais, sempre mais.

O advogado baiano Manuel Pinto de Sousa Dantas é um nome incontornável do processo de abolição. Sua atuação como abolicionista se intensificou à medida que seu grau de poder também aumentou. A história política costuma consagrar o inverso: a relação diretamente proporcional entre crescimento das atitudes conservadoras, ditas responsáveis, e a ascensão na escala do poder. Dantas enfrentou grandes debates, alvejou e foi alvejado nas batalhas políticas que pautou, mas, mesmo quando sofreu suas maiores derrotas, não arrefeceu. Uniu a força da palavra com a concretude dos atos.

Chefe de Conselho de Ministros de 1884 a 1885, com a ajuda de Rui Barbosa, Sousa Dantas elaborou, a pedido de dom Pedro II, um plano, apresentado na Câmara dos Deputados por seu filho, Rodolfo Dantas, para resolver o problema da chamada "questão servil". O projeto, que contou com o apoio de 29 deputados, não podia, por envolver elementos de natureza tributária, partir do governo. As propostas foram logo torpedeadas pelos escravistas. Libertava os escravos de 60 anos sem indenização aos proprietários e proibia a mudança de domicílio de escravos, uma engenhosa maneira de bloquear o tráfico interprovincial praticado pelas províncias do norte, entre as quais Ceará e Amazonas, e do extremo sul, como o Rio Grande do Sul. Sob violenta pressão, objeto de uma moção de desconfiança, o imperador dissolveu o parlamento e conclamou novas eleições. Os setores mais conservadores do agronegócio da época – a Lavoura, como se dizia – financiaram a eleição de uma bancada da escravidão disposta a jogar duro. Dantas não se segurou no cargo. O imperador teve de nomear para o lugar outro liberal, José Antônio Saraiva, que dividiria com seu sucessor, Cotegipe, o nome da Lei dos Sexagenários, um projeto, na verdade, bastante deturpado, nascido das mentes de Dantas e Rui Barbosa.

Em 1º de junho de 1886, o senador Dantas apresentou o Projeto C, que tinha a sabedoria da concisão, a elegância da coragem madura, mas a paciência que os escravos já não podiam mais cultivar. Propunha a libertação de todos os escravos em cinco anos. Era muito. Quem poderia censurar os escravos por não poderem ceder mais um só dia de suas vidas aos seus donos? A liberdade era uma urgência moral. O gradualismo, no caso, procurava, no entanto, mais antecipar do que adiar. Os conservadores escravistas entendiam que a extinção da escravidão viria naturalmente em função das leis do Ventre Livre e dos Sexagenários. Acreditavam ter feito o máximo de concessões e abominavam qualquer exigência a mais. Os cálculos mais otimistas indicavam, porém, que a morte "natural" da escravidão, por força dos mecanismos legais existentes, só aconteceria por volta de 1930.

O projeto do senador Dantas teve o destino de muitos outros: o fracasso. Noutra leitura, contudo, é possível ver que foi mais um passo na direção do inevitável. Ele seria citado em maio de 1888 na fala real de incitação ao grande salto da abolição imediata e absoluta.

> A Assembleia Geral resolve:
> Art. 1º – No termo de cinco anos, contados da data desta Lei, serão considerados livres todos os escravos existentes no Império.
> § 1º – No mesmo prazo ficarão absolutamente extintas as obrigações de serviço impostas aos ingênuos pela lei de 28 de setembro de 1871.
> Art. 2º – O produto da taxa de 5% adicionais, de que trata o art. 2º – nº 2 da Lei nº 3.270 de 28 de setembro de 1885, será aplicado à despesa geral do Estado.
> Art. 3º – Revogam-se as disposições em contrário.

Era tempo demais. Os escravos não podiam se dar o luxo de esperar na miséria uma libertação protelada contra seus interesses. Nesse tipo de luta, a percepção do tempo de cada ator social envolve elementos muito diferentes. A urgência de uns esbarra nos interesses de outros. O discurso dos escravistas foi se alterando com os anos. Ao final, em termos médios, aceitava a abolição como legítima, mas via sua execução imediata como uma irresponsabilidade. Em 1887, Dantas voltaria à carga com o Projeto B.

> Art. 1º – Aos 31 de dezembro de 1889 cessará de todo a escravidão no Império.
> § 1º – Está em vigor em toda a sua plenitude, e para todos os seus efeitos, a Lei de 7 de novembro de 1831.

SEIS DIAS INESQUECÍVEIS EM MAIO DE 1888

§ 2º – No mesmo prazo ficarão absolutamente extintas as obrigações de serviços impostos como condição de liberdade; e a dos ingênuos em virtude da Lei de 28 de setembro de 1871.

§ 3º – O Governo fundará colônias agrícolas para a educação de ingênuos, trabalho de libertos, à margem de rios navegáveis, das estradas ou do litoral.

Nos regulamentos para essas colônias, se proverá a conversão gradual do foreiro ou rendeiro do Estado em proprietário dos lotes de terra que utilizar a título de arrendamento.

Art. 3º – Revogam-se as disposições em contrário.

Era visível a necessidade de acalmar os que temiam os negros sendo transformados em cidadãos livres. Por um lado, transparecia a boa intenção de preparar os jovens para o trabalho, de maneira a evitar a tão temida vagabundagem com seus vícios e seus crimes de sangue e contra o patrimônio. Por outro lado, evidentemente, sobrevinha o desejo de manter a massa de ex-escravos em lugares distantes: de escravos a homens livres segregados, sob controle, afastados, tutelados pelo Estado e vigiados pelo bem da ordem e do trabalho. Mesmo Sousa Dantas estava obrigado a jogar com esses fatores e a propor modalidades educativas mais parecidas com instrumentos de subordinação das "classes perigosas" a um regime disciplinar rígido.

Cada proposta deixava um rastro. Cada discurso era uma carga de cavalaria. Mesmo na segunda metade da década decisiva de 1880, com as mentalidades já bastante alteradas em favor da abolição, o cotidiano continuava a ser dominado pela inércia das práticas brutais à sombra da lei ou de suas interpretações excessivas ou deliberadamente abusivas. Não era preciso ir aos confins do país para encontrar situações de violência desabrida. O Brasil já convivia com complexos dos quais não se livraria – ou não se livrará? – tão cedo. As elites, especialmente as intelectuais, buscavam, sob os auspícios do cientificismo positivista, inserir o país no rol das civilizações. A pior mácula consistia em ser comparado às nações africanas atrasadas. O conflito se dava entre civilização e selvageria. O último país ocidental escravista ofendia-se ao ser comparado ao continente de onde buscara seus escravos. Realidade e representação não estavam em sintonia. Certo Brasil via-se como mais avançado do que era.

Em 6 de agosto de 1886, o senador Sousa Dantas referiu-se longamente à morte de escravos por açoitamento. A cada palavra sua, a escravidão desmoronava um pouco mais. O Senado sangrava. A cada palavra sua, a realidade se impunha como um fato, um dado irrefutável, uma chaga que não se conseguia abolir em um passe de mágica. O governo prometia adotar medidas. Como todo governo diante de um fato negativo, manipulava a situação, retardava a solução, minimizava o ocorrido. O ministro da Justiça estava no olho do furacão. O Senado era a caixa de ressonância em que alguns ruidosos eleitos jamais se calavam. Não deixa de ser paradoxal que uma instituição tradicionalmente reacionária tenha servido a uma causa que horrorizava os setores mais ricos da agricultura. Em uma discussão com o presidente do Conselho de Ministros, José Antônio Saraiva, o irônico Joaquim Nabuco dissera:

> Não há país no mundo em que uma pequena classe, que parece um sindicato, domine como os comissários de café dominam neste. A City em Londres com a sua incalculável riqueza não tem na Inglaterra a importância que tem no Brasil o pequeno grupo de cafezistas da praça do Rio de Janeiro.

Saraiva respondera de uma forma que poderia fazer a alegria dos humoristas: "Eu não os conheço." (*Anais do Senado*)

A violência "legal" contra os escravos, em 1886, era praticada à luz do dia. Dantas denunciava essa iniquidade persistente com a indignação de quem estava bem informado sobre os fatos recentes:

> Foi, e não podia deixar de ter sido, muito profunda e pungente a impressão causada no Senado quando tive a honra de trazer ao seu conhecimento fatos tristes e vergonhosos, além de criminosos, referentes a dois escravos que, depois de açoites infligidos em virtude de uma sentença, morreram em caminho, na estação de Entre-Rios; e, assim como a impressão foi profunda, acredito que não menos vivo é o interesse do Senado em acompanhar esse negócio.

SEIS DIAS INESQUECÍVEIS EM MAIO DE 1888

Teriam mesmo os senadores algum interesse por um "negócio" que os devolvia ao pesadelo que pretendiam estancar algum dia, porém o mais lentamente possível?

O senador Dantas avançava com as precauções de praxe, distribuindo pequenos afagos e deferindo pesados golpes:

> O honrado sr. ministro da Justiça prometeu tomar providências e creio mesmo que o fez antes de ser votado o meu requerimento. Digo assim, porque S. Ex. [sic] me assegurou, e também porque li um novo telegrama expedido logo depois pelo juiz de direito; e da leitura desse telegrama se conhece que já essa autoridade respondia a novas recomendações de S. Ex. [sic] Lerei o telegrama antes de chegar aos novos motivos que me obrigam a vir pela segunda vez tratar do assunto, oferecendo outro requerimento, antes de ser votado o que primeiro apresentei.

O Senado aguardava o pior. O caso estava na ordem dos piores dias.

> Eis o segundo telegrama do juiz de direito ao honrado ministro da Justiça: "Ao segundo telegrama de V. Ex. respondo: A cada um dos escravos condenados a trezentos açoites, foram aplicados cinquenta de cada vez, nos dias em que se achavam em condições de sofrê-los sem perigo. Segundo a opinião de dois médicos, estes açoites não concorreram absolutamente para a morte dos dois escravos. Tal é também o juízo das pessoas que viram o bom estado deles antes e por ocasião de serem entregues aos enviados de Valle..." Valle é o senhor dos escravos...

O senador Christiano Ottoni colaboraria enfaticamente como quem estivesse ouvindo uma história ao pé do fogo envolvendo um nome conhecido que podia citar sem hesitação e sem constrangimento: "Domiciano Caetano do Valle." O senador Dantas prosseguiria a leitura do telegrama depois de uma breve aprovação ao que fora dito pelo colega:

> Todavia recomendei exumação e novo exame. Os escravos seguiram a pé; próximo a Entre-Rios foram metidos em carroça. Os dois que vivem acham-se em poder do senhor. Um dos escravos, havia 26 dias, já tinha

sofrido os últimos açoites; os outros havia mais tempo. Recomendei insistentemente aos delegados e subdelegados o maior interesse e atividade no prosseguimento do inquérito.

A descrição poderia arrancar exclamações horrorizadas. Era o quadro da tortura que, mais uma vez, se pintava em cores vivas para homens que não os desconheciam na realidade: açoitamento, tratamento cruel dispensado a homens debilitados pelo castigo e indiferença pelo sofrimento alheio.

O senador Dantas apertava o torniquete sem deixar de seguir todas as regras da etiqueta social e parlamentar. A gentileza acompanhava a dureza do discurso sem choque. Não havia incompatibilidade entre a firmeza e a cortesia. Dantas era um cavalheiro de um tempo que permitia cavalheiros e escravos, cavalheiros com escravos e cavalheiros contra a escravidão. A cada um, seu quinhão de reconhecimento ou de crítica velada ou explícita:

> Depois que li este telegrama, disse eu o que naturalmente qualquer um diria: esperemos pelas diligências recomendadas pelo honrado ministro da Justiça e prometidas, em cumprimento das ordens, pelas autoridades; mas este negócio vem tratado no *Paiz* de hoje pelo honrado sr. Joaquim Nabuco, e por modo tal que impus a mim mesmo o dever de acrescentar ao requerimento já feito um outro pedindo de esclarecimentos sobre o que aqui se contam e passo a ler. Ouça o Senado.

Não era um pedido. Era, antes, o estalo de um açoite.

> Acabo de receber sobre a tragédia da Paraíba do Sul a seguinte carta, escrita por pessoa da maior respeitabilidade: "Uma vez que nem o juiz de direito daqui entendeu ser conveniente dizer toda a verdade em relação ao assassinato dos dois escravos de Domiciano do Valle, nem o ministro da Justiça julgou necessário transmitir ao Senado a íntegra dos telegramas que lhe dirigiu o dr. José Ricardo, sou forçado a sair do meu silêncio para esclarecê-lo sobre as causas que determinaram a morte dos dois desgraçados escravos; porque é preciso que todo brasileiro se compenetre de que a evolução política e social há de operar-se em prazo limitado, quaisquer que sejam os obstáculos opostos. O dr. Santos

SEIS DIAS INESQUECÍVEIS EM MAIO DE 1888

Pereira, que foi encarregado de tratar na cadeia os infelizes escravos de Domiciano, não declarou no seu artigo a seguinte circunstância – que depois dos castigos foi ele chamado para cortar nas nádegas dos escravos a carne apodrecida pela ação dos açoites, a fim de evitar a gangrena."

O Senado refletia.

Dantas sopesava:

Abro um parênteses [*sic*] para dizer que agora e sempre dou aos fatos o valor que eles merecem, por si mesmos ou pela fonte de que procedem. Jamais serei fácil em aceitar informações mal fundadas, venham de onde vierem. Não tenho nenhum empenho de inventar motivos para acusar o governo – basta-lhe o peso que já tem sobre os ombros. Portanto, como ainda ontem mostrei, quando as informações não me merecem toda a confiança, ou quando os fatos que chegam ao meu conhecimento não estão de tal sorte esclarecidos que sobre eles, antes de trazê-los ao conhecimento do governo, não tenho podido chegar a um juízo seguro, demoro-me até obter esclarecimentos. Isto quer dizer que não tenho impaciência para fazer acusações ao governo; e quem dera que nunca tivesse motivos para fazê-las!

Havia mais. Ele continuava a leitura:

Este fato, de cuja veracidade estou certo, e que o dr. Santos Pereira não se negará a acentuar, sendo a isso provocado, prova que houve por parte do juiz executor pouca piedade na aplicação dos açoites, que a sentença pouco humana do juiz de direito levou ao número de trezentos! (...) O ministro da Justiça não leu perante o Senado a parte do telegrama do juiz de direito onde declara que os escravos foram daqui conduzidos pelos empregados de Domiciano, ajoujados fortemente por cordas finas nos punhos e nos braços; o que prova que não há desejo de se apurar a verdade. No telegrama, ocultou o juiz de direito a circunstância de serem os escravos conduzidos desta cidade a trote, acompanhando a marcha dos animais que levaram os empregados de Domiciano; e como estavam os escravos impossibilitados de correr, por seu estado de entorpecimento depois de seis meses de prisão, começaram a tomar chicote desde a porta da cadeia desta cidade.

RAÍZES DO CONSERVADORISMO BRASILEIRO

Precisaria mais para descrever a escravidão no Brasil de seus primórdios até seus últimos e sempre tristes anos?

Cenas da escravidão no Brasil de 1886. Poderá alguém ainda pretender que, naquele contexto, isso era normal e dentro dos costumes aceitos por todos? Homens negros tocados, junto com animais, a trote pela estrada, sob o estalar de chicotes em seu lombo lacerado! Homens negros submetidos a trezentas chibatadas aplicadas por determinação judicial. Castigo inexistente para brancos e livres. Justiça de classe e conveniência. Tortura praticada sob a aparência de legalidade e supervisão de médicos dispostos a negar o açoitamento como causa da morte dos açoitados. Tudo isso quando a escravidão já tinha os dias contados e não encontrava mais justificativa de qualquer ordem moral, exceto a da ganância dos grandes proprietários rurais, especialmente daqueles ligados à produção para exportação. A voz do senador Dantas não precisava sair do tom. Era só continuar lendo.

> Destes fatos parece decorrer o seguinte corolário – Dois foram os fatores da morte: um mediato – a aplicação, não de trezentos açoites, até chegar ao estado de ser preciso retalhar-se a carne das míseras criaturas, mas de 1.500 açoites a cada escravo, porque cada chicote tinha de cinco a seis pernas de couro cru trançado! (...) É falso que os castigos fossem infligidos com assistência de médico; este só foi chamado quando um dos escravos, no ato de ser açoitado, teve uma grande síncope ou espasmo cataléptico; às primeiras relhadas começou a espadanar o sangue em grande quantidade, mandando o juiz reforçar as chicotadas que não eram bem puxadas. O outro fator da morte foi o fato de serem os escravos levados daqui ajoujados e debaixo de chicote sob um sol ardente. Esta é a verdade que por amor dos interesses altamente respeitáveis que sejam, dos que possuem escravos, não deverá ser sacrificada.

O Senado era chicoteado.

> Apesar das recomendações do ministro da Justiça, ainda não se deu começo à autópsia, por falta de médico que se preste a fazê-la com o critério da verdade e sinceridade que o caso exige. Parece que a autópsia é um trabalho melindroso, porque é preciso que ela se preste

SEIS DIAS INESQUECÍVEIS EM MAIO DE 1888

a provar que os escravos morreram porque tinham de morrer, e não porque houvesse fatores – modo de ser aplicada a pena, e o modo de serem conduzidos os escravos.

A conclusão era lancinante: "É preciso dar tempo ao tempo e fazer com que o Senado se esqueça do fato." O senador Dantas, porém, estava ali para que isso não ocorresse. Funcionava como uma consciência crítica sem descanso.

Ele tinha mais a dizer, e o que dizia mudaria a história em um momento em que as sensibilidades não podiam mais suportar a indiferença secular:

> Não é possível que essas coisas continuem assim. Se desgraçadamente não podemos hoje mesmo com uma reação completa na altura de nossa consciência, de nossa liberdade, de nossa razão esclarecida decretar a abolição total da escravidão e assim acabar com esta vergonha, ao menos, enquanto este mal não se acaba de todo, enquanto esse cancro não é completamente extirpado do seio da sociedade brasileira, tenhamos o merecimento e a virtude de nos levantarmos todos para reclamar providências, e por sua vez o governo, correspondendo a essas reclamações, providencie com toda prontidão e eficácia. Que se quer mais além da escravidão?

Essa pergunta exigiria como resposta um tratado. O que pensaram os senadores, tão acostumados a tais embates, diante da chibatada desferida pelo nobre colega em tom de indignação moral? Apenas mais uma provocação de gente como Dantas e Joaquim Nabuco? Haviam considerado o caso mais um excesso na longa e legal execução de castigos aos escravos? O senador Dantas não parecia aceitar o argumento da banalização:

> É preciso ainda torná-la pior por esses meios? Se um escravo comete um crime, seja punido como qualquer de nós deve sê-lo: mas nós, quando cometemos crime, não sofremos isso. Quereis que o escravo não cometa um crime, que não se revolte algumas vezes contra quem o persegue, contra quem o avilta, contra quem desconhece a sua personalidade? Entretanto, os nossos tribunais, muitas vezes, não atendendo às condições especiais em que se acha o delinquente escravo, longe de ter em

consideração a miséria social do réu, agravam-lhe a pena, levando-a mesmo até ao extremo da crueldade!

A escravidão tivera seu apogeu, vivera suas glórias pútridas, conhecera a indiferença, obtivera o selo de costume da época, mas jamais deixara de ser corroída por espíritos que nunca a aceitaram como normal, possível, legítima. Se, a três anos do seu fim, negros ainda recebiam 1.500 açoites sob os olhos de um juiz, o monstro, mesmo moribundo, mostrava sua face horrenda. A correlação de forças já era outra. Em poucos anos, o edifício ruiria. O senador Dantas juntava todos os fios, expunha todas as contradições, trazia à tona toda a desgraça:

> É aqui perto da capital do império, com localidade margeada pela via férrea, com telégrafo, sede de autoridades, e talvez o ponto da província onde haja mais advogados, e, entretanto, é aí mesmo que se praticam tais crimes? Que não haverá aí pelo interior de todo este império?! Que suplícios não estarão sofrendo essas pobres criaturas, cujos gemidos, partindo lá dos pontos longínquos, não podem chegar até nós?

Era o império da lei. A lei do império. O local do crime, praticado na forma da lei como castigo exemplar, ficava a apenas 70 quilômetros da pomposa capital do império.

O que diria o senador Dantas, mais de um século depois, se visse, às margens de linhas férreas ou das estradas de alta velocidade no mundo dos automóveis, com todas as tecnologias que nunca lhe passaram pela cabeça, a barbárie continuar? Na sua época, a elite escravocrata não queria ser comparada com o Sudão. O Sudão ainda é aqui. Uma pergunta do senador Dantas poderia ser dirigida, com ligeira adaptação, aos tempos atuais: "Que maldito interesse é esse, que, mesmo diante de tantas atrocidades, ainda se mantém empedernido, dizendo que, apesar de tudo, da instituição servil é que vem a nossa felicidade?!" É da pobreza que vem a felicidade da minoria? Dantas respondia:

> Vem a nossa desgraça; virá felicidade para aqueles que entendem que é preciso ter muito café, muito açúcar, muito algodão à custa do suor

e do sangue do escravo! Pois desapareça metade desse açúcar, desse café, desse algodão, e sejam todos livres, porque daí a pouco recuperaremos pelo trabalho livre aquilo que por um pequeno lapso de tempo tenhamos de perder.

Seria visto como insensato?

Aos defensores da repressão, Dantas retrucava quase candidamente lembrando a violência dos feitores e a naturalidade da reação dos escravos: como não odiar quem nos priva da liberdade? Como não se revoltar contra a violência covarde? O senador colocava as coisas em termos constrangedores:

> Alega-se que esses atos de rigor são necessários para intimidar os escravos (...) Pondere-se, contudo, que muitas vezes são verdadeiros carrascos os feitores que se lhes dão; são homens dados a atrocidades, e que a todo o momento as praticam contra as míseras criaturas que lhes estão sujeitas. E quando uma ou outra se revolta, como qualquer de nós, no caso deles, certamente o faria, puna-se e puna-se deste modo!

Os escravistas queriam que seus escravos tivessem a "grandeza" de não reagir, de assimilar a dominação, de colaborar com o verdugo. Dantas parecia antecipar um distante futuro: "Isto nunca foi justiça, isto é indigno da nossa civilização; estamos muito adiantados para podermos suportar a continuação destas iniquidades degradantes!" Com outras formas, as iniquidades degradantes ainda se perpetuam e continuam a avançar.

Os adversários de Dantas tentavam constrangê-lo? Duvidavam de seu patriotismo? Aconselhavam-no a morar no estrangeiro? Tentavam desacreditar sua postura, cada vez mais incisiva e sem concessões? Ele antecipava ou, em um exercício de diálogo consigo mesmo, justificava:

> Não posso perder o amor à minha pátria, porque se alguma coisa me alimenta ainda neste interesse pelas coisas públicas é o patriotismo; mas chego às vezes a entristecer-me por viver em um país que ainda tem escravos e onde se cometem horríveis desumanidades por causa da escravidão.

No jogo das inversões retóricas, os escravistas empedernidos tentavam, muitas vezes, atribuir a seus adversários atitudes extremadas ou extremistas. O senador Dantas dava o troco à imprensa: "Tenho lido às vezes artigos que se encabeçam: 'Cenas do abolicionismo.' Mais tristes e censuráveis são, em todo o caso, as cenas da escravidão." Um tapa de mestre na retórica conversadora, que se repete como um mantra ao longo dos séculos.

A escravidão não tinha justificativa. Dantas podia subir o tom com a certeza de ter o futuro a seu favor. Seus argumentos tinham a malícia da simplicidade. Exploravam as contradições mais banais dos seus contemporâneos, aquelas que parecem não existir justamente por ser demasiado evidentes. O senador atrevia-se a comparar escravos e homens livres, negros e brancos nos seus comportamentos mais comezinhos e, paradoxalmente, transformados em parâmetros morais. Em linguagem coloquial, Dantas jogava no contrapé:

> E, se não, acabemos com ela, e veremos que não mais haverá de que nos envergonharmos, como agora... Exige-se do escravo mais do que de nós mesmos. Sei que entre eles há alguns que não são amantes do trabalho e do cumprimento do dever; mas entre nós quantos não estão incursos nessa falta, a quantos não falta o amor do trabalho? Com este modo de argumentar tirar-se-ia ilação para reduzir ao cativeiro muitas pessoas livres.

Era um monstro esse senador Dantas. Até para encerrar um discurso: "Terminarei com dois pontos, porque nessa questão nunca porei ponto final, senão depois que se acabar a escravidão nesta nossa terra." O ponto-final foi em 13 de maio. Ou o 13 de Maio seria de reticências?

Como havia começado o caso dos escravos mortos por açoitamento tão perto do coração do império? O que desencadeara o discurso inflamado e o requerimento de Dantas pedindo averiguações e esclarecimentos ao ministro da Justiça? Cabe acompanhar um pouco mais o ocorrido. Trata-se de um fato paradigmático por várias razões. Por um lado, revela a persistência dos horrores da escravidão mesmo no seu declínio. Por outro lado, descortina o teor das argumentações no parlamento em um momento crucial em que a estrutura social estava sendo abalada. Seria possível praticamente cons-

SEIS DIAS INESQUECÍVEIS EM MAIO DE 1888

tituir um padrão intemporal: a imprensa denuncia; o parlamento ecoa e cobra; o governo finge esclarecer, minimiza e mente; a estratégia falha; a crise se agrava.

O leitor espontâneo exclamará: "Já vi esse filme!" É um filme que jamais sai de cartaz. Mudam os atores, o roteiro permanece. Funciona como se fosse um jogo em que cada participante deve eternamente desempenhar o mesmo papel. Um revela, o outro espalha, o terceiro tenta encobrir. Na sessão do Senado de 30 de julho de 1886, Dantas introduzira o assunto citando um artigo publicado por Joaquim Nabuco no jornal *O Paiz* do dia anterior, "inegavelmente campeão indefesso da causa da abolição dos escravos no Brasil". A nota de Nabuco apresentava o fato com certa objetividade e certa provocação.

> Ontem, em Entre-Rios, um amigo nosso assistia a uma das mais terríveis tragédias da escravidão, nestes últimos anos. Cinco escravos do Sr. Caetano do Valle, da Paraíba do Sul, acusados de terem morto um feitor, foram condenados pelo júri, um a galés perpétuas e os outros quatro a trezentos açoites cada um. Depois de açoitados, eles foram mandados a pé para a fazenda. A cena a que o nosso amigo assistia, ao passar no trem pela estação de Entre-Rios, foi esta: dois dos escravos estavam ali mortos, enquanto que [*sic*] os dois outros, moribundos, seguiam em um carro de boi para o seu destino. Será triste para a princesa imperial ler esta notícia no dia de seus anos, e eu sinto profundamente dever publicá-la hoje; mas esse quadro habilitará a futura imperatriz a conhecer a condição de nossos escravos e a compreender a missão dos abolicionistas no reinado de seu pai.

Certamente esse não era o presente sonhado por Isabel.

A legislação permitia a tortura como pena. Estava na regra do jogo. Dantas estava ciente dessa aberração. O legislador, como se diria hoje, tivera a preocupação de matizar a aplicação da punição de maneira a não transformá-la em pena de morte. Não se deve enxergar um ato humanitário nessa "sabedoria" do legislador, mas antes uma preocupação com a conservação da cara propriedade semovente que cometera um crime grave. Matar um escravo para puni-lo era perder dinheiro. Os proprietários queriam punir,

RAÍZES DO CONSERVADORISMO BRASILEIRO

e não ser punidos com perda de capital. Dantas era um legislador. Operava no espaço legal vigente com suas contradições e limitações:

> Eu sei, sr. presidente, que o nosso Código Penal adaptou a pena de açoites para os escravos. Ele mesmo, no art. 60º, creio, marcou esta pena para os casos ali determinados, determinando também que ela se execute de modo que em nenhum caso possa o escravo sofrer mais de cinquenta açoites por dia.

Fazia do lamento público um ato político. Não podia deixar passar um fato que lhe dava munição contra o escravismo. Cada palavra sua, porém, provocava reação. O governo não estava disposto a ver a situação agravada. Dantas cumpria seu papel no ataque dando a cada palavra um peso decisivo:

> É triste, sr. presidente! Eu mesmo me acanho de, neste século, neste ano da graça, numa nação livre, estar a falar em semelhante assunto; porque isto quer dizer que nós ainda temos escravos. Mas, uma vez que os temos, uma vez que o país os possui, é força não deixar que essa condição, já de si terrível e triste, fique mais denegrida pela perversidade dos homens, daqueles que, longe de executarem a lei pelo modo por que ela o quer, mais a agravam, e, em vez de punirem, querem supliciar e assassinar os escravos.

A ênfase estava nos termos finais: supliciar e assassinar escravos. A justiça era acusada por ele de tortura e assassinato.

O ministro da Justiça, Ribeiro da Luz, aceitou a interpelação. O diálogo travado entre ele, Dantas e outros senadores poderia integrar facilmente uma antologia dos momentos mais infelizes e caricaturais de um membro do executivo tentando "tapar o sol com a peneira" na esfera pública:

> Eu ontem mesmo li o artigo do *O Paiz*, citado pelo nobre senador, autor do requerimento, e, parecendo-me bastante grave semelhante fato, passei imediatamente telegrama ao juiz de direito da comarca da Paraíba, a fim de informar o que havia acontecido.

SEIS DIAS INESQUECÍVEIS EM MAIO DE 1888

O ministro tentava mostrar-se ágil, expedito e determinado a esclarecer os fatos. Só lhe faltou dizer que o governo era a parte mais interessada no esclarecimento minucioso da denúncia.

Positivo, Ribeiro da Luz tratou de ler as informações recebidas por telegrama do juiz acionado por ele:

> As informações que colhi me habilitam a assegurar a V. Ex. que os quatro escravos pertencentes a Domiciliano Caetano do Valle foram entregues anteontem ao empregado de Valle em muito bom estado de saúde, e até regularmente nutridos. Depois de cumprida a pena, foram assiduamente assistidos por médico, que no dia 24 os julgou capazes de seguirem para a fazenda de seu senhor. Dois desses escravos, ao chegarem a Entre-Rios, faleceram.

A situação revelava-se inusitada. Açoitados legalmente, assistidos por médicos na forma da lei, devolvidos em boa saúde e alimentados, apesar dos 1.500 açoites, conforme a interpretação do denunciante, levando em consideração o tipo de açoite, os escravos, de repente, morreram. Teriam morrido de tristeza pelo que vinham de padecer?

Tamanho era o absurdo que Dantas, quase sempre tão loquaz, só encontrara uma frase para dizer: "Apesar de estarem regularmente nutridos." Foi seguido pelo senador Silveira da Motta, que emitiu um lacônico ou enigmático "mesmo nutridos". O ministro da Justiça então se superou: "O exame cadavérico feito pelo perito profissional revelou que ambos sucumbiram à congestão pulmonar." Não é possível deduzir do documento (*Anais do Senado do Império*) se houve um instante de silêncio, de estupor, de perplexidade. Dantas tartamudeou: "Se estavam em bom estado e nutridos..." Silveira da Motta buscou uma lógica: "A surra que levaram podia produzir uma congestão pulmonar." No vaivém dos argumentos e contra-argumentos, o ministro da Justiça disparou a frase protocolar: "Procede-se a inquérito." Ou seja, o agora clássico "estamos investigando". Dantas teve um momento de sobressalto, um choque: "Ora seja tudo pelo amor de Deus." Um senador de hoje poderia ter dito "ora, conta outra".

Ribeiro da Luz não parecia do gênero que se embaraça por ter de usar clichês ou dourar a pílula. Continuou em sua balada segura:

O juiz de direito é o sr. dr. José Ricardo. Tendo eu recebido este telegrama já passei outro ao juiz do direito exigindo informações mais detalhadas sobre o fato. Pretendo entender-me com o presidente da província do Rio de Janeiro por meio de aviso a fim deste recomendar às autoridades da Paraíba que prestem minuciosas informações sobre o modo por que foi cumprida a pena (...).

Dantas ainda tentou um caminho de manutenção do diálogo: "As informações estão muito incompletas. Esta coincidência da morte dos dois escravos de congestão pulmonar, depois dos castigos e de estarem nutridos..." Havia, porém, um ressaibo de ironia nessa observação lacônica.

Ribeiro da Luz, depois de mais uma tentativa de tergiversação, endureceu: "Dadas estas explicações, não pretendo acompanhar o nobre senador..." Dantas cutucou: "Nem é obrigado a fazer agora." O ministro da Justiça abespinhou-se:

Permita-me o nobre senador que eu lhe pondere que, desde que S. Ex. [*sic*] faz parte do Senado brasileiro, melhor prova daria da repugnância e horror que lhe causa a aplicação da pena de açoites, se propusesse nesta Casa uma medida qualquer alterando a penalidade estabelecida pelo código criminal quanto a crimes cometidos por escravos.

Antiga estratégia legalista conveniente de quem deseja empurrar a situação com a barriga. Dantas rebateu limpidamente: "Se eu quero acabar com a escravidão..."

O ministro da Justiça deu-se ares de ponderação: "Mas enquanto não acabarmos..." Dantas foi mais rápido: "O meu fim é acabar com a escravidão e não criar penas para os escravos." Ribeiro da Luz não se conformou: "Apresente S. Ex. [*sic*] um projeto modificando a penalidade estabelecida." Dantas continuou impávido: "Não duvido, mas deve ser proposto por outrem: quanto a mim desejo ver acabada a escravidão quanto mais depressa possível." Ribeiro da Luz mostrou suas cartas legalistas: "Mas enquanto não houver lei modificando o Código Penal, o Poder Judiciário não pode deixar de aplicar as penas nele consignadas." Se era lei açoitar, que se açoitasse sem denúncias. A lei dos açoites pegara, ao contrário de outras

SEIS DIAS INESQUECÍVEIS EM MAIO DE 1888

leis, especialmente aquelas favoráveis aos escravos, como a da proibição do tráfico, de 1831.

Dantas teve de resmungar uma concessão, um "desgraçadamente a pena está no código". O ministro da Justiça empertigou-se:

> Mas o que quero é observar que, desde que existe a pena de açoites estabelecida em nosso código, o que o nobre senador deve fazer é propor sua substituição. Melhor serviço prestaria Sua Excelência à causa do escravo do que oferecendo ao Senado as observações a que me tenho referido. O nobre senador acha que a aplicação da pena de açoites é nas circunstâncias atuais e no estado de civilização de nosso país coisa inteiramente repugnante; mas por que não propõe sua substituição e uma medida qualquer para se acabar também com o castigo corporal na armada?

Dantas não pretendia trocar a abolição por um abrandamento de castigo, o que significava manter castigos e a escravidão. Só lhe restava retorquir: "Faça-o Vossa Excelência, que está no governo."

Não havia saída. O ministro da Justiça justificava o horror como cumprimento da lei: "O que quero unicamente é demonstrar a improcedência das considerações do nobre senador em presença da legislação existente." Seu otimismo era repetitivo: "Esperem os nobres senadores pelas informações; veremos então se os empregados do senhor dos escravos foram ou não a causa da morte; porque segundo diz o juiz de direito, eles estavam, quando entregues, em boas condições de saúde." Dantas não se conteve: "Morreram de pletora!" O ministro persistiu em sua convicção chapa-branca: "Se faleceram em caminho foi isso provavelmente devido a causas supervenientes à entrega." Silveira da Motta reagiu com a arma mais letal, a ironia: "Emagreceram em 10 minutos!" Ribeiro da Luz defendeu-se impassível: "Quanto à execução da pena, devo crer que ela se deu nos termos da lei."

A escravidão atingira seu ocaso nesse longo percurso no qual seus argumentos foram sendo esfacelados pelos fatos, pela resistência dos negros e pela inteligência de homens que não tinham medo de se expor. De onde vem a conclusão inapelável da *Gazeta de Notícias* em 14 de maio de 1888:

A causa da libertação estava tão adiantada que o atual ministério teve de propor a abolição imediata, em que, ao menos na forma que ontem recebeu a sanção imperial provavelmente não cogitava. A Câmara votou o projeto em dois dias; o Senado, em igual tempo: nos seis dias que decorreram de 8 a 13 de maio fez-se mais pelo Brasil do que nos 66 anos que nos separam da independência.

10. Seis senadores votaram contra a abolição

Alguém poderia prever que séculos de sofrimento se acabariam em tão poucas sessões do parlamento brasileiro? A derradeira discussão, no Senado, já aconteceu praticamente em ritmo de festa. As descrições dos jornais não se enganaram: o palco estava montado para o grande final. As vozes que se levantaram para defender a escravidão já não passavam de murmúrios em um silêncio que gritava "liberdade, liberdade". O quadro que se pintou, em um cenário destinado a entrar para a história, ainda, de certo modo, permanece fixado na atmosfera de um domingo paradoxalmente inesquecível e tão esquecido. Cada ator desempenhou seu papel sabendo que atuava para olhares futuros.

A imprensa não podia se queixar de falta de notícias. Um terremoto de alta intensidade sacudia o país. Para uns, deixaria estragos inestimáveis. Para outros, libertava a nação da infâmia e, soterrando um passado incômodo, abria as portas para o desenvolvimento econômico em bases modernas. Essas cenas conhecidas se tornam, aos poucos, novamente desconhecidas e precisam ser reavidas, como um fogo que adormeceu, para iluminar o presente. Como os jornais viram a terceira discussão do projeto de lei da abolição no Senado? Como resumiram a notícia mais importante que deram em mais de meio século? As grandes manchetes do século no Brasil, mesmo não formuladas assim, foram, basicamente: "1808: A Família Real chega ao Rio de Janeiro." "1822:

Brasil torna-se independente de Portugal." "1888: Abolida a escravidão." "1889: República." A grande notícia de 1808 abriu de fato o século XIX no Brasil e criou a possibilidade de manchetes na colônia portuguesa da América do Sul, pois trouxe também o jornalismo com a *Gazeta do Rio de Janeiro*. A notícia de 1888, de certo modo, encerrou o século XIX brasileiro e decretou a morte do Império. A notícia de 1889 selou a ruptura com um tipo de mundo.

O projeto saiu da Câmara dos Deputados em 10 de maio de 1888. No dia seguinte, no Senado, procedeu-se à leitura das emendas dos deputados que haviam alterado a proposta do governo. O senador Dantas pediu a formação de uma comissão especial para dar parecer sobre a matéria em regime de urgência absoluta, que foi composta pelo próprio Dantas, Afonso Celso, Teixeira Júnior, visconde de Pelotas e Escragnole de Taunay. No mesmo dia 11, o parecer foi emitido:

> A comissão especial, nomeada pelo Senado para examinar a proposta do Poder Executivo convertida em projeto de lei pela Câmara dos Deputados e que declara extinta a escravidão no Brasil: considerando que o mesmo projeto contém providência urgente, por inspirar-se nos mais justos e imperiosos intuitos e consultar grandes interesses de ordem econômica e de civilização; considerando que ele satisfaz a mais e mais veemente aspiração nacional; e abstendo-se de oferecer qualquer emenda, tornando expresso que ficam igualmente abolidas todas as obrigações de prestação de serviço provenientes da legislação em vigor, ou de libertações condicionalmente conferidas por entender que isto se acha virtualmente compreendido no aludido projeto; é de parecer que entre em discussão para ser adotado pelo Senado.

O diálogo com o tempo pode ser inspirador. Quanta agilidade! No século XXI, os parlamentares insatisfeitos recorreriam ao Supremo Tribunal de Justiça sob alegação de inconstitucionalidade da matéria?

O rito da análise e aprovação da Lei da Abolição, por abreviado e acelerado, sofreria contestação nos tribunais? A decisão do parlamento seria judicializada? Outros tempos! As especulações sempre são possíveis. É o presente que conta o passado em seu interesse. Por que não

SEIS SENADORES VOTARAM CONTRA A ABOLIÇÃO

fazer incidir sobre esse passado algumas das preocupações da época de quem viaja ao passado para revisitá-lo? A segunda discussão do projeto, no Senado, aconteceu em 12 de maio de 1888. Cotegipe discursou para exprimir as "preocupações" dos proprietários e, segundo ele, dos "próprios escravos", que obviamente não o autorizavam como porta-voz. Já era mais um desabafo ou apenas uma maneira de marcar posição. Não pretendia mudar o jogo. Sabia que tudo estava decidido. Daria, no entanto, matéria para os historiadores.

A *Gazeta da Tarde*, na segunda página da edição de 13 de maio de 1888, esparramou-se em adjetivos, não só por isso ser comum naquela época, mas também na ânsia de capturar a densidade do grande momento:

> Se a sessão última da Câmara dos srs. deputados teve uma solenidade extraordinária, a de hoje, no Senado, foi a maior de todas as que tem havido no parlamento brasileiro. Todas as tribunas foram invadidas por senhoras pertencentes à nossa melhor sociedade e as galerias e dependências da câmara ficaram repletas de povo.

A "melhor sociedade", aquela que erguera fortunas sobre o trabalho escravo, não queria agora perder o espetáculo de sua abolição. Possivelmente não estivessem ali nas tribunas e galerias os representantes mais escravagistas da "melhor sociedade" da corte, convencidos da derrota. Se havia alguma contradição no ar, a ansiedade predominava.

O olhar da *Gazeta da Tarde* cristalizou esse ângulo com a delicadeza de quem sabe estar diante de uma enormidade: "O momento não pode sofrer uma descrição. Quando, aberta a sessão, foi dada a palavra ao sr. Paulino, houve uma espécie de pasmo e, logo em seguida, o prolongado murmúrio de quem espera." Paulino de Sousa, chefe do Partido Conservador, fez o discurso que se sabe. Não podia, contudo, impedir a marcha da história que já o atropelava. A avalanche humana estava lá para colher os frutos esperados. O avanço da massa foi como uma onda incontrolável:

> Ao meio-dia, a multidão que se achava em frente ao passo do Senado irrompeu, repentinamente pela entrada principal que dá para a rua

do Areal e, em poucos minutos, enchia literalmente corredores e salas do edifício.

O que movia aquelas pessoas? Convicção de estar diante de um acontecimento histórico? Curiosidade? Comprometimento com o abolicionismo? A certeza de encontrar, em um final de semana, um bom entretenimento? O desejo de pressionar os senadores de maneira a evitar um revés que se anunciava impossível? A consciência de que a escravidão era um câncer a ser imediatamente extirpado? Um pouco de culpa por fazerem parte de uma nação secularmente escravocrata? Possivelmente um pouco de tudo isso. Certo é que a multidão se fez presente naquele dia fatal. Cada passo do ritual parlamentar seria observado por homens e mulheres endomingados e prontos para uma jornada extraordinária. A sessão foi aberta às 11h30, depois de verificado o quórum. A ata da sessão anterior foi lida e aprovada.

Paulino de Sousa fez seu discurso. Criticou o Partido Liberal por suas oscilações. O senador Dantas também usou a palavra, ainda que a *Gazeta da Tarde* não tenha reproduzido a íntegra de sua fala. Contra discursos cheios de dúvidas, embora pretensamente afirmativos, Dantas abriu o peito: "Chegamos ao termo da viagem empreendida, e, mais feliz do que Moisés, não só vemos como pisamos a Terra Prometida. Sendo assim, sr. presidente, nada de recriminações, nada de retaliações!" (*Anais* e *A abolição no parlamento*, 2012) Não era hora de acerto de contas, mas de anistia das dívidas dos donos de escravos. Isso, Dantas não podia dizer. Restava-lhe o equilíbrio:

Mas o Senado, ontem e hoje, pela voz de dois de seus mais ilustres membros, ao mesmo tempo dos mais respeitáveis e eminentes chefes conservadores, ouviu, com o público que nos honra com sua presença, dois discursos, qual mais importante, ambos igualmente identificados no mesmo fim: anunciar à nossa pátria, por este acontecimento que se está realizando e que a todos enche dos mais vivos e intensos regozijos, grandes perigos, quer para sua vida financeira e econômica, quer para a sua vida política.

SEIS SENADORES VOTARAM CONTRA A ABOLIÇÃO

A proximidade da vitória não o impediria de dar respostas a Paulino e a Cotegipe.

O barão de Cotegipe agitara diante dos colegas o espantalho do caos. Tratara de prever um futuro de crises e de violência. Falara supostamente em nome da responsabilidade, da razoabilidade, do bom senso, da ponderação, da prudência, da boa-fé e do direito: "Ninguém acreditará, no futuro, que se realizasse com tanta precipitação e tão poucos escrúpulos a transformação que vai aparecer." Fora um último lamento pela "pressa" na aprovação do projeto libertador. Quase um século de debates não lhe parecia suficiente. Encontrara forças para mais uma comparação infeliz:

> A propriedade sobre o escravo, como sobre os objetos inanimados, é uma criação do direito civil. A Constituição do Império, as leis civis, as eleitorais, as leis de fazenda, os impostos etc., tudo reconhece como propriedade e matéria tributável o escravo, assim como a terra.

Não lhe ocorria que justamente essa concepção de direito estava sendo rejeitada? Não podia, na verdade, aceitar que sua visão de mundo caducasse.

Usara até a última palavra o direito invertido, como garantia da força, para defender uma propriedade arbitrária:

> Dessas relações sociais, da encarnação, por assim dizer, da escravidão no seio da família e no seio da sociedade, resultaram relações múltiplas e obrigações diversas. E de um traço de pena se legisla que não existe mais tal propriedade, que tudo que podia ter relação com ela desaparece, que nem contratos, nada absolutamente pode ter mais vigor.

Alguém poderia duvidar que o argumento do respeito aos contratos seria brandido? Para Cotegipe, a propriedade estava acima da vida e da humanidade:

> O proprietário que hipotecou a fazenda com escravos, porque a lei assim o permitia, delibera de seu modo próprio alforriá-los, o que pela nossa lei constitui um crime, e é por isso remunerado! Os bancos, os particulares adiantaram somas imensas para o desenvolvimento da lavoura, das fazendas. Que percam!

RAÍZES DO CONSERVADORISMO BRASILEIRO

A ideologia não lhe permitia contabilizar os ganhos seculares graças a leis jamais consagradas por aqueles a quem reduzia a objetos: os escravos.

Alguém poderia duvidar que viria à baila o argumento dos direitos adquiridos? Cotegipe estivera lá para usá-lo: "Enfim, senhores, decreta-se que neste país não há propriedade, que tudo pode ser destruído por meio de uma lei, sem atenção nem a direitos adquiridos, nem a inconvenientes futuros!" A lei servira à infâmia. O legislador lamentava que pudesse servir também para dar-lhe um fim. Preferira tentar assustar os colegas com o fantasma do comunismo e da reforma agrária. Sim, em 1888:

> Sabeis quais as consequências? Não é segredo: daqui a pouco se pedirá a divisão das terras, do que há exemplo em diversas nações, desses *latifundia*, seja de graça ou por preço mínimo, e o Estado poderá decretar a expropriação sem indenização!

Pobres latifundiários, à mercê de tantos perigos! Quem imaginaria, sem maior atenção, que o espectro do comunismo já ocupava a mente das elites do imenso Brasil ao final do século XIX? Nada de espantoso, na medida em que o marxismo é um produto desse tempo. Não deixa de ser interessante que latifundiários temessem, em um país continente, com uma população diminuta, a divisão de suas terras.

Cotegipe, agarrado ao passado, chorava pelo futuro. Embora tivesse avisado que não tentaria impedir a marcha dos acontecimentos nem retardar a aprovação da Lei da Abolição, procurara fragilizar as posições de seus oponentes com estocadas especulativas apresentadas como evidências antecipadas. A abolição, segundo ele, traria uma sucessão de desastres, uma profusão de males irremediáveis, entre os quais a república: "A verdade é que haverá uma perturbação enorme no país durante muitos anos, o que não verei, talvez, mas aqueles a quem Deus conceder mais vida, os que forem mais moços presenciarão." O profeta arriscaria tudo e perderia: "Se me engano, lavrem, lavrem na minha sepultura este epitáfio: 'O chamado no século barão de Cotegipe, João Maurício Wanderley, era um visionário!'". Enxergava pouco. Haverá quem seja capaz de dizer que acertou? A república era inevitável e desejada. A miséria dos

SEIS SENADORES VOTARAM CONTRA A ABOLIÇÃO

negros se imporia pela ganância dos brancos ricos e pelo racismo, que só aumentaria ao longo dos anos.

O retórico Cotegipe não poupara dramaticidade em seu discurso condenado ao fracasso. Falara para sua classe, uma classe obrigada a se dobrar. Praticara o que sempre se faz diante de uma reforma que extermina privilégios. Exagerara as perdas. Previra catástrofes. Esbravejara:

> Tenho algum conhecimento das circunstâncias da nossa lavoura, especialmente das províncias que citei em princípio; e afianço que a crise será medonha; escaparão do naufrágio muitos; uns que já estão munidos de salva-vidas; outros que, no meio do naufrágio, apanharem alguma tábua, em que se salvem; outros, finalmente, que lucrarão, quando o navio vier dar à costa. Mas a crise será grande. Estarei iludido, estimarei mesmo estar; porém a convicção íntima que me domina não me permite que eu pense diversamente. Acompanho a sorte do meu país; para onde hei de ir? Sou daqueles que aqui nasceram e aqui hão de morrer, se não me deportarem algum dia.

Para onde haveria de ir um defensor da monarquia escravocrata? Para casa.

Não faltava a Cotegipe a consciência de estar ultrapassado. Era um homem marcado por suas escolhas condenadas pelo novo espírito da época. Ele tinha, no entanto, habilidade retórica suficiente para tentar converter em benefício essa sua fraqueza insuperável: "O progresso da civilização tem sido tal, que mesmo a moral privada e pública, segundo alguns escritores, deve ser completamente reformada; e, pois, devo ser considerado um homem de outro século, e a este tudo se perdoa."

Restava-lhe tentar comover os ouvintes:

> Se esta é a minha convicção a respeito dos proprietários, ou, na frase de um amigo de quem há pouco recebi carta, a sorte dos lavradores (não lavraram outra coisa); se esta é a sua sorte, pergunto (e agora entro em cheio no mar da caridade e da filantropia) qual é a sorte dos libertados, quais os preparativos para que aqueles que abandonarem as fazendas tenham ocupação honesta? Qual é a sorte dos 500 mil ingênuos, que estão sendo alimentados, vestidos e tratados pelos respectivos proprie-

tários em suas fazendas? Acompanharão as mães e os pais? Mas, os que não os tiverem, seguirão a mesma sorte?

De repente, o defensor da escravidão, no crepúsculo de sua existência como fundamento do modelo econômico e social brasileiro, de repente, o homem que comparava, do ponto de vista legal, escravos a objetos, amparando-se na ficção do direito civil a serviço dos senhores de escravos contra aqueles que não podiam participar da elaboração de tamanha legalidade, tomava-se de grande preocupação pelos filhos do escravismo e pelos anciãos descartados como improdutivos. Uma leitura irônica da história veria em suas palavras um monumento à hipocrisia ou ao humor de mau gosto:

> Os proprietários continuarão a sustentar maior número de ingênuos do que de escravos? Até hoje, uns trabalham para sustentar os outros; mas, desde que falte o braço válido, a sustentação do braço inválido não pode de modo algum continuar. O que será feito dos velhos, daqueles que estão incapazes de servi-los, e que, segundo a lei de 1885, estavam a cargo dos ex-senhores?

Cotegipe só via uma saída racional: manter o cativeiro.

A abolição horrorizava-o e o fazia buscar no estrangeiro esclarecimentos duvidosos para seu fracasso como solução à questão servil:

> Sr. presidente, temos um frisante exemplo ainda que em menor escala, pelo que aconteceu na república do Peru. Ali, o número de escravos existente era de 80 mil; foram de uma vez libertados, e dizem os contemporâneos que uma pequena parte continuou nas fazendas; outra parte morreu pelas estradas e nos hospitais; e a outra parte foi morta a tiro! Quer dizer que se tornaram salteadores; atacavam os viandantes, atacavam as fazendas e praticavam toda a casta de barbaridade que podia praticar gente ignorante.

Cotegipe não conseguia ver como barbaridade a casta de horrores praticada pela ignorância dos senhores de escravos. Se a lei autorizava as mais hediondas práticas, parecia-lhe que isso as tornava legítimas.

SEIS SENADORES VOTARAM CONTRA A ABOLIÇÃO

Seu temor era o de seus iguais: a liberdade dos negros:

> Se nós outros não tomarmos muita cautela, digo que o mais difícil do problema não fica resolvido; o mais difícil será o evitar e o providenciar, para que os resultados, que eu, talvez erroneamente, prevejo, não se realizem.

Para Cotegipe, negros livres tendiam a ser vagabundos: "Fala-se em sociedades de proteção a libertos; sim, senhores, são necessárias sociedades de proteção aos libertos, para dar-lhes ocupação e colocá-los." Cândido de Oliveira tratou de corrigi-lo: "Não há mais libertos; são cidadãos brasileiros." Cotegipe permitiu-se, arrancando risadas, uma dose de arrogância irônica: "São libertos; mas direi, se quiser, até que são ingleses."

Na porta da história, Cotegipe via-se como um incompreendido que precisava carregar nos velhos ombros a difícil tarefa de defender uma racionalidade desmascarada, mas que, para ele e para os que comungavam de suas ideias, era a voz da razão sendo abafada por sentimentos cujas fragilidades o tempo se encarregaria de provar: "Tenho encarado a questão pelo lado dos inconvenientes práticos para a lavoura; pelo lado humanitário para com os libertados; agora, seja-me permitida uma rápida vista de olhos sobre as consequências políticas deste ato." Afirmara então com desdém: "Por ora, sr. presidente, tudo é festa, tudo é alegria, tudo são flores; enfim, o prazer é unânime, universal, por esse grande ato da extinção da escravidão." Profetizara com ressentimento e desejo incontido: "Secas as flores, dissipadas as nuvens ou o fumo das girândolas, apagadas as iluminações, vereis surgir mais de uma questão grave." Citara, para se vingar, um artigo recebido na véspera:

> Fazendo da abolição uma empreitada cometida ao partido reator, a Coroa enfraqueceu substancialmente um dos seus baluartes mais fortes e melhor [sic] construídos, porque vê pouco quem não percebe o golpe republicano, que candidamente descarregou em seus próprios interesses.

Ouviram-se gritos de apoiado. Cotegipe completara enfatizando a opinião do citado: "O ato foi praticado em favor da república." A classe dos proprietários de escravos, despojada de seu patrimônio ilegítimo, faria tudo para que as previsões de Cotegipe se realizassem. Os ex-escravos seriam marginalizados ao longo dos anos.

A tudo isso, o senador Dantas daria, no domingo fatal, uma resposta técnica, na medida em que possa ser técnica qualquer resposta dada no mais intenso calor da emoção da história se realizando:

> Senhores, a abolição da escravidão não marcará para o Brasil uma época de miséria, de sofrimentos, uma época de penúria. Uma simples consideração, porque a discussão longa virá depois, bastará para tranquilizar os que se aterrarem com os presságios dos dois honrados senadores que me precederam: dentro do espaço de 17 anos, 800 mil escravos têm desaparecido do Brasil. Pois bem, senhores, é justamente neste período que se nota maior riqueza no país, grande aumento de trabalho e com ele maior produção, e, como consequência, considerável aumento na renda pública. Se, pois, este fato se deu, se foram estas as consequências da diminuição, em mais de metade, do trabalho escravo, o que se deve esperar é que o desaparecimento de 600 mil criaturas escravas não produzirá a nossa ruína, antes, aumentará a nossa prosperidade e o engrandecimento do Brasil, graças ao trabalho livre, ao trabalho nobilitado, o que não só levantará os créditos da nossa pátria, como atrairá para nós o estrangeiro, que encontrará no solo fecundo e ubérrimo deste país certas e inexcedíveis vantagens.

Dantas também sabia provocar. Afinal, era, antes de tudo, político.

Em sua provocação, havia ademais uma dose de aspiração imediata. Era um liberal progressista. Queria que as reformas prosseguissem. Sabia que a abolição, sozinha, não bastava para arrancar o Brasil de sua miséria assentada na desigualdade social defendida pelos conservadores como um princípio de economia e um pilar de racionalidade:

> Quer me parecer que tremem diante do fato de praticar-se uma reforma tão radicalmente liberal, porque isso servirá de incitamento para que outras reformas, igualmente liberais, se possam empreender e realizar em nossa pátria. Mas, senhores, que perigo haverá? Por minha parte não

SEIS SENADORES VOTARAM CONTRA A ABOLIÇÃO

creio neles. As reformas liberais não podem, portanto, ser um perigo no Brasil. Elas serão, sim, o complemento, o remate, a consequência natural do passo que estamos dando; e, se nossas instituições se vissem ameaçadas pelo que estamos fazendo, eu diria: mais vale, sr. presidente, cingir uma coroa por algumas horas, por alguns dias, contanto que se tenha a imensa fortuna de presidir à existência de um povo e de com ele colaborar para uma lei como esta, que vai tirar da escravidão tantas criaturas humanas, do que possuir essa mesma coroa por longos e dilatados anos, com a condição de conservar e sustentar a maldita instituição do cativeiro.

O império era o que menos importava.

Confiante, Dantas desferiu seu golpe final com um suave tom de superioridade. Por trás da humildade, vazava a convicção de quem não temia os perigos agitados na esperança de conservar o pior:

Não há, portanto, perigo algum; e até onde a minha voz, a minha responsabilidade, a confiança que eu possa inspirar aos meus concidadãos; até onde a minha experiência dos negócios, o meu estudo de todos os dias, me puderem dar alguma autoridade, eu direi desta cadeira a todo o Brasil que nós hoje vamos constituir uma nova pátria; que esta lei vale por uma nova Constituição.

Um novo país. Até que ponto? Talvez fosse possível falar em uma maldição de Cotegipe. As flores da abolição murcharam e não sobreveio o caos para as elites, mas os ex-escravos foram abandonados. As classes abastadas não se lembravam mais das preocupações subitamente humanitárias de Paulino de Sousa e Cotegipe no momento da abolição da escravatura. No calor das lutas, muito se diz. Cada jogador adota a estratégia que lhe parece mais rentável. Alguns erros não deixam de produzir acertos, embora a solução não estivesse em evitar o efeito mantendo a causa nefasta. O abandono dos ex-escravos não poderia ser evitado pela manutenção da escravidão defendida por senadores persistentes. As reformas complementares sonhadas por Dantas teriam de ser buscadas com muita luta pelos tenentistas nos anos 1920 e só começariam a ser implementadas por Getulio Vargas depois da revolução de 1930.

RAÍZES DO CONSERVADORISMO BRASILEIRO

Paulino de Sousa e Cotegipe perderam a guerra. Não quiseram, contudo, perder a pose. A aprovação da Lei Áurea teria acontecido, segundo muitos relatos, por unanimidade no Senado. A *Gazeta da Tarde*, no entanto, na página 2, de 13 de maio de 1888, registrou seis votos contrários: "Votaram contra o projeto os srs. Paulino de Sousa, Cotegipe, Belisário, Pereira da Silva, Ribeiro da Luz e Diogo Velho. O *Correio Paulistano* de 15 de maio de 1888 diz em telegrama do presidente do Conselho ao vice-presidente da província de São Paulo: "Já é lei do Estado, contra 9 votos na Câmara e 5 no Senado, a resolução que extingue a escravidão. Imenso júbilo popular. Entusiásticas manifestações à princesa imperial regente. A cidade em festas." O ministro da Agricultura, Rodrigo Silva, determinava: "Está sancionada a lei extinguindo a escravidão no Brasil. Providencie para que seja executada desde já." O *Diário de Notícias* de 13 de maio de 1889 afirma:

> Não havendo mais quem peça a palavra, encerra-se a discussão. O sr. presidente consulta o Senado se acha a matéria suficientemente discutida. O Senado resolve afirmativamente. Posta a votos, foi a proposta aprovada, tal qual veio da Câmara, pela quase unanimidade do Senado, votando contra apenas quatro senadores.

Rodrigo Silva era o mesmo que em 1870 havia defendido que os interesses da agricultura eram os interesses da sociedade brasileira e ponto-final, e que em 1886 mandara matricular, em Campos, no Rio de Janeiro, 14 mil homens livres como escravos, sendo desautorizado pelo Senado.

Quem eram os renitentes que não se importaram, mesmo sabendo da derrota, em entrar para a história como defensores de uma instituição moralmente liquidada e deslegitimada pelos melhores pensadores? Paulino de Sousa e Cotegipe representaram os interesses rurais escravistas com grande destaque. Paulino cedeu menos ainda do que Cotegipe à vaga abolicionista. A *Revista Illustrada*, na edição de 3 de março de 1888, afogou Paulino em uma comparação impiedosa:

> Um espirituoso articulista, estudando a política do sr. Paulino, no Rio de Janeiro, compara-a com a história de uma Mrs. Paddington, uma

velha que morava à beira-mar e que possuía uma vassoura, que era um terror doméstico. Marido, filhos e servos, todos tremiam diante do instrumento da temível dama. Uma vez, porém, subindo a maré, e invadindo-lhe a casa, ela empunhou a vassoura e começou a varrer as ondas, furiosamente, para fora (...). E, quantas mais vassouradas distribuía, para a direita e para a esquerda, mais a água se agitava e mais a casa era invadida. O sr. Paulino, diz o articulista, é a moderna Mrs. Paddington, querendo lutar, com a sua vara de chefe, contra as forças mais ingentes do século – contra o influxo das grandes ideias, em nome dos interesses mesquinhos da política de aldeia. Continue S. Ex. [*sic*] a brandir o seu aguilhão contra a onda, e, depois, diga-nos como vai da sua tosse. Sim?

A onda varreu tudo.

Osório Duque Estrada, em *A abolição*, narrativa de 1918, resumiu também com uma boa dose de ironia:

De fins de fevereiro a 13 de maio converteu-se o sr. João Alfredo, de emancipador a longo prazo em abolicionista radical; o mesmo suce-dendo à Regência e a quase toda a situação conservadora, ameaçada de ver passar o poder às mãos dos liberais. As conversões fizeram-se da noite para o dia. Só Andrade Figueira, Paulino de Sousa e raros outros conseguiram salvar-se desse naufrágio moral. A Câmara es-cravocrata e quase unânime, que com tanto fervor apoiara o gabinete Cotegipe, veio adotar a reforma radical, com uma discrepância ape-nas de nove votos sobre um total de 92 deputados. Silveira Martins estranhou de tal maneira o fato, que afirmou haver o parlamento "atacado todos os princípios e subvertido todas as noções de digni-dade", acrescentando que "nenhum partido é forte quando trafica com as suas ideias". (2005, p. 187)

Sobre Cotegipe, mais do que dados biográficos, falam seus derradeiros atos contra a abolição.

Em artigo de 10 de fevereiro, datado de Roma e publicado no *O Paiz* nos primeiros dias de março, Nabuco divulgou o próximo apareci-

RAÍZES DO CONSERVADORISMO BRASILEIRO

mento de uma encíclica, na qual Leão XIII condenaria a escravidão; e anunciou a todos os católicos do Brasil que Sua Santidade havia já lançado a sua bênção sobre a causa abolicionista. Este golpe de mestre de Joaquim Nabuco, que, dois meses e pouco antes do 13 de maio, sentia ainda necessidade de forçar a hesitação imperial, socorrendo-se do chefe da Igreja, foi, talvez, o que acabou de decidir a princesa e de reconciliar o trono com a liberdade. É certo que Cotegipe, que poucos dias depois deixou o poder (7 de março de 1888), teve ainda tempo de envolver na questão a nossa diplomacia e retardar o aparecimento da encíclica, só vindo ela a ser publicada depois da data da Abolição; mas a certeza dessa manifestação do Sumo Pontífice, bem como a notícia da sua bênção, havia chegado a todo o país através das revelações de Nabuco. Estas tiveram, logo depois, a mais eloquente confirmação, acrescida ainda com a remessa da Rosa de Ouro oferecida à Princesa. A ação de Cotegipe mostra bem quanto ele receava a influência da encíclica no ânimo da Regente. (Estrada, 2005, pp. 240-241)

O jogo era duríssimo.

Estavam em disputa um imaginário, uma visão de mundo e um modo de produção. Nabuco e Cotegipe representavam os dois polos de uma contenda que só poderia ter um lado vencedor. Na política da época, como na de qualquer outro período, com os ânimos acirrados pela radicalização ideológica, todos os golpes eram permitidos, desde que não fossem desmascarados como jogadas irregulares ou imorais. O lance de Cotegipe para impedir a divulgação da encíclica papal indica quanto as batalhas foram travadas no campo da opinião pública. A grande virada, que permitiu acelerar o processo abolicionista, teve como catalisador a transformação das mentalidades pela propaganda. Nesse sentido, a abolição foi, em boa parte, uma vitória da imprensa. O *Diário de Notícias* de 15 de maio de 1888 comemorou, na página 2, o fato de a abolição ter sido aprovada exatos oitenta anos depois da criação da Imprensa Régia no Brasil, em 13 de maio de 1808. Muita tinta foi impressa desde esse começo chapa-branca, termo para oficialista no jargão jornalístico, até o engajamento tardio de alguns veículos naquela que foi a batalha do século.

SEIS SENADORES VOTARAM CONTRA A ABOLIÇÃO

A *Revista Illustrada* de 12 de fevereiro de 1888 encontrara uma maneira de satirizar as supostas boas intenções do conservador e escravista barão de Cotegipe. Em um texto sobre o carnaval, tratado como o necessário momento de ruptura da ordem e de fuga da monotonia, em que momo "avassala todas as classes, todas as categorias e todos os espíritos", cada um contribui como pode para a farsa restauradora das forças que tudo pode inverter. Ninguém escapa: "As artes são postas em contribuição para darem forma às ideias que têm de ser exibidas e mesmo os que não sabem preparam um truque, um dito, uma faceta própria da época." No final do século XIX, o carnaval já era a válvula de escape contra a podridão da política. A publicação permitia-se, em tese, por ser época de exceção, não querer falar mal do governo. A piada era devastadora: "Pois, se até o sr. Cotegipe, esse homem sobre cujos ombros pesam as responsabilidades do Estado, se deixa invadir pela preocupação do momento e nos prega a peça de anunciar um projeto abolicionista." O governo tinha direito, como fenianos, democratas, tenentes e socialistas, de colocar seu bloco na rua. A ironia não perdoava: "Não seremos nós quem aplauda um despotismo desses e até se o ministério sair à rua, com os seus carros de ideias, terá uma coroa nossa." A revista conclamava a população a "perder o ar sinistro de quem anda pensando em *déficits*" e cair na folia para "quebrar a monotonia de uma política em que o dia de hoje é exatamente igual ao de ontem e o de amanhã ao de hoje".

Diante do marasmo e da demagogia, a *Revista Illustrada* deitava e rolava em cima da política de Cotegipe e seus negreiros:

> Haja projetos, reformas e can-cans a mais não poder! Que os poderes se fantasiem e se divirtam! Façam loucuras, o que lhes custa? Vamos! É gozar que a Quarta-feira de cinzas aí está, e depois dela muita coisa complicada e que parecem, também, estar dizendo: – Sai, cinza.

Cotegipe e seu ministério podiam rasgar a fantasia: "Só o que pedimos é que tenham espírito e, neste caminho, já os princípios não são maus. O ministério, que todos conhecem, fazendo-se, de repente, abolicionista durante o carnaval, já é uma boa pilhéria. Avante!"

Contra a dureza do conservadorismo, o melhor remédio era a liberalidade do humor. A *Revista Illustrada,* antes da abolição e da República, debochava da mesmice da política brasileira. Já se dizia que nada era mais conservador do que um liberal no poder. Dom Pedro II, quando queria uma política mais liberal, com segurança, atribuía a missão de realizá-la a um conservador. Na hora extrema, porém, as distinções apareciam para confundir os que as consideravam superadas. Foi assim com os derradeiros resistentes à abolição no Senado. Quem eram eles? O que faziam? O que sentiam? O que deixaram como legado?

Se Paulino de Sousa e Cotegipe eram carrancas de proa, Francisco Belisário Soares de Sousa, primo de Paulino – ambos nascidos em Itaboraí, no Rio de Janeiro –, não deixava de ter destaque como operador ideológico de sua classe social. Em um tempo de baixa especialização, ele abraçou três atividades aparentemente incompatíveis, mas igualmente desafiadoras. Foi jornalista, banqueiro e político. Em todas elas, defendeu a escravidão e seus interesses muito particulares. Como político, foi deputado provincial, deputado geral, senador e ministro da Fazenda. Dirigiu o Banco do Brasil. Comandou a pasta da Fazenda quando Cotegipe chefiava o governo. As relações de interesse econômico e ideológico entrelaçavam-se fácil e seguidamente com as relações familiares. A Corte era uma linha de corte. Separava nitidamente os donos do poder dos súditos distantes do imperador.

Belisário esteve no Senado por rápidos dois anos. Morreu em 24 de setembro de 1889. Não consta que tenha lamentado seu voto contra a abolição. Nem o justificado. O que poderia dizer de convincente? Sua biografia ficou marcada por haver hipotecado seus escravos e terras ao Banco do Brasil pouco antes da abolição. Detentor de informações privilegiadas e conhecedor da situação em que o país se encontrava, não hesitou em "antecipar" sua indenização. Foi denunciado pelo combativo José do Patrocínio. Teria sido diretamente beneficiado pelo artifício legal que considerou o município-neutro, a capital do país, parte do Rio de Janeiro, garantindo a transferência de escravos sem a restrição ao tráfico interprovincial. Sua contribuição mais positiva ao país foi um livro sobre o sistema eleitoral brasileiro no Império, publicado em 1872, no qual falava do "fósforo", o eleitor que votava no lugar de outro em uma situação de fraude permanente.

SEIS SENADORES VOTARAM CONTRA A ABOLIÇÃO

Rui Barbosa, em discurso citado por Osório Duque Estrada (2005, p. 40), fornece elementos para uma compreensão mais realista desses personagens controvertidos:

> Como quer que seja, se há aí, ao alcance da minha voz, algum emissário, incumbido de levar ao centro onde cochila a grande aranha, notícias desta assembleia – vá dizer, aos que, como o sr. Paulino de Sousa e o sr. Belisário de Sousa, perguntam com escárnio se o abolicionismo ainda respira – vá dizer ao grão-vizir deste governo muçulmano, batizado pelo sr. Cotegipe –, vá dizer-lhes que deixou aqui um núcleo de abolicionistas, resolvidos a recomeçarem a campanha, a despeito seja de que perseguições forem.

João Manuel Pereira da Silva (1817-1898) nasceu e morreu no Rio de Janeiro. Estudou direito em Paris, na Sorbonne, até 1838. Dedicou-se à literatura. Gostava de poesia, de sonetos e de temas patrióticos. Escreveu dois volumes sobre o parnasianismo brasileiro. Era dado a reminiscências e a métricas rigorosas. Escreveu romance, crônica, conto, biografia, memórias e história. Foi deputado e senador pelo Partido Conservador. Salvo o seu voto contra a abolição, nada justificaria ainda citar seu nome como político longevo.

Quem quiser pode aventurar-se na leitura de seu livro *Christovam Colombo e o descobrimento da América*, em e-book, uma selva de palavras com clareiras reveladoras. Três anos depois da abolição, contra a qual depositara seu voto, censurava Colombo por ter tido comportamento semelhante:

> Infelizmente sorriu ao espirito de Colombo uma deploravel ideia: por que não converteria em escravos os gentios que nos combates aprisionara? Vendidos em Hespanha, como em Portugal e mesmo em Hespanha se vendiam mouros e pretos de Guiné, não prestariam ao thesouro régio colheita abundante de impostos que o coadjuvasse nas despezas indispensaveis ás expedições maritimas? Convencido deste principio, embarcou cerca de quinhentos gentios nas caravellas que apparelhara e que expedira immediatamente para Hespanha. As ideias fanaticas da

epoca consideravam quem não fosse catholico como inferior em direitos aos catholicos; os hereges e pagãos podiam, portanto, escravisar-se: por que escapariam os gentios da America á este destino, á esta sorte miseranda? Apezar de seu espirito adeantado, não podia Colombo resistir á influencia das ideias do seu tempo.

A grafia da época ajuda a ver o escritor.

Os pilares do escravismo estão contidos nesse fragmento: oportunidade de capturar homens no continente africano, colher fartos impostos com o novo produto comercializado e obter braços para as tarefas mais difíceis. Pereira da Silva desculpa a atitude de Colombo com a clássica justificativa: ele não podia resistir "à influência das ideias do seu tempo". É sabido, contudo, como destacam, entre outros, Perdigão Malheiro e Osório Duque Estrada, que muito cedo bulas papais já condenavam o tráfico: "O ressurgimento da escravidão nos tempos modernos foi condenado pelo chefe da Igreja, como uma abominável revivescência do paganismo." (Estrada, 2005, p. 28)

Em 1892, Pereira da Silva podia lamentar os castigos e o trabalho excessivo a que eram submetidos os escravos:

> Para realizar seus desejos não só escravizavam por seu lado, como com castigos bárbaros obrigavam os desditosos selvagens a trabalho excessivo a que não estavam acostumados; resultava-lhes a morte mais ou menos apressada, conforme a robustez dos corpos.

Certamente, para Pereira da Silva, os problemas da abolição eram o momento, a falta de indenização, a ruptura da ordem legal vigente e a pressa dos legisladores. Como historiador, usava alguma ironia:

> Após o Cabo Bojador, descobriu Nuno Tristão, em 1443, o Cabo Branco, e em 1449, Cadamosto, o Cabo Verde e o Senegal, onde encontrou marfim, ouro e hordas de pretos, que conduziu para os Algarves, começando então o trafico de escravos Africanos na Europa. Dous papas mandam bullas de concessão de todas as terras além do Cabo Bojador, elogiando e preconisando de heroe o Principe. Os Pontifices Romanos reputavam-se então autorizados para distribuirem reinos e corôas.

SEIS SENADORES VOTARAM CONTRA A ABOLIÇÃO

Tinha estofo para votar a favor da abolição. Segundo a *Gazeta da Tarde*, não o fez.

Literato pragmático e prolífico, não tinha pressa em abolir a escravidão que oprimia os negros. Em 1889, publicaria *Considerações sobre poesia épica e poesia dramática*. É fundador da cadeira 34 da Academia Brasileira de Letras, a instituição criada pelo genial negro Machado de Assis – visto nos termos da época como "mulato" –, maior escritor brasileiro de todos os tempos, cujos textos em jornais da época não ombreiam com Nabuco, Patrocínio e Rui Barbosa em figuras de linguagem como a ironia contra a escravidão.

O mineiro Joaquim Ribeiro da Luz (1824-1903), o mesmo que teve áspero debate com o senador Dantas sobre a questão dos escravos mortos por açoitamento, uniu três elementos mais conciliáveis: política, magistratura e latifúndio. Empilhou cargos importantes em sua vida imperial: ministro da Marinha, da Guerra, da Justiça, deputado-geral, presidente da província de Minas Gerais e senador de 1870 a 1889. Como ministro da Justiça, assinou a Lei 3.310, de 15 de outubro de 1886, que revogou o art. 60 do Código Criminal, e a Lei nº 4, de 10 de junho de 1835, "na parte que impõem pena de açoites". Quando da segunda discussão no Senado do projeto G, de proibição da pena de açoites, Ribeiro da Luz, em 28 de setembro de 1886, embora se dizendo favorável à eliminação de tal horror, argumentou:

> A pena de galés, pelo nosso código, é considerada muito mais grave do que qualquer das outras, com exceção da de morte. Por isso peço à ilustre comissão que me informe se é pensamento seu aplicar ao escravo por um crime que tenha cometido pena mais grave do que a aplicável a qualquer homem livre que pratique crime igual.

Soares Brandão retorquiu: "Mas se for para evitar a pena de açoites, que é pior?".

O ministro da Justiça revelou o lado mais perverso do sistema escravista com sua legislação de fachada:

> Devo ponderar que o legislador, quando dispôs no art. 60º que a pena que não fosse de morte e galés seria comutada, se o réu fosse escravo, na

de açoites, teve, sem dúvida, o intuito de respeitar o direito de propriedade; não quis que se aplicasse ao escravo pena que privasse o senhor de seus serviços por longo espaço de tempo.

A pena de morte e as galés destruíam a propriedade. Ribeiro da Luz insistiu no argumento: "Penso e repito que a razão fundamental desta disposição foi o respeito ao direito de propriedade e o intuito de não privar o senhor do escravo por longo espaço de tempo de seus serviços." Dito isso, declarou-se mais uma vez favorável à extinção de tal castigo, mas não deixou de sugerir cautela:

> Não me oponho que deixem de ser sujeitos à pena de açoite aqueles que dentro em pouco tempo serão cidadãos brasileiros e hão de até exercer direitos políticos. Convém, porém, proceder neste assunto com muito exame, estudo e máxima reflexão.

Ribeiro da Luz, tal como seus pares, considerava-se um representante da civilização.

Esse relato fala por si. Trata-se de um exemplo paradigmático do papel do direito, da lei e da justiça como instrumento de poder e de preservação dos privilégios de uma classe. Não era interessante punir escravos com degredo, galés e pena de morte. Isso equivalia a perder a ferramenta, a jogar fora a peça comprada para ser explorada no dia a dia. Nesse sentido, açoitar deveria ser entendido como uma pena conveniente. A noção mais sagrada para os civilizados legisladores brasileiros cristãos era a de propriedade. Nada estava acima dela. Nada podia impedi-la de tirar todo o proveito possível de seus objetos e animais, entre os quais os negros escravos. O ministro da Justiça, Ribeiro da Luz, votou contra a abolição. Foi coerente com sua postura de permanente defensor da escravidão.

Diogo Velho Cavalcanti de Albuquerque, visconde de Cavalcanti, nasceu em Pilar (Paraíba), em 1829, e morreu em Juiz de Fora, em 1899. Advogado, político, jornalista e produtor rural, presidiu as províncias do Piauí, do Ceará e de Pernambuco. Foi outro que acumulou todo tipo de cargo a serviço do Império e de sua carreira bem-sucedida: ministro da Agricultura, da Justiça e dos Estrangeiros. Falava francês fluentemente,

SEIS SENADORES VOTARAM CONTRA A ABOLIÇÃO

adorava literatura, foi comissário-geral do Império na Exposição Universal de Paris, em 1889. Deputado-geral e senador pelo Rio Grande do Norte. Consta em sua biografia que sua voz serviu ao primeiro registro fonográfico no Brasil, gravado em disco cilindro, em 1889. Escreveu no jornal *A Imprensa*, da Paraíba, e é patrono da cadeira 13 da Academia Paraibana de Letras.

Os senadores que votaram contra a abolição, segundo o que saiu nos jornais da época, figuravam na lista dos homens "sérios" e "responsáveis". Alguns, como Belisário, Paulino e Cotegipe, eram corsários contumazes e sem escrúpulos. Outros eram cultos e interessados pelas chamadas coisas sensíveis da vida, entre as quais a arte e a religião. A possibilidade de perda de bens materiais – os escravos eram considerados assim, ainda que pudessem provocar afeição, amor e paixão em seus donos – costumava abalar as convicções espirituais de poetas e cavalheiros. A poesia não podia cegar os interesses pecuniários.

11. Lenta, gradual e infame (ou Contratos devem ser respeitados)

O processo que levaria à abolição foi lento e estrategicamente retardado pelos legisladores representantes das bancadas escravistas. Rápida seria apenas a desesperada tentativa de obter, após a Lei Áurea, indenização para os proprietários, que se consideravam lesados. Era possível obter empréstimos dando escravos como garantia. O direito chancelava a possibilidade de hipotecar pessoas. Toda a estrutura econômica estava baseada no tratamento legal de gente como objeto e mercadoria. Não faltavam críticas a essa edificação jurídica fundada sobre pés de barro e contestada internacionalmente, mas os deputados e senadores escravagistas impunham suas ideias contra o que chamavam de idealismo ou de utopias dos abolicionistas. A Lei Áurea despertaria nos perdedores o feroz anseio de compensação.

Estavam em guerra, na verdade, dois princípios que continuariam a duelar no tempo: o liberalismo selvagem, para o qual a propriedade fixada em lei, seja qual for sua natureza, torna-se inatacável e só passível de expropriação ou desapropriação, mesmo pelo Estado, mediante pagamento, e um liberalismo matizado capaz de ver no Estado um fator de intervenção, na forma da lei, nas questões privadas, inclusive na inviolabilidade da propriedade, sem indenização, quando de máximo interesse coletivo. Os derrotados de 13 de maio de 1888 não perdiam tempo com considerações humanitárias. Entre o princípio da liberdade e o princípio da propriedade, privilegiaram o último.

RAÍZES DO CONSERVADORISMO BRASILEIRO

Perdigão Malheiro (1976, v. 1, p. 55) concentrou em poucas linhas o que Cotegipe nunca admitiu:

> O que era ainda questionado e disputado em épocas anteriores é hoje universalmente recebido como princípios inconcussos, havendo mesmo as grandes potências da Europa conseguido exterminar o cativeiro a que os argelinos e outros reduziam os que apreendiam.

Citando Grotius (1583-1645), concluiu: "Não há direito de matar o prisioneiro nem de reduzi-lo à escravidão." Segundo Malheiro (1976, v. 1, p. 54), havia, para os romanos, nove justificativas para transformar alguém em escravo: a guerra; a falta de inscrição no censo lustral; ser pego em flagrante roubando; dívida insolúvel; vender-se como escravo para escapar a credor; mulher livre que mantivesse relação sexual com escravo, depois da terceira advertência pelo dono do "abusado"; comutação da pena de morte, na medida em que cidadãos romanos não podiam ser executados; nascimento; ingratidão do liberto com o ex-senhor.

A escravidão no Brasil, às portas do século XX, era somente a consequência da ganância de homens suficientemente esclarecidos sobre o significado do sequestro da liberdade de seres humanos. O dístico da bandeira dos derradeiros escravagistas poderia ter sido este: "A propriedade por princípio, por meio e por fim." Era ideológico. Professavam uma ideologia patrimonialista acima de tudo mais. Amparavam-se em uma tautologia: era legal por se ter tornado legal, graças à capacidade que seus antepassados haviam tido de legalizar a propriedade de pessoas. Tudo pode ser legal. Qual o limite da legalidade? A transformação da pessoa em propriedade e coisa.

Foi ainda Perdigão Malheiro quem destruiu algumas ilusões seguindo as possibilidades de argumentação da época:

> Se a escravidão deve sua existência e conservação exclusivamente à lei positiva, é evidente que ela a pode extinguir. A obrigação de indenizar não é de rigor, segundo o Direito absoluto ou Natural; é apenas de equidade como consequência da própria lei positiva, que aquiesceu ao fato e lhe deu vigor como se fora uma verdadeira e legítima propriedade; essa propriedade fictícia é antes uma tolerância da lei por motivos especiais

LENTA, GRADUAL E INFAME (OU CONTRATOS DEVEM SER RESPEITADOS)

e de ordem pública do que reconhecimento de um direito que tenha base e fundamento nas leis eternas. (1976, v. 1, p. 102)

O raciocínio de Malheiro era límpido e defensável, o que não significava grande coisa para quem não podia ou não queria acolher seus postulados. Baseava-se na ideia de que a escravidão jamais fora objeto de uma lei no sentido mais puro das leis, o que chamava de "leis eternas". Matar um ser humano sem justificativa, como a da guerra ou a da legítima defesa, era infringir uma lei eterna. A escravidão não seguia essa lógica. Na verdade, conspurcava o direito. A legalidade do escravismo não passava de uma forma de legitimação indevida e conveniente do eternamente ilegal, imoral e ilegítimo.

Em 24 de maio de 1888, na Câmara dos Deputados, apenas 11 dias depois da abolição, foi lido o Projeto nº 10, do deputado Coelho Rodrigues, "que mandava o governo indenizar, em títulos da dívida pública, os prejuízos resultantes da extinção do elemento servil." (*Anais da Câmara dos Deputados*, v. I, pp. 113-114) Não chegou a ser votado. A busca por indenização não tinha mais futuro. A derradeira tentativa, contudo, seria feita pelo incansável e "visionário" barão de Cotegipe, o Projeto "C", de 19 de junho de 1888: "Autoriza o governo a emitir apólices da dívida pública para indenização dos ex-proprietários de escravos." As justificativas é que chamam a atenção. "Considerando que a garantia do direito de propriedade é um dos deveres primordiais, impostos a toda associação política, e que sem ela nenhum governo, qualquer que seja a sua forma, pode subsistir."

A questão do direito à propriedade fora discutida fartamente durante os embates que levaram à abolição. Estava no centro de uma visão de mundo abusiva. Cotegipe fora vencido. A propriedade sobre pessoas não se sustentava como legítima, embora tivesse sido legal. Os abolicionistas haviam empregado o melhor de suas aptidões intelectuais para desmontar o que não passava de imperativo da força. Perdigão Malheiro observara:

Se é fora de dúvida a injustiça absoluta e geralmente falando com que se reduz o homem à escravidão, ainda mais evidente é a injustiça do princípio que a perpetua, aplicando-a sem razão alguma justificativa, ou sequer de aparente escusa, aos filhos das escravas, isto é, a toda a descendência *in aeternum* por um odioso princípio de hereditariedade. (1976, v. 2, p. 105)

A escravidão encontrara justificativa um dia como presa de guerra. Em vez de matar o prisioneiro, a "piedade" da escravização. Em um país onde o tráfico estava proibido desde 1831, não havia guerra e os nascituros eram livres, de que propriedade falava Cotegipe? Essa abordagem não era a melhor, pois dava margem para justificar, em certas condições, a propriedade de pessoas. O argumento de Cotegipe, depois da abolição, era só uma repetição. "Considerando que antes e depois da independência e fundação do Império foi reconhecida e garantida pelas leis civis, e pela lei constitucional, a propriedade servil." O segundo "considerando" tratava de amparar a pretensão indenizatória em um pacto de fundação ou refundação. O país, ao se tornar independente, pela sua Constituição, permitira a propriedade de escravos. Era uma forma de dizer que cada dono de escravos era inocente e não podia ser punido como se tivesse praticado abuso. Joaquim Nabuco (2000, p. 157) contestava essa perspectiva:

> Durante cinquenta anos a grande maioria da propriedade escrava foi possuída ilegalmente. Nada seria mais difícil aos senhores, tomados coletivamente, do que justificar perante um tribunal escrupuloso a legalidade daquela propriedade, tomada também em massa.

"Considerando que da legalidade dessa propriedade dimanaram relações jurídicas, interesses diversos e obrigações recíprocas por contratos de origem e espécies diferentes, ainda hoje em vigor." O terceiro "considerando" era mais do mesmo. Insistia na confirmação da propriedade de pessoas por uma sucessão de leis. Realçava a ideia de que a nação induzira os cidadãos a praticar, sob proteção legal, atos proibidos pela lei aprovada em 13 de maio de 1888. Não colocava na balança de perdas e ganhos as vantagens obtidas pela exploração gratuita do trabalho escravo ao longo do tempo. Salientava a permanência de obrigações contratuais anteriores à Lei Áurea cujas consequências não teriam sido abolidas.

"Considerando que, em virtude da Lei nº 1.237, de 24 de setembro de 1864, os escravos pertencentes às propriedades agrícolas – especificados

LENTA, GRADUAL E INFAME (OU CONTRATOS DEVEM SER RESPEITADOS)

nos contratos – eram objeto de hipoteca e de penhor." O quarto "considerando" era mais minucioso e abordava o cerne da questão: os proprietários de escravos haviam feito contratos tendo dado ou recebido escravos como garantia. Quem os ressarciria? Quem os protegeria? Quem os justificaria em demandas judiciais?

"Considerando que sob a fé do legislador foram criados estabelecimentos de crédito com a faculdade de emitir letras hipotecárias até o décuplo do capital realizado."

O quinto "considerando" explorava a mesma questão. Mas acrescentava um elemento que pretendia ser decisivo no jogo retórico capaz de dar ganho de causa aos postulantes a uma indenização: tudo fora feito com base na legitimidade dos atos dos legisladores e produzira créditos e dívidas vultosos a serem honrados.

"Considerando que a mesma lei decretou uma indenização pelos ingênuos, em serviços, até 21 anos, ou em um título de dívida pública equivalente a 600$, e criou um fundo de emancipação para resgate de escravos." O sexto "considerando" amparava-se em uma analogia e procurava valer-se de uma jurisprudência derivada da Lei do Vente Livre. A indenização de 1871, no entanto, em tese, era pela criação dos filhos das escravas, feita pelos senhores, com os encargos decorrentes.

> Considerando que para execução de tais contratos foi entregue aos mutuários moeda corrente ou foram emitidas letras hipotecárias, as quais, pela dupla garantia que ofereciam, eram facilmente aceitas, e constituíram as economias e renda de muitas famílias.

O sétimo "considerando" articulava a indução de práticas de crédito baseadas na propriedade de pessoas hipotecáveis com um argumento prático e cheio de consequências: a situação financeira das famílias que se mantinham com base em operações desarticuladas pela nova lei.

"Considerando que o grande número de contratos de hipotecas rurais celebrados com particulares provém de empréstimos, adiantamentos para sustentação das fábricas, e aumento das culturas, ou para criação de novas." O oitavo "considerando" agregava elementos ao anterior e insistia na existência de dívidas sem cobertura.

RAÍZES DO CONSERVADORISMO BRASILEIRO

"Considerando que a Lei nº 2.040, de 28 de setembro de 1871, libertando os nascituros, manteve a propriedade sobre todos os escravos existentes." O nono "considerando" procurava reforçar a legitimidade e a legalidade das propriedades desfeitas pela lei de 13 de maio de 1888. Não parecia, contudo, oferecer matéria de recurso.

> Considerando que a Lei nº 3.270, de 28 de setembro de 1885, reconheceu igualmente o mesmo direito de propriedade, taxando o valor dos escravos segundo suas idades e sexos, e elevando por meio de novos impostos de emancipação, para desta forma ainda mais apressar a extinção da escravidão, que se realizaria em poucos anos.

O décimo "considerando" atacava o Império no contrapé: tanto a propriedade de escravos era legal que dela se cobravam impostos, que tinham, inclusive, servido, com aumento, para a própria abolição. O cálculo do Império, embora jamais revelado, parecia ser outro: todos já tinham ganho suficientemente com uma propriedade roubada e imoral.

> Considerando que a nossa Constituição Política (art. 179º) garante a inviolabilidade da propriedade em toda a sua plenitude, e que só previamente indenizado do seu valor poderá o cidadão ser privado do seu uso e emprego. (parágrafo 22 do citado artigo)

O décimo primeiro "considerando" insistia em tomar o escravo como uma propriedade qualquer, e não como um propriedade arbitrária legalizada em condições que haviam se tornado inaceitáveis.

"Considerando que a Lei nº 3.533, de 13 de maio deste ano, decretando a extinção da escravidão, não providenciou sobre a indenização dos respectivos proprietários em consequência da urgência com que foi votada (...)." O décimo segundo "considerando" pretendia estender uma ponte móvel para o legislador "corrigir" sua imprevidência: a pressa. Tentava produzir efeito em uma matéria declarada vencida.

"Considerando que o silêncio da lei não pode ser interpretado como revogação das leis e da Constituição – que garantem a indenização da propriedade." O último "considerando" ecoava o primeiro: a inviolabilidade

LENTA, GRADUAL E INFAME (OU CONTRATOS DEVEM SER RESPEITADOS)

da propriedade, que só poderia ser expropriada mediante pagamento. Em função disso, Cotegipe apresentava a conta.

A Assembleia Geral legislativa decreta:
Art. 1º – O governo emitirá apólices da dívida pública na importância de 200.000:000$00 para indenização dos ex-proprietários dos escravos existentes até o dia 12 de maio do corrente ano.

Mais seis artigos pretendiam tornar a conta irrecusável. O imaginário dominante já não contemplava tal ressarcimento. Malheiro lembrava que, pelo art. 265 do Projeto de Constituição de 1823, seriam reconhecidos os "contratos entre os senhores e os escravos". (1976, v. 2, p. 87) Não emplacou, salvo quando o edifício já estava com seus alicerces abalados. Como podia um ser considerado equivalente a um objeto ou a um jumento celebrar contratos com seu proprietário? O ilógico tinha certa lógica: cada passo rumo à liberdade seria resultado de pequenas conquistas, muitas vezes em contradição com a ideia geral que sustenta o edifício da escravidão.

Joaquim Nabuco pulverizou a ideia de contratos entre senhores e escravos ao comentar a *Consolidação das Leis Civis*, trabalho encomendado por dom Pedro II a Teixeira de Freitas. O jurista prometeu um *Código Negro*, no qual estariam as leis referentes à escravidão. Nabuco não deixou de ironizar o fato de que a Constituição imperial ignorava a existência de escravos no Brasil:

> A escravidão não é um contrato de locação de serviços que imponha ao que se obrigou certo número de deveres definidos para com o locatário. É a posse, o domínio, o sequestro de um homem – corpo, inteligência, forças, movimentos, atividade – e só acaba com a morte. Como se há de definir juridicamente o que o senhor pode sobre o escravo, ou o que este não pode, contra o senhor? Em regra, o senhor pode tudo. Se quiser ter o escravo fechado perpetuamente dentro de casa, pode fazê-lo; se quiser privá-lo de formar família, pode fazê-lo; se, tendo ele mulher e filhos, quiser que eles não se vejam e não se falem, se quiser mandar que o filho açoite a mãe, aproprie-se da filha para fins imorais, pode fazê-lo. Imaginem-se todas as mais extraordinárias perseguições que um homem

RAÍZES DO CONSERVADORISMO BRASILEIRO

pode exercer contra outro, sem o matar, sem separá-lo por venda de sua mulher e filhos menores de 15 anos – e ter-se-á o que legalmente é a escravidão entre nós. A Casa de Correção é, ao lado desse outro estado, um paraíso. (2000, p. 90)

O céu na Terra.

A questão da indenização esbarraria muito mais no valor a ser despendido pelo Estado. Malheiro, contrariando sua defesa de que a indenização não era de rigor no direito natural, mas coerente com sua tese de que o era no direito positivo, calculou o custo da indenização para uma abolição abrupta em 1867:

Ora, a cifra, a que montaria a indenização, calculada em termo médio a 800$000 por cabeça, sobre 1.500.000 escravos (termo médio da população escrava) é tal que basta enunciá-la para convencer da impossibilidade da sua execução: ela seria de 1.200.000.000$000. Se nós contássemos apenas algumas dezenas de mil escravos, eu proporia que o Brasil fizesse o sacrifício dessas dezenas de mil contos de réis e abolisse imediatamente a escravidão, libertando-os todos. (1976, v. 2, p. 154)

Qual seria o cálculo da indenização aos escravos pelo trabalho não pago e pelos danos morais em função de tudo a que foram submetidos? Mais uma vez: pode haver prescrição para tal crime?

A escolha de um processo gradualista de emancipação seguiu o que se deu em outros países. Mais do que tudo, porém, correspondeu ao conflito interno. Avançar, ainda que lentamente, era melhor do que permanecer no mesmo lugar à espera do grande salto. Por outro lado, o gradualismo atendia também aos interesses dos donos de escravos, na medida em que lhes dava tempo para manobrar e continuar explorando a mão de obra gratuita, da qual não queriam abrir mão. Acabou por existir uma fratura entre emancipacionistas e abolicionistas. Em 2 de janeiro de 1889, fazendo a retrospectiva do ano de 1888, o jornal *Novidades*, cujo redator-chefe era o derrotado pela lei de 13 de maio Alcindo Guanabara, destacava não sem razão: "A política do ano de 1888 assinala-se por dois fatos para os quais no futuro convergirão os olhos do historiador: a extinção da escra-

LENTA, GRADUAL E INFAME (OU CONTRATOS DEVEM SER RESPEITADOS)

vidão e o desenvolvimento da ideia republicana." A abolição pariria em breve a república.

Novidades fingia não julgar nem tomar partido. Queria, como ainda dizem os jornais pretensamente neutros, "apenas apreciar os fatos enquanto palpitantes e enunciar um juízo desprendido de preocupações partidárias, de ódio ou de afeição, baseado unicamente na observação desapaixonada dos acontecimentos". Um belo e inexequível programa tanto ontem como hoje. A sequência, contudo, tinha certo sentido:

> Ninguém poderia supor no dia 28 de setembro de 1885, que o estado servil, profundamente modificado e de direito extinto, pois dependia de um prazo, teria de desaparecer de todo no dia 13 de maio de 1888, isto é, dois anos e meio depois. O mais ardente abolicionista não imaginou evolução tão rápida.

O gradualismo, que se espaçara entre 1850, com a proibição do tráfico, 1871, com a liberdade aos nascituros, e 1885, com a emancipação dos idosos, tivera seu momento de aceleração, atropelando as prorrogações.

Guanabara não trazia novidades. Inventariava: "Acusado de retrógrado, o sr. conselheiro Saraiva, defendendo seu projeto de emancipação, observou que ele não organizaria ministério para apresentar projeto tão atrasado como o do seu antecessor." Acontece que o antecessor de Saraiva era o abolicionista Dantas. *Novidades* podia ironizar explorando as minúcias do contexto político:

> Na verdade, para aqueles que desejavam marcha mais lenta, teria sido melhor que o sr. conselheiro Dantas houvesse conseguido das Câmaras a aprovação do seu projeto, deixando logo após o poder para que um governo estranho às alianças comprometedoras daquele ministério executasse a lei. A opinião abolicionista ficaria talvez mais satisfeita, julgando-se vitoriosa, e o projeto do sr. Dantas era realmente mais atrasado do que o do seu sucessor.

Dantas defenderia, em 1886, imaginando apressar o passo, a abolição em cinco anos. Em 1884, propusera libertar os escravos de 60 anos sem indenização.

RAÍZES DO CONSERVADORISMO BRASILEIRO

O projeto de isenção jornalística de Guanabara não foi além do quinto parágrafo:

> Basta considerar que o primeiro atacava o princípio da propriedade, suprimindo-o apenas nos sexagenários, e que este destruía completamente o mesmo princípio extinguindo toda a propriedade no fim de certo prazo. O ministério Saraiva, porém, era um ministério moderado, adverso às agitações e desprendido da parte turbulenta do partido liberal e abolicionista. Fosse qual fosse a sua obra, era suspeita.

A lógica do gradualismo aparece com todas as suas contradições: "Entretanto, devemos reconhecer que outras foram as causas que promoveram o incremento da agitação abolicionista e trouxeram, em tão breve tempo, a lei de 13 de maio". Que causas?

Novidades tratava de indicá-las:

> O sr. conselheiro Dantas, com certa ingenuidade de que no seu procedimento político tem dado provas, confessou de plano que a sua aspiração de abolição imediata em cinco minutos, em cinco segundos, em cinco instantes, era apenas um ideal que ele não supunha realizável, pois contava com os fortes obstáculos que a ideia moderada lhe havia de opor. Ele supunha que o partido abolicionista, de que se tornara o chefe parlamentar, teria de durar, conservando-o nessa posição simpática.

No tabuleiro da complexa política dos anos 1880, aceleração e retardamento seriam parte da mesma engrenagem, uma parte equilibrando a outra. Não foi, contudo, o que se viu depois de 1885. Até Dantas foi superado.

Para o jornal *Novidades*, dom Pedro II movia as peças no tabuleiro consciente das regras do jogo. Dava um passo à frente, para não ter de cair no vazio:

> Para nós, observadores atentos, mas estranhos à ação, foi este o papel que o imperador quis representar com o ministério de 20 de agosto. Votada a lei de 28 de setembro de 1885, o que havia de espírito revolucionário e agitador no abolicionismo não deu por terminada a sua

missão; não assim alguns dos homens políticos desse partido [*sic*]. A escravidão estava de fato extinta, dependendo apenas de um prazo; os dois partidos tinham chegado a um acordo, sendo para notar que do partido conservador, então no poder, só não aceitara da lei a parte mais tímida, ou mais atrasada, se assim quiserem, e que, portanto, não havia probabilidade de se reconsiderar em breve a mesma questão.

Liberais e conservadores alternavam-se no poder empurrando o problema. O ministério 20 de agosto era o do conservador Cotegipe, substituto do liberal altamente conservador e escravocrata José Antônio Saraiva.

Para *Novidades,* na estratégia do gradualismo, entretanto, teria sido o imperador que, desastradamente, insuflara a aceleração abolicionista:

> Um fato significativo ainda concorria para esta opinião: o ministério de 20 de agosto, encarregando-se de fazer passar no Senado a lei que achara votada na Câmara dos Deputados, encontrava o Partido Liberal absolutamente incapaz de opor-lhe resistência. Tudo indicava, pois, que votada a lei por acordo dos partidos, sem divergência quanto a maior adiantamento da parte daquele que estava no poder, ia-se entrar num período de quietação que permitisse cuidar da administração interna do país, da restauração das finanças, da imigração, dos melhoramentos materiais, de tudo quanto, em suma, pudesse preparar a nação para a transformação do trabalho, sem abalo.

O ganho dos partidos seria a impossibilidade de imputar responsabilidade "a quem quer que fosse". A prova disso seria que a imprensa, "depois tão ardentemente abolicionista", recebera o "ministério com simpatia, percebendo qual "deveria ser a sua missão".

Em meio à "tranquilidade geral e ao desânimo dos abolicionistas", sem mais nem menos no que deveria ser a paz do gradualismo em movimento, com a abolição garantida pela passagem do tempo e com a morte dos escravos, sem possibilidade de renovação da tropa pelo nascimento ou pelo tráfico, a "força imensa do imperador" teria entrado em campo para dar alento aos desanimados e "modificar toda a situação política". A crítica tornava-se mais forte:

É evidente que se em vez das frases que o imperador enunciou em todas as ocasiões que lhe foi permitido achar-se entre abolicionistas – não esmoreçam... prossigam... os meus sentimentos são conhecidos... –, tivesse ele dito: "Cuidemos da colonização, cuidemos das estradas de ferro, o mecanismo da lei é fatal", outro teria sido o curso dos acontecimentos.

O Brasil teria visto a escravidão no século XX.

A abolição passou também por um complexo jogo de mediações político-partidárias, como se fosse mais um projeto banal em discussão no parlamento. Não escapou das disputas entre partidos e dos cálculos dos líderes políticos em relação ao poder. Liberais e conservadores revezavam-se no governo. Coube aos conservadores a aprovação de certas medidas liberais. Coube aos liberais apostar em fórmulas gradualistas que serviram aos conservadores. Em alguns momentos, porém, houve convergência de interesses. Os abolicionistas mais radicais viam nos liberais e nos conservadores as duas faces do mesmo jogo de poder. Outros fatores é que aceleraram o trem da história.

Para o redator-chefe do jornal *Novidades*, no artigo do segundo dia de 1889, o imperador fora o elemento principal da ruptura:

> Conhecida, porém, a opinião do chefe de Estado, o ministério 20 de agosto não se achou mais diante do Partido Liberal, que de aniquilado parecia dissolvido, mas diante do movimento abolicionista a que o imperador dava a mão, como nessas longas e sempre renovadas lutas da história em que a monarquia, para alargar e fortalecer o seu poderio se une às paixões populares contra o interesse da classe média.

Como nas repetitivas lutas da história, para o jornalista do ano da proclamação da república, a abolição jogara as paixões populares contra os interesses da classe média. Esse filme ainda se repete, se não como fato, como matriz de interpretação dos acontecimentos. De um lado, o povo irracionalmente mobilizado; de outro, os interesses das classes médias prejudicados e demonizados. Nem os termos se alteram.

Novidades acreditava-se descritivo quando defendia posições claras e lamentava derrotas:

LENTA, GRADUAL E INFAME (OU CONTRATOS DEVEM SER RESPEITADOS)

Desde então se estabeleceu em todo o império uma luta de difamação e de vitupério contra a classe agrícola, cujos sentimentos foram deturpados. O fazendeiro tornou-se o tipo representado pela *Revista Illustrada*, o homem de cenho feroz, empunhando todos os instrumentos de suplício contra o mísero operário da sua fortuna!

O raciocínio tinha sido banido; imperava a paixão. O ministério conservador de 20 de agosto de 1885, comandado pelo barão de Cotegipe, duraria dois anos e 203 dias contra ralos 106 dias do ministério liberal de José Antônio Saraiva, que o antecedera, e muito mais do que os 334 dias do antecessor de Saraiva, o também liberal Manuel Pinto de Sousa Dantas. O estável conservadorismo seria protagonista das grandes acelerações que desejava sempre refrear.

Eram tempos parcimoniosos em termos de estrutura administrativa. Sete eram os ministérios: Secretaria de Estado de Negócios do Império, Secretaria de Estado de Negócios Estrangeiros, Secretaria de Estado de Negócios da Fazenda, Secretaria de Estado de Negócios da Justiça, Secretaria de Estado de Negócios da Guerra, Secretaria de Estado de Negócios da Marinha e Secretaria de Estado de Negócios da Agricultura, Comércio e Obras Públicas. Esse conjunto precisava seguir a cadência do presidente do Conselho de Ministros, função criada em 1847, que necessitava do amparo da Câmara dos Deputados e do imperador. Ao longo do reinado de dom Pedro II, os liberais presidiram o Conselho de Ministros 17 vezes, contra 15 vezes dos conservadores, mas estes permaneceram 27 anos no governo, enquanto aqueles mandaram no país por meros 15 anos e cinco meses.

A imprensa esquadrinhava cada passo desse colosso administrativo. A *Revista Illustrada*, de fato, não poupava os governantes e seus representados das classes média e alta. Em 7 de janeiro de 1888, fustigava:

Cópia de uma representação dirigida ao governo: "Illm. e Exm. sr. barão de Cotegipe, Nós, abaixo-assinados, vimos aos pés de V.S. apresentar nossos cumprimentos, pelo modo como vosmecê soube conter a hidra da anarquia, que nos queria os pretinhos. Continue, Exm. sr., na sua missão e pode contar com o apoio dos povos de Chapéu de Uvas, Meia

Pataca e outras freguesias adjacentes. Deus guarde a V. Ex. Segue-se [*sic*] as assinaturas de diversos tenentes-coronéis. Bravo!"

Era contra esse humor que *Novidades* trovejava. O tom podia subir. Outra nota desse mesmo dia debochava da igreja:

> Está publicada a pastoral do bispo do Rio de Janeiro sobre a questão abolicionista. A ninguém surpreendeu! Para esse ministro de Deus nem sempre a escravidão é injusta, nem se deve amar os escravos... de língua. Escrito em frase plebeia, recheado de erros de gramática, contendo verdadeiras heresias, tal documento é a triste prova do caminho fatal que segue a igreja fluminense. Há quem diga, mesmo, que cai, essa pastoral, nos domínios da pornografia.

Com suas oito páginas semanais e seus quatro mil exemplares de tiragem, a *Revista Illustrada* não mandava recado. Nessa edição de 7 de janeiro de 1888, media a estatura dos senadores: "Perfeita, a seguinte imagem da *Cidade do Rio*, a propósito da escolha senatorial: 'Comparado com o sr. Alfredo Chaves, o sr. Andrade Figueira assume as proporções dos Andes junto do Morro do Nheco.' Subscrevemos." Os dois nomes citados votariam contra a abolição poucos meses depois. A luta contra a escravidão travou-se fortemente nas páginas dos jornais com o recurso de todas as armas retóricas. Para *Novidades*, no seu balanço choroso de 2 de janeiro de 1889, só a aliança entre o imperador, os abolicionistas e a imprensa podia explicar a abolição alcançada "antes do tempo". Em parte, era verdade. Talvez até na totalidade.

Uma viagem do imperador a São Paulo, na leitura de *Novidades*, selara o fim do trabalho servil:

> O ministro da agricultura de então que o acompanhava, o sr. Conselheiro Prado, deveria ter visto sem dificuldade qual era a política a adotar. Todos reconhecem que a questão servil terminou pela impossibilidade, que num ponto importante do império se demonstrou existir em conter os escravos.

LENTA, GRADUAL E INFAME (OU CONTRATOS DEVEM SER RESPEITADOS)

Era, desde sempre, a questão central: como conter, salvo pela força bruta permanente, aqueles que só podiam desejar a fuga, a ruptura dos grilhões e até a morte de seus raptores? Por que o início das fugas massivas demorou tanto? O ideal do produtor rural do século XIX ainda era a paz e a ordem garantidas pela violência estatal. O custo da repressão tornara-se um obstáculo à perfeição do modelo engendrado pelo capitalismo agrícola. Era preciso pagar pela repressão, pelos anúncios de fuga nos jornais, pelos serviços dos juízes, pelo trabalho dos capitães do mato e pela agilidade policial. As fugas aconteciam de todos os lugares, até mesmo das propriedades estatais, consideradas menos severas pelos mistificadores, como a fazenda Santa Cruz, o arsenal da Marinha e a fundição imperial de ferro de São João de Ipanema. (Conrad, 1978, p. 20) Não havia paz.

Alcindo Guanabara trabalhou com José do Patrocínio na *Gazeta da Tarde*. Até 1887, foi um destacado defensor da abolição. Contratado para dirigir *Novidades*, veículo do Partido Conservador, para onde levou os amigos Olavo Bilac e Artur Azevedo, alterou sua postura. Depois da abolição, brigou pela república. Patrono da cadeira 19 da Academia Brasileira de Letras, da qual foi também fundador, teve uma longa carreira jornalística, literária e política, sendo eleito deputado e, em 1918, senador. Adotou muitos pseudônimos na imprensa: Aranha Minor, Marcel, Nestor, Diabo Coxo, Pangloss e Mefisto. No *Correio do Povo* foi republicano. Em *A Tribuna*, crítico de Prudente de Morais e depois chapa-branca no governo de Campos Sales. Em *A Nação*, socialista. Em *O Dia*, escritor. Em *A Imprensa*, pena a serviço de Pinheiro Machado. Em *O Paiz* foi chefe, mentor e comentarista.

Na viagem a São Paulo, segundo o *Novidades*, o imperador teria deixado de lado sua tradicional moderação:

> Como propagandista de uma causa que falava às imaginações de uma província próspera e cheia de esperanças, tomou sem reservas os ares de um rei absoluto, inquirindo por si mesmo, dando ordens, repreendendo, sem nenhum daqueles resguardos com que outrora ele manifestava a sua opinião. A solução estava achada, o homem livre podia ser preso por força de um contrato de locação de serviços; o escravo, porém, podia à vontade eximir-se do trabalho.

RAÍZES DO CONSERVADORISMO BRASILEIRO

Esse era o ponto. Se o trabalho escravo era gratuito, custava alto manter os escravos mobilizados e fazê-los trabalhar. A liberdade permitiria outros meios de escravização.

Dom Pedro II adoeceu. A regente Isabel, no entender de *Novidades*, nada mais fez do que lhe seguir os passos rumo à abolição. Sobrevinham as perguntas da publicação:

> Poderia o ministério de 20 de agosto ter modificado esta situação? Pensou ele em dirigir os acontecimentos para uma solução média? As palavras que proferiu no Senado o seu ilustre presidente, o sr. barão de Cotegipe, quando se insistiu pelo projeto dos liberais, marcando o prazo de dois anos e meio, no momento em que a intervenção do Sr. Saraiva e dos seus amigos mostrou claramente que a lei de 28 de setembro devia ser profundamente modificada, as suas palavras, dizemos, demonstram que o ministério de 20 de agosto, representando sobre a moderação no meio de tantas impaciências, estava, entretanto, resolvido a reconsiderar a lei. Coisa singular! Justamente nessa ocasião, em que todos pareciam de acordo, o sr. senador Silveira da Motta, pedindo urgência para entrar em discussão o projeto a que acima aludimos, viu rejeitado o seu requerimento! Desde logo houve uma trégua geral.

Silveira da Motta foi um dos mais combativos abolicionistas no parlamento, incansável na apresentação de projetos de abolição. *Novidades* lamentava que a manobra regimental que o calara tivesse sido estragada pela regente:

> A sessão legislativa, que era mais ou menos violenta, caminhou rapidamente para a sua conclusão, nada mais se discutiu. Encerram-se todas as matérias e ficou assentado que o grande debate estava adiado para a sessão seguinte. Foi o que não permitiu, porém, a impaciência de S. A. imperial regente, tomando uma iniciativa que nesta forma de governo deveria caber às Câmaras Legislativas. O pretexto de que ela servia-se para demitir o ministério de 20 de agosto foi infeliz.

Novidades acusava o poder moderador de interferir em atribuição do legislativo. O projeto de abolição teria vício de origem. Por outro lado,

LENTA, GRADUAL E INFAME (OU CONTRATOS DEVEM SER RESPEITADOS)

questionava o motivo usado pela regente para demitir Cotegipe e acelerar o grande salto.

A história do processo que levou à abolição da escravatura no Brasil tem algo de um holograma: a parte contempla o todo, que contempla a parte. Todo o Brasil parece repetir-se antecipadamente nas lutas travadas nas ruas, no parlamento e na imprensa em torno do que se chamava eufemisticamente de "questão servil". O horror estava banalizado, mas sua força era tamanha que não se dispensavam subterfúgios retóricos para tentar amenizar seu impacto cotidiano. Mais do que ao mérito do problema, que se tornara objeto de todas as investigações, muitos queriam se apegar aos aspectos formais. Afinal, o suporte do arbitrário era justamente uma estrutura jurídica. O parlamento funcionou, ao mesmo tempo, como caixa de ressonância das demandas e resistências da sociedade e como espaço das estratégias de retardamento do último ato, mesmo quando se aprovava algum avanço.

Homens como Cotegipe colhiam os aplausos dos produtores rurais, o desprezo da mídia abolicionista e o ódio de negros mobilizados e de grupos mais combativos. Cotegipe ainda buscava manter uma imagem de certo equilíbrio, ao contrário de Paulino de Sousa ou de Andrade Figueira, que não se preocupavam em guardar aparências condenadas ao desmascaramento. Dom Pedro II aprendera quase instintivamente a admirar a ideia de ponderação. Tivera em conservadores como Caxias professores de dissimulação. Os presidentes do Conselho de Ministros acabavam por assimilar essa representação idealizada do papel de chefe de governo. Tudo era possível em nome dos mais ferrenhos interesses econômicos, desde que feito com certa pompa de estadista.

À imprensa cabia a tarefa de separar os grãos, ficando quase sempre com a parte mais rugosa. Em relação à questão servil, os jornalistas oscilaram entre a indiferença por muito tempo estampada, o tradicional encanto com as posições ditas moderadas e finalmente a escolha escancarada de um lado. Escrever "questão servil" no lugar de escravidão tornou-se um indicativo de posicionamento sobre o tema. O jornalismo era feito em condições precárias e, não raras vezes, as penas se deixavam alugar por muito pouco ou sensibilizar com o apoio generoso de uma classe engajada na defesa de seus mais "nobres" interesses. Nessa época político-partidária do jornalismo brasileiro, criticava-se menos um jornalista por suas tomadas de posição

RAÍZES DO CONSERVADORISMO BRASILEIRO

do que pela falta delas. A opinião predominava sobre a informação. Era preciso debulhar grande quantidade de texto para se chegar à semente.

Quando uma causa se consumava, pela vitória ou pela derrota, os jornalistas passavam algum tempo desamparados. O final do século XIX, porém, foi generoso com eles: a causa da abolição consumiu duas décadas. A causa da república seguiu o mesmo percurso. Passavam-se meses ou anos de batalhas menores e, subitamente, um acontecimento qualquer, como o que envolveu o chefe de polícia Bastos e resultou na queda de Cotegipe, abria uma comporta. *Novidades* sabia disso:

> Na excitação em que a imprensa mantinha o espírito público, um incidente sem importância, qual a prisão de um infeliz alienado, que vestira a farda de oficial da marinha, excitou os brios de toda a corporação da armada, que na falta de imediata reparação viu menoscabadas as suas regalias. Não podia estar no interesse do governo deixar sem reparação a ofensa de direitos perfeitamente estabelecidos em lei; mas, ou porque o exato conhecimento do caso exigisse indagação, ou porque vacilasse o governo em obedecer ao que parecia uma intimação ainda sem provas, o certo é que a demora exaltou os ânimos e uma certa luta se estabeleceu entre o poder civil e a força armada.

A expressão "direitos perfeitamente estabelecidos em lei" era a arma mais poderosa dos que se opùnham à abolição abrupta e sem indenização. Os senhores de escravos viam-se e apresentavam-se como inocentes praticantes daquilo que a lei permitia. Nada mais. Parte da imprensa fazia eco a essa falácia jurídica por ver nela a encarnação da sensatez. Um clichê com roupagem intelectual costuma resistir fortemente aos ataques do senso crítico. Como, em nome da justiça, contestar a lei? A resposta precisava ser construída e repetida todos os dias. O confronto entre poder civil e força armada, por outro lado, fora, era e seria um componente definidor da identidade nacional. Durante décadas, a força armada empurraria o poder civil para a frente, por boas ou más razões, como na abolição da escravatura, na proclamação da república e em 1930. Depois, viraria à direita.

O exército contaria na abolição ao não querer mais escravos em suas fileiras e ao se recusar a continuar perseguindo negros fugidos. A república viria pelas mãos dos militares. O tenentismo, mais tarde, representaria a fenda entre reacionários e progressistas no exército, o que desembocaria na Revolução de 1930. Vargas candidatou-se como conservador, perdeu como moderado, pegou em armas como revolucionário e começou a governar com o programa tenentista. Todos esses momentos remetem a esse ano mal resolvido, 1888, renegado, de certo modo, pelos negros do século XXI, detestado por monarquistas como causa da queda do império e produtor de milhões de desamparados.

Certo é que Cotegipe pediu demissão depois do episódio que envolveu seu chefe de polícia com vocação para feitor de escravos e censor de jornais. *Novidades*, mostrando sua posição no espectro político, ao rever os fatos pelo retrovisor, ainda não via os motivos para tanto espalhafato:

> Não vimos, porém, que da discussão das Câmaras ficasse bem apurado o que houve a respeito da exigência feita por Sua Alteza para a demissão do chefe de polícia, contra o qual parte da imprensa dirigia acerbas invectivas sem tê-lo achado numa só falta.

Para o jornal de Alcindo Guanabara, não havia satisfações a dar aos militares. O episódio só teria servido para estimular o "abolicionismo tumultuário e agitador, que, no procedimento legal, calmo e enérgico do chefe de polícia, via uma barreira aos seus instintos de anarquia". O abolicionismo, do ponto de vista da imprensa conservadora, estava dividido em responsável e tumultuário.

O "calmo e enérgico" chefe de polícia não perdia oportunidades para tentar frear a marcha da abolição a golpes de bastão ou com outras armas mais letais. Emília Viotti da Costa anotou:

> As confrontações entre abolicionistas e escravistas repetiam-se dia a dia. A polícia fazia o que podia para reprimir a ação abolicionista. Em agosto de 1887, uma multidão que se reuniu no Teatro Polytheama para protestar contra algumas medidas impopulares adotadas pelo governo, foi atacada com bombas por uma malta de capoeiras contratados para dissolver comícios abolicionistas. (2012, p. 119)

O Polytheama, situado na rua do Lavradio, no centro do Rio de Janeiro, foi o palco das maiores manifestações contra a escravidão. O uso de infiltrados é tão antigo quanto a história das manifestações. Ainda não se recorria ao uso de máscaras. A tecnologia da época não lhes capturava o rosto em profusões de imagens tão fáceis. As operações tinham um comando:

> Coelho Bastos, chefe de polícia, aproveitou-se da oportunidade para proibir as reuniões públicas à noite. Um comício organizado no dia seguinte para protestar contra essa decisão foi dissolvido pela polícia. Os abusos da polícia não pararam aí. Os ataques à *Gazeta da Tarde*, jornal abolicionista, sucediam-se um após o outro, e havia quem dissesse que atrás deles estavam agentes pagos pelo governo. Sérios incidentes aconteceram também na região de Campos, onde manifestações de escravos foram brutalmente reprimidas pela polícia. Um jornal abolicionista local, o *Vinte e Cinco de Março*, teve sua redação invadida pela polícia. A sede da *Gazeta do Povo* também foi invadida. (Costa, 2012, p. 119)

Jornalista abolicionista sofria pressão e apanhava com a frequência de uma notícia sensacionalista. Praticamente fazia parte do imaginário da profissão expor-se aos perigos das guerras de opinião. Troféu profissional era ter sido espancado, preso ou demitido pela defesa de ideias e ideais. Manifestantes negros eram dispersados a tiros com a rapidez de balas perdidas precocemente. Mortes aconteciam nas dispersões corriqueiras. Participar de comícios abolicionistas era coisa para corajosos e ousados. Não havia garantia de sair vivo. Deterioração de redações era algo trivial. A retórica da ordem carimbava como vagabundos e baderneiros os ativistas da abolição. Coelho Bastos encarnava o cão de guarda dos escravistas. *Novidades*, porém, via nele apenas um policial determinado a impedir a anarquia dos fazedores de tumulto, dos agitadores e dos tantos provocadores.

Esse abolicionismo tumultuário, agitador e anárquico era estigmatizado como inconsequente, antipatriótico e incapaz de compreender as necessidades da economia. A abolição imediata e sem indenização seria uma praga para a lavoura. Esse era o slogan dos que se tinham por responsáveis, sérios e patriotas. Era como se os críticos desse abolicionismo radical perguntassem em tom ingênuo: por que não, depois de tantos séculos, esperar mais

LENTA, GRADUAL E INFAME (OU CONTRATOS DEVEM SER RESPEITADOS)

algum tempo para libertar os cativos? Por que precipitar as coisas? Por que tanta pressa? O redator de *Novidades*, ainda que fosse só o começo de 1889, imputava as concessões aos radicais à pressa do 13 de Maio de 1888: "A simples organização do novo ministério, embora os seus membros representassem opiniões antiabolicionistas, parece o fruto da vitória dessa batalha de flores que tão descuidosamente se travava em Petrópolis no meio de acontecimentos tão graves." João Alfredo Correia de Oliveira, sucessor do controvertido barão de Cotegipe, não teria escolha: seria obrigado a entrar para a história como libertador. Embora vacilante, conseguiria ser o homem errado na hora certa.

Novidades não se conformava. O assunto ainda queimava nos dedos do redator. Sua verve, por convicção ou profissão, inflamava-se com o correr das linhas. O fato, para um balanço, era muito recente, deixando perceber a insatisfação com seu desfecho. A conta, no sentido metafórico e político do termo, embora alguns ainda suspirassem por indenização, cabia aos governos conservadores, apresentados ora como vacilantes, ora como simples marionetes da monarquia convertida ao abolicionismo:

> O que queria o ministério? O que iria ele fazer? Na questão servil? O mesmo sr. conselheiro Prado era um vencido das reuniões de São Paulo, onde ele propôs o prazo de três anos reduzido logo a um e depois à abolição imediata pelos liberais e republicanos. Os acontecimentos são de ontem, não precisamos relatá-los.

Não havia mais o que salvar. Vê-se, porém, pelo artigo do jornal *Novidades* que a emancipação não fora uma vitória comemorada por todos. Parecia mais, segundo essa descrição em tom de lamento, o resultado de uma sucessão de erros, de estratégias inadequadas, de hesitações e da incompetência governamental.

O texto jornalístico mudou de 1889 para cá. Em alguns pontos, contudo, tudo parece perfeitamente igual. A crítica empolgante não poupava adjetivos, nem mesmo quando pregava o equilíbrio. Não é de duvidar que, em certo sentido, esteja acontecendo um retorno ao jornalismo do século XIX, especialmente nas redes sociais. A opinião reina novamente, embora tenha de se alimentar de um pouco mais de informações. A crônica política tinha

RAÍZES DO CONSERVADORISMO BRASILEIRO

os mesmos reflexos de hoje: a obsessão pelos feitos do poder executivo e o foco nas querelas do legislativo. O articulista distribuía pontos negativos e positivos com a pompa de um mestre incontestável. Tudo era tese. Tudo era ponto de vista.

Na profusão dos jornais, com poucas páginas e modestas tiragens, adequadas ao tamanho da população e à baixa proporção de alfabetizados, a opinião forte era requisito para cativar os leitores. Os veículos conservadores defendiam a ordem da produção contra as agitações tumultuárias dos abolicionistas. Coelho Bastos, conforme cada jornal, podia ser herói ou bandido. *Novidades* enxergava nos concorrentes abolicionistas perigosos fomentadores da desordem:

> Aos fazendeiros que em particular procuravam o sr. presidente do Conselho, ele tranquilizava prometendo um prazo preparatório e certas garantias. A imprensa, porém, inebriada pelo seu triunfo, propagava ideias diferentes.

O chefe de governo jogava com o tempo. Precisava acalmar os ânimos dos produtores rurais escravistas, mas não tinha mais como segurar o ímpeto da imprensa conquistada pela abolição.

A novidade que *Novidades,* cujo primeiro número circulou em 25 de janeiro de 1887, não podia captar era a vitória do abolicionismo no terreno da opinião publicada. Quando se perde a guerra da imprensa, mesmo que se esteja dentro dela, resta a ferocidade, ainda que retrospectiva, como instrumento de acerto de contas. Muitos foram os artigos ferozes de *Novidades* antes da abolição, mas o que se está analisando aqui, publicado quase oito meses depois do 13 de maio mais relevante da história brasileira, tem a qualidade de enfeixar um conjunto de argumentos e de sentimentos disseminados em doses permanentes, embora diluídos de acordo com as situações, de furor.

Surgido para servir de dique à abolição, *Novidades* perdera batalha após batalha. Depois da derrota final, lamentava as deserções:

> O pânico apoderou-se dos lavradores, alguns dos nomes mais ilustres nas províncias do Rio de Janeiro, os srs. conde de São Clemente, de

LENTA, GRADUAL E INFAME (OU CONTRATOS DEVEM SER RESPEITADOS)

Araruama e outros, que eram impelidos a defender os seus interesses, se apresentavam, como aceitando espontaneamente, a abolição imediata e sem condições.

Por quê? Porque temiam o crescimento das revoltas e das fugas dos escravos. Porque não suportavam mais a pressão da opinião publicada. Porque se sabiam derrotados. Porque esperavam ajuda governamental para começar um novo ciclo produtivo. Porque se sentiam sem condições de virar o jogo.

O gradualismo foi engolfado pela aceleração. *Novidades* atribuía essa vertigem à falta de um comandante com pulso firme:

> Nunca um homem da qualidade do sr. presidente do Conselho se achou mais talhado para a situação. Sem ideias, sem convicções, sem apegos ou dedicação, para uma solução qualquer na ordem política ou administrativa, ele receberia o impulso que lhe quisessem dar e as circunstâncias lhe impusessem. Enquanto o ministro da agricultura em São Paulo se dizia ocupado em formular o projeto, a imprensa nesta capital determinava a fórmula que o sr. presidente do Conselho adotou, como adotaria qualquer outra que fosse a condição da sua permanência cômoda no governo.

Acomodamento do homem ao contexto?

O baiano Cotegipe, por ser mestiço, carregava a pecha de arrivista. O pernambucano João Alfredo, nascido na ilha de Itamaracá, em 1835, teve uma bela carreira pública: delegado de polícia, promotor público, deputado provincial, deputado-geral, senador, presidente das províncias do Grão--Pará e de São Paulo, ministro dos Negócios Estrangeiros e da Fazenda, presidente do Conselho de Ministros. Apesar de criticado como hesitante, granjeou fama de hábil articulador de alianças no parlamento. Cotegipe e João Alfredo foram arrastados pela onda dos acontecimentos. João Alfredo soube deixar-se carregar pelas vagas. No começo, pretendia acomodar as coisas com a defesa de mais cinco anos de escravidão, obrigação de parte dos novos cidadãos brasileiros de permanência na terra onde eram escravos por três anos, de modo a garantir a estabilidade da produção e a fixação de salários para os novos trabalhadores que não quebrassem a lavoura, ou seja, miseráveis. Cotegipe tentou resistir. Acabou atropelado.

RAÍZES DO CONSERVADORISMO BRASILEIRO

O balanço de *Novidades* terminava com um melancólico suspiro: "Assim se resolveu uma grande questão com rapidez não cogitada pelos seus mais ardentes propagadores e com uma leviandade que nunca se poderia ter esperado numa nação mediocremente governada." O redator fingia ignorar um longo percurso de consolidação de um ideal abolicionista e todos os debates. Se em algum momento, de indiferença absoluta, era mais fácil deixar os escravos morrerem e comprar novos a bom preço, a partir do século XVIII começou uma virada no mundo marcada especialmente pelo Ato de Abolição Gradual da Pensilvânia, de 1780, e pela proibição dinamarquesa do tráfico, de 1792, seguida pela Inglaterra no começo do século XIX. Um rastilho emancipador espalhou-se aos poucos, passando por legislações gradualistas e por insurreições de escravos como as do Haiti, de 1791 a 1804, e em províncias brasileiras no período da regência, a Revolta dos Malês, de 1835, na Bahia, e a Balaiada, de 1838 a 1841, no Maranhão.

O gradualismo emancipacionista repercute no século XXI pela internet, na tentativa de mostrar que o tema continua pouco conhecido do grande público. Recorrer a esse ainda novo suporte de recuperação de fatos e de narração histórica significa sinalizar que a guerra em torno do passado escravista brasileiro continua a ser travada. O balanço feito por *Novidades* continua a ser refeito. O paradoxo da história é que aquilo que foi percebido, no século XIX, pelos escravos e pelos abolicionistas como aberração e ganância consciente pode ser visto hoje como imaginário da época, uma absolvição retrospectiva baseada em um relativismo que não encontra amparo no tempo do vivido.

Um site resume:

> 1777 – abolição da escravidão em Vermont (USA); 1780 – emancipação gradual na Pensilvânia (USA); 1783 – emancipação gradual em Massachusetts e New Hampshire (USA); 1784 – emancipação gradual em Rhode Island e Connecticut (USA); 1789 – Declaração dos Direitos do Homem e do Cidadão (França); 1802 – Napoleão restaura o tráfico e a escravidão; 1803 – Dinamarca proíbe o comércio de escravos; 1804 – abolição da escravatura no Haiti; 1806 – proibição de comércio de escravos em negócios de interesse britânico (Grã-Bretanha); 1807 – proibição de importação de escravos e prisioneiros nos USA; 1807 – proibição do

LENTA, GRADUAL E INFAME (OU CONTRATOS DEVEM SER RESPEITADOS)

comércio de escravos na costa africana (Grã-Bretanha); 1807 – abolição da escravatura na Prússia; 1808 – Proibição do comércio de escravos no [sic] Estados Unidos da América; 1814 – proibição do comércio de escravos na Holanda; 1815 – Congresso de Viena acaba com o comércio de escravos (países: Alemanha, Áustria, Grã-Bretanha, França, Portugal, Rússia, Suécia); 1817 – Peru: liberdade para os filhos de escravos após essa data. Proibição do comércio de escravos; 1822 – Abolição da escravatura em S. Domingo; 1822 – Libéria é fundada por empresa de colonização americana com homens livres; 1823 – abolição da escravatura no Chile; Abolição da escravatura em: Costa Rica, Honduras, Panamá, Belize, El Salvador, Guatemala; 1826 – abolição da escravatura na Bolívia; 1827 – segunda lei francesa proibindo o comércio de escravos; 1829 – abolição da escravatura no México; 1830 – abolição da escravatura no Uruguai; 1833 – 1838 – abolição Bill. Colônias britânicas (Antilhas, Guiana inglesa [sic], Ilha Maurício, Índia); 1836 – abolição da escravatura na Nicarágua; 1840 e 1843 – convenção Mundial Anti-Slavery (Londres); 1842 – abolição da escravatura no Paraguai; 1846 – abolição da escravatura na Tunísia; 1846-1848 – abolição da escravatura nas colônias dinamarquesas: Ilhas Virgens; Abolição da escravatura na colônia sueca de S. Bartolomeu; 1848 – decreto de abolição da escravatura nas colônias francesas (Mauritânia, Guadalupe, Guiana, Reunião); 1851 – abolição da escravatura na Colômbia e no Equador; 1853 – abolição da escravatura na Argentina; 1854 – abolição da escravatura na Venezuela, Jamaica e Peru; 1861 – proibição da servidão na Rússia; 1863 – abolição da escravatura nas colônias holandesas no Caribe e Índias Orientais; 1865 – Promulgação da Emenda Constitucional nº 13 proibindo a escravidão (USA); 1866 – decreto espanhol proibindo o comércio de escravos; 1869 – Portugal aboliu a escravidão nas suas colônias; 1873 – abolição da escravatura em Porto Rico; 1876 – abolição da escravatura na Turquia; 1885 – Confederação de Berlim: medidas contra a escravidão na África; 1886 – abolição da escravatura em Cuba; 1888 – Abolição da Escravatura no Brasil. Após essa data, em 1890, teve origem a Lei Geral de Bruxelas sobre tráfico e escravidão na África.[4]

---

4 Disponível em: <http://araujofrancisco.blogspot.com.br/2013/05/13-de-maio-abolicao-e-o--paradoxo-dos.html>.

RAÍZES DO CONSERVADORISMO BRASILEIRO

Apesar das lacunas, muito está dito.

Portugal aboliu, pela primeira vez, a escravidão em seus territórios em 12 de janeiro de 1761. Obra da parceria entre o rei dom José e o marquês de Pombal. Não pegou. A Declaração dos Direitos do Homem e do Cidadão não foi decisiva na questão. A Dinamarca legislou contra o tráfico em 1792, mas a lei não entrou em vigor e precisou ser reeditada. A história do gradualismo emancipacionista não é feita apenas de erros de citação ou de levantamento, mas principalmente de leis aprovadas e não cumpridas, o que exigiu novas regulamentações.

Os legisladores brasileiros do século XIX estavam atentos aos movimentos gradualistas mundiais. Por gradualismo, podem ser entendidos três elementos: a abolição não se deu, obviamente, em todos os lugares ao mesmo tempo; houve um intenso vaivém no processo legal de extinção da escravatura em muitos países; procedimentos similares foram adotados em muitas nações: proibição do tráfico, interdição do comércio interno, intensificação das alforrias, libertação dos nascituros, emancipação dos idosos e abolição total.

Em 23 de janeiro de 1866, Pimenta Bueno, marquês de São Vicente, enviou a dom Pedro II, que lhe encomendara tais estudos para futura aplicação, a exposição de motivos de seus projetos para a "questão servil":

> Os governos, outrora corréus do abuso, nem bem purificados, são os primeiros a clamar pela extinção universal dele. E essa extinção vai se operando sucessiva e rapidamente. A Inglaterra, em 28 de agosto de 1833, deu o primeiro golpe na escravidão, e em 1838, coadjuvada pelas suas colônias, completou a emancipação. A Suécia seguiu de perto o exemplo. Em 1846, decretou definitivamente a abolição.

Os golpes da Inglaterra vinham de momento anterior.

Pimenta Bueno usava os dados de que dispunha:

> Desde então, a França renovou as tentativas, já antes ensaiadas, até que, em 4 de março de 1848, proclamou a libertação peremptória e bruscamente, e por isso mesmo seguida de bastantes perdas e desastres. Em 3 de julho seguinte, a Dinamarca, acompanhando esse movimento

LENTA, GRADUAL E INFAME (OU CONTRATOS DEVEM SER RESPEITADOS)

elétrico, declarou que não tolerava mais a escravidão. Portugal começou igual tarefa em 1854 e terminou-a em 1858, sem grande abalo.

Na verdade, foram sempre idas e vindas, em um processo sinuoso e contraditório. Pimenta Bueno queria persuadir o imperador com fatos: "A Rússia libertou os seus servos, e o próprio rei de Túnis seguia o impulso civilizador. Enfim, a Holanda, em 8 de agosto de 1862, sancionou igual extinção."

Restavam os Estados Unidos como ponto decisivo: "Na América do Norte, onde a redenção do escravo sofria maior resistência, ondas de sangue ensoparam o solo, até que facilitaram, ou, antes, consumaram esse decreto imutável. É fato digno de meditação." O Brasil não precisava seguir o caminho da guerra civil americana. Bueno prosseguia: "A Espanha prepara suas medidas para o resto das colônias que possui. As outras, hoje Estados, desde o México até o Cabo d'Horn, já de muito haviam extinguido essa deplorável instituição." A exortação era evidente: "Resta só o Brasil; resta o Brasil só! E os numerosos recursos de graça, que anualmente sobem aos pés do trono, dolorosamente atestam o movimento surdo do vulcão que trabalha em seu interior!" Dom Pedro II foi trabalhado por argumentos desse porte.

Pimenta Bueno resume a infâmia gradualista bem-intencionada com seus cinco projetos enviados ao imperador:

A matéria é tão grave que eu não teria ânimo de tomar a iniciativa como senador, sem subordiná-la previamente à sabedoria de Vossa Majestade Imperial, temeria com razão contrariar as vistas do governo, ou criar novas dificuldades.

Com tanta reverência, o plano só poderia ser tímido:

O projeto nº 1 contém as disposições fundamentais de todo o sistema. Ele contempla não só a geração que vai nascer, mas mesmo parte da atual, a quem leva alguns raios de consolação e de esperanças. Suprime-se a escravidão em sua origem, libertando o ventre. Ela cessará, pois, porque ninguém nascerá escravo, nem se poderá importar. É, ao mesmo tempo, uma consolação para os pobres pais! No dia 31 de dezembro de 1899 todos serão livres. A escravidão já vê, pois, o seu termo; já há um raio de esperança ao menos para os mais moços e vigorosos.

Só faltava combinar com os interessados, que, obviamente, não pretendiam trabalhar de graça até o final do século. Bueno estava convencido de que suas boas intenções eram magníficas:

> Em todos os projetos procurei: 1. Evitar o perigo de uma emancipação brusca, ou inconsiderada. 2. Favorecer quanto possível as emancipações parciais e sucessivas, nunca em grandes massas, pois que isso seria fatal aos senhores, e aos próprios escravos, que se veriam sem trabalho, sem meios de subsistência, e que, portanto, recorreriam ao furto e ao roubo. 3. Não passá-los de improviso, e no todo ignorantes, do estado da escravidão ao da liberdade, e sim dar-lhes alguma aprendizagem de viver sobre si, da necessidade do jornal, do amor ao trabalho por seu próprio interesse. 4. Não aniquilar, nem mesmo desorganizar o trabalho, sobretudo agrícola, sem ao menos substituí-lo pela compensação de algum outro. 5. Em todo caso, procurar prevenir a desordem e a infelicidade dos próprios libertos.

Muita cautela.

Podia existir felicidade no cativeiro? A associação de dois elementos contraditórios faz emergir uma intenção só aparentemente dissimulada: desordem e infelicidade dos próprios libertos. A questão da ordem, ou de sua negação, interessava, acima de tudo, aos proprietários de escravos. A manutenção da ordem equivalia à conservação do sistema escravista. Os abolicionistas aprenderam que a retórica conservadora procurava, com sua insistência na preservação da ordem, impedir ações que levassem ao fim do cativeiro. Não se conquistaria a liberdade sem violência, desordem e infelicidade.

O discurso escravista disseminava a ideia de que, no cativeiro, havia um sistema de proteção aos escravos. Negros sem condições de sobreviver por conta própria teriam a proteção total dos seus amos: comida, roupa, casa para morar, remédios, segurança e amparo. Os castigos eram reser-

LENTA, GRADUAL E INFAME (OU CONTRATOS DEVEM SER RESPEITADOS)

vados, nessa ótica, aos ingratos, aos perigosos e como proteção à vida dos proprietários, garantidos pela lei, mas sempre à mercê de vinganças e ressentimentos. A infantilização do escravo servia ao propósito de mantê-lo dependente do seu algoz.

Um parecer sobre projeto de lei, apresentado por comissão à Câmara dos Deputados, em 24 de maio de 1870, enumerava absurdos e avanços mundiais:

> Guadalupe proclamou a necessidade de manter indefinidamente o benefício da escravidão e do esperar que a transformação colonial resultasse unicamente da fusão das raças, das manumissões voluntárias e do crescimento da população livre. Guiana reclamou um adiamento ilimitado, visto que a emancipação, segundo o seu conselho colonial, só podia ser efetuada pelo tempo e pela paciência.

O catálogo das iniquidades é farto:

> Bourbon foi ainda mais longe, reputando a condição de escravo moralmente superior, materialmente preferível à do trabalhador livre! A escravidão, instrumento providencial e permanente da civilização; e que não se podia, sem calcar aos pés os direitos das colônias, suprimir a escravidão, mesmo indenizando os proprietários, mesmo garantindo eficazmente a manutenção do trabalho!

Havia exemplos melhores. O parecer tratava de utilizá-los:

> São conhecidos os resultados dos esforços e das medidas empregadas pelas nações que nos precederam na solução desta questão social. Na Inglaterra, sob iniciativa de Wilberforce e Baxton em 15 de maio de 1823 e depois de inúmeras providências, foi definitivamente resolvida a emancipação nas colônias pela Bill de 28 de agosto de 1833, aditada pela de 11 de abril de 1838, e, mais tarde, em 1843, também em relação às possessões na Índia. Em Nova Granada, pela Lei de Missão de julho de 1821, que foi completada pela lei de 29 de maio de 1842, quanto ao regime dos libertos.

RAÍZES DO CONSERVADORISMO BRASILEIRO

A lista era alentadora:

> Na Suécia, pela lei de 1846. Na França, muitas e diversas disposições legislativas e regulamentadas procuravam preparar desde 1831 a transição do difícil período da emancipação, quando inesperadamente resultou dos efeitos da revolução de 1848 o decreto de 4 de março desse mesmo ano.

Mesmo os criadores da escravidão moderna estavam adiantados: "Em Portugal, muito antes da novíssima lei, já a questão estava previamente resolvida pelo decreto de 14 de dezembro de 1854, lei de 24 de dezembro de 1856, e decreto de 29 de abril de 1858." A Europa havia experimentado um efeito dominó:

> Na Dinamarca, a sucessão de diversas medidas promoveu a promulgação das leis de 28 de julho de 1817 e de 3 de junho de 1848. Na Rússia, a abolição da servidão foi realizada pelo *ukase* de 19 de março de 1861, previdentemente antecipado por muitas medidas preparatórias. Na Holanda, pela lei de 8 de agosto de 1862, aboliu-se a escravidão na colônia Suriname. Na União Americana, a lei de 18 de dezembro de 1865 foi o desenlace do horroroso drama que tanto impressionou a todas as nações absortas na contemplação do doloroso espetáculo que ofereceu aquele povo gigante deixando-se arrastar à destruição fratricida.

O Brasil precisava decidir-se. Uma boa síntese do gradualismo emancipacionista ou abolicionista no mundo foi feita por Perdigão Malheiro já nos anos 1860:

> Wilberforce, ainda estudante, escreveu pela primeira vez contra o tráfico em 1773, e em 1787 propôs no Parlamento a abolição desse infame comércio, e afinal, em 1822, a da própria escravidão; sincera e conscienciosamente devotado à propaganda, auxiliado eficazmente por Pitt e Fox, Buxton, Clakson, Canning, Greenville, Sharp e outros, conseguiram chamar a atenção dos governos para tão grave assunto. Em 1792 a Dinamarca decretou a abolição do tráfico. A França, em consequência da sua grande revolução de 1789, o fez também em 1794;

LENTA, GRADUAL E INFAME (OU CONTRATOS DEVEM SER RESPEITADOS)

> porém o restabeleceu pouco depois em 1802, ato por tal forma vergonhoso que de propósito o omitiu o eminente historiador da Revolução e do Consulado e Império, evitando assim manchar as páginas desse monumento. À Inglaterra ficou pertencendo essa ingente tarefa; e em 1807 o Parlamento decretou a extinção do tráfico na Grã-Bretanha. (Malheiro, 1976, v. 2, p. 43)

Esse fragmento diz muito.

O que aconteceu na história da escravidão a ponto de fazer a Inglaterra tornar-se o xerife do mundo da época, na caça aos traficantes de escravos? Certamente os interesses econômicos contaram muito. O trabalho livre seria mais produtivo, ainda que, no século XIX, as condições de labor nas fábricas não fossem muito menos degradantes do que as experimentadas pelos escravos. A fase de acumulação primitiva do capital é um interminável pesadelo que passa pelos porões dos navios negreiros e continua na insalubridade dos estabelecimentos produtivos da Revolução Industrial. Os escravos, libertados, poderiam constituir também um mercado consumidor. A força das ideias, rejeitada por muitos como idealismo, contou bastante.

Homens como Wilberforce minaram a consciência de seus contemporâneos. O cristianismo desempenhou um papel ambíguo de apoio à instituição escravista, de conivência ou de silêncio e de contestação. A resistência ao escravismo pelo viés da religião veio muito mais da interpretação livre das ideias cristãs pelos abolicionistas. O lento trabalho de conquista do imaginário foi acelerado com a adesão da imprensa à causa abolicionista. Não se pode dizer que a imprensa foi, enfim, tomada de assalto pelos abolicionistas. É mais justo afirmar que, aos poucos, criou-se uma imprensa abolicionista expressamente para a luta que se travava. Cada argumento utilizado teria o valor de uma infiltração. O fio de água tornou-se, enfim, uma enchente.

Por que foi possível minar essas consciências? O trabalho da razão surtiu seu efeito. A escravidão estava assentada sobre princípios tão falaciosos que, salvo para mentes sórdidas ou profundamente ideologizadas, todo empurrão a fazia estremecer. O furacão que abalou o edifício escravista foi a renovação, de certo modo, de uma pergunta devastadora: pode um ser humano ser propriedade de outro? Dessa pergunta, mesmo que não fossem formuladas nesses termos, derivavam outras: pode uma pessoa nascer escrava? Que pecado original pode justificar a perda da liberdade já ao nascer? Espíritos pragmáticos até podiam encontrar respostas para a perda da liberdade em função da situação de vida, mas não tinham o que dizer para explicar que uma pessoa já nascesse condenada ao cativeiro. A única explicação possível era a redução do escravo à condição de animal não racional: a cria da vaca como propriedade do dono do rebanho.

Essa concepção brutal remetia a outro problema: não era o escravo ser humano? Se não era, por quê? Por ser negro? Por ser africano? Por crer em outros deuses ao chegar da África? Como não se podia facilmente sustentar que o escravo não era humano, restava justificar sua condição de cativo por ser de uma raça dita inferior. O racismo consolidou-se como uma postulação supostamente científica para tentar justificar a transformação de seres humanos em propriedades de seres humanos. Por mais que visões economicistas rejeitem como idealista a visão de que o escravismo foi desmontado pelo crescimento da consciência sobre o absurdo da propriedade de homens sobre homens, a força dos argumentos venceu a guerra. Não o fez, evidentemente, sem conflito, sem muita violência e sem ódio.

12. A retórica fulminante de Joaquim Nabuco

A retórica escravista desabusada, chantagista e sensacionalista que se perpetua no discurso conservador de todas as épocas do capitalismo brasileiro, sempre com novas roupagens, foi corroída pela argumentação de emancipacionistas, abolicionistas e militantes da liberdade como princípio superior ao da propriedade. A abolição seria uma vitória contra o princípio ilimitado da propriedade. O dispositivo escravista consistia em pregar moderação e denunciar a radicalização abolicionista. Propunha que se fizesse a disputa sem acirrar atos que pudessem comprometer a economia e semear a desordem. O abolicionismo viu-se obrigado a trabalhar em várias frentes: na imprensa, no parlamento, nas fazendas e nas ruas. Sem radicalização, sem ruptura da ordem, não se chegaria à abolição.

Intelectuais como Joaquim Nabuco, Rui Barbosa e Perdigão Malheiro, com contribuições diferentes, em instâncias diversas, ajudaram a abalar a estrutura do escravismo, ainda que Malheiro tenha, como político, atuado mais no campo oposto. O Brasil dos brancos ricos vivia de parasitar os negros pobres. A história da acumulação primitiva das grandes fortunas brasileiras resume-se à vagabundagem dos ricos explorando negros pobres sob a proteção de leis feitas pelos vagabundos brancos e ricos para submeter negros pobres sem direitos políticos e, portanto, sem a possibilidade de fazer leis. A narrativa histórica, perseguida pelo ideal de objetividade e de certa elegância, evita cada vez mais a

RAÍZES DO CONSERVADORISMO BRASILEIRO

utilização de uma linguagem crua. Não é adequado "cientificamente" caracterizar os senhores de escravos como gigolôs hediondos praticando crimes sucessivos ao longo dos dias, à sombra tranquila de leis feitas para protegê-los por seus representantes financiados com o dinheiro obtido por meio do trabalho escravo. A escravidão foi o crime mais completo e de longa duração.

A hipocrisia racista costuma alegar que negros também tiveram escravos. O efeito perverso do sistema é tomado como princípio geral. Textos de Perdigão Malheiro, Rui Barbosa e Joaquim Nabuco não podem ser vistos como mera bibliografia sobre a questão da abolição. Eles foram protagonistas da epopeia abolicionista: Nabuco e Barbosa, como heróis incontestes; Malheiro, pelas ideias que botou no papel, mas não teve coragem ou disposição ideológica de defender. Escreveram no chamado calor da luta. Avançaram com os acontecimentos. As contradições da história do processo abolicionista brasileiro podem ser localizadas em muitas fontes, das raras às simples. Há livros que se tornam, com o passar do tempo, documentos com valor de fonte primária. Por outro lado, textos de divulgação ou de vulgarização podem colaborar dando pistas para a abordagem do problema central.

Em um opúsculo publicado pela Biblioteca Nacional, *Para uma história do negro no Brasil* (1988, p. 9), é possível ler uma perfeita síntese da importância dos africanos escravizados. Um texto simples, de compilação, e verdadeiro:

> Sem negros não há Pernambuco, afirmava no século XVI o Padre Antônio Vieira. E outro jesuíta, André João Antonil, escrevia, no século XVIII, no seu *Cultura e opulência do Brasil por suas drogas e minas*: "os escravos são as mãos e os pés do senhor de engenho, porque sem eles no Brasil não é possível fazer, conservar e aumentar a fazenda, nem ter engenho corrente". O Brasil, em razão de sua dimensão e da ausência de preocupação com a reprodução biológica dos negros, foi o maior importador de escravos das Américas. Estudos recentes estimam em quase 10 milhões o número de negros transferidos para o Novo Mundo, entre os séculos XV e XIX. Para o Brasil teriam vindo em torno de 3.650.000.

A RETÓRICA FULMINANTE DE JOAQUIM NABUCO

É devastador.

O mesmo opúsculo (1988, p. 10) informava o que é sabido por qualquer estudioso, mas nem sempre destacado corretamente:

> Não há motivos para se duvidar da brutalidade das condições gerais de vida e da violência dos castigos recebidos. A legislação portuguesa e brasileira, a documentação iconográfica e os relatos deixados pelos brancos e, em número muito menor, pelos negros (a mesma legislação impedia o acesso à educação) dão forte testemunho a respeito.

A relação entre senhor e escravo foi de abuso permanente. A violência, quando não praticada fisicamente, pairava como uma sombra mortal. O senhor de escravos não se privava de humilhar suas ferramentas.

A brochura da Biblioteca Nacional, publicada no centenário da abolição, fez um balanço dos preconceitos herdados da longa história do cativeiro no Brasil (1988, p. 49):

> "Trabalho é coisa de negro", costumava-se dizer na época da escravidão. "O negro é pobre porque não trabalha", dizem hoje muitas pessoas. Familiares aos nossos ouvidos, esses ditos são exemplos de visões estereotipadas e preconceituosas sobre o negro no Brasil [...]. [...] os historiadores contemporâneos têm uma opinião praticamente consensual: a abolição, mesmo tendo havido movimentação dos negros, foi um negócio de brancos. Ela tirou o negro da condição de escravo, mas deixou de lado as propostas de abolicionistas como Patrocínio, Nabuco e Rebouças: distribuição de terras para os ex-escravos, assistência econômica e social, acesso à educação, ampliação do direito à participação política, reformas, enfim, que fizessem do negro um cidadão.

Uma coleção de frases do já citado opúsculo (1988, p. 35) revela a percepção das elites sobre os negros escravizados: "O escravo é entre nós um verdadeiro fidalgo proletário." (Andrade Figueira, deputado do Partido Conservador); "A escravidão é conveniente mesmo em bem do escravo." (Cansanção do Sinimbu, senador do Partido Liberal); "Amo mais a minha pátria do que ao negro." (Conselheiro José Antônio Saraiva, liberal); "O fazendeiro deve merecer mais cuidados dos poderes públicos do que os escravos." (Martim Francisco Ribeiro de Andrada, deputado do Partido Liberal)

As raízes do preconceito contra negros no Brasil estão nesse imaginário incansavelmente disseminado por homens brancos que tinham o poder da palavra, de fazer leis e de impressionar com seus títulos. Ocupavam os principais postos da vida pública e operavam diariamente para a reprodução de seus interesses em níveis material e simbólico. Detinham três dispositivos de dominação: a força, a lei e a ideologia. Buscavam incutir no imaginário social a ideia de que agiam pelo bem comum e de acordo com as exigências da produção. Dotaram-se de todos os mecanismos possíveis de racionalização de seus objetivos. Só não podiam impedir o trabalho corrosivo da inteligência. A racionalidade exercida como arma política acabaria por triunfar.

Intelectual branco, filho de senador do império, Joaquim Nabuco compreendeu o horror da escravidão como poucos e não se negou a expor com amplos recursos verbais o que pensava. Nada o obrigava a trilhar o caminho que escolhera. Não estava pressionado por qualquer situação objetiva, salvo a percepção da realidade que o cercava. Nabuco viu, refletiu, observou, analisou, entendeu a engrenagem, desmontou seus elos, denunciou sua ilegitimidade e comprometeu-se com a grande causa de seu tempo. Não acertou sempre nem seguiu um caminho linear. Aprendeu na caminhada e entrou na história pela porta da frente. Sua voz, no parlamento, era um incômodo permanente. Joaquim Nabuco foi intelectual engajado antes mesmo da existência desse conceito. Ousava saber e não temia o ódio da classe dominante, a sua.

Em *O abolicionismo* (2000, p. 15), Nabuco cravou com estilo e precisão uma verdade que deveria ser lembrada a cada dia:

> Tudo o que significa luta do homem com a natureza, conquista do solo para a habitação e cultura, estradas e edifícios, canaviais e cafezais, a casa do senhor e a senzala dos escravos, igrejas e escolas, alfândegas e correios, telégrafos e caminhos de ferro, academias e hospitais, tudo, absolutamente tudo que existe no país, como resultado do trabalho manual, como emprego de capital, como acumulação de riqueza, não passa de uma doação gratuita da raça que trabalha à que faz trabalhar.

A RETÓRICA FULMINANTE DE JOAQUIM NABUCO

Para Joaquim Nabuco, não havia dúvida, "o abolicionismo deveria ser a escola primária de todos os partidos, o alfabeto da nossa política", a base de uma revisão da história.

Não se corre o risco de cometer um exagero dizendo-se que Joaquim Nabuco é um dos maiores intelectuais brasileiros de todos os tempos. Um homem à frente de seu tempo pela sua capacidade de se atualizar. Depois de defender um processo gradualista de emancipação dos escravos, percebeu que fazia o jogo dos que procuravam retardar a abolição e mudou de postura. Lutou contra a escravidão na época em que os espíritos "sensatos" e "ponderados" defendiam a manutenção da ordem escravocrata com argumentos do tipo "só os radicais defendem a abolição pura e simples" ou "precisamos pensar na estabilidade e nas consequências econômicas da libertação dos escravos". As mentes "razoáveis" mais exaltadas diziam, como se viu, que a abolição traria o caos. Nabuco triturou essas falácias e ainda previu o futuro: os vestígios do escravismo e do racismo durariam muito e fariam estragos. Nabuco era homem de ideias firmes e, em pleno século XIX, definia qualquer transação de seres humanos como crime, variando apenas o grau de crueldade. Se as mentes "equilibradas" aceitavam uma abolição lenta e gradual, Nabuco, com sua escrita certeira, previa o que outros preferiam não ver:

> Essa obra – de reparação, vergonha ou arrependimento, como a queiram chamar – de emancipação dos atuais escravos e seus filhos é apenas a tarefa imediata do abolicionismo. Além dessa, há outra maior, a do futuro: a de apagar todos os efeitos de um regime que, há três séculos, é uma escola de desmoralização e inércia, de servilismo e irresponsabilidade para a casta dos senhores, e que fez do Brasil o Paraguai da escravidão. (2000, p. 3)

Observador arguto de seu tempo, Joaquim Nabuco percebeu que "o nosso caráter, o nosso temperamento, a nossa organização toda, física, intelectual e moral, acha-se terrivelmente afetada pelas influências com que a escravidão passou trezentos anos a permear o Brasil". (2000, p. 4) Joaquim Nabuco nasceu em 19 de agosto de 1849, em Recife. Morreu em 17 de janeiro de 1910, em Washington. Foi diplomata, senador, jurista, jornalista, polemista, historiador e muito mais. Prova de que ser monotemático quase sempre é a marca dos espíritos menores. Nabuco foi, antes de tudo, abolicionista. Deixou uma obra monumental. É impossível um brasileiro sentir algum orgulho intelectual sem ter lido *O abolicionismo* (1883), *Um estadista do Império* (1897-1899) e *Minha formação* (1900). Ele fez o que seu amigo e colega na Academia Brasileira de Letras, Machado de Assis, não pôde ou não soube fazer: denunciar permanentemente em seus textos afiados, de maneira frontal e implacável, a escravidão.

Monarquista, Nabuco bateu forte em todos os pilares da escravidão. Denunciou, por exemplo, a conivência da Igreja católica com o escravismo. Na plasticidade brasileira, para o bem e para o mal, tudo se amalgamou, tudo se confundiu e tudo se contaminou: a pregação da bondade e a legitimação do mal do cativeiro; a defesa da civilização e a legitimação da barbárie; a pressa modernizadora e o cultivo do atraso; o positivismo cientificista e a ignorância do senso comum; a visão do paraíso e a cegueira do inferno; a vastidão do território e a estreiteza da propriedade; o discurso da liberdade e a sacralidade da propriedade; a informalidade tropical e a pompa cruel da norma arbitrária; a conjunção carnal entre brancos e negros e a distância perversa entre senhor e escravo; o sincretismo religioso e a separação de direitos; a valorização da ordem e a desordem da violência diária. Junto com Rui Barbosa, Nabuco defendeu a separação do Estado e da Igreja, tese que triunfou com a república. Ele previu: "A escravidão permanecerá por muito tempo como a característica nacional do Brasil." (2000) Esse é o ponto que permanece nevrálgico.

O trabalho do escravo não se perdeu em ninharias cotidianas nem serviu apenas para dar musculatura ao agronegócio da colônia e do império. Ergueu cidades, alimentou reis, consolidou fortunas e sustentou o imperialismo da época. Cidades inteiras têm como alicerce corpos de negros condenados à dor do cativeiro. Nem sempre se recorda nas biografias das cidades o papel fundamental de seus construtores anônimos e forçados:

Grande parte do mesmo capital realizado foi empregada na edificação do Rio de Janeiro e da Bahia, mas o restante foi exportado para Portugal, que tirou, assim do tráfico, como tem tirado da escravidão no Brasil, não menores lucros do que a Espanha tirou dessas mesmas fontes em

Cuba. Ninguém, entretanto, se lembra de lamentar o dinheiro desperdiçado nesse ignóbil comércio, porque os seus prejuízos morais deixaram na sombra todos os lucros cessantes e toda a perda material do país. (Nabuco, 2000, p. 68)

Há cidades sobre a água. Há outras edificadas sobre o sangue de negros escravos.

Quem olha a beleza sensual do Rio de Janeiro ou de Salvador, cidades embaladas pela brisa do mar, no doce balanço de tantas negras, brancas, mestiças, de tantos negros, brancos e mestiços, de tantos filhos orgulhosos da terra, dificilmente sabe ou lembra que cada pedra mais antiga foi cortada e fixada por mãos escravas. Mesmo o que veio depois, finda a escravidão, decorre de um sistema de vínculos e de posses construídos nos séculos do cativeiro. Recife não é a Veneza brasileira pela brancura de suas águas, mas, quem sabe, pelos canais de sangue negro escravo correndo eternamente por seus subterrâneos. Ainda há pouco, menos de uma vida e meia de um homem centenário, a escravidão era um dado "normal" do cotidiano brasileiro em discussão no parlamento com um projeto a mais recebendo emendas, apartes e arquivamentos, sujeita a manobras regimentais e a acordos de bastidores jamais revelados.

Ainda há pouco, menos de um século e meio, escravos podiam ser açoitados, cativos não tinham direito a formar famílias e seus donos dispunham de praticamente todos os poderes sobre esses homens, a quem consideravam pura e simplesmente suas propriedades. Em 1883, Joaquim Nabuco listou 12 pontos que definiam a escravidão no Brasil, faltando apenas 17 anos para o século XX: o escravo nascido antes de 1871 permaneceria nessa condição até a libertação pela morte, única garantia de deixar de ser propriedade e tornar-se igual ao proprietário: cumprir ordens sem discutir e sem receber pagamento; não ter obrigação familiar ou religiosa que o proprietário não pudesse desrespeitar; trabalhar sem qualquer tipo de proteção ou de regramento quanto a carga horária, alimentação, higiene ou saúde; estar à mercê do arbítrio do proprietário em todas as circunstâncias; poder ser castigado, segundo a lei, moderadamente pelo proprietário, mas, na verdade, a seu bel-prazer, visto que a justiça não se atrevia a penetrar na inviolável propriedade de cada escravista; viver na

RAÍZES DO CONSERVADORISMO BRASILEIRO

incerteza do amanhã, podendo ser vendido, hipotecado, alugado ou emprestado a qualquer momento; poder ser comprado por qualquer bandido saído da prisão, mas com dinheiro para ter propriedades; ser empregada na prostituição por proprietários empreendedores no mercado do sexo; não ter, de fato, qualquer proteção do Estado, exclusivamente a serviço dos proprietários brancos; poder ser açoitado, contra previsão constitucional, mas conforme previsão em lei de exceção específica; ver-se exposto aos mais infames boatos, entre os quais o de que escravos cometiam crimes para escapar dos proprietários, beneficiando-se de melhor regime na prisão, o que fez a justiça começar a absolver criminosos para devolvê-los aos proprietários e aos seus castigos mais "exemplares"; viver sob o império de indivíduos violentos e intocáveis. (2000, pp. 91-92)

Joaquim Nabuco, de fato, enxergava muito longe, tão longe quanto não queriam ver seus oponentes mais rapaces. Uma reflexão sua poderia ter sido escrita em 2016:

> Pensem eles [os brasileiros] que até hoje esses infelizes estão esperando arrependimento honesto do Brasil, a reparação do crime praticado contra eles, sucessivamente pelos apresadores de escravos nos seus países, pelo exportador da costa, pelos piratas do Atlântico, pelos importadores e armadores, na maior parte estrangeiros, do Rio de Janeiro e da Bahia, pelos traficantes do nosso litoral a soldo daqueles, pelos comissários de escravos, e por fim pelos compradores, cujo dinheiro alimentava e enriquecia aquelas classes todas. (2000, pp. 76-77)

Os descendentes de escravos, de maneira geral, continuam desamparados no Brasil.

O grito de Joaquim Nabuco ainda faz sentido, embora, para muitos, indiferentes ao passado por interesses do presente, não se devam cobrar do futuro os erros pretéritos:

> O crime nacional não podia ter sido mais escandaloso, e a reparação não começou ainda. No processo do Brasil, um milhão de testemunhas hão de levantar-se contra nós, dos sertões da África, do fundo do oceano, dos barracões da praia, dos cemitérios das fazendas, e esse

A RETÓRICA FULMINANTE DE JOAQUIM NABUCO

depoimento mudo há de ser mil vezes mais valioso para a história do que todos os protestos de generosidade e nobreza da alma da nação inteira. (2000, p. 77)

Essas testemunhas se levantam todos os dias, submetidas a novas humilhações e crimes, nas estatísticas do desemprego, nos números de jovens assassinados pelas polícias, nos tantos episódios de preconceito.

Em 3 de julho de 1885, quando das discussões sobre o projeto relativo à futura Lei dos Sexagenários, Joaquim Nabuco fez um de seus mais corrosivos discursos sob muitos apartes. (*Anais da Câmara dos Deputados*, v. 2, pp. 150-161) Abriu a fala em tom de franqueza:

> Não sou dos que felicitam ao nobre presidente do conselho pela quase unanimidade que o sustenta. Para consegui-la, S. Ex. [*sic*] teve que criar o governo da coalizão, sob que nós vivemos, constituindo essa situação liberal em situação conservadora, com um governo liberal responsável.

Parece estar no DNA da política brasileira essa inversão de papéis: o liberal na condição de conservador; o conservador sendo obrigado a executar políticas liberais. Nabuco ainda buscava as virtudes da coerência. Fustigava seus oponentes sem temer a resposta que viria sem demora. Pedia esclarecimentos que não podiam ser dados:

> S. Ex. [*sic*] há dias estranhou ao sr. Candido de Oliveira ter ele passado por uma transformação tão grande, que não queria mais o sistema da emancipação por indenização; mas S. Ex. [*sic*] deveria ter notado que isto não era mais do que uma consequência de outro movimento, que se deu nos bancos conservadores e na antiga dissidência, que depois de terem agitado o país quase até os extremos de uma guerra civil, na sua oposição ao projeto Dantas, vieram aceitar das mãos do presidente do conselho um projeto que S. Ex. [*sic*] qualificou de mais adiantado ainda. É preciso uma grande explicação dada pelo partido conservador, como pela antiga dissidência, para que não se diga que eles votam não por leis, mas por homens.

RAÍZES DO CONSERVADORISMO BRASILEIRO

Foi aparteado por Lourenço de Albuquerque: "A mesma explicação devem V. Ex. e todos aqueles que sustentaram o projeto Dantas e que hoje vêm combater o projeto Saraiva."

Esse era o quadro político da época. Nas ruas, a população já não sabia mais quem era conservador ou quem era liberal. O imaginário social tendia a colocar todos no mesmo saco. Os conservadores entendiam que já haviam explicado suas mudanças de posição. Cediam à pressão do momento e apostavam no trabalho livre, mas queriam tempo para assimilar as mudanças. Nabuco pedia pressa:

> Num livro – *O abolicionismo* – que publiquei no estrangeiro fiz nominativamente dois apelos, um ao atual presidente do conselho e outro ao senador José Bonifácio, para, na qualidade, como eu disse, de guias do povo, tomar a responsabilidade de salvar o partido liberal da vergonhosa dependência em que ele estava para com os cafezistas do Rio de Janeiro.

Poucos eram tão diretos: o parlamento estava dominado por interesses de um grupo e a ele obedecia. Não era um parlamento livre e representativo de toda a nação, mas a casa que geria os interesses dos cafeicultores escravistas do sudeste.

Joaquim Nabuco sabia a importância das palavras cortantes. Buscava o confronto com as armas que dominava:

> O projeto atual é, no estado presente do Brasil, nada menos de uma humilhação para os brios e dignidade nacional, e infelizmente para nós, liberais, é ele uma lei que reduz o nosso partido a coveiro dos escravos de 65 anos e a capitão do mato dos escravos fugidos!

Bombardeado por apartes, aos quais respondia sem perder o foco, mantinha a calma e a perspectiva:

> Mas pior do que isto: ainda é um projeto que tem um alcance terrível para a marcha, para o desenvolvimento, para o crescimento natural do nosso partido, porque vai nos condenar à resistência! Imaginai que a futura Lei Saraiva deixa à escravidão um prazo calculado por alguns em

A RETÓRICA FULMINANTE DE JOAQUIM NABUCO

16, por outros em 12, por outros, os mais otimistas, em 10 anos, isto é, a escravidão dos escravos, porque quanto à escravidão dos ingênuos, que são tão escravos como os outros, desde que são escravos por 21 anos e não há ninguém neste país que seja escravo por mais de 21 anos, dessa outra escravidão, ninguém cuida.

As leis emancipacionistas davam um pequeno passo à frente em favor dos escravos e seguravam, em favor dos escravocratas, a marcha abolicionista.

Os passos mais importantes eram conhecidos. Nabuco não se cansava de citar o primeiro deles: "É preciso que sejam abolidos os direitos adquiridos pela lei de 28 de setembro sobre os serviços dos filhos livres de mãe escrava." O filho de escravo, que jamais poderia ter sido escravo por nascimento, indenizava o proprietário de sua mãe pelo sustento que recebia, mas sua mãe jamais seria indenizada pelo trabalho que prestava. Nabuco trovejava:

> Quando tudo aponta para o fim próximo da escravidão em nosso país; quando, com a velocidade natural que as grandes ideias adquirem na sua marcha ao se aproximarem do seu termo, tudo faz crer que até a fronteira da próxima década, a escravidão, por atos públicos e particulares de todos os brasileiros, terá desaparecido do seio do nosso povo, como é que o partido liberal pode pensar em ir ao encontro dessa enorme corrente com um projeto em que se tarifa a mercadoria humana acima do seu preço corrente? Com um projeto em que se deixa tal qual existe a ignominiosa instituição de pé e soberana dentro das suas fronteiras?

Não se vê perfeitamente a cena da época? Não parece uma reportagem de televisão explicitando as contradições dos partidos, dos políticos e de suas alianças espúrias? Não se revela ao leitor do século XXI a mesmice da política através dos tempos? Fazia Nabuco o papel do cavaleiro solitário, utópico e romântico, esbravejando contra a razoabilidade dos interesses econômicos constituídos e poderosamente incontornáveis? Um filho da elite representava o papel de defensor das causas populares consideradas obstáculos ao progresso? Seria chamado de "filhinho de papai" inconsequente. Nabuco conhecia a regra do jogo. Suas perguntas queimavam e enfureciam:

Em que se não faz um crime açoitar mulheres, como se as escravas, pela sua cor, não fossem mulheres como as outras? Em que não se impede o tráfico escandaloso da maternidade perpetrado nas cidades? Em que se conservam os ingênuos expostos, durante os 21 anos em que se forma o cidadão que ele há de ser, a todas as corrupções das senzalas...?

Perguntava de modo incandescente e desmontava as estratégias adotadas com a mesma eloquência. Mostrava que conservadores e liberais estavam mancomunados na defesa da prorrogação ardilosa da escravidão por mais alguns anos:

> E isso quando há uma torrente de opinião abolicionista, como a que existe no país, tão forte que transbordou o partido conservador, e fez com que a antiga dissidência, que tinha acentuado a sua oposição ao projeto Dantas, se acercasse do nobre presidente do conselho, apoiando um projeto sobre o qual as opiniões podem variar, se é mais ou menos adiantado do que o projeto Dantas, mas que apresenta do ponto de vista da propriedade em que as antigas oposições se colocavam tantos aspectos de semelhança com o anterior que se faz mister um microscópio para se acharem as divergências entre eles que determinaram a mudança política dos nobres deputados.

A explicação para as mudanças de opinião era simples: a opinião pública estava do lado dos abolicionistas. Restava apenas adiar o fim, garantindo aos proprietários de escravos o último naco de uma infâmia rentável.

No emaranhado de projetos, de emendas, de novos projetos e de negociações entre partidos, tudo se confunde. Joaquim Nabuco estava dentro da arena do jogo e não pretendia aceitar qualquer recuo. Examinava a proposta em debate com uma lupa:

> Mesmo comparado com a lei de 28 de setembro de 1871, vê-se que o atual projeto revela um verdadeiro retrocesso da moral pública. Pela lei de 28 de setembro, o escravo foi autorizado a vender os seus serviços para comprar a sua liberdade, mas a lei limitou a sete anos o tempo de serviços que o escravo podia trocar pela sua carta de alforria. Isto quer dizer que, pela lei de 28 de setembro, a escravidão legitimamente não

A RETÓRICA FULMINANTE DE JOAQUIM NABUCO

devia durar além de sete anos. Com que direito a lei de 1871 proíbe ao homem que é escravo por toda a vida, fazer contratos de serviços, digamos, por oito anos? Foi que a lei entendeu que sete anos de serviços era o prazo máximo do resgate humano. Entretanto, depois dessa lei, já são decorridos 14 anos, o termo da nova escravidão foi elevado ao dobro, e hoje se vem pedir um prazo quase igual a esse dobro, isto é, uma nova reincidência de 14 anos de escravidão, para completar o tempo em que nesta nação brasileira, americana e cristã, um homem deve servir a outro para ter direito à liberdade!

O debate não se fazia na inconsciência do vivido nem no vazio de uma oratória pomposa aprendida no bacharelismo das faculdades de Direito. Joaquim Nabuco atacava os

defensores da escravidão; representantes da propriedade acumulada por ela; mandatários desse feudalismo, que não é só da terra, mas, na frase de Lamartine, também do homem; sustentados em alguns pontos por homens que poderiam imitar a frase de um negrito espanhol: "Passei a vida a vender negros na América e a comprar brancos na Europa."

Tocava no ponto mais sensível e escabroso, aquele que atingia a corporação política, "quero dizer, dispondo nas eleições do dinheiro ganho na escravidão e no tráfico". Na história do parlamento brasileiro, o tráfico de escravos financiou campanhas políticas e muitas leis de encomenda.

Implacável mesmo com seu campo, Nabuco indicava o caminho que deveria seguir uma oposição coerente e com vigor:

Se tivéssemos a responsabilidade do governo de Estado; se dispuséssemos nesta Câmara de votos bastantes para fazer passar um projeto de lei, proporíamos no dia de hoje a abolição imediata da escravidão no Brasil, assim como a abolição dos direitos sobre os serviços de filhos de mãe escrava, baseados na lei de 28 de setembro de 1871.

Não era essa a situação em que se encontrava. Minoritário, precisava ser pragmático sem se comprometer com retrocessos ou com manobras protelatórias:

RAÍZES DO CONSERVADORISMO BRASILEIRO

Lutando, porém, com as correntes opostas, votaremos toda e qualquer medida que em nossa opinião aumente, em vez de moderar, a velocidade adquirida pelo movimento abolicionista. Se o nobre presidente do conselho propusesse simplesmente, digamos, a liberdade dos sexagenários, nós a votaríamos, porque achamos que os sexagenários têm perfeito direito à liberdade, mas quando S. Ex. [sic] nos oferece um plano, que é um sistema combinado dos projetos do nobre deputado por Minas, o sr. Felício dos Santos, e do ministério Dantas, para produzir a emancipação dentro de certo número de anos, que supomos maior do que a vida natural de uma instituição decadente, nós dizemos: "Nós não vos acompanhamos; porque, depois de termos criado na consciência nacional uma força tão poderosa, como é atualmente a do abolicionismo, seria um erro político deplorável, um atentado mesmo contra o país, destruí-la ou enfraquecê-la por nossas próprias mãos."

Uma voz assim causava estragos e abria trilhas na selva dos preconceitos vivenciados como naturais, apesar do esforço de intelectuais para demonstrar que tudo na escravidão era cultural.

O imbatível Joaquim Nabuco viveria para comemorar a vitória da abolição e para constatar que suas previsões quanto à nefasta influência futura da escravidão e do abandono de suas vítimas se eternizariam como uma chaga sempre aberta e sempre ignorada.

13. Lenda da criação do preto

A guerra travava-se nos jornais, que alimentavam o imaginário social com sua profusão de preconceitos, e do imaginário social recolhiam elementos para suas provocações e pregações. Em um país de analfabetos, a letra impressa impunha respeito, disseminava despeito e servia de alavanca para a cultura oral como rede mais ampla de conexões. Robert Conrad observou que o império brasileiro jamais promoveu qualquer mecanismo de educação popular. Nos anos 1870, incluindo os escravos, o analfabetismo atingia 86% da população brasileira. (1978, p. XVI) Após serem lidas por privilegiados capazes de decifrar os mistérios do alfabeto, histórias simples eram multiplicadas pela transmissão de viva voz nas ruas, nas casas, em saraus culturais, em reuniões políticas, nos teatros e nos discursos em praça pública. O leitor funcionava como um intermediário que selecionava, editava, acrescentava o que fosse de seu interesse e dava o tom. Cabia-lhe ampliar o publicado servindo-lhe de eco. Essa relação de mão dupla ganhava contornos especiais: a origem de uma história podia ser o cotidiano das ruas ou, ao contrário, a redação de um jornal, espalhando-se e ganhando detalhes de boca em boca.

Em 11 de setembro de 1887, o jornal *A Província do Espírito Santo* fornecia uma leitura dominical impressionante pela crueza da narrativa: "Lenda da criação do preto." O texto, publicado na primeira página, imitava uma parábola bíblica: "No tempo da criação do mundo, Satanás vendo o Padre Eterno criar Adão, de um pedaço de barro, quis também fazer o mesmo." O narrador fechava com o leitor um contrato de leitura baseado na ambiguidade do relato como ficção verossímil. Aquilo que será contado não se explica nem se relativiza. Apenas se dá a ver como uma história prescindindo de justificativa.

Satanás

> pegou num pedaço de argila, deu-lhe as mesmas voltas que vira dar-lhe Deus, e depois insuflou-lhe a vida num sopro. Mas com grande espanto e com grande raiva sua, esse bocado de barro, como tudo o mais que ele tocava, ficou negro: – o seu homem era um homem preto.

A parábola, em sua pretensa inocência, fazia do negro uma criação do diabo tentando imitar Deus. Menos de dois anos antes da abolição da escravatura no Brasil, um jornal não se constrangia em fazer dos negros obra do demônio. Cada linha do relato aprofundava o desprezo pelos negros como uma narrativa natural: "Ali ao pé corria límpido e transparente o branco rio Jordão. Satanás teve uma ideia, lavar o seu homem para lhe tirar a negrura." As elites brasileiras do século XIX lidavam com a ideia de branqueamento. Queriam, se possível, limpar o negro de sua cor. A mestiçagem, porém, horrorizava tanto ou mais que a negritude, de acordo com a ideia de raças puras.

Como puderam homens de uma época tão recente e já tão desenvolvida cultural, tecnológica e cientificamente acreditar que atributos como caráter, sensibilidade e inteligência poderiam ter relação com epiderme? Como puderam imaginar que o branco seria criação de Deus, e o negro, do diabo? Mesmo que respostas categóricas não sejam possíveis, boa parte delas servindo apenas para relativizar o preconceito, ao diluí-lo no chamado "espírito da época", é possível perceber como se deu, por meio da imprensa, a difusão do racismo. A historieta dominical de *A Província do Espírito Santo* prossegue sempre mais rica em perversidade:

> E [Satanás] pegou nele pela cintura como se pega num cachorro e mergulhou-o no rio. Mas as águas do Jordão afastaram-se imediatamente, enojadas com aquela negrura, e o homem de Satã, o primeiro negro,

LENDA DA CRIAÇÃO DO PRETO

apenas mergulhou os pés e as mãos no lodo. E por isso só as palmas das mãos e dos pés ficaram brancas.

O negro seria o homem de satã, criado para chafurdar na lama. O cabeçalho do jornal informava: "Diário consagrado aos interesses provinciais – órgão do Partido Liberal." Poderia um jornal conservador ser mais racista? Talvez essa história ajude a explicar as indistinções entre liberais e conservadores no parlamento que tanto indignavam Joaquim Nabuco e outros abolicionistas. A abolição avançava. Em paralelo a ela, paradoxalmente, crescia o racismo derivado do constante elogio à superioridade racial do imigrante branco importado para substituir o braço negro. Seria uma espécie de ressentimento dos brancos contra os negros, por eles se atreverem a também se considerarem filhos de Deus? O lodo, na perspectiva dessa historieta constrangedora, o primeiro negro, criatura de Satanás, teria enfiado os pés e as mãos, seria o trabalho, o labor manual que tanto horrorizava os preguiçosos proprietários de ferramentas humanas? Seria a senzala esse navio negreiro em terra firme? Seria a lavoura irrigada com suor e sangue?

A "Lenda da criação do preto" tinha mais a dizer em termos de anatomia: "Furioso com o seu desastre, Satanás perdeu a cabeça, e pespegou um famoso murro na cara do seu negro que lhe achatou o nariz e lhe fez inchar os lábios." Pode-se imaginar o riso dos leitores! Pode-se imaginar a dor dos negros. Pode-se imaginar a indignação dos que combatiam o racismo. O negro, como totalidade, sai de um molde hediondo:

> O desgraçado preto pediu misericórdia, e Satanás, passado o primeiro momento de fúria, compreendendo que no fim das contas o negro não tinha nenhuma culpa de ser assim, teve dó dele, arrependeu-se de repente do seu gênio e acariciou, passando-lhe a mão pela cabeça. Mas a mão do diabo queima tudo em que toca: crestou o cabelo do negro como se os seus dedos fossem ferro de frisar. E foi daí que o preto ficou com carapinha.

A conclusão é acachapante: "*Se non é vero...*" Sabe-se que essa frase se completa com "*é ben trovato*".

RAÍZES DO CONSERVADORISMO BRASILEIRO

Tudo isso ao lado de textos de celebridades nacionais ou internacionais como Eugène Delacroix, Alexandre Herculano, Ramalho Ortigão, Edmond Schérer, Sainte-Beuve, Guerra Junqueiro, José Bonifácio e poemas de Luiz Guimarães Júnior, Raimundo Correia, Olavo Bilac e outros. Logo abaixo da coluna com a "Lenda da criação do preto", uma frase de Nestor Roqueplan, jornalista e escritor francês muito popular, fazia um contraponto certamente involuntário ao humor diabolicamente racista da pseudoparábola: "Antigamente tinha-se algum medo de Deus; hoje tem-se mais medo dos jornais." Razão havia para tanto. A atualidade dessa tirada é inquestionável. Um fragmento de Ramalho Ortigão aumentava o absurdo da parábola tão "inocentemente" publicada como piada: "As grandes ideias em evolução são como as escovas em exercício: a princípio limpam, depois emporcalham-se a si mesmas, por fim sujam as coisas em que tocam."

O que teria pretendido o editor? Um pequeno texto de Girardin parecia prever a abolição e a queda do império: "Só a liberdade plena pode curar os males da meia liberdade. Em tudo e sempre, a meia liberdade não é mais que o arbítrio, e este para o governo é o verme que faz o fruto cair da árvore." Outro texto, de Auguste Vacquerie, pregava as virtudes do estudo e da cultura literária. Guerra Junqueiro, na mesma primeira página, associava crime e ignorância de uma maneira que seria odiada pelos punitivistas do século XXI:

Há um júri instituído para julgar um assassino analfabeto. A sentença deve ser esta: considerando que as feras não podem andar em liberdade pelas ruas; considerando que a ignorância do assassino concorreu para o assassinato; considerando que a miséria do criminoso foi um dos incentivos para o crime; condenamos o monstro a ser metido numa jaula; condenamos o ignorante a ser metido numa oficina; e condenamos o vadio a ser metido numa escola; deem-lhe uma cadeira, um alfabeto e uma ferramenta. Mas considerando que a sociedade foi a causa em que o bandido foi efeito: condenamos a sociedade a que dê instrução a todas as crianças e dê trabalho a todos os famintos, aplicando-se mais a evitar os assassínios.

Surgido em 1882, com quatro páginas, o jornal de Moniz Freire e Cleto Nunes, dois jornalistas engajados e políticos, como era praxe no período,

LENDA DA CRIAÇÃO DO PRETO

A Província do Espírito Santo sustentou posições antiescravistas. Artigos do padre Francisco Antunes Siqueira Filho publicados em 1885 dão uma boa mostra disso:

> Desde 1836, principiaram os negociantes de carne humana a iludir a vigilância do governo inglês, que, por um tratado de 1831, convencionara com o Brasil extirpar o tráfico de africanos [...] Piúma, Guarapari, Vitória e Santa Cruz foram os lugares mais cômodos para os desembarques [...] Centenas de vidas foram expostas à mercê das ondas, além do Atlântico, sujeitas aos maus tratos [*sic*]: mergulhadas no fundo dos porões dos navios; privadas de luz e ar, respirando auras infectas, para satisfazer o egoísmo de homens que pelo ouro sacrificavam seus irmãos! Os portugueses, perdidas as esperanças de escravizar os aborígines, que se achavam sob influência imediata dos jesuítas, lançaram mão deste meio, tão reprovado, para manter a sua negociação e sustentar a lavoura de nosso país. Erro grave, que comprometeu o nosso presente e o futuro da sociedade brasileira. Os escândalos repetiram-se até 1845, em que dentro da própria fortaleza de São João se expuseram à venda duzentos escravos pelo ínfimo preço de 50$000! Ali pelo Campinho e Porto Velho abriram-se praça para essas vendas! Ainda em 1848 o brigue Feliz Ventura desovou em Santa Cruz grande número desses infelizes! Foram levados para a fazenda, que hoje pertence ao dr. Guaraná, guardados em grande depósito para esse comércio imoral e torpe! (*apud* Almada, pp. 108-109)

O que houve?

Como explicar a "Lenda da criação do preto" em um jornal com sensibilidade antiescravista? Na página 3 da edição de 2 de julho de 1887, *A Província do Espírito Santo* previa o fim da escravidão no Brasil, em função da morte dos escravos, para julho de 1895. Afirmava que a escravidão diminuía 1% ao mês. Defensor da emancipação gradual, citava o padre José Nunes da Silva Pires, integrante de um conselho auxiliar do presidente da província, para quem "um país livre não podia ter escravos". Ressalvava, revelando a densidade das práticas de ocultação dos procedimentos em defesa da manutenção do cativeiro, que a declaração do padre não constava em ata "porque quase todos os outros conselheiros tinham interesses nesta instituição". Destacava com orgulho retrospectivo: "O padre Pires, porém, por sua morte libertou todos os seus escravos e legou-lhes os bens que possuía."

Na página 3 da edição de 5 de maio de 1888, quando o furacão abolicionista começava a varrer o país, o jornal de Vitória denunciava os maus-tratos a um escravo:

> *O Paiz* deu o seguinte telegrama: "Juiz de Fora, 21 – Está no Fórum um escravizado de Augusto Benjamin, barbaramente seviciado e com grossa corda no pescoço. O infeliz tem um braço de menos. O juiz nomeou-lhe curador. O fato causou indignação geral sendo o escravo fotografado."

Abolição, racismo e eliminação da violência contra os negros eram elementos entrelaçados e, ao mesmo tempo, coisas diferentes. Era possível ser favorável à abolição, ser racista e praticante de violência contra negros escravos. O maior paradoxo talvez esteja em que o racismo cresceu ao longo da campanha abolicionista. Afinal, os imigrantes brancos europeus deveriam ser trazidos como membros de uma raça superior. Para muitos brasileiros, o principal argumento para a abolição não fora a infâmia da escravidão nem a condição humana do escravo, mas a suposta inferioridade intelectual do negro – apresentada como dado científico –, que deveria ser substituído no trabalho por gente de raça mais inteligente, produtiva e rentável.

14. O emancipacionismo temeroso de Perdigão Malheiro (ou O primeiro "esqueçam tudo o que eu escrevi")

Perdigão Malheiro mostrou com pertinência a falácia jurídica da propriedade de homens sobre homens. Senhor de escravos, filho de família escravista – seu pai presidiu o Supremo Tribunal de Justiça –, presidente do Instituto dos Advogados, cunhado do influente Eusébio de Queirós, Malheiro libertou suas cativas e "ainda alguns escravos" (1976, v. 2, p. 14) para evitar contradição entre teoria e prática, bem como o constrangimento de pregar a libertação só de escravos alheios. Para ele, a escravidão era iníqua por submeter homem a homem, ultrapassando um limite ético que deveria ser intransponível. Escravizar seres humanos equivale a anular o tabu do incesto. A comparação do escravo negro com animais, cujas crias pertenciam ao proprietário, não sobrevivia ao menor exame racional nem ao teste prático. Nenhum senhor de escravos carnearia um escravo para comer ou para alimentar seus cães. Nenhum senhor se veria como canibal. A humanidade do cativo fora implicitamente reconhecida mesmo por aqueles que separaram pais e filhos e forjaram ou aceitaram os regulamentos que não concediam aos escravos o direito de formar famílias e de representar ou testemunhar na justiça contra o dono.

Alguns homens superam as amarras de seu tempo de modo quase inacreditável, provando que a inteligência não está necessariamente determinada ou submetida às injunções da época. Joaquim Nabuco, em grande parte, mas não em tudo, foi assim. Manteve-se, porém, monarquista, mal que atinge ainda milhões de pessoas, e um tanto machista. Perdigão Malheiro era um cristão que abominava a redução dos filhos de Deus à condição de objetos e de animais irracionais. Não estava, contudo, intelectualmente aparelhado para radicalizar seu pensamento e exigir a imediata eliminação da causa, o cativeiro, que produzia os efeitos nefastos por ele descritos e denunciados.

O inventário feito por Malheiro sugere, citando A. Cochin, que "mais de 100 milhões foram os escravos repartidos entre espanhóis, ingleses, franceses, portugueses, holandeses, dinamarqueses, suecos, americanos e brasileiros". (1976, v. 2, p. 40) No transporte, as mortes ceifariam de 1/10 a 1/7 das presas. Era isso que se discutia. Dom Pedro II, por exemplo, leu Montesquieu e certamente não ficou indiferente às suas ideias sobre a transformação de seres humanos em mercadorias e propriedades. Malheiro não mediu esforços para mostrar a humanidade do negro:

> Todos formam um só *gênero*, uma só *espécie*, uma só *família*; e, portanto, são todos iguais no que há nele de substancial, de constitutivo da sua natureza. As diferenças que se notam de *cor*, de *cabelo* e outras são inteiramente acidentais [...] constituindo apenas variedades. (1976, v. 2, p. 75)

Se alguns escravos se entregavam, sustentava ele, a certos "vícios", como o da ociosidade, era por não receberem educação, "sem estímulo pelo trabalho, sem os afetos da família, degradados". (1976, v. 2, p. 64)

A perversa dinâmica da escravidão converteu consequência em causa. Naturalizou situações históricas concretas. Atribuiu ao negro o que era da escravidão. O Brasil consumiu e degradou mais de quatro milhões de africanos em várias etapas. Primeiro, foi o ciclo da Guiné, que dominou o século XVI. Depois, veio o ciclo de Angola, no século XVII. Já no século XVIII, predominou o ciclo de Benin e Daomé. Por fim, no século XIX, já com o tráfico condenado pela Inglaterra, surgiram mercados alternativos. Moçambique tornou-se fonte de negros caçados no interior do país ou capturados quando entregavam marfim nos portos de exportação. Os portos de Quelimane e Nacala seriam alguns dos pontos de partida de navios negreiros

O EMANCIPACIONISMO TEMEROSO DE PERDIGÃO MALHEIRO

para o Brasil. O maior traficante de escravos da história brasileira teria sido Francisco Félix de Sousa, nascido em Salvador (1754-1849), provavelmente um mestiço, ainda que também seja descrito como louro, que teria papel importante em Uidá, no Benin, na Costa dos Escravos.

O tráfico de escravos da África começou sob a cobertura do resgate de prisioneiros europeus feitos pelos mouros na luta contra os países da Península Ibérica. Negros sempre participaram da venda de negros na África. Chefes africanos, como os reis de Daomé, forneciam ou autorizavam o fornecimento das presas. No princípio, ou na base do comércio, a suposta selvageria dos africanos, assim como o paganismo, que despertava o desejo de salvá-los pela cristianização, pesavam mais do que a cor ou a raça. Em Moçambique, a fome seria um dos motivos mais fortes para que uns vendessem outros. As teorias racistas viriam depois para justificar "cientificamente" a escravidão dos africanos e até para sustentar sua substituição por imigrantes europeus brancos. A cor da pele serviria, como sinal mais visível, de base para uma distinção cultural que precisava ser naturalizada e racionalizada. O ato de força soava melhor quando ideologicamente envolto.

No começo, os portugueses perceberam que, para muitas tribos africanas, a medida de riqueza era o número de súditos de um rei. Começaram a caçar membros de outros grupos para trocá-los por ouro. Para Malheiro, o interesse pelo lucro é que fizera ver os negros como "entes de uma raça inferior". (1976, v. 2, pp.74-75) Ele se horrorizava com o fato de clérigos terem escravos e abominava a exclusão da escola, "mesmo da instrução primária", das crianças cativas de ambos os sexos. Os proprietários teriam medo de que a instrução, mesmo sob o domínio da ideologia escravista, revelasse aos jovens o que eles sentiam por experiência: a infâmia da escravidão? Malheiro defendeu a emancipação gradual com indenização, na medida em que não se deveria ofender, "embora respeitando o primado da liberdade, um direito certo, líquido e incontestável de propriedade". (1976, v. 1, p. 59) Os malabarismos jurídicos eram costumeiros.

É no capítulo sobre as relações entre senhores e escravos no Brasil (1976, v. 2, pp. 94-103) que Perdigão Malheiro se equivoca e ajuda a formular o mito da cordialidade entre proprietários e suas propriedades. Para ele, aos poucos, a tolerância teria prevalecido sobre a violência, com a diminuição dos castigos físicos, com uma espécie de contrato informal entre senhores e escravos, pelos quais estes pagariam àqueles "certo jornal", acumulando o excedente como pecúlio, vivendo, no campo, "quase livres", chegando a "unirem-se pelo casamento, vivendo assim em família, com certas regalias que os senhores conferem", obtendo a liberdade por bons serviços prestados, aliviando-se, assim, dos rigores da escravidão racista americana.

A idílica visão do combativo emancipacionista gradualmente ganha um tom que se choca com os relatos de violência contra os cativos, com os anúncios de leilão de escravos nos jornais e de recompensa pela captura de fugitivos. A "bondade e a caridade" das senhoras brasileiras teriam sido tão grandes, conforme Malheiro, "a ponto de interessarem-se pelas *crias*" das cativas, quase como se fossem "seus próprios filhos, tratando-as com verdadeiro carinho materno, levando-as por vezes ao colo e até aos próprios seios". Ainda que impedissem que essas crias fossem escolarizadas, os amos teriam por elas afeto. Até na morte, os proprietários demonstrariam apego aos seus negros, fazendo-lhes "administrar os últimos sacramentos, encomendar antes de serem dados à terra, e sufragar depois a sua alma". Se, na antiguidade, o escravo era visto como "inimigo", no Brasil não seria assim. Perdigão Malheiro idealizava um convívio de ódios surdos.

Precavia-se de contestações com exemplos práticos:

> Se ainda há cenas, de horror mesmo, filhas desse ódio inato do escravo contra o senhor, todavia nem é regra, nem são frequentes, sobretudo depois do melhoramento dos costumes e mais bondade para com os escravos.

Onde havia um cuidado aprendido de não estragar as peças de difícil reposição depois da proibição do tráfico, Malheiro via sobretudo bondade e afeto. O número de homens era superior ao de mulheres. O estímulo à procriação esbarrava na realidade objetiva: para que engendrar filhos condenados ao cativeiro pelo nascimento?

Malheiro considerava que, diferentemente dos Estados Unidos, onde raça e escravidão estavam umbilicalmente associadas, no Brasil isso "não era tomado em consideração pelas leis, e também pelos costumes". Garantia que "ser de cor, provir mesmo de africano negro, não é razão para não ser alguém". Chegou mesmo a afirmar que

O EMANCIPACIONISMO TEMEROSO DE PERDIGÃO MALHEIRO

o homem de cor goza no Império de tanta consideração como qualquer outro que a possa ter igual; alguns têm até ocupado e ocupam os mais altos cargos do Estado, na governança, no Conselho de Estado, no Senado, na Câmara dos Deputados, no Corpo Diplomático, enfim, em todos os empregos.

Eram exceção. O mestiço, rotulado na época como "mulato", Cotegipe. Cotegipe seria chefe de governo. Negros "retintos", expressão corriqueira para indicar indivíduos de pele muito escura, não galgavam os mesmos postos dos brancos. Todo o discurso em defesa da colonização com europeus se basearia na suposta superioridade da raça branca.

A escravidão no Brasil foi violenta, como atestam os relatos de viajantes estrangeiros. O francês Arsène Isabelle, em livro publicado em 1835, alarmou-se:

> Viajantes, que tinham sido testemunhas da crueldade dos colonos franceses e ingleses, acharam o jugo dos escravos mais suportável no Brasil. Mas eu, que vi, na Argentina e na Banda Oriental, os negros livres, industriosos, fazendo os brancos viverem e colocados, enfim, na posição de homens, tenho o direito de achar deplorável a sorte deles no Brasil e de denunciar a infâmia dos europeus, que não têm vergonha de levar a sua imoralidade até o comércio clandestino da carne humana!!! (2006, p. 241)

Teriam os costumes mudado radicalmente em quatro décadas? O caso dos escravos mortos por açoites em Paraíba do Sul, em 1886, denunciado por Joaquim Nabuco e Dantas, mostraria que não. Havia apenas dissimulação. Isabelle fora taxativo:

> No Rio Grande, como em todas as antigas possessões espanholas e portuguesas, os negros e mulatos são a gente de ofício, isto é, os homens laboriosos, os trabalhadores, aqueles, enfim, que têm mais necessidade de empregar sua inteligência. Infelizmente, porém, não passam de escravos e, sobretudo, de negros! São, fatalmente, uns brutos, uns vis usurpadores do nome de homens. E, entretanto, esses brutos asseguram

a subsistência e todos os prazeres da vida aos seus indolentes senhores! Sabeis como esses senhores, em sua superioridade, tratam seus escravos? Como tratamos os nossos cães!

Um golpe duro para quem continua a acreditar que no sul do Brasil a escravidão foi branda. O viajante francês detalhou:

> Começam por chamá-los com um assovio e, se não atendem imediatamente, recebem dois ou três tabefes da mão delicada de sua encantadora ama, metamorfoseada em harpia, ou um soco ou um brutal pontapé do seu amo grosseiro. Se tentam explicar-se, são amarrados ao primeiro poste, e, então, o senhor e a senhora vêm, com grande alegria, ver flagelar, até que o sangue brote, aqueles que, as mais das vezes, só cometeram a falta bem inocente de não terem podido adivinhar os caprichos de seus senhores e donos!!!

A perversidade dos proprietários surge como dado banal. A tortura era um procedimento cotidiano:

> Feliz, ainda, o desgraçado negro, se seu amo ou sua ama não tomar uma corda, um chicote, um cacete ou uma barra de ferro, e golpear, no seu furor brutal, o corpo do pobre escravo, até que os pedaços arrancados de sua pele deixem o sangue escorrer sobre o corpo inanimado, porque o comum, nesses casos, é levantar o negro desfalecido para curar suas feridas! E sabeis com quê? Com sal e pimenta, como se trata a chaga de um animal que se quer preservar dos vermes! Pensam que esse tratamento não é menos cruel do que as chicotadas? Pois bem, vi essas coisas no ano da graça de 1834!

Isabelle acabou antecipadamente com a ideia, que, mesmo assim, seria inventada no século XX, de uma democracia campeira unindo senhores e escravos, como centauros dos pampas, vivendo em harmonia nas guerras e nas lides rurais:

> E vi mais ainda. Há senhores bastante bárbaros, principalmente na campanha, que mandam fazer incisões nas faces, nas costas, nas nádegas,

O EMANCIPACIONISMO TEMEROSO DE PERDIGÃO MALHEIRO

nas coxas dos seus escravos, para meter pimenta dentro delas. Outros levam seu furor frenético ao ponto de assassinarem um negro e lançá-lo como um cão ao fundo de um barranco. E se alguém, estranhando sua ausência, perguntar pela sorte do negro, terá esta resposta fria: morreu. (O filho da p... morreu.) E não se fala mais nisso. (2006, p. 247)

Já outro francês, Nicolas Dreys, que morou no Brasil, teve percepção distinta, tão particular quanto a de afirmar a existência de tigres no sul do Brasil. Para ele, os escravos no Rio Grande do Sul eram bem-tratados, bem-vestidos e bem-alimentados. Os castigos a que fossem submetidos seriam moderados e merecidos, "uma precisão do negro" para se manter equilibrado. Dreys não conseguia ver os negros agindo com autonomia:

Um amigo nosso, oficial superior da República Argentina, chamava os negros – suíços da América – em referência às suas disposições guerreiras; porém, precisam de chefes instruídos e firmes, como também de disciplina severa. (1990, p. 128)

Com essa concepção racista, ele só podia ver os negros em cativeiro, dada "a dificuldade de encontrarem entre si esses indispensáveis elementos de sucesso, esse mesmo ardor irrefletido que repele a ordem e tende incessantemente a sair da órbita da subordinação", elementos que seriam

outros tantos obstáculos, felizmente invencíveis para os negros abandonados ao seu próprio impulso, por isso que têm sido e sempre serão baldados, tanto no Rio Grande do Sul como em qualquer parte do continente americano, seus esforços para conquistar, em presença da população branca, uma liberdade que não sabem usar e que, considerada friamente, fora das especiosas abstrações de uma filantropia especuladora, é para eles, na sua existência local, e para a sociedade, muito menos útil que prejudicial. (1990, p. 129)

Um Paulino de Sousa não o desmentiria.

Perdigão Malheiro preferiu disseminar uma fantasia sobre a "índole do povo brasileiro, benévola, humanitária e verdadeiramente cristã", responsável, segundo ele, por sentimentos distintos de outros países em relação "à escravidão e aos escravos", tratados com maior "benignidade", o que deporia "menos desfavoravelmente a respeito da nossa civilização", embora ele reconhecesse que a ganância transformara também no Brasil homens em mercadoria, levando a cenas pavorosas de assassinatos de senhores por seus cativos.

Por acreditar nessa evolução benigna dos costumes e nessa índole bondosa dos brasileiros, Malheiro podia fazer o escravo esperar mais algum tempo por sua libertação. No capítulo intitulado "Bases ou projeto para abolição da escravidão e melhoramento da sorte dos escravos" (1976, v. 2, pp. 146-174), ele faz ponderações sobre a irresponsabilidade de uma abolição imediata para evitar abalo à lavoura, às famílias, ao Estado e aos cativos:

> A emancipação imediata, isto é, declarar desde logo livres todos os escravos existentes no Brasil, é solução absolutamente inadmissível na atualidade, e mesmo no futuro próximo, porque o grande número de escravos que ele ainda conta (1.500.000 termo médio) é um obstáculo insuperável, visto como traria necessariamente a desorganização do trabalho, atacaria, portanto, a produção mais importante e a fonte mais poderosa da riqueza entre nós, introduziria a desordem nas famílias e daria lugar a ataques à ordem pública, desenfreando-se tão grande número de escravos, tudo com grande dano particular e do Estado, assim como dos próprios escravos. (1976, v. 2, p. 153)

Um horror.

Como um Paulino de Sousa ou um Dreys, Malheiro não considerava os escravos prontos para "se regerem" por conta própria, defendia indenização para os proprietários para se evitar um caso de injustiça, pois o escravo seria uma propriedade "possuída em boa-fé e sujeita a transações". Defendia, portanto, calma, prudência e regras evolutivas. O próximo passo deveria ser a emancipação dos nascituros. Os proprietários, porém, teriam de ser compensados, como ocorrera no norte dos Estados Unidos, ficando os filhos com as mães, mantidos pelos proprietários destas, que poderiam explorar o trabalho dos protegidos até estes completarem 21 anos. Dado que a "cria" poderia se mostrar "rebelde", o protetor deveria ter "uma certa

O EMANCIPACIONISMO TEMEROSO DE PERDIGÃO MALHEIRO

autoridade paternal de castigá-la". (1976, v. 2, p. 160) Mas não como se fazia com os verdadeiros escravos, "como um bom pai, um bom mestre pode corrigir o filho, o discípulo". O argumento definitivo seria devastador: "É obra de misericórdia, segundo a nossa Santa Religião, *castigar os que erram*". (1976, v. 2, p. 160) Seria punir pelo bem.

Os ingênuos deveriam ser educados para ter uma profissão, "ainda que seja de lavrador ou de trabalhador agrícola", em uma escola técnica, não sendo necessário "fazê-los exclusivamente doutores e literatos, mas sobretudo pessoas morigeradas, que possam vir a ser úteis a si e ao país". (1976, v. 2, p. 162) A elite paternalista fundava aí sua divisão ainda atual entre educação para o trabalho braçal e educação para as atividades intelectuais. Falar em educação era uma forma de poesia de mau gosto. Menos de um em cada mil escravos sabia ler e escrever. Em 1872, conforme Conrad (1978, p. 26), um quinto dos brasileiros era analfabeto. A educação servia de símbolo de distinção social. Não tinha conteúdo prático, mantinha-se um tanto alheia à ciência e não buscava integrar a maioria. Se Malheiro propôs, em 1863, a libertação dos nascituros, votou, em 1871, como deputado por Minas Gerais, contra a Lei do Ventre Livre. Criticado por haver negado seus escritos, desculpou-se como faria mais de um século depois outro intelectual com livro sobre a escravidão, Fernando Henrique Cardoso: alegou que uma coisa eram estudos teóricos, e outra, a dura realidade cotidiana: "Trabalho de gabinete... livros de estudo e de doutrina; e quem não sabe a distância que vai de um livro de estudo e de doutrina para um trabalho de legislador." (*apud* Conrad, 1978, p. 115) Praticamente pedia que esquecessem tudo o que havia escrito. O gradualismo reacionário de Malheiro seria abalado nos anos 1880 com estratégias frontais. Em 1871, na Câmara dos Deputados, ele se especializaria em manobras regimentais e recursos protelatórios para tentar salvar os fazendeiros. O radicalismo faria a diferença. Antônio Bento e seus caifazes estimulariam fugas em massa de escravos. Infringir a lei aceleraria a adoção da lei final.

Não se faria a abolição sem quebrar ovos dos senhores.

15. O grito de guerra de Rui Barbosa

O abolicionismo de Rui Barbosa ganhou ares épicos por seu uso ferino das palavras. Entre discursos e textos, talvez o momento máximo da atuação desse intelectual e político tenha sido o "Parecer 48-A",[5] apresentado na sessão de 4 de agosto de 1884, em nome das comissões reunidas de Orçamento e Justiça, relativo ao "Projeto 48", de autoria do deputado Rodolfo Dantas, que propunha, em consonância com o governo, a reforma do "elemento servil" com a libertação dos escravos que chegavam à idade de 60 anos antes ou depois da lei. (*Anais da Câmara dos Deputados*, v. 4, Anexo, pp. 1 a 114) Em 19 dias, Rui Barbosa produziu um balanço completo e irônico do longo processo rumo à abolição da escravatura.

Procurou ser justo, como gostava de apresentar-se e como conseguia ser nas questões mais delicadas. Não fugia das polêmicas, não se furtava de usar ironias e fórmulas corrosivas, mas buscava as soluções sábias e as saídas sustentadas pela razão e pelos fatos. Viveu como poucos a contradição de ser ponderado e agressivo, fulminante e cauteloso, provocativo e aberto ao diálogo, engajado e capaz de abstração para pensar acima das

---

5 Todas as citações não referenciadas deste capítulo a cada fragmento do parecer de Rui Barbosa foram retiradas do volume 2 da excelente publicação on-line *A abolição no parlamento: 65 anos de luta (1823-1888)*. Brasília: Senado Federal, 2012.

paixões que cegam. Preparou o terreno para suas afirmações mais graves, que apareceram num crescendo:

> As comissões reunidas não sabem medir aplausos ao gabinete pela nobre iniciativa que se traduziu no projeto Rodolpho Dantas. Dessa atitude inteligente a nação começa a colher frutos preciosos na ampla tranquilidade que envolve o espírito público, desde que o governo convenceu o país de que a fase da agitação popular devia chegar ao seu termo, porque ia iniciar-se a da ação legislativa.

Alfinetou: "A situação liberal não podia encerrar-se, esquecendo que, há 16 anos, o programa do seu partido exigia a emancipação geral das futuras gerações; a emancipação gradual das gerações presentes." Ponderou: "Não é que pretendamos chamar a solução do problema à arena das parcialidades políticas. Não! Esta é a questão sagrada. É a grande questão nacional." Podia ser outra?

Imerso na política como ator e analista, protagonista e observador por temperamento de intelectual, sabia que precisava não ferir inutilmente suscetibilidades de homens com os quais poderia e deveria contar para chegar a bom porto. O avanço da "grande questão nacional" dependia da articulação entre liberais e conservadores, de uma convergência de ideais e de interesses produtora de contradições ainda que sempre possível e própria da vida política. Conciliou apoiado na singeleza da verdade histórica:

> Cada partido brasileiro possui o seu quinhão de honra. O Partido Conservador, em que pese [sic] as grandes notabilidades dessa escola, que tem repelido a sua participação nesta glória, cumpriu duas vezes o seu dever. Realizou a extinção do tráfico, que a opinião liberal preparava desde José Bonifácio, e a emancipação dos nascituros, que o Partido Liberal aparelhara, sob a iniciativa do ministério 3 de agosto, desde 1867.

Abordou o problema em pauta a partir das várias etapas enfrentadas pela sociedade e pelo parlamento. A história da libertação dos escravos exigia ser inventariada a cada novo projeto de lei, de modo a dar fundamentação ao proposto. O papel do intelectual no legislativo era o de um historiador em tempo real. Devia rebater o que lia e ouvia, desmontar sofismas e falácias, neutralizar as teses dos adversários e defender um papel ativo para o legislador contra as tentativas de dar tempo ao tempo com base em leis anteriormente aprovadas e que deveriam produzir seus efeitos estranhamente benéficos em algumas décadas: "A ideia dessa reforma, de grandes proporções para a sua época, encontrou impugnadores, que a combatiam como invasão inútil de funções reservadas naturalmente à ação fatal da morte sobre as vítimas do cativeiro."

Bastaria?

Rui Barbosa empenhou-se em refutar previsões apressadas. Muitos dos que recomendavam esperar que as leis aprovadas, como a do Ventre Livre, cumprissem seu papel haviam pecado por entusiasmo precoce. Se existiam escravistas interessados em sugar até a última gota o sangue dos escravos, torcendo para que suas propriedades se tornassem centenárias, havia quem, por horror aos conflitos, sugerisse calma, paciência e prudência. Barbosa sabia que essas manobras protelatórias ou essas profecias pouco inspiradas só contribuíam para manter o cativeiro e condenar o Brasil ao atraso.

Não fugiu ao dever de casa. Analisou previsões:

> Em 1867, o visconde de Jequitinhonha, que, aliás, não se opunha à libertação geral dos nascituros, cometia o erro de assegurar que a "mortalidade dos escravos daria a extinção da escravatura em vinte anos". E, conquanto o visconde de Abaeté, na mesma ocasião, procurasse demonstrar que só pelo efeito do excedente dos óbitos sobre os nascimentos seriam precisos três séculos e meio para eliminar a escravidão, ainda em 1871, um membro desta casa, contrastando o projeto Rio Branco, dizia: "Há um fato, que a estatística mesmo imperfeita, que possuímos, tem posto fora de dúvida, e que é reconhecido pelas ilustradas comissões especiais, tanto a do passado como a deste ano, a saber: que a escravatura tende a desaparecer por si mesma, pelo excedente dos óbitos sobre os nascimentos."

A luta no parlamento jamais dispensou as armas da retórica. Saber falar bem, no século XIX, era decisivo para uma carreira política. Terá mudado? Rui Barbosa falava bem e não necessariamente de maneira empolada;

variava as figuras de linguagem. Manejava a ironia como um chicote que descia sobre costas brancas. No campo em que se encontrava, cercado de temíveis oponentes movidos por interesses econômicos pessoais e de classe social, não bastava ter memória para denunciar previsões fracassadas. Tampouco era suficiente apresentar números para contraditar as teses alheias. Era preciso recorrer à ironia para fulminar os argumentos combatidos e desqualificar simbolicamente os resistentes defensores do escravismo. Um exemplo:

> Não se sabe se esse representante da nação esperava em vinte ou em 350 anos a solução natural do problema pela morte. Mas, ou lhe fosse indiferente, ou não, a imensa distância entre os cálculos daqueles dois conselheiros de estado, o certo é que o argumento não lhe afigurava dos menos concludentes contra o pensamento capital da reforma, que então se discutia.

Para Rui Barbosa, conhecedor das múltiplas faces do problema da escravidão, cada dia de cativeiro era mais um século para os escravos. A extinção da escravatura pela morte era uma solução de mau gosto e profundamente injusta com os condenados a esperá-la.

Restava-lhe atacar ilustres oponentes ou consagrados defensores da prorrogação do cativeiro a partir de supostos pruridos morais ou de bizarras preocupações com os escravos:

> José de Alencar, referindo-se a estatística de 1869, que registrava 14 mil alforrias na cidade do Rio de Janeiro, acentuava "a rapidez dessa revolução moral", exclamando: "Este algarismo é eloquente; ele significa que em menos, talvez, de vinte anos, a escravidão estaria por si mesma extinta."

Rui Barbosa tinha munição para reduzir o dado de Alencar a pó:

> Veio a lei de 28 de setembro, que estancou no seio da maternidade a fonte do cativeiro; e a que distância ainda nos achamos da redenção total! Pelo cômputo de José de Alencar, sem o auxílio dessa medida

O GRITO DE GUERRA DE RUI BARBOSA

legislativa o país estaria limpo da nódoa em 1889. O visconde de Abaeté há vinte anos esperava essa reabilitação da sociedade brasileira para um termo de 36 anos após a emancipação do ventre, estimando a escravidão existente em 3.166.666 a 4.592.326 almas. Aludindo a essa reforma, dizia ele: "Se puder adaptar-se sem demasiada demora a disposição do art. 1º do projeto, a escravidão conforme os argumentos que produzi, estará de fato extinta no Brasil no fim do ano de 1899, não só pela crescente mortalidade da população escrava, sem compensação de nascimentos escravos, mas também por outras causas como o grande número de alforrias, que todos os anos se concedem, e provavelmente irão em progressivo aumento."

Sem tráfico, portanto sem ingresso de novos escravos vindos da África, e sem renovação da força cativa pelo nascimento, os cautelosos representantes das classes proprietárias de terras, fazendas e homens não viam grandes razões para fabricar mais uma lei, ainda mais um instrumento legal para libertar velhos que logo seriam emancipados pela morte. Na contramão dessa perspectiva, parte da "grande família" dos proprietários de seres humanos começou a pensar que seria uma boa maneira de se livrar dos idosos improdutivos, burlando artigos que viriam a ser aprovados para lhes dar proteção. O argumento de que os velhos seriam abandonados não era falso. Era abominável. A solução não seria mantê-los no cativeiro, mas garantir que viveriam seus últimos dias ou anos mantidos por seus ex-donos.

Contra uma falsa lógica, Rui Barbosa recorreu à lógica fria dos números, que muitos preferiam ignorar e outros simplesmente desconheciam:

Todavia, há 13 anos aí está funcionando a lei de 28 de setembro; a morte dizimou cerca de meio milhão de oprimidos; e quão longe ainda não estamos da abolição anunciada, se o parlamento não se resolver a uma vigorosa reforma! Enquanto a morte devora 500 mil criaturas humanas, a moeda redentora pomposamente magnificada sob o título de fundo de emancipação resgatou apenas 20 mil, e a caridade individual, cerca de 90 mil cativos. O resultado é ainda essa massa enorme de um milhão e 100 mil escravos.

A história do processo abolicionista no Brasil é uma fotografia dos repetitivos procedimentos das elites brasileiras em diferentes situações e períodos. Tudo é bom para continuar espoliando quem estiver ao alcance da mão. Das manobras para prorrogar a escravidão aos estratagemas para sonegar impostos, as elites renovam o estoque de falácias adotando as que foram úteis no passado. Na falta de criatividade para o mal, ele é praticado com técnicas já muito utilizadas. Jamais há algo de novo na frente de guerra contra os excluídos de todos os tipos e cores. Rui Barbosa, sobre a ineficácia das medidas adotadas para acelerar a emancipação por meio de um fundo e de alforrias, recorreu a uma citação para enfatizar o óbvio: "O senador Otoni estigmatiza, justamente nesse fato, uma vergonha nacional."

Os antagonismos que conviveram na reta final da "questão servil" no Brasil foram: a lei e a legitimidade; a moralidade e a hipocrisia; a ganância e o pudor; a falsa prudência e a pressa virtuosa; os interesses e os princípios; a astúcia e a estratégia; a rapacidade e a culpa; o direito e a ficção legal; o futuro e o passado; a inteligência e a esperteza; a ignorância interessada e o saber altivo; a propriedade e a humanidade; o abuso e a razão; a liberdade e o dinheiro; o poder e a potência; as conveniências e as obrigações; a racionalidade universal e a espoliação regional. Os cálculos de Rui Barbosa, em 1884, eram assustadores:

> Em presença de tais dados, o ilustre representante da nação chega irrefragavelmente a esta conclusão, esmagadora para o nosso pudor de homens civilizados: "Orcemos o termo da escravidão, com as belozzas atuais. Os escravos mais moços são os nascidos em 1871, antes da lei; desses, muitos hão de chegar a 80 anos, alguns a 100; mas fiquemos em 80; e assim, somente em 1950, meados do século XX, a morte acabará a sua obra."

A única aceleração possível era a precocidade da morte.

Ao escravo nascido um dia antes da Lei do Ventre Livre restavam três edificantes possibilidades: alforria, morte rápida ou um milagre divino, que não se realizara nos últimos séculos, levando o poeta baiano Castro Alves a produzir sua mais célebre estrofe. "Deus! ó Deus! onde estás que

O GRITO DE GUERRA DE RUI BARBOSA

não respondes?/ Em que mundo, em qu'estrela tu t'escondes/ Embuçado nos céus?" (1988, p. 156) Não consta que tenha obtido resposta para essas "vozes da África" em busca de ajuda na América dominada por brancos europeus exterminadores de índios nativos e por seus descendentes dedicados à agricultura para exportação baseada no trabalho gratuito de escravos negros. No papel de relator de uma comissão parlamentar, Rui Barbosa não se dispunha a ser imparcial nem desapaixonado. Fazia parte de um movimento situado política e ideologicamente. Usava o espaço ocupado para metralhar as convicções dos inimigos da causa abolicionista. Foi direto ao ponto quanto ao fracasso das políticas de emancipação pela boa vontade dos proprietários: "Diante desta perspectiva de ignomínia, que escrúpulos e obstáculos são esses com que o interesse escravista pretende embargar o passo ao movimento reformador?".

Os escravistas brasileiros do mais alto escalão, especialmente aqueles que tinham assento na Câmara dos Deputados e no Senado, mostravam certo pudor em defender a instituição que os sustentava e sem a qual não conseguiam imaginar-se vivendo. Salvo em situações extremas de descontrole, quando provocados por oradores temíveis como Joaquim Nabuco e Rui Barbosa, sempre procuravam edulcorar suas posições com declarações vagas tingidas por um moralismo de última hora. Corroída a base moral da escravidão, socorriam-se de aspectos pragmáticos para sustentar a necessidade de não precipitar as coisas. Teria começado a nascer nessa época a tradição brasileira pela qual os conservadores não se designam como tal? No espectro político mundial, direita e esquerda são termos que sintetizam posturas mutantes e com certo grau de contradição ou de inconsistência. No Brasil, porém, a direita não gosta de ser rotulada assim. Nos últimos anos da escravidão, contudo, liberais e conservadores ainda atendiam por seus nomes próprios, embora se confundissem nos apelidos. Para muitos, especialmente os abolicionistas mais exigentes e combativos, eles não passavam, em termos mais contemporâneos, de farinha do mesmo saco.

Atento a floreios verbais articulados para enganar ou autoenganar-se, Rui Barbosa pisoteou a hipocrisia dos escravistas com uma ironia sofisticada, mas clara para ser entendida. Não podia desperdiçar um só cartucho. Atirava para ridicularizar:

RAÍZES DO CONSERVADORISMO BRASILEIRO

Ninguém, neste país, divinizou jamais a escravidão. Ninguém abertamente a defendeu, qual nos estados separatistas da União Americana, como a pedra angular do edifício social. Ninguém, como ali, anatematizou na emancipação um atentado perturbador dos desígnios providenciais. Todos são e têm sido emancipadores, ainda os que embaraçavam a repressão do tráfico, e divisavam nele uma conveniência econômica, ou um mal mais tolerável do que a extinção do comércio negreiro.

A leitura dos *Anais da Câmara dos Deputados* e dos *Anais do Senado* fornece material farto para um catálogo de iniquidades. Afinal de contas, a escravidão é uma obra completa sobre a infâmia. Sem dificuldade, o pesquisador recolhe considerações que mais parecem falas de personagens em comédias de Molière. Se não provocam o riso, dada a gravidade do tema, resultam em perplexidade, que é outra forma de riso, uma gargalhada silenciosa diante do improvável ou um sorriso amargo no canto da boca. Rui Barbosa tinha sensibilidade para o absurdo impresso nos documentos guardados, em princípio, para historiadores de um futuro mais distante. Em que condições terá trabalhado para produzir seu denso relatório em tão pouco tempo?

As condições do homem no seu instante criador sempre acabam perecendo na história. Quantas horas dormiu o criador? Teve tempo de comer? Que angústias experimentou? A obra mata o autor. Mesmo uma obra menor, fadada à melancolia dos arquivos, como um parecer sobre um projeto de lei. Essa é a verdade que o investigador não revela por falta de provas ou por desinteresse por um crime menor. A obra mata o autor por asfixia. Em realidade, o autor apaga-se no momento em que a obra está concluída. O que ele poderia dizer ainda que pudesse suplantar o texto arrancado de sua mente como um monólito sem falhas? Rui Barbosa construiu um edifício para avaliar um esboço de casa.

Para solidificar sua visão dos fatos, relembrou uma série de argumentos estapafúrdios utilizados por parlamentos em diferentes anos:

Em 1837, quando se debatia, nas câmaras, a convenção celebrada entre o imperador e S. M. Britânica para a supressão do tráfico servil, o deputado Cunha Mattos opugnava o tratado anglo-brasileiro como

O GRITO DE GUERRA DE RUI BARBOSA

"prematuro, extemporâneo, enormemente daninho ao comércio nacional, arruinador da agricultura, que é o princípio vital da existência do povo, aniquilador da navegação, golpe cruel nas rendas do Estado" [...] Ainda em 1848, homens como o senador Vasconcellos consideravam conveniente o tráfico e sustentavam que "a agricultura sofreria muito, se cessasse a introdução de braços africanos". Um membro da Câmara vitalícia afirmava então, naquela casa, que, verificada essa hipótese, a produção nacional decresceria 40%.

Entre ameaças que não se concretizariam, previsões nefastas, dados funestos lançados à mesa como definitivos e chantagens com a aparência de racionalidade, um argumento sobressai por fazer parte, de certo modo, da genética das posições de força no organismo social da cultura brasileira em sua versão integracionista: o apoio da maioria. Esse apoio majoritário nunca encontra demonstração cabal, mas funciona como um mito que se renova a cada enunciação, uma narrativa que se dispensa de embasamento na medida em que se refere a alguma coisa envolta em brumas. Em muitos momentos históricos, viradas de mesas e golpes de Estado, como o que implantaria a ainda recente e tenebrosa ditadura militar de 1964, teriam como suposta justificativa a anuência geral da população. Rui Barbosa anotou: "Outro deputado [Moraes Sarmento], igualmente insuspeito, atestava que 'o tráfico encontrava apoio quase unânime na população'." Não é de se duvidar que esse apoio massivo tenha existido algum dia. A evolução dos costumes e das leis enterrou essa ideia de consenso.

Às falácias repetidas pelas partes interessadas como argumentos de autoridade, o futuro Águia de Haia opôs dados que falavam sem exigir interpretações nem pareceres de especialistas. Passavam a seguinte mensagem incontestável: a economia brasileira crescera depois da segunda tentativa de abolição (a primeira, de 1831, fracassara) do tráfico de escravos:

A lição da experiência não mentiu. A produção agrícola do país, que, no exercício financeiro de 1849 a 1850, época da terminação definitiva do tráfico, era de 55.000:000$; no ano subsequente excedeu de 67.000:000$, crescendo progressivamente sempre, de modo que dez anos depois daquela data subia a 112.000:000$.

RAÍZES DO CONSERVADORISMO BRASILEIRO

Havia apenas uma ressalva: "Entretanto, ainda em 1849, a pirataria negreira importara sessenta mil africanos." Ficava perfeitamente sinalizado que a produção podia sobreviver sem o tráfico.

A escravidão, no entanto, estava de tal modo enraizada no imaginário social que, em cada circunstância, até mesmo homens brilhantes deixavam-se inundar pelo senso comum, esse monstro de olhos turvos que se mantém à espreita. Nas situações extremas, nos momentos de transição, na hora da incerteza, fantasmas tornam-se evidências que bruxuleiam por toda parte, brilhando como sinalizações dos caminhos a evitar ou a seguir. Rui Barbosa não esquecia as invectivas e observações pretensamente sensatas de José de Alencar. Como o romancista talentoso pudera ter, em nome de suas boas intenções, perdido de tal forma a noção da realidade? Como não se deixara sensibilizar pela racionalidade da propaganda libertadora? Rui não podia desconhecer esta fala de Alencar:

> A liberdade compulsória, a pretexto de salvação, ou de arbitramento, é uma arma perigosa, que se forja para os ódios, as intrigas e as malquerenças das localidades; e com a qual se há de violar o asilo do cidadão, perturbar a paz das famílias, e espoliar uma propriedade que se pretende garantir.

A panóplia defensiva dos escravistas passava pela defesa da vida dos escravos até na barriga das mães, que entendiam lhes pertencer como árvores e animais. Certamente que, salvo nos jogos sexuais com as escravas, de que tanto gostavam, os senhores preferiam a passividade das árvores e o silêncio ou a indiferença dos animais. Para Cruz Machado, lembrava Rui Barbosa no seu parecer 48-A de 1884, em função da Lei do Ventre Livre, "a espionagem começará pelos abortos". Para Andrade Figueira, "o regulamento do governo havia de desenvolver esse gérmen". Paulino de Sousa chamou essa lei de "perturbadora e imoral, imprevidente e barbarizadora". José de Alencar rotulou-a de "iníqua e bárbara". Tudo isso Rui Barbosa arrolava, repassava, discutia e jogava na cara de seus tantos oponentes. Em plenário, teria de sustentar seus pontos de vista.

Teriam bastado os versos incandescentes de Castro Alves, que faleceu antes mesmo da Lei do Ventre Livre? Teriam sido suficientes para iluminar as trevas dos espíritos mais empedernidos do parlamento as palavras pungentes do poeta que melhor traduziu esse horror?

> Não basta inda de dor, ó Deus terrível?!
> É, pois, teu peito eterno, inexaurível
> De vingança e rancor?...
> E que é que fiz, Senhor? que torvo crime
> Eu cometi jamais que assim me oprime
> Teu gládio vingador?!
> (1988, p. 159)

Rui Barbosa, assim como Joaquim Nabuco, travou um diálogo que se estendeu no tempo com os defensores da manutenção ou da prorrogação do cativeiro. Três forças atuaram, de maneira geral, para abolir a escravidão: uma força interna à questão em foco – os escravos –, uma força paralela – os abolicionistas fora do parlamento – e uma força externa – formada, em geral, por homens brancos, que fizeram das casas legislativas o espaço de confronto especialmente com os proprietários rurais. Mesmo que o 13 de Maio de 1888 não represente os ideais dos negros brasileiros descendentes dos escravos que ergueram o Brasil, essa data permanece incontornável no processo histórico que culminou com o fim da propriedade de seres humanos.

Na época do Parecer 48-B, essa data ainda era uma miragem que habitava os sonhos dos cativos e os pesadelos dos seus proprietários. As condições da liberdade seriam objeto de intensas discussões e de poucas resoluções. Não seriam criadas as bases para auxiliar os novos cidadãos a se inserir no mercado de trabalho livre, mas, mergulhados na eternidade diária do cativeiro, os escravos certamente ansiavam pela liberdade a qualquer custo. A palavra em si era um imaginário capaz de não realizar todas as suas promessas tácitas. Um dia de escravidão tinha, com certeza, o tempo de um século vivido em câmera lenta. O cativeiro só podia ser a liberdade que se perdeu do tempo.

O historiador está condenado a capturar somente fragmentos do passado. O essencial, ainda mais no caso desse sofrimento carregado no corpo e na alma, sempre escapará na sua integralidade. Os pedaços resgatados por pes-

RAÍZES DO CONSERVADORISMO BRASILEIRO

quisadores incansáveis, feito arqueólogos em busca de cacos para reconstituir um universo complexo, ajudam a entender cada aspiração, cada anseio, cada passo e cada frustração. Não se pode desprezar fala alguma. Rui Barbosa citou em seu relatório um diálogo que traduz a imensidão dos temores dos proprietários de escravos quando, em 1871, no parlamento, seus representantes sentiram que era o começo do fim. À fala de Capanema, "Senhores, o país não quer, não pode querer a reforma do elemento servil, pelo modo por que o governo a quer", Gama Cerqueira acrescentaria: "Porque não pode querer a própria ruína." A reforma aconteceria. Sem a ruína temida.

Como, no entanto, convencer homens apavorados com a proximidade do fim de um modelo econômico que lhes dava o fundamento existencial? Como persuadi-los a aceitar perdas financeiras quando tudo para eles girava em torno das suas propriedades e fortunas? Como evitar que semeassem o pânico na sociedade, espalhando a ideia de que cada cidadão seria espoliado no que tinha de mais sagrado, seus bens? Como lhes incutir algum sentido moral? Rui Barbosa conhecia e denunciava as manobras protelatórias requentadas, como se fossem, de fato, consistentes e novas, por aqueles que ele rotulava de "imobilistas". Um exemplo tragicômico:

Primeiramente, o escravo pode esperar. A benignidade dos senhores, a suavidade das relações domésticas entre o cativo e a família do proprietário, no Brasil, asseguram ao oprimido uma condição invejável ao jornaleiro europeu, ao proletário dos centros industriais, ao operário agrícola da Irlanda, ao servo emancipado dos antigos feudos eslavos. "Se eles trabalham", ponderava um deputado nosso, em 1871, "nós também trabalhamos" (e a minoria escravista de então apoiava calorosamente o orador); "o tratamento é bom; não há suplícios; têm que vestir; alimentação não lhes míngua; os senhores, por sentimento inato e hábito comum, são-lhes verdadeiros pais".

E o coroamento: "O escravo, hoje, entre nós, pode, pois, considerar-se emancipado e todas as reformas libertadoras são odiosas; porque vêm tirar o merecimento a resultados que até agora se obtinham sem a sua pressão."

O escravo brasileiro teria uma vida de fazer inveja ao trabalhador livre europeu! Seria um emancipado sem sua escritura. Viveria praticamente em um *dolce far niente*, sem castigos, vestido, alimentado, tratado e protegido. A cada um deles, conforme seu merecimento. Eis o que se poderia chamar de meritocracia escravista brasileira. Acelerar as reformas significaria mexer em um regime que pretensamente estava dando certo. Talvez se dissesse: "Devagar com o andor que o santo é de barro." Os escravos não suportavam mais, porém, carregar o andor. Faltava, contudo, derrubar a principal muralha da fortaleza escravista: a inviolabilidade da propriedade.

A construção do primado da propriedade sobre todo e qualquer princípio remete à história do liberalismo econômico interpretado livremente em países ainda distantes das mais básicas regulações democráticas. No Brasil do século XIX, associava certa modernidade política com as mais selvagens noções de força. Os proprietários viviam em uma confortável tautologia: estavam protegidos pelas leis que eles mesmos haviam aprovado para protegê-los das demandas e reações de seus escravos. O que validava essa circularidade? O domínio da maioria parlamentar e o controle do aparato repressivo. A Casa-Grande começou a desabar quando a ideologia se partiu minando a visão de mundo da população em geral. A abolição resultaria da relação entre parlamento, imprensa e opinião pública. Quem influenciou quem?

A resposta a essa pergunta só pode ser complexa: cada parte influenciou a outra. Num vaivém incessante, cada polo da relação alimentou e foi alimentado em um processo de convencimento e autoconvencimento. Um imaginário constituiu-se a partir de pequenas infiltrações. Por fim, transbordou alagando o espaço social. A força das ideias associada às injunções econômicas alavancou um dispositivo que parecia logicamente inacessível e irremovível. O mais difícil, como já se indicou, foi desmontar o edifício jurídico formatado para impedir fissuras e sustentar, mesmo em condições adversas, a dupla hélice da escravidão: propriedade privada e direito adquirido.

Instado a examinar o problema, Rui Barbosa enfrentou os sofismas jurídicos com perseverança. Teve de desmascarar aqueles que, em 1871, consideravam o fruto do ventre propriedade de alguém tanto quanto a cria de um animal ou o fruto de uma árvore e, em 1885, rejeitavam essa ideia ou negavam ter havido verdadeira indenização do governo pela emancipação dos nascituros: "Entre os próprios apologistas do Projeto

Rio Branco, havia jurisconsultos, que reconheciam o direito adquirido e a necessidade de indenização."

A estratégia adotada por Rui Barbosa consistia em não fazer qualquer afirmação que não pudesse comprovar com nomes ou exemplos. Era um meio de fragilizar contra-argumentos, mas também uma maneira de mostrar que não agia levianamente nem manipulava consciências:

> É assim que o sr. Alencar Araripe escrevera, e repetiu no parlamento: A decretação da liberdade do ventre, sem prévia indenização, viola a propriedade, é evidente; porquanto contraria o princípio de nossas leis civis, consagrado nesta muito conhecida fórmula: *partus sequitur ventrem*. Em consequência deste princípio, o filho da escrava é também escravo, e pertence ao dono desta. Logo, o proprietário do fruto procedente do ventre servil não pode ser privado de sua propriedade sem prévia indenização, conforme o preceito constitucional. Logo, decretar a liberdade do indivíduo nascido de ventre escravo, sem indenização, é manifesto esbulho do direito de propriedade, e constitui ofensa da nossa Constituição política.

Se os favoráveis a projetos emancipacionistas podiam pensar como Alencar Araripe, os adversários de tais propostas não abriam mão de compensações financeiras. Na mesa de negociações, a questão era: quem paga?

Essa pergunta, que deve ter sido feita literalmente muitas vezes por homens que sabiam ser diretos e impositivos, amparava-se nesta máxima enraizada na cultura jurídica e no imaginário social: não se tira a propriedade de alguém sem pagar por ela. Como enfrentar esse princípio? Como corrigir uma injustiça sem cometer uma arbitrariedade? É preciso imaginar tais momentos como em certas peças de teatro: o escravista dissimulando sua opinião com uma pretensa razoabilidade: sim, os velhos, como as crianças, mereciam a liberdade, mas, evidentemente, isso teria um custo que não poderia ser arcado pelas classes produtivas, sob o risco de quebrar a lavoura e de comprometer a estabilidade econômica e alimentar da nação.

Rui Barbosa atacou a raiz do problema tirando camada por camada de um passado encoberto. Questionou o princípio da propriedade de escravos em seu fundamento: "É uma verdadeira propriedade? De que natureza? Em que limites? A legislação civil que herdamos da metrópole nunca legitimou a escravidão." As normas legais não se ocuparam de princípio geral, mas de questões práticas. Não perderam tempo legalizando a instituição em termos declaratórios. Contentaram-se em regulamentar sua prática ao tomá-la como um dado de fato. Se existia, não era necessário permitir que se concretizasse. Se era praticada, que se regulassem seus efeitos e suas relações.

Essa astúcia acabaria por se revelar um ponto frágil na estrutura jurídica escravista. Rui Barbosa detalhou:

> Contra o disposto no direito romano [...] a Ord. I. IV, t. 82 pr. e o Alv. de 30 de julho de 1608 condenaram o cativeiro, afirmando que o legislador sempre o considerara contrário à natureza. Não se depara um texto legislativo, que transmude em direito esse fato, contra o qual protesta a lei de 6 de Junho de 1755, mandando assegurar a liberdade aos indígenas do Pará e Maranhão, a de 8 de março de 1758, que qualifica de livres todos os índios do Brasil, o Alv. de 1º de setembro do mesmo ano, que emancipa os pretos importados à metrópole, e a série de favores outorgados à liberdade contra as regras gerais do direito.

Por fim:

> Quanto à Constituição do império, esta não contém no seu texto uma palavra que pressuponha o cativeiro. Logo, se mais de uma vez alude a libertos, parece claro que, longe de estender-se ao futuro, não se referia senão aos preexistentes.

A propriedade de escravos era falsa. Um absurdo jurídico. Evidentemente que, sendo o direito uma construção cultural, historicamente datada, não existe elemento metafísico que fixe a linha divisória entre o possível e o impossível de ser legalizado por uma sociedade. Em contrapartida, o direito é articulado a partir de uma cadeia de argumentos, princípios e lógicas. A falsidade da propriedade de escravos como concepção jurídica podia ser demonstrada como um objeto estranho em uma cadeia de semelhantes. Uma ruptura de série. Seria legal indenizar aqueles que se haviam beneficiado de propriedades adquiridas com base em uma ilegitimidade jurídica?

RAÍZES DO CONSERVADORISMO BRASILEIRO

A gravidade do tema era tanta que os interessados tentaram, sempre que puderam, manter a população longe de seus mistérios mais podres. Rui Barbosa denunciou as manobras defendidas no parlamento para evitar os estragos da transparência:

> Em 1850 os interesses envolvidos no tráfico humilharam o nosso parlamento à fraqueza de sessões secretas para o exame de assuntos concernentes a esse abuso execrando. Em 1867 estadistas da eminência do Marquês de Olinda e do Visconde de Sapucaí opinavam que o governo repelisse "qualquer ideia de emancipação", observando, aterrados: "Uma só palavra que deixe perceber a ideia de emancipação, por mais adornada que seja, abre a porta a milhares de desgraças." Quatro anos mais tarde o sr. Andrade Figueira qualificava de "grande calamidade" o simples debate sobre o Projeto Rio Branco, e pedia que a discussão fosse secreta.

Era o mesmo que pensava e dizia o frenético e verboso José de Alencar.

Mais do mesmo. O presente se imiscui no passado como um fantasma que se perdeu no retrovisor. As elites temem a luz. As votações secretas sempre buscam esconder dos eleitores as ações de seus representantes, que precisam ser protegidos dos próprios desejos, opiniões e decisões. Que desgraças temiam os ponderados membros da nobreza brasileira escravista naqueles idos de incerteza, de transição e de abalo de verdades tão verdadeiras quanto uma ilusão? O fim da vida ociosa que levavam com pompa, circunstância e títulos coloridos como penas? Ter de trabalhar ou de pagar pelo trabalho de terceiros? A desgraça não os atingiria tão facilmente.

Muitos deles praticariam as metamorfoses oportunistas que costumam alongar a vida útil dos espoliadores mais versáteis. Os adversários da Lei do Ventre Livre tentariam se passar por seus defensores no momento de votar a Lei dos Sexagenários. Jogavam com a falta de memória da população. Lutavam por mais alguns anos de sangue negro irrigando suas lavouras. Projetavam certamente escrever a história para, embora vencidos, fundir-se com os vencedores. Não contavam com a tenacidade de um Rui Barbosa jogando-lhes no rosto verdades de 1871 que eram para permanecer eternamente secretas: "Hoje os mais tenazes e desabridos antagonistas

O GRITO DE GUERRA DE RUI BARBOSA

da reforma honram-se ostentosamente com as divisas de emancipadores. Vê-se o curso prodigioso da ideia em tão poucos anos!" Atacados em suas falácias jurídicas, os escravistas camaleônicos tentavam proteger-se com a Constituição. Mais uma vez, Rui Barbosa não os deixava descansar nem comemorar falsas vitórias: "É fútil, pois não tolera o mínimo exame, a objeção de inconstitucionalidade, explorada contra as medidas emancipadoras, ou abolicionistas, por mais adiantadas que sejam."

Por trás de praticamente todos os argumentos de Rui Barbosa no Parecer 48-B, estava o ataque à legitimidade da propriedade de escravos. Ele buscou nos mais diferentes discursos e declarações substância para dar solidez à sua tese. Localizou nas manifestações dos mais ferrenhos escravistas contradições com potencial para constrangê-los:

> Era esse mesmo o tropeço que se opunha em 1854 ao sr. Wanderley, hoje barão de Cotegipe, quando S. Exa. propunha a abolição do tráfico interprovincial. Como respondeu a essa coarctada o nobre senador? Aludindo à autoridade, que assiste à lei, de por condições e limites à propriedade móvel, perguntou S. Exa.: "Se isso se dá na propriedade considerada em geral, que acontecerá quando se tratar de uma propriedade que se funda no abuso?".

Tudo mais era supérfluo. O importante estava em relembrar que mesmo para Cotegipe a escravidão era uma propriedade fundada na ilegitimidade absoluta.

Sempre mais incisivo, Rui Barbosa atacou o princípio da propriedade com aquele que talvez tenha sido seu golpe mais contundente:

> Que direitos singulares assistem a propriedade, ainda a propriedade perfeita, para resistir, no Brasil, a uma lei, a que a liberdade teve de dobrar-se, na grande mãe pátria da liberdade moderna? Se a propriedade natural do homem sobre as coisas não encontrou, no país dos grandes latifúndios e das indústrias colossais, força bastante para contrastar as exigências superiores da lei moral, que título tem para se opor a essa soberania suma a propriedade abominável e indefensável do homem sobre o homem?

RAÍZES DO CONSERVADORISMO BRASILEIRO

Como não estava disposto a recomendar indenizações para quem era devedor do trabalho escravo, enfrentou o problema das indenizações situando o problema:

> A impugnação articulada contra essa ideia resume-se nas palavras do sr. visconde de Muritiba, que, no seu parecer de 10 do corrente mês, como conselheiro de Estado, assim se exprime: "A libertação forçada ou sem indenização dos escravos que tiveram atingido, e atingirem 60 anos, é um atentado contra o direito de propriedade, uma restrição arbitrária e odiosa da propriedade servil, que deve ser tão garantida e respeitada como qualquer outra."

Dito isso, ridicularizou:

> O singular, porém, é gabarem-se os contraditores desta serôdia reparação, de que a civilização e o espírito de fraternidade humana estão com eles, contra o projeto. Emancipar o sexagenário é barbaria: é apressar-lhe com o desamparo o túmulo, e incumbir a fome de libertá-los pela morte. O mesmo artifício de 1871 contra a redenção dos nascituros.

O que mais precisaria ser dito para situar a atuação de Rui Barbosa nas disputas parlamentares em torno da "questão servil"? O texto do Parecer 48-B revela o trabalho do relator e mapeia o percurso do controvertido tema no parlamento. Nele se travaram disputas tão acirradas quanto nas ruas e nos campos. De toda maneira, era pela lei que se poderia romper o pesadelo do cativeiro. O temor dos escravistas era que os cativos se revoltassem a ponto de promover uma carnificina. Rui Barbosa destacou uma frase curta e carregada desse medo recorrente:

> Ferreira Vianna, aplicando a esta tentativa de reforma uma exceção preliminar, de que S. Ex. [sic] costumava servir-se contra o movimento emancipador sob todas as suas formas, disse: "É um perverso quem levanta paixões na alma do fraco contra o forte."

Se no imaginário social havia dúvidas sobre a legitimidade da escravidão, no parlamento, para o infatigável Rui Barbosa, só havia certeza, uma certeza secularmente inconfessada e cotidianamente renovada:

> Na consciência do legislador a convicção da imoralidade do cativeiro é evidente, desde que ele aboliu o tráfico; desde antes: desde as nossas leis coloniais, que reiterada e francamente declararam a indignidade da escravidão.

Quem foi mesmo capaz de imaginar que uma sociedade inteira pudesse ter vivido na inconsciência de seus atos mais infames e cheios de consequências? A escravidão foi uma infâmia praticada na plena consciência de seus agentes. Sustentar o contrário significa tornar irresponsáveis de seus atos aqueles que os defenderam contra acusadores poderosos. Robert Conrad (1978, p. XVI) salientou que, ao final do processo abolicionista, alguns fazendeiros defenderam seus interesses "inteiramente conscientes" de que perderiam, mas convictos de que tinham direitos legais em relação aos quais não pretendiam ceder.

Rui Barbosa citou Létourneau para não deixar dúvida quanto ao caráter intencional e consciente do cativeiro como produto ignominioso de homens insensíveis ao sofrimento alheio, mas cônscios dos métodos empregados para atingir seus fins de natureza utilitária. Não eram os valores da época que permitiam o cativeiro, mas a sordidez egoísta dos escravagistas:

> Um célebre antropólogo contemporâneo, assinalando a influência depressiva e depravadora do cativeiro na sanidade moral e intelectual das classes que o desfrutam, escrevia, ainda há pouco: "Fruto é do egoísmo a escravidão. Resulta naturalmente de um desejo, ainda mui vivo na maior parte dos indivíduos pretensamente civilizados, que os leva a descarregar em ombros alheios o maior gravame da lida social."

Longa é a rede de argumentos e de golpes desferidos por Rui Barbosa contra os escravistas. Esse fragmento condensa sua visão de mundo e o mundo de sua visão implacável que ainda ressoa como uma cobrança:

É no terreno da moralidade e da honestidade que pretendem liquidar este ajuste de contas. Mas então onde estaria, por excelência, a imoralidade, a improbidade, senão no cativeiro? Não será ele a espoliação suprema, o roubo dos roubos, roubo da honra, roubo da liberdade, roubo da propriedade do indivíduo sobre a sua inteligência, o seu suor e o fruto do seu trabalho? Dizem que a geração de hoje está inocente: trata-se apenas de um legado dos seus maiores, em cuja origem ela não conspurcou as mãos. Mas o esbulho, perpetrado pelos ascendentes, lava-se do seu vilipendio [sic] nas mãos dos filhos, interessados em explorá-lo?

Quando essa dívida será paga?

É só na espessura dos argumentos, no torneio das frases, na carne dos dados citados e na atmosfera resgatada, ainda que de maneira tênue, dos debates que se pode vislumbrar a intensidade dos confrontos em torno da escravidão. A voz de Rui Barbosa ainda ressoa.

16. Leis antiescravistas que nunca "pegaram", projetos de abolição e africanos livres que não eram livres

Cada país tem sua percepção do que o caracteriza melhor. Os brasileiros gostam de se ver como pertencentes ao país da alegria, da descontração, da musicalidade, da gentileza, da cordialidade, do contato fácil entre as pessoas e de gosto pela vida informal na qual as fronteiras de classe se dissolvem o tempo todo. Outra representação, menos positiva, é possível: o país onde há leis que não pegam. Seria essa uma leitura dos séculos XX e XXI? Sua origem, porém, pode ser localizada antes? Seria o gosto pela informalidade que permitiria o descumprimento de certas leis tidas como formalidades impraticáveis?

Quais leis não pegam? Que lógica rege o cumprimento ou o descumprimento de uma norma discutida e aprovada no parlamento? Quais leis são mais propensas a não pegar? Aquelas que trazem prejuízos para os setores dominantes que fazem as leis. Sendo assim, por que as aprovam? A resposta completa dependeria da análise de todos os casos concretos e dos contextos da produção de cada legislação. Alguns exemplos, porém, podem ser examinados. Talvez a primeira lei importante a não pegar no Brasil tenha sido a chamada Lei Feijó, de 1831, aprovada em resposta à pressão da Inglaterra, conforme acordos internacionais. Essa lei proibia o tráfico de escravos e fazia de todo africano que tivesse entrado no Brasil a partir daquela data um homem livre.

RAÍZES DO CONSERVADORISMO BRASILEIRO

O texto dessa lei, resultado de uma pressão de 21 anos, era cristalino e exequível:

> Lei do Governo Feijó, de 7 de novembro de 1831 – A regência, em nome do imperador, o senhor dom Pedro II, faz saber a todos os súditos do império que a Assembleia Geral decretou e sancionou a seguinte lei: art. 1º – Todos os escravos que entrarem no território ou portos do Brasil, vindos de fora, ficam livres. Excetuam-se: 1º) Os escravos matriculados no serviço de embarcações pertencentes ao país, onde a escravidão é permitida, enquanto empregados no serviço das mesmas embarcações. 2º) Os que fugirem do território, ou embarcação estrangeira, os quais serão entregues aos senhores que os reclamarem, e reexportados para fora do Brasil. (Coleção das Leis no Império do Brasil de 1831, pp. 182 a 184)

Não pegou mesmo. Mais de meio milhão de escravos foi introduzido no país depois disso. Estrada (2005, p. 32), baseado nas estatísticas de Pereira Pinto feitas com números do *Foreign-Office*, calcula 646.315, "no mínimo", africanos importados entre 1830 e 1852. Os habitantes do Rio Grande do Sul começaram a invadir o Uruguai para raptar famílias e vendê-las no Brasil. Alguns casos paravam nos tribunais, que, não raro, demonstrando estranha e absoluta "imparcialidade", contrariavam a lei, jamais revogada, e decidiam a favor dos "proprietários". Juízes alegavam que a lei caíra em desuso.

A pressão contra o tráfico começara oficialmente para o Brasil em 1810, quando foi assinado um Tratado de Aliança e Amizade com a Inglaterra, contrapartida à proteção britânica contra Napoleão Bonaparte. A Inglaterra aprenderia a não confiar em palavra de brasileiro. Já em 1812, os ingleses capturavam navios portugueses na África, para o desespero dos comerciantes e agricultores "de bem". Cedo, os ingleses ensinaram ao mundo que, como sempre diriam os liberais, não existe almoço grátis. Nas relações internacionais, é dando que se recebe. O Brasil queria receber, mas não queria entregar.

Os ingleses adotaram um método gradualista de pressão. Dom João comprometeu-se a não abrir novas frentes de tráfico no continente africano.

LEIS ANTIESCRAVISTAS QUE NUNCA "PEGARAM", PROJETOS DE ABOLIÇÃO...

A ideia era reduzir os pontos de abastecimento. Não pegou. Os traficantes não se sentiram avisados e continuaram a operar. Em 1815, durante o Congresso de Viena, os ingleses arrancaram novo compromisso de dom João: proibir a compra de escravos por seus súditos da costa da África ao norte do Equador. O mercado, que não teme a clandestinidade e nem sempre aceita limitações aos seus instintos selvagens, teve de se adaptar, deslocando-se para fontes mais ao sul. Moçambique representaria uma boa alternativa. A Inglaterra, porém, não estava disposta a ser ludibriada. Pela Convenção de 1817, dotou-se de mecanismos para fiscalizar o cumprimento dos acordos, entre eles a visita a navios suspeitos. Não era muito difícil, em princípio, identificar um navio negreiro. Bastava prestar atenção aos seus equipamentos de suplício. Foram criadas comissões para julgar os infratores: uma em solo inglês, outra em território africano.

A Inglaterra apertava o cerco. Portugal tergiversava. Os traficantes aprenderiam rapidamente a burlar a vigilância inglesa. Uma profusão de truques serviria para enganar os xerifes dos mares. Como diz o ditado espanhol, "*hecha la ley, hecha la trampa*". Em último caso, na linguagem crua da época, jogava-se a "negrada ao mar". A independência brasileira poderia ter apontado a saída, mas trouxe novos problemas jurídicos internacionais. Fora do quadro dos acordos portugueses, o Brasil não teria direito de negociar escravos. Mais uma vez, a lei do toma lá dá cá se impôs. O gigante independente da América do Sul precisava de reconhecimento das nações estrangeiras. Os Estados Unidos reconheceram o Brasil independente em 1824. A Inglaterra só fez o mesmo em janeiro de 1826, depois de deixar claro o que esperava da nova nação quanto ao escravismo. Estrada (2005, p. 29) sustenta que a convenção de 1826 e a lei de 7 de novembro de 1831 são frutos da imposição britânica para reconhecer a independência do Brasil. Era ceder ou ficar no limbo. Em contrapartida, em 26 de novembro do mesmo ano, dom Pedro I aceitou um acordo com os firmes ingleses, ratificado em 13 de março de 1827, pelo qual se fixava a proibição do tráfico de escravos para dentro de três anos, ou seja, em 13 de março de 1830. Uma data que seria esquecida, pois, como denunciaria um representante dos Estados Unidos no Rio de Janeiro, em 1846, ministros, senadores e deputados faziam parte do esquema, desrespeitando suas leis, participando das negociações e do tráfico.

RAÍZES DO CONSERVADORISMO BRASILEIRO

(*apud* Conrad, 1978, p. 32) Evidentemente que a legitimidade do ministro norte-americano seria duramente contestada no Brasil.

O acordo selado entre dom Pedro I e o rei Jorge, soberano do Reino Unido da Grã-Bretanha e da Irlanda, "em nome da Santíssima e Indivisível Trindade", determinava que, pelo art. 1º,

> acabados três anos depois da troca das ratificações do presente tratado, não será lícito aos súditos do império do Brasil fazer comércio de escravos na África debaixo de pretexto ou maneira quaisquer que sejam. E a continuação deste comércio, feito depois da dita época por qualquer pessoa súdita de Sua Majestade Imperial, será considerado e tratado de pirataria.

Não só o acordo fixava um prazo para o fim do tráfico, como transformava qualquer transgressão em pirataria. Esse era o ponto determinante, aquele que poderia realmente fazer diferença. Na escala dos crimes de então, era um dos mais sérios. O agravamento do crime e da pena imporia o esperado respeito? Não.

Pelo art. 2º do Acordo Anglo-Brasileiro,

> Sua Majestade o imperador do Brasil e Sua Majestade o rei do Reino Unido da Grã-Bretanha e Irlanda, julgando necessário declararem as obrigações pelas quais se acham ligados para regular o dito comércio até o tempo da sua abolição final, concordam por isso mutuamente em adotarem, e renovarem tão eficazmente, como se fossem inseridos, palavra por palavra, nesta convenção todos os artigos, e disposições dos tratados concluídos entre S. M. Britânica, e El-Rei de Portugal sobre este assunto, em 22 de janeiro de 1815, e 28 de julho de 1817, e os vários artigos explicativos que lhes tem [*sic*] sido adicionados.

Em um procedimento de copiar e colar, os britânicos resgatavam o passado imediato das relações com Portugal para inserir o Brasil em uma série em vigor.

Nada havia a mudar, nada a invalidar. O importante era não retroagir. Os ingleses viam o combate ao tráfico e ao escravismo como um processo

LEIS ANTIESCRAVISTAS QUE NUNCA "PEGARAM", PROJETOS DE ABOLIÇÃO...

cumulativo. Alternavam obstinação e pressa em um tabuleiro sem margem para manobras formais. Não havia pegar ou largar. Pelo art. 3º,

> as altas partes contratantes concordam mais em que todas as matérias e causas nos ditos tratados conteúdos, assim como as instruções e regulações, e formas de instrumentos anexos ao tratado de 28 de julho de 1817, sejam aplicadas *mutatis mutandis* as ditas altas partes contratantes, e seus súditos tão eficazmente, como se fossem aqui repetidas palavra por palavra confirmando e aprovando por este ato tudo o que foi feito pelos seus respectivos súditos em conformidade dos ditos tratados e em observância deles.

Tudo era retomado. Os ingleses só não contavam com os múltiplos jeitinhos dos traficantes para burlar o acordo.

Pelo art. 4º, as partes contratantes concordavam em nomear "desde já comissões mistas na forma daquelas já estabelecidas por parte de S. M. Britânica, e El- Rei de Portugal em virtude da convenção de 28 de julho de 1817". Pelo art. 5º, as ratificações seriam "trocadas em Londres dentro do espaço de quatro meses, desde esta data, ou mais cedo, se for possível". (Coleção das Leis do Império do Brasil desde a Independência 1826 a 1829, vol. II, pp. 5-58) A Inglaterra pretendia fazer com que "pegassem" no Brasil todas as suas vontades e acordos firmados. Os escravistas brasileiros tinham outra opinião. Essa diferença de pontos de vista buscaria sua válvula de escape.

Poucos meses antes, em 18 de maio de 1826, o deputado Clemente Pereira, pressentindo a força da pressão inglesa, tentara aprovar um projeto empurrando o tráfico por mais 14 anos. No papel, não conseguiu. Na prática, o comércio de escravos teria quase vinte anos pela frente. Pelo art. 1º da lei protelatória, "o comércio de escravos acabará em todo o império no último dia do mês de dezembro do ano de 1840, e desde esta época ficará sendo proibida a introdução de novos escravos nos portos do mesmo império". Pelo art. 2º, fixava-se que

> todo navio que, passado o referido prazo, for encontrado levando a seu bordo alguma carga de escravos, será apreendido e vendido em hasta

pública; e metade do seu produto se entregará aos apreensores e a outra metade será aplicada a favor daqueles que ficarão libertos.

O art. 3º previa que "uma lei acomodada às circunstâncias da expressada época regulará a forma e o modo de educar e empregar utilmente os mesmos libertos". (*Anais da Câmara dos Deputados*, 1826, tomo I, p. 851)

Clemente Pereira não inovava. Também não seria o último a jogar com o tempo em benefício do *status quo*: apostava na prorrogação do existente, método popularmente conhecido como "empurrar com a barriga", investia em uma espécie de meritocracia pelo cumprimento de metas, premiando quem apreendesse navios negreiros depois de 1840, e, em uma compensação moderada, entregando aos libertos parte dos recursos obtidos com a venda do navio que lhes servisse de prisão. Por fim, remetia para depois a aprovação de uma lei criando condições para educar os novos homens livres. Um plano perfeito para jogar para o futuro o que não se queria fazer de imediato. Os ingleses foram mais persuasivos. Só não contavam com a estultice dos escravistas brasileiros, que tudo fariam para ignorar esses acordos e leis. Parecia sempre muito eficaz para ganhar tempo prometer a divisão de parte do bolo escravista, os navios negreiros capturados, com os apresadores e com as vítimas do tráfico. Também era estratégico referir-se a futuras leis dispondo sobre educação dos libertados. Se havia leis para inglês ver, havia projetos para escravo sonhar.

A legislação dava um passo à frente e outro para trás. Impulsos generosos eram rapidamente contrabalançados por medidas repressivas capazes de atender aos anseios dos proprietários de escravos, sempre temerosos de perder o controle sobre homens e mulheres que não tinham razão alguma para nutrir por eles qualquer tipo de bom sentimento. Esse emaranhado de projetos, decretos e leis refletia, porém, uma situação que, apesar de idas e vindas, não parava de avançar, premida pela evolução internacional dos costumes, dos tratados, da economia, dos modos de produção e do entendimento da odiosa questão servil.

Em 1826, um decreto de dom Pedro I estabeleceu que a

sentença proferida em qualquer parte do império que impuser pena de morte não será executada sem que primeiramente suba à presença do

LEIS ANTIESCRAVISTAS QUE NUNCA "PEGARAM", PROJETOS DE ABOLIÇÃO...

imperador, para poder perdoar, ou moderar a pena, conforme o art. 101, parágrafo 8º, da Constituição do império. (Coleção das Leis do Império do Brasil – 1826 a 1829, v. II, pp. 48-49)

De certo modo, esse decreto também não pegaria. Seria alterado por regulamentos fixando o oposto: exclusivamente para crimes de cativos. A lei não seria a mesma para todos. Justiça de livres e justiça de escravos. Um decreto de 11 de abril de 1829 estabeleceria que, em função dos muitos assassinatos de senhores, as penas de morte de escravos seriam executadas prontamente, sem passar pelo aval do augusto imperador.

Se algumas leis não pegavam, projetos de abolição nem iam à votação. O fato de começarem a aparecer era, porém, mais um sintoma da instabilidade do cativeiro como instituição legal. Em 1830, o deputado Ferreira França apresentou proposta de abolição da escravidão em cinquenta anos: "No dia 25 de março do referido ano, cada senhor libertará o cinquenta avos de seus escravos. No mesmo dia do seguinte ano, o 49 avos, e assim por diante." (*Anais da Câmara dos Deputados*, sessão de 18-5-1830, p. 169) Outro projeto, dos deputados B. P. de Vasconcelos, Mendes Viana, dom Duarte Silva e M. F. R. de Andrada, propunha a venda em hasta pública dos "escravos da nação empregados no Arsenal de Marinha do Rio de Janeiro".

Os deputados sentiam a força dos novos ventos e procuravam apressar o parto da história. Encontravam a resistência da maioria dos colegas de parlamento, ligados ao agronegócio escravista, e esbarravam no regimento da casa legislativa. Uma coisa era apresentar projetos; outra, bem diferente, fazê-los tramitar e chegar à votação. A marcha para a libertação dos escravos conheceria uma sorte de guerrilhas parlamentares. Franco-atiradores aproveitariam todas as oportunidades para lançar bombas na fortaleza do cativeiro. Em geral, os artefatos eram desmontados sem causar maiores danos.

Em 1831, as coisas se aceleraram. Em 16 de junho, os deputados Antônio Ferreira França e Ernesto Ferreira França apresentaram projeto libertando imediatamente os escravos da nação e, em cinquenta anos, de acordo com o plano progressivo do projeto do ano anterior, os demais cativos. Outro projeto, apresentado na mesma sessão, propunha que o proprietário fosse obrigado a alforriar o escravo que lhe oferecesse o valor fixado por uma comissão formada por árbitros indicados pelas partes. Outro projeto ainda determinava que seriam livres os escravos contrabandeados depois da extinção do tráfico. Cada sessão legislativa enfrentava sua leva de projetos polêmicos destinados a alterar ou melhorar a condição de vida dos cativos.

Os escravos da nação constituíram um capítulo especial no escravismo brasileiro. Libertos continuavam, muitas vezes, como escravos sob a "proteção" da nação. Em 1845, segundo o relatório do Ministério da Marinha daquele ano, 170 cativos foram empregados no Arsenal da Marinha. Certamente entre eles estavam 77 escravos que lutaram ao lado dos farroupilhas e foram enviados no navio *Triunfo da Inveja* para o Rio de Janeiro naquele ano do fim da guerra civil no sul. (cf. Silva, 2010, p. 238) O destino desses falsos libertos foi justamente o Arsenal da Marinha. Conrad assinala que 244 escravos estavam lotados nesse depósito na metade dos anos 1840. (1978, p. 17)

A lei de 7 de novembro de 1831 suplantou certas propostas. Proibiu o tráfico, definiu os traficantes, chamados de importadores (comandante, mestre, ou contramestre, quem deu ou recebeu frete e demais envolvidos na compra e venda), impondo-lhe multas e penas:

> Os importadores de escravos no Brasil incorrerão na pena corporal do art. 179 do Código Criminal, imposta aos que reduzem à escravidão pessoas livres, e na multa de 200 mil-réis por cabeça de cada um dos escravos importados, além de pagarem as despesas da reexportação para qualquer parte da África; reexportação, que o governo fará efetiva com a maior possível brevidade, contratando com as autoridades africanas para lhes darem um asilo. Os infratores responderão cada um por si, e por todos.

Não assustou muita gente.

A chamada Lei Feijó estabeleceu também que quem comprasse, como escravos, "os que são declarados livres no art. 19", ficaria obrigado a cobrir as "despesas da reexportação, sujeitos, com tudo [*sic*], a outras penas". Por fim, estimulava a delação do contrabando:

> Todo aquele que der notícia, fornecer os meios de se apreender qualquer número de pessoas importadas como escravos, ou sem ter precedido

LEIS ANTIESCRAVISTAS QUE NUNCA "PEGARAM", PROJETOS DE ABOLIÇÃO...

denúncia ou mandado judicial, fizer qualquer apreensão desta natureza, ou que perante o juiz de paz, ou qualquer autoridade local, der notícia do desembarque de pessoas livres como escravos, por tal maneira que sejam apreendidos, receberá da Fazenda Pública a quantia de 30 mil-réis por pessoa apreendida. (Coleção das Leis no Império do Brasil de 1831, 1ª parte, pp. 182-184)

Nem assim a lei pegou. Sua aplicação dependia da Justiça. Na verdade, dependia de uma cadeia de atores brancos para resultar em benefício aos escravos negros. A ponta final da cadeia era a Justiça, composta, em geral, por homens brancos ricos ligados aos interesses escravistas mais ferrenhos. Não tinha como funcionar. Suely Queiróz, em seu pequeno livro de divulgação, cravou:

Jamais entraram tantos africanos no Brasil quanto depois dessa lei. Os governos subsequentes mostraram-se incapazes ou não quiseram fazê-la vigorar. Sem recursos financeiros ou militares adequados, seus esforços convergiam principalmente para os conflitos que no período regencial ameaçaram a unidade e a estabilidade do Império (1982, p. 24).

Quando algum caso chegava aos tribunais, naufragava:

É preciso não esquecer ainda que a justiça e a lei em nível local dependiam de juízes de paz eleitos e dos oficiais da Guarda Nacional. Muitos deles possuíam fazendas e, quando não, ligavam-se por parentesco ou sociedade à classe dos agricultores interessados na continuidade do tráfico. (1982, p. 24)

A Justiça foi um dos maiores sustentáculos da escravidão no Brasil, mesmo quando dispunha de instrumentos legais para agir em defesa do princípio da liberdade e da dignidade humana. A lei de 7 de abril de 1831 não pegou porque grande parte dos juízes não quis respeitá-la. Pode-se afirmar que a Justiça boicotou a lei que proibia o tráfico, o parlamento fez que não viu, a sociedade mostrou-se indiferente e os traficantes agiram como se nada houvesse. Contra a Lei Feijó, prevaleceram a lei da oferta e da procura, a

RAÍZES DO CONSERVADORISMO BRASILEIRO

lei da ganância, do lucro pelo risco e a lei dos interesses articulados por baixo do pano. Só bem mais tarde é que juízes abolicionistas praticariam um ativismo jurídico antecipado, que seria explorado por um ex-cativo, advogado de escravos ilegais, o heroico Luiz Gama, como instrumento de luta. Muitos desses juízes ousados foram expulsos de suas casas por proprietários de escravos injuriados com sentenças desfavoráveis. Alguns, como Acióli Brito, puderam comemorar o 13 de Maio de 1888.

Suely Queiróz bem observou: "Na verdade, a maioria dos juízes e tribunais simplesmente ignorava a vigência da lei de 1831", pois "reconhecê-la seria libertar grande parte da população escravizada e negar a complacência costumeira demonstrada para com os fazendeiros". (1982, p. 60) A justiça era dos fazendeiros por representação de classe ou pela existência de juízes fazendeiros e de fazendeiros juízes. Todo tipo de trapaça foi usada para burlar a incômoda lei de 1831, que nunca foi revogada nem esquecida, tendo sido até mesmo confirmada pelo Conselho de Estado, em 1856. Aumentava-se a idade dos jovens negros, para que eles passassem por entrados no Brasil antes de 1831. Começariam a aparecer por toda parte jovens e musculosos sessentões. Os escravistas, primeiros adeptos do "jeitinho" brasileiro, anteciparam os "gatos" do século XX e XXI, na linguagem do futebol, jogadores com idade adulterada para burlar os regulamentos.

Em um pequeno, mas candente livro de divulgação histórica, *Abolição: um suave jogo político?*, Leonardo Trevisan flagrou uma operação do governo, já em 1887, para neutralizar o ativismo jurídico abolicionista, finalmente em uma curva ascendente:

> Através de uma interpretação do conceito jurídico de filiação desconhecida, juízes concediam alforria legal a escravos cujo senhor não conseguisse provar serem nascidos em terras brasileiras. O governo conservador reagiu modificando a lei de 1887 e contendo os excessos desses juízes abolicionistas. (Trevisan, 1988, p. 52)

Até o último instante, os escravistas adotariam manobras políticas e jurídicas protelatórias.

Em 26 de junho de 1883, o senador Silveira da Motta, que se classificava como gradualista, defensor da emancipação como escada para a abolição,

LEIS ANTIESCRAVISTAS QUE NUNCA "PEGARAM", PROJETOS DE ABOLIÇÃO...

adversário do que chamava de "abolicionismo demolidor", leu em plenário a sentença de um juiz:

> Verificando-se da matrícula em original, à fl. 96, assinada pelo falecido inventariado, que o preto Galdino é natural da Costa d'África, e que nasceu em 1836, visto como tinha a idade de 36 anos em 1872, data da referida matrícula; e cumprindo o decreto de 7 de novembro de 1831, que em seu art. 1º declara livres todos os escravos que entrassem no território do Brasil, vindos de fora: mando que seja o mesmo africano excluído da partilha, e se lhe dê carta de liberdade, ficando livre aos interessados o direito de provar o seu estado de escravidão.

Era uma virada extraordinária. Na dúvida, cabia ao proprietário provar a naturalidade do pretendido escravo. A Justiça podia ter dignidade. Esse episódio levou Silveira da Motta a questionar:

> A lei de 7 de novembro de 1831 ainda está em vigor? O governo refere-se a ela em todas as inovações que tem feito, quanto ao estado de escravidão e, na sua correspondência diplomática, tem sempre mantido a ideia de que essa lei é uma verdade no país; e quando se deram as violências do governo inglês, em virtude do Bill Aberdeen, quando se trocavam reclamações recíprocas entre governo e governo. Do governo inglês querendo nos convencer que havia de nossa parte falta de sinceridade para abolir a escravidão e o nosso governo sustentando que procurava reprimir o tráfico, citava-se sempre a lei de 7 de novembro de 1831.

O goiano José Inácio Silveira da Motta (1811-1893), formado em Direito em São Paulo, deputado provincial, deputado-geral e senador por 12 mandatos, acreditava que era "preciso guardar o direito" para gradualmente se alcançar a abolição. Cada lei era um passo rumo ao desfecho necessário. Em maio de 1862, coerente com sua postura, ele apresentou no Senado o Projeto nº 39, que foi aprovado e enviado em junho daquele ano à Câmara dos Deputados, por meio do qual ficava proibida a venda de escravos em pregão e em exposição pública, assim como a separação de marido e mulher ou de filhos dos pais por venda, salvos os maiores de 21 anos. Em

1864, Motta entrou com um projeto para definir quem não poderia possuir escravos: estrangeiros provenientes de país sem escravidão, o governo e os conventos religiosos claustrais. Em 1865, buscou proibir que estrangeiros residentes no Brasil adquirissem ou possuíssem escravos, tendo dois anos para tomar providências, sob pena de verem seus cativos declarados livres.

Para Silveira da Motta, os negros introduzidos no Brasil depois de 1831 "são africanos, são estrangeiros, são portugueses" e só por isso não deveriam ter direito de voto. (*Anais do Senado*, junho de 1883, pp. 294-296) Negro votar? Mulheres votarem? Muita luta passaria por debaixo da ponte até isso ocorrer. Nesse quesito, o Brasil estava em triste sintonia com o mundo. O voto era para homens brancos.

Motta queria providências do governo para evitar que, por falta de documentação bem-constituída, africanos livres fossem mantidos na escravidão. Houve quem o acusasse de tentar provocar uma intervenção do Executivo no Legislativo ou no Judiciário, contrariando a sagrada independência dos poderes. Ele apenas requeria que o governo se informasse para saber se, de acordo com as normas vigentes, eram "suficientes as declarações que se fazem sobre a naturalidade e idade dos escravos".

Nada era obtido facilmente. Cada lei era infringida. Joaquim Nabuco tudo acompanhou, tudo analisou e tudo denunciou minuciosamente, das novas rotas do tráfico criadas para driblar os acordos com a Inglaterra à ilegalidade do cativeiro dentro da ilegitimidade:

> Os africanos transportados de Angola e Moçambique depois da lei de 7 de novembro de 1831 estão sempre no cativeiro; as praças judiciais de escravos continuam a substituir os antigos leilões públicos; em suma, a carne humana ainda tem preço. (2000, p. 26)

A lei de 7 de novembro de 1831 seria reafirmada em 1850 e 1854. Não seria a única das grandes leis contra a escravidão a fracassar. O mesmo se daria em relação à controvertida Lei do Ventre Livre, que só pegou em parte. Foi burlada oficial e oficiosamente todos os dias.

O incontido Nabuco (2000, p. 59) revoltou-se, em carta ao visconde de Paranaguá, contra os editais de venda judicial de ingênuos, os nascidos depois da Lei do Ventre Livre, o que era uma aberração legal:

LEIS ANTIESCRAVISTAS QUE NUNCA "PEGARAM", PROJETOS DE ABOLIÇÃO...

A lei de 7 de novembro de 1831 está de fato revogada; chegou o momento de mostrar que essa não pode ser a sorte da lei de 28 de setembro de 1871. É preciso impedir esse tráfico de ingênuos que desponta. Não é abafando escândalos dessa ordem que se o pode conseguir. Esse edital de Valença abre uma página tristíssima na história do Brasil, e cabe a V. Ex. rasgá-la quanto antes. A começar a venda por editais ou sem eles, dos serviços dos ingênuos, a lei de 28 de setembro de 1871 será em breve reputada pelo mundo como de todas a mais monstruosa mentira que uma nação jamais recorreu para esconder um crime. A questão é a seguinte: Podem ou não podem os ingênuos ser vendidos?

A Justiça rasgava solenemente mais uma lei.

A lei de 7 de abril de 1831 nunca passou de uma norma feita para "inglês ver" e para governante brasileiro citar quando se fazia conveniente trombetear, como se fosse enorme, o rarefeito combate ao tráfico. Nabuco sabia disso. Ele cita Cristiano Ottoni: de 1842 a 1852 haviam sido importados 326.317 africanos. (2000, p. 73) Só lhe restava ironizar:

> Fato curioso, a lei de 7 de novembro de 1831 que não pôde ser executada, se não muito excepcionalmente, não pôde também ser abolida. No nosso direito não se revogam cartas de liberdade, e qualquer governo que ousasse propor às Câmaras a legalização do cativeiro dos africanos importados depois de 1831, teria a prova de que a nação não está inclinada a fazer o que não consente que outros façam. O escândalo continua, mas pela indiferença dos poderes públicos e impotência da magistratura, composta, também, em parte de proprietários de africanos; e não por que [sic] se pretenda seriamente que a lei de 1831 fosse jamais revogada. (2000, p. 75)

A verdade teria de se impor em algum momento. Mesmo as razões de Estado não poderiam eternamente dissimular as estratégias sempre mais precárias e esgarçadas dos defensores da extensão do cativeiro por mais alguns anos, a bem da economia da pátria e dos interesses de seus empresários rurais. O caminho para a abolição era a lei, mas as leis não pegavam. Poucos se interessavam em cumpri-las. A justiça podia ser jus-

RAÍZES DO CONSERVADORISMO BRASILEIRO

tamente a primeira a ter outro entendimento dos fatos, transformando o parlamento em criador de ficções jurídicas. O país era grande. Cada juiz era um ponto perdido na imensidão do quase continente. As ideologias valiam mais do que as abstrações legais. Não foram muitos os magistrados que, como o dr. Domingos Rodrigues Guimarães, juiz da pequena Pouso Alto, em Minas Gerais, citado por Silveira da Motta, ousaram interpretar a lei em favor dos escravos.

Os africanos livres não eram livres. Joaquim Nabuco, em 1883, repetia o que era sabido por todos:

> Pela Convenção de 1826, o comércio de africanos devia, no fim de três anos, ser equiparado à pirataria, e a lei que os equiparou tem a data de 4 de setembro de 1850. A liberdade imediata dos africanos legalmente capturados foi garantida pela mesma convenção, quando ratificou a de 1817 entre Portugal e a Grã-Bretanha, e o decreto que emancipou os africanos livres foi de 24 de setembro de 1864. Por último, a lei de 7 de novembro de 1831 está até hoje sem execução, e os mesmos que ela declarou livres acham-se ainda em cativeiro. Nessa questão do tráfico bebemos as fezes todas do cálice. (2000, p. 66)

Nabuco sabia criar imagens poderosas, ora poéticas, ora proféticas, mas sempre frenéticas.

Os ingleses perderam a paciência em 1845. Mandaram às favas as últimas conveniências diplomáticas e, na iminência da expiração dos acordos existentes, resolveram meter o pé na porta (literalmente) das embarcações brasileiras. O Bill Aberdeen, ato aprovado pelo parlamento britânico, em seus nove artigos, lembrou o que fora acordado desde 1815 com os portugueses e depois validado com o Brasil, apresentou suas razões e decretou (4º):

> que será lícito ao alto tribunal do almirantado e a qualquer tribunal de vice-almirantado de S. M. dentro de seus domínios tomar conhecimento e julgar qualquer navio que faça o tráfico de escravos africanos em contravenção da dita convenção de 23 de novembro de 1826, e que for detido e capturado por aquele motivo depois do dito dia 13 de março [data da expiração da convenção] por qualquer pessoa ou pessoas a

LEIS ANTIESCRAVISTAS QUE NUNCA "PEGARAM", PROJETOS DE ABOLIÇÃO...

serviço de S. M. que para isso tenham ordem ou autorização do lorde grande-almirante ou dos comissários que exercerem o cargo de lorde grande-almirante ou de um dos secretários de estado de S. M., bem como os escravos e cargas nele encontrados, pela mesma maneira, e segundo as mesmas regras e regulamentos que contenham qualquer ato do parlamento ora em vigor, em relação à repressão do tráfico de escravos feito por navios de propriedade inglesa, tão inteiramente para todos os intentos e fins como se tais atos fossem de novo decretados neste ato, quanto a tais navios e a tal alto tribunal do almirantado ou a tais tribunais de vice-almirantado.

Redundantemente, afirmava-se que seria para valer.

O Brasil acusou o golpe. Em 22 de outubro de 1845, o ministério dos Negócios Estrangeiros enviou aos ingleses o "protesto do governo imperial contra o Bill Aberdeen". Uma choradeira enorme. Criticava-se o uso indiscriminado da força contra o direito de traficar homens à força, desde que devidamente pagos a algum vendedor autoautorizado:

Se esta violência se coonesta atualmente com o grande interesse de reprimir o tráfico de escravos, inquestionável é que os fins não podem justificar a iniquidade dos meios que se empregam, nem será para admirar que, sob pretexto de outros interesses que possam criar-se, a força e a violência tenham a substituir, no tribunal das nações mais fortes, os conselhos da razão e os princípios do direito público universal, sobre os quais devem pousar a paz e a segurança dos estados.

Os fins, a extinção do tráfico, não podiam justificar os meios, o desrespeito à soberania nacional, mas a escravidão como meio podia ser justificada pelos nobres fins de obter lucro e fortuna.

Movida pela raiva, a diplomacia brasileira passava ao ataque, alfinetando o passado dos ingleses:

Nem é concebível como possa o tráfico ser considerado hoje pirataria, segundo o direito das gentes, quando ainda no ano de 1807 firmava lorde Eldon no Parlamento Britânico – que o tráfico tinha sido sancionado por parlamentos em que tinham assento os jurisconsultos mais sábios, os teólogos mais esclarecidos e os homens de estado mais eminentes.

Havia muitos podres a tirar do armário, como, por exemplo, a declaração do conde de Westmoreland de que

> ainda que ele visse os presbíteros e prelados, os metodistas e os pregadores do campo, os jacobinos e os assassinos reunidos em favor da medida da abolição do tráfico de escravos, ele havia de levantar bem alto a sua voz contra ela no parlamento.

Era o orgulho em nome do preconceito: "É evidente que a Inglaterra não pode exercer um tal direito pelos seus tribunais, sem ofensa da soberania e independência da nação brasileira." O augusto soberano brasileiro, portanto, protestava

> contra o referido ato, evidentemente abusivo, injusto e atentatório dos direitos de soberania e independência da nação brasileira, não reconhecendo nenhuma de suas consequências senão com efeitos e resultados da força e da violência.

Os espertos conservadores brasileiros tratariam de usar esse "inimigo externo" como mote para, em defesa dos brios nacionais feridos, tentar deixar as coisas como estavam por mais algum tempo. Era uma aposta perdida por antecipação, mas evidente.

O argumento mais impressionante do texto, assinado por Antônio Paulino Limpo de Abreu, tentava estabelecer uma distinção entre pirataria e tráfico:

> Em verdade, o tráfico não é tão facilmente exercido como o roubo no mar; mas há tanta dificuldade em descobrir e convencer aos seus agentes como aos piratas; em uma palavra, o tráfico não ameaça o comércio marítimo de todos os povos como a pirataria. Daqui vem que as penas impostas aos traficantes de escravos não podem, sem a nota de tirânicas, ser tão severas como as que todas as nações impõem aos piratas.

> Esta verdade a mesma Inglaterra a tem reconhecido nos tratados que tem conseguido celebrar com outras nações, com o fim de suprimir o tráfico; em quase todos eles tem sido estipulado que as penas do tráfico não sejam as mesmas que as da pirataria propriamente dita.

Combater o tráfico podia ser tirânico; praticá-lo, não.

Nunca uma intervenção na soberania nacional foi tão justa e necessária. A Inglaterra praticou o que no século XX se chamaria de direito à ingerência para impedir crimes contra a humanidade. Os ingleses obrigariam o Brasil a fazer a lei de 7 de novembro de 1831 pegar na marra. Sem isso, o tráfico teria continuado. O Bill Aberdeen não foi apenas uma "declaração de guerra" ao tráfico de escravos realizado no Brasil na ilegalidade. Foi convertido em prática cotidiana. Antes mesmo desse ato, os navios ingleses já abordavam as embarcações brasileiras em qualquer lugar. Em 1844, o cruzador inglês *Dolphin* capturou o brasileiro *Maria Thereza* em Ubatuba. Suely Queiróz resumiu em números: "O Bill Aberdeen acelera ostensivamente a repressão. Somente entre 13 de outubro de 1845 e 16 de maio do ano seguinte, 15 navios de bandeira brasileira são capturados." (1982, p. 26) Os escravistas brasileiros jamais entenderiam outra linguagem.

É verdade que os ingleses esbanjavam hipocrisia. A multinacional britânica Mining Company, que operava em Minas Gerais, possuía oitocentos escravos, alugava outros mil e não tomava providências para funcionar só com mão de obra livre. Em 1879, a Mining Company ainda parasitava duzentos escravos no Brasil. No máximo, os executivos da empresa recomendavam, em nome de Deus, bom tratamento aos cativos. (Conrad, 1978, p. 16) Até o cônsul britânico no Rio de Janeiro tinha três escravos sob a alegação de que não encontrava homens livres que lhe prestassem os serviços domésticos e outros de que precisava.

O fim do tráfico determinado por lei não significaria a liberdade para os milhares de africanos trazidos para o Brasil depois de 1831 ou para seus descendentes. Especula-se – as estatísticas são falhas – que se tenha ultrapassado a casa de 1 milhão de africanos sem liberdade que deveriam ser livres. O traficante de escravos foi o pior de todos os piratas que a história conheceu, aquele que roubava ou comprava homens e mulheres sequestrados de suas vidas e de seus lugares. Como pagava pela carga,

RAÍZES DO CONSERVADORISMO BRASILEIRO

sentia-se legítimo proprietário. Era, no mínimo, receptador. A distinção, porém, entre tráfico e pirataria revela muito sobre certa postura da época, contestada por outros, pela qual tudo podia ser mercadoria, desde que fosse negociado entre as partes.

Depois do impacto do Bill Aberdeen, contra o qual o Brasil bradou desesperadamente, a produtividade parlamentar em relação ao tema da emancipação entrou em uma fase de dormência. A questão do tráfico permanecia mal resolvida. A lei de 7 de novembro de 1831 continuava vigente, mas sem a devida aplicação. Durante cinco anos, apesar da pressão inglesa, deputados e senadores não mostraram apetite reformista. Os liberais estiveram no poder de 20 de julho de 1847 até setembro de 1848, com Manuel Alves Branco, José Carlos Pereira Torres, o visconde de Macaé e Francisco de Paula Sousa e Melo. Os conservadores assumiram o controle, em 29 de setembro de 1848, com Pedro de Araújo Lima, visconde de Olinda, e permaneceram no poder até maio de 1862, com nove presidentes sucessivos do Conselho de Ministros. Dom Pedro II sentia-se mais bem-apoiado em conservadores.

Nesses longos anos de marasmo, a escravidão parecia intocável. O tempo passava, e a condição dos cativos do Brasil não se alterava. O horror estava de tal modo banalizado que se reproduzia sem sobressaltos. A sorte dos escravos não encontrava, nessa época, muitos tribunos nos jornais dispostos a apostar tudo por uma virada. Era preciso esperar novos ventos de liberdade. Certo fatalismo imperava. O contrabando persistia. A corrupção garantia o abastecimento de carne humana para os produtores rurais. Chefes de polícia aceitavam suborno ou agiam como negreiros. Nem a revolução de 1848, que levou a um novo fim da escravidão na França, arrancaria o Brasil de seu torpor. Os escravos trabalhavam, apanhavam, sofriam e morriam sem vislumbrar o fim do suplício a que estavam submetidos. Por trás do desalento, porém, fervilhavam subterraneamente lentas forças de transformação, que se contrapunham a outras, dispostas a anular os poucos avanços. Em 1850, os parlamentares acordariam. O deputado Silva Guimarães propôs a libertação dos nascituros, a proibição da separação de cônjuges por venda e alforria quando o escravo pagasse ao seu proprietário o valor pelo qual fora adquirido.

Manobras regimentais do presidente da Câmara dos Deputados impediram, por duas vezes, que o projeto entrasse em discussão. O parlamento

LEIS ANTIESCRAVISTAS QUE NUNCA "PEGARAM", PROJETOS DE ABOLIÇÃO...

tinha meios para impedir durante anos a tramitação de projetos indesejados. Em maio de 1850, o Senado teve um sobressalto. O senador Holanda Cavalcanti quis resolver de uma vez por todas as diferenças com os ingleses em relação ao tráfico. Propôs algo inusitado:

> Falemos a verdade, digamos à Inglaterra o que realmente acontece, o que ela já vai conhecendo, falemos francamente, mas sem nos deixarmos pisar, e veremos que ela se há de conduzir como uma das nossas primeiras aliadas que é e deve ser. E estas minhas ideias não são de hoje, são as que tinha em 1831.

O projeto tinha um único artigo:

> Logo que por mútuo acordo entre o governo de S. M. britânica e o do império do Brasil forem modificadas as condições da convenção de 23 de novembro de 1826 entre os mesmos governos, é o de S.M. imperador do Brasil autorizado a dar quaisquer regulamentos para o resgate de escravos na costa da África, e sua importação no império do Brasil; não obstante quaisquer leis ou disposições até hoje em contrário.

Esse projeto inacreditável foi apresentado em 13 de maio de 1850. Seriam necessárias mais 38 tentativas de 13 de maio para acabar com a escravidão. O senador Cândido Batista fez uma proposta ainda mais desconcertante em quatro sucintos infindos artigos:

> As embarcações apreendidas na tentativa de introduzirem africanos no litoral do Brasil serão adjudicadas pelo juízo competente aos apreensores; as multas impostas pela lei de 7 de novembro de 1831 aos importadores de escravos africanos no Brasil ficam reduzidas a 50$ por cada africano apreendido; e o prêmio dado aos apreensores fica semelhantemente reduzido a 20$ por cada um desses africanos; o art. 2º da lei de 7 de novembro de 1831 fica derrogado na parte somente que respeita à reexportação dos escravos africanos ilicitamente introduzidos no império; ficam revogadas, etc. (*Anais do Senado*, vol. V, julho de 1850, pp. 45-53)

Só se aproveitava, obviamente, o generoso "etc.".

A comissão formada para analisar os projetos compreendeu que um deles propunha formalizar a retomada do tráfico se a Inglaterra concordasse. E só considerou os três primeiros artigos do texto de Cândido Batista. Em contrapartida, gostou do que leu, recorrendo a um elemento que hoje se chamaria de "argumento da guerra perdida contra o tráfico": dada a impossibilidade de coibi-lo, melhor legalizá-lo, cobrar impostos e aproveitar o negócio:

> Os meios de violência ou repressão, até agora empregados isoladamente contra o tráfico, não têm produzido os resultados que se esperavam; antes a experiência mostra infelizmente que, a despeito desses meios, o tráfico tem continuado em grande escala, têm-se despendido improdutivamente somas enormes, têm-se cometido crimes horrorosos, e a causa da humanidade, em vez de ganhar, tem perdido no emprego isolado de tais meios.

Diante desse fracasso deliberado no combate ao tráfico de escravos, o relator, Limpo de Abreu, o mesmo diplomata que reagira em nome do Brasil contra o Bill Aberdeen, devaneava:

> Se o governo da Grã-Bretanha aceder à revisão da convenção de 23 de novembro de 1826, e concordar com o do Brasil em que este meio se encontrará no resgate de escravos na Costa da África, e na sua importação no império do Brasil, segundo as condições razoáveis que se ajustarem, nenhum embaraço se antolha à comissão na adoção desta medida, antes crê que ela seria útil e vantajosa aos interesses da nossa agricultura e indústria.

Retomava-se o termo eufemístico "resgate". Era muita desinformação ou era delírio. A Inglaterra, claro, jamais cederia.

A comissão, entusiasmada com a possibilidade de retrocesso, recomendava que se esperasse a tramitação de outro projeto, mais amplo, de autoria de Batista de Oliveira, parado na Câmara dos Deputados desde 1848, prova de que, nos anos de pasmaceira, a reação tentara avançar, evidentemente, para trás. Tomava-se a obstinação brasileira em fazer a lei de 7 de

LEIS ANTIESCRAVISTAS QUE NUNCA "PEGARAM", PROJETOS DE ABOLIÇÃO...

novembro de 1831 não pegar como motivo para revogá-la, colocando no seu lugar exatamente aquilo que ela pretendia extinguir. Os escravistas não tinham a menor intenção de ceder facilmente aos ditames da Inglaterra. A guerra continuava por outros meios. Em pouco tempo, contudo, a tropa de choque do escravismo sofreria um baque. O conservador Eusébio de Queirós inclinaria o jogo para o lado oposto.

Em voto apartado, Holanda Cavalcanti, porém, tentara, mais uma vez, transformar a infâmia em exemplo de moderação: "Se a experiência nos tem mostrado os resultados dos meios violentos acima expostos, não seria conveniente tentar os mais brandos?". Esse método alternativo seria aplicado da seguinte forma:

> Se ao governo do Brasil fosse cometida a autorização de regular as medidas para uma importação lícita de escravos ou mesmo de colonos africanos, seria esse número limitado e definido; os meios aplicados ao seguro de risco de contrabando e à corrupção das autoridades seriam convertidos em direitos pagos ao Estado; o capital resultante desses direitos seria aplicado à vigilância contra o contrabando, ao auxílio dos meios de civilização nas costas da África, onde se faz esse tráfico (poderia o governo do Brasil contribuir com um contingente de tropas regulares, em número de 2 mil ou mais africanos, para auxiliarem a ação do governo, que fossem estabelecidos na África com o fim de civilizar aquelas costas); e talvez mesmo a melhoramentos internos no Brasil, que tendessem a convidar uma colonização livre e moralizada.

O traficante, ou o seu cliente, vigiaria a fonte do produto traficado!

Qualquer pessoa que acompanhe minimamente o cotidiano do parlamento brasileiro vê se repetirem procedimentos semelhantes aos do século XIX. Quando tudo se inclina em uma direção, políticos impávidos propõem um recuo. Barrados, apesar do entusiasmo das cúpulas, podem sofrer derrotas que antes lhes pareciam improváveis. Nada os constrange. Os argumentos e os atos dos britânicos, que aliavam interesses econômicos e uma nova mentalidade sobre o escravismo, não sensibilizavam os políticos escravistas brasileiros. Eles esperavam toda oportunidade para tentar reverter o quadro emancipacionista. A correlação de forças nem sempre é percebida com

RAÍZES DO CONSERVADORISMO BRASILEIRO

nitidez por todos os envolvidos em um processo político contaminado por questões polêmicas. Pode-se imaginar a incredulidade dos britânicos diante das notícias de que senadores brasileiros pretendiam restabelecer o tráfico legal de escravos, anular a convenção de 1826 e liquidar a lei de 1831.

Também se pode refletir sobre o choque sofrido pelos propositores dessas ideias frustradas com a rápida virada do jogo. As condições para a extinção do tráfico estavam dadas. Faltava apenas sacramentar no Legislativo o que era exigido pela Inglaterra, admitido pelo governo e pelo imperador e esperado pelos poucos que já se empenhavam na luta antiescravista. A tarefa de dar o golpe final no tráfico caberia a um brasileiro nascido, curiosamente, em Luanda, onde seu pai fora ouvidor-geral da comarca de Angola. Eusébio de Queirós (1812-1868) formou-se em Direito em Olinda, foi deputado provincial pelo Rio de Janeiro, chefe de polícia da capital imperial e ministro da Justiça de 1848 a 1852. A chefia de polícia talvez tenha sido o cargo mais importante na definição do seu trato com a questão servil. No exercício da função, aprendeu muito sobre contrabando de escravos e conheceu traficantes e suas operações.

Integrante do Partido Conservador, Eusébio de Queirós conseguiu proibir novamente, em 1850, o tráfico proibido desde 1831. É preciso dizer que, de certa forma, a nova lei não pegou inteiramente de imediato. Os contrabandistas, acostumados a ignorar leis alheias aos seus interesses e convencidos de que a existência de demanda exigiria a oferta correspondente, se dispuseram a continuar em atividade. Juízes de primeira instância, habituados a julgar em favor dos escravistas, tentariam encontrar brechas na lei para favorecer seus protegidos ou seus protetores. A corrupção continuava a ser um dispositivo ao alcance das mãos mais rápidas para abrir o oceano. Apesar desse quadro tradicional, seria diferente, mas lentamente. Criada "para inglês ver", expressão que se consagraria, a Lei Eusébio de Queirós foi feita para enquadrar brasileiros e estrangeiros.

Evaristo de Moraes, em seu livro *Extinção do tráfico de escravos no Brasil*, publicado em 1916, criticava o jornal inglês *Times* por haver atiçado a opinião pública internacional contra o Brasil, em 1845, justificando o ataque a navios brasileiros e a equiparação dos traficantes a piratas. Elogiava o *Jornal do Commercio* por ter, em 20 de julho de 1845, publicado a íntegra do artigo ofensivo e a ele respondido com "considerações cheias de

LEIS ANTIESCRAVISTAS QUE NUNCA "PEGARAM", PROJETOS DE ABOLIÇÃO...

bom senso e de patriotismo" (1916, p. 44). O bom senso do jornal brasileiro resumia-se em afirmar que a Inglaterra não tinha direito de considerar pirataria o ato de traficar escravos para necessidades produtivas. Um representante britânico, Gibson, citado pelo *Jornal do Commercio*, afirmava que a Inglaterra capturava os navios brasileiros e mandava a carga resgatada para suas colônias, por necessidade de braços.

O mesmo Evaristo de Moraes explicava, até certo ponto, a virada representada por Eusébio de Queirós, em função de um conjunto de fatores complexos e contraditórios: o ministro da justiça teria percebido que muitos fazendeiros estavam desiludidos com tantas dívidas para comprar escravos caros, saturados com a perda de cativos por causa das más condições das viagens e apreensivos com a pressão britânica. Era chegada a hora de dar um golpe seco e definitivo no tráfico. O bom político é sempre aquele que sente o momento para a ruptura. Compreende quando a corda foi esticada ao máximo, gerando pequenas ondas de refluxo logo abortadas por um tremor de maior amplitude.

Dom Pedro II vinha avisando, desde 1848, aos produtores rurais que tomassem providências para obter mão de obra livre, a fim de suprir o braço escravo, na medida em que o tráfico estava com os dias contados. Queirós pediu, em 12 de julho daquele ano, que se colocasse em votação o art. 13º do Projeto do Senado nº 133, de 1837, de autoria de Felisberto Caldeira Brant, marquês de Barbacena, que estava parado desde 1848. O projeto proibia "a importação de escravos e de pretos livres no território do Brasil". O art. 13 estabelecia que os juízes de direito ficavam "obrigados *ex-officio* a julgar em primeira instância, com apelação para a relação, em todos os crimes designados na presente Lei". O presidente da casa fez tramitar a proposta. O art. 13 foi rejeitado em sessão secreta.

Depois de intenso debate, votadas as emendas, o projeto foi aprovado, tornando-se a Lei 581, em 4 de setembro de 1859, com dez artigos. O terceiro diz:

> São autores do crime de importação, ou de tentativa dessa importação, o dono, o capitão ou mestre, o piloto e o contramestre da embarcação, e o sobrecarga. São cúmplices a equipagem, e os que conservarem o desembarque de escravos no território brasileiro, ou que concorrerem

para ocultá-los ao conhecimento da autoridade, ou para os subtrair a apreensão no mar, ou em ato de desembarque, sendo perseguido.

O art. 4º fixou:

A importação de escravos no território do império fica nele considerada como pirataria, e será punida pelos seus tribunais com as penas declaradas no art. 2º da lei de 7 de novembro de 1831. A tentativa e a cumplicidade serão punidas segundo as regras dos arts. 34º e 35º do Código Criminal. (Coleção das Leis do Império do Brasil, t. 11, parte 1, pp. 267-270)

Vitória inglesa, vitória da humanidade, vitória para os africanos. Vitória, porém, ainda parcial.

O Decreto 708, de 14 de outubro de 1850, regulamentou a Lei Eusébio de Queirós. Estabeleceu, por exemplo, os

sinais que constituem presunção legal do destino das embarcações ao tráfico: escotilhas com grades abertas, em vez das fechadas que se usam nas embarcações mercantes; divisões ou anteparos no porão ou na coberta em maior quantidade que a necessária em embarcações de comércio lícito; tábuas sobressalentes preparadas para se colocarem como segunda coberta; quantidade de água em tonéis, tanques, ou em qualquer outro vasilhame, maior que a necessária para o consumo da tripulação, passageiros, e gado, em relação à viagem; quantidade de grilhões, correntes, ou algemas maior que a necessária para a polícia da embarcação; quantidade de bandejas, gamelas, ou celhas de rancho maior que a necessária para a gente de bordo; extraordinária grandeza da caldeira, ou número delas, maior que o necessário das embarcações de comércio lícito; quantidade extraordinária de arroz, farinha, milho, feijão, ou carne, que exceda visivelmente as necessidades da tripulação e passageiros, não vindo declarada no manifesto como parte de carga para comércio; uma grande quantidade de esteiras ou esteirões superior às necessidades da gente de bordo. (Coleção das Leis do Império, 1850, t. 13, parte 2, pp. 158-159)

LEIS ANTIESCRAVISTAS QUE NUNCA "PEGARAM", PROJETOS DE ABOLIÇÃO...

Não havia como se enganar. A Justiça teria de trabalhar. Retirava-se dos juízes locais, sujeitos a pressão ou travados por seus interesses, a exclusividade dos julgamentos de primeira instância. O art. 8º estabelecia:

> Serão processados e julgados em primeira instância pela Auditoria de Marinha, e em segunda pelo Conselho de Estado. O governo marcará em regulamento a forma do processo em primeira e segunda instância, e poderá criar auditores de Marinha nos portos onde convenha, devendo servir de auditores os juízes de Direito das respectivas comarcas, que para isso forem designados.

O tráfico, mesmo assim, ainda que em escala menor, continuaria. Entre 1849 e 1851, segundo Perdigão Malheiro, os ingleses capturaram noventa navios brasileiros. No auge do tráfico livre, a média anual de escravos importados, calculada por José Bonifácio, era de 40 mil. Em 1845, foram 19.453; em 1846, 50.324; em 1847, 56.172; em 1848, 60 mil; em 1849, 54 mil; em 1850, 23 mil. (*apud* Malheiro, 1976, v. 2, p. 52) Os traficantes tentariam fazer a lei de 1850 não pegar. Em 1851, entrariam 3.287 escravos no Brasil; em 1852, setecentos. "De 1853 a 1856 houve ainda dois desembarques, em Serinhaem e São Mateus; foram, porém, apreendidos todos os africanos à exceção de quatro, sendo o número total de 512." (Malheiro, 1976, v. 2, p. 56) Em Serinhaem, sobressaiu-se a determinação do chefe de polícia de Pernambuco, Paiva Teixeira, para que não houvesse infração à norma.

Em 28 de dezembro de 1853, José Tomás Nabuco de Araújo, pai de Joaquim Nabuco, ministro da Justiça, assinou decreto "emancipando, depois de 14 anos, os africanos livres que foram arrematados por particulares", tendo os emancipados "obrigação, porém, de residirem no lugar que for pelo governo designado, de tomarem ocupação ou serviço mediante um salário". Uma resolução, de 29 de setembro de 1853, confirmou a competência dos auditores da Marinha para julgar casos de tráfico. Mesmo assim, em 1854, Nabuco de Araújo teve de sancionar a Lei 731, a fim de estancar de vez as infrações à lei de 1850. A competência para julgamento seria dos auditores da Marinha, mesmo quando a perseguição dos delinquentes e dos escravos desembarcados não se realize no ato do desembarque, e se faça posteriormente logo que a autoridade pública tiver notícia do desembarque, qualquer que seja a distância da costa em que eles se achem.

Um golpe fatal.

Atento, Nabuco de Araújo, em discurso, fulminara a brecha na lei encontrada pelos juízes de primeira instância para socorrer traficantes e ainda validar o contrabando de escravos:

> Os africanistas não hão de deixar de procurar para o desembarque aqueles sítios em que a opinião for favorável ao tráfico; não hão de internar os africanos senão para os lugares em que acham proteção; e o júri desses lugares, os cúmplices, os interessados, os coniventes no crime poderão julgá-lo? (*apud* Estrada, 2005, p. 35)

Claro que não podiam.

A mesma lei determinava:

> Será punido com as penas de tentativa de importação de escravos, processado e julgado pelos ditos auditores, o cidadão brasileiro, onde quer que resida, e o estrangeiro residente no Brasil, que for dono, capitão ou mestre, piloto ou contramestre, ou interessado no negócio de qualquer embarcação, que se ocupe no tráfico de escravos, continuando, em relação aos que importarem para o Brasil, a disposição da lei de 4 de setembro de 1850. (*in* Malheiro, 1976, v. 2, p. 185)

O cerco aos traficantes fechava-se implacavelmente. A lei de 7 de novembro de 1831 seria parcialmente cumprida em 1856. A documentação sobre as infrações à lei de 1850 é farta. Navios de nomes sugestivos, como o *Lúcifer*, cortavam as ondas com cargas proibidas. Walter Luiz Carneiro de Mattos Pereira aborda, no artigo "José Gonçalves da Silva: traficante e tráfico de escravos no litoral norte da província do Rio de Janeiro, depois da lei de 1850", a famosa história de um contrabandista que teve seus bens confiscados.

LEIS ANTIESCRAVISTAS QUE NUNCA "PEGARAM", PROJETOS DE ABOLIÇÃO...

Walter Pereira dá uma mostra consistente dos descaminhos e das estratégias do contrabando de negros depois da Lei Eusébio de Queirós: "O litoral fluminense foi pontilhado por desembarques de africanos depois de 1850. Sob cabotagem severa dos ingleses em seus portos, as pressões sobre o império do Brasil intensificavam-se cada vez mais."

As autoridades estavam a par: "Da foz do rio Itabapoana a Angra dos Reis, os negreiros povoavam os termos dos ofícios e diligências a serem feitas por policiais e juízes." Eusébio de Queirós também estava informado:

> Em 28 de junho de 1850, pouco antes da assinatura da Lei do Fim do Tráfico, o vice-presidente da província mandara um ofício ao ministro da Justiça comunicando a demissão e a prisão do comandante do Forte São Mateus, acusado de sinalizar aos negreiros, prestando auxílio no desembarque.[6]

Haveria denúncias de desembarque de escravos de Cabo Frio a Mangaratiba, de Amarração a Marambaia, de Rio de São João a Rio das Ostras, Macaé, Campos, Manguinho e Perequê. Emília Viotti da Costa (2010, p. 29) observou que denúncias com fundamento, citando esses lugares, haviam sido feitas por Hudson, representante britânico no Rio de Janeiro, ao ministro Paulino de Sousa. O contrabando atraía aventureiros.

Em 1850, parte da longa jornada chegava ao fim. Restava superar outras etapas espinhosas e duras: impedir o contrabando, libertar definitivamente os africanos livres, acabar com o tráfico interprovincial, emancipar os nascituros e os anciãos, abolir a escravatura. Ainda em 1851, diante das infrações à lei, os ingleses ameaçaram mandar navios de guerra aos portos brasileiros para impô-la. Em cada fase, os escravistas ganhariam tempo e fariam do avanço um atraso. Manteriam na escravidão até os 21 anos os nascidos livres depois de 1871; fariam os escravos de 60 anos, depois da lei de 1885, pagarem uma indenização em anos de trabalho antes de abandoná-los; lutariam por indenização na hora do último ato de 1888 e, não conseguindo, jogariam os libertados na miséria, faltando-lhes qualquer

---

6 Disponível em: <http://www.scielo.br/scielo.php?pid=S1413=77042011000200012-&script-sci_arttext>.

RAÍZES DO CONSERVADORISMO BRASILEIRO

proteção social. Em um país continental, cada ex-escravo poderia ter sido ressarcido pelos serviços prestados gratuitamente com um pedaço de terra e condições para trabalhar.

Os projetos emancipacionistas prosseguiam. Em 4 de junho de 1852, o deputado Silva Guimarães apresentou proposta para emancipar os nascituros. Quem os criasse até os 7 anos de idade poderia usufruir dos serviços dos ingênuos até os seus 14 anos. Se muitas propostas não evoluíam, barradas pelos setores que se sentiam mais prejudicados, alguns atos representavam saltos inimagináveis. O Decreto 3.310, de 24 de setembro de 1864, emancipava "todos os africanos livres existentes no império ao serviço do Estado ou de particulares", determinava que as "cartas de emancipação desses africanos" seriam "expedidas com a maior brevidade e sem despesa alguma para eles", ordenava que "os africanos ao serviço de particulares" fossem "sem demora recolhidos na corte à casa de correção, nas províncias a estabelecimentos públicos designados pelos presidentes" e levados à "presença dos chefes de polícia para receberem suas cartas de emancipação". Fixava também que os fugidos seriam "chamados por editais da polícia, publicados pela imprensa, para que viessem receber suas cartas de libertação". Avanço cauteloso, prefigurava o novo cidadão livre como objeto de desconfiança permanente:

> Os africanos emancipados podem fixar seu domicílio em parte do império, devendo, porém, declará-lo na polícia, assim como ocupação honesta de que pretendem viver para que possam utilizar-se da proteção do governo. (*in* Malheiro, 1976, v. 2, pp. 224-225)

A evolução das leis não se fez sem contradições. Ainda em 1885, o Estado brasileiro tabelava produtos, entre eles o produto homem, gente, escravo, para fins de fiscalização. A Lei dos Sexagenários – cujas gestação e aprovação exigem uma análise mais detida – tabelaria, para evitar contravenções e espertezas, o preço dos cativos por idade: menos de 30 anos, 900$000; de 30 a 40 anos, 800$000; de 40 a 50 anos, 600$000; de 50 a 55 anos, 400$000; de 55 a 60 anos, 200$000. Depois dos 65 anos, um escravo valia muito pouco. Sua libertação seria uma aposentadoria sem pensão. Para o proprietário, seria melhor libertar, ainda que tivesse algumas obrigações.

LEIS ANTIESCRAVISTAS QUE NUNCA "PEGARAM", PROJETOS DE ABOLIÇÃO...

Nunca é demais salientar que milhões de homens sempre tiveram plena consciência de quanto a escravidão era horrenda, absurda, ilegal e quanto as leis elaboradas lentamente para abreviá-la eram enganadoras: os negros escravizados. Os escravos nunca se enganaram quanto ao que viveram.

O escravismo brasileiro foi implacável e sinuoso. Segundo Robert Conrad (1978, p. 37), os Estados Unidos, em 170 anos, importaram 399 mil negros, que se transformaram em cerca de quatro milhões. O Brasil, em trezentos anos, importou mais de quatro milhões, que, em um mesmo momento, nunca atingiram o montante americano de 1860. Só quando começaram a faltar "peças" é que os proprietários pensaram em uma "indústria de reprodução". Trabalhadores livres havia, mas os fazendeiros não queriam pagar ou queriam tratá-los como escravos. Os senhores faziam filhos nas escravas, estuprando-as à sombra da Casa-Grande, e os tratavam em pé de igualdade... com os outros escravos, vendendo-os, trocando-os ou chicoteando-os. Era o sagrado direito da propriedade e da punição. Um estrangeiro registrou este interessante leilão no Rio de Janeiro de 1850: móveis novos e de segunda mão, quadros velhos, queijos holandeses, relógios americanos e 89 escravos. Sem a ingerência devida da Inglaterra, o Brasil teria mantido a escravidão por muito mais tempo. A "questão Christie", por exemplo, tão mal estudada na escola por causa de um patriotismo exacerbado, explodiu quando um diplomata inglês botou a boca no trombone, denunciando o Brasil por manter em cativeiro africanos livres pela própria lei brasileira. O Brasil ofendeu-se com a intromissão e cortou relações. O gaúcho Silveira Martins disse: "O Brasil é o café, e o café é o negro." Quem poderia mexer nessa equação que fazia a fortuna da elite nacional?

Detalhes assim podem ser lidos na obra de Robert Conrad (1978) e em muitos outros livros que contam o mais triste capítulo da história do Brasil. O Rio Grande do Sul, estado considerado menos dependente da mão de obra escrava, chegou a ter quase 40% de sua população cativa. Em algumas cidades, até mais. Em 1874, o Rio Grande do Sul (21,3%) só perdia, na relação escravos/população total, para o Rio de Janeiro (39,7%) e para o Espírito Santo (27,6%). Essa população diminuiu bastante até a abolição, mas não só por virtude. Parte considerável dos escravos do sexo masculino vigorosos foi vendida para o sudeste produtor de café. São Paulo foi o que mais resistiu, até 1887, junto com Minas Gerais, Rio de Janeiro e Espírito Santo, à abolição da escravatura. No emaranhado de pequenos passos rumo à libertação, o Rio Grande do Sul conseguiu votar contra a Lei do Ventre Livre, mas entrou para a história como a terceira província, depois de Ceará e Amazonas, a desestabilizar o equilíbrio do escravismo em ritmo de queda livre.

O nordeste foi a região que mais apoiou a abolição quando se tornou menos dependente da mão de obra cativa. O sudeste, a que mais lutou contra. Entre 1879 e 1881, dos 11 deputados que mais defendiam reformas contra o escravismo, dez eram do norte e do nordeste. Apenas um era de Minas Gerais. José do Patrocínio sintetizou:

> O norte, muito mais benévolo para o escravo, desfez-se da hedionda mercadoria quando pôde [...] O sul, ambicioso, obstinado, aristocrático, bárbaro e cruel para o escravo, embriagado pelo jogo do café, foi comprando a fatal mercadoria a todo custo.

Criou-se um fundo para a emancipação. Era possível arbitrar preços exorbitantes para velhos escravos e, com os ganhos, comprar escravos jovens.

O deputado baiano Jerônimo Sodré, em 1879, chamou a Lei Rio Branco, que permitia manter escravizados até 21 anos de idade os nascidos livres, de "vergonhosa e mutilada". Foi ele que, em 1879, relançou o debate no parlamento sobre a abolição. Essas afirmações condoreiras não assustavam os proprietários de escravos, mas calavam na opinião pública. As boas medidas, contudo, esbarravam em obstáculos sórdidos e triviais. O fundo de emancipação seria desviado para campanhas eleitorais. Que tempos aqueles! Nunca se veria nada igual. O deputado paulista Martim Francisco Ribeiro de Andrade reagiria violentamente ao avanço da libertação de sua mão de obra compulsória. "Se fosse preciso", berrou, "que o país se dividisse." O sul deveria manter-se escravista pelo bem dos negócios e da nação:

> Nós, os representantes das províncias do sul do império, apreciamos a integridade deste vasto país, mas não tanto que, para conservá-la, queiramos tolerar a liquidação geral das fortunas e a destruição violenta da propriedade escrava (...). (*apud* Conrad, 1978, p. 167)

LEIS ANTIESCRAVISTAS QUE NUNCA "PEGARAM", PROJETOS DE ABOLIÇÃO...

Contestado pelo nordestino Joaquim Nabuco, saiu-se com um argumento intemporal e desconcertante: disse que as opiniões do abolicionista eram "exageradamente radicais", exigiu sensatez e responsabilidade e pediu que o outro não usasse sua retórica a serviço de uma causa, a abolição, que "pode prejudicar e muito a nossa pátria". (*idem*, p. 168) Daí a conclusão cristalina do historiador americano Robert Conrad:

> Não é de estranhar que tenha sido um representante de uma província do nordeste que renovou o debate abolicionista na Assembleia Geral em 1879 e que a primeira reação negativa tenha vindo de um deputado representante de São Paulo. (*ibidem*)

Em 1870, deputados do sudeste, inconformados com o rumo das coisas, opunham-se à abolição alegando que produziria uma massa de vagabundos e propunham que fossem, ao menos, transformados em servos, obrigados a trabalhar para seus ex-donos. Acontecia de tudo. Não é demais relembrar que parte do fundo de emancipação foi gasta na compra de livros para registro dos escravos a serem libertados. Nem todos foram registrados. Fraudar era melhor.

A abolição era um horizonte que estranhamente se aproximava à medida que os brasileiros avançavam em sua direção. Um horizonte que não poderia ser evitado. Um horizonte que impunha a adoção de medidas para evitar o choque. Parte dos produtores rurais, porém, apesar de todos os avisos e das dívidas adquiridas, não conseguia imaginar outro sistema de organização do trabalho. A herança escravista pesava sobre certas mentalidades como um bloqueio. Acreditava-se que certas atividades eram tão pesadas e insuportáveis que só os negros escravos seriam capazes de executá-las. Não havia, na verdade, da parte dos proprietários brancos, amor ao trabalho nem disposição para mudança.

Todos os truques eram bons para ludibriar as leis. Rui Barbosa, que não se intimidava mesmo diante de escravistas poderosos, denunciou frontalmente uma aberração:

> Ainda há poucos dias, se dava a lume, no *Diário Oficial*, um edital de praça, em que eram postos em hasta pública, entre caldeirões furados e

RAÍZES DO CONSERVADORISMO BRASILEIRO

vacas magras, vários africanos que, pela idade anunciada, não podiam ter chegado às nossas costas antes de 1831; e, ao lado do sr. Cotegipe, nos conselhos da Coroa, se senta, ministro da Fazenda, um correligionário seu, que, numa escritura de hipoteca ao Banco do Brasil, enumera, entre as propriedades que obriga ao pagamento do seu débito, duas africanas de 40 anos e, portanto, forçosamente livres. (*apud* Estrada, 2005, p. 38)

Tudo era possível para quem detinha o poder de fazer a lei, julgar e punir. O poder era uma potência afrodisíaca que se permitia gozar sobre o sofrimento alheio como uma das prerrogativas de proprietário. Um sofrimento bem visível a olho nu em tempo real.

A história dos africanos livres era simples e dividida em duas partes: todos os africanos depois de 1831 eram livres. Restava provar a data da entrada de cada um no Brasil. Conrad (1978, p. 56) assinala que, ainda em 1883, um tribunal recusara-se a aplicar a lei de 1831, por considerar frágil a prova da nacionalidade e da idade da vítima. A segunda parte da questão dizia respeito aos africanos resgatados de navios depois de 1831, oficial e reconhecidamente livres, que permaneceram na escravidão por falta de providências das autoridades, por desorganização dos registros ou por oportunismo. As fraudes eram muitas. A mais comum era o uso de atestados de óbito falsos. Os emancipados sob a tutela do Estado eram alugados e viviam como escravos. O "famigerado" Christie denunciou a exploração dos africanos livres. Tavares Bastos listou vinte dificuldades criadas pela burocracia estatal para não conceder a carta de emancipação aos africanos livres. É uma aula de burocracia que não se pode perder.

1ª – Pedir ao escrivão dos africanos a certidão demonstrativa de que é passado o lapso de tempo. 2ª – Requerer ao governo imperial por intermédio da Secretaria de Justiça. 3ª – O ministro da Justiça manda ouvir ao juiz de órfãos. 4ª – O juiz de órfãos informa e faz voltar a petição ao ministro. 5ª – O ministro manda ouvir o chefe de polícia. 6ª – O chefe de polícia manda ouvir o curador geral. 7ª – O curador geral dá a sua informação e faz voltar a petição ao chefe de polícia. 8ª – O chefe de polícia manda ouvir o administrador da Casa de Correção. 9ª – O administrador da Casa de Correção informa e faz voltar ao chefe de polícia.

LEIS ANTIESCRAVISTAS QUE NUNCA "PEGARAM", PROJETOS DE ABOLIÇÃO...

10ª – O chefe de polícia informa e faz voltar à Secretaria da Justiça. 11ª – A Secretaria faz uma resenha de todas as informações para o ministro despachar. 12ª – O ministro despacha a final, mandando passar a carta de liberdade. Este final quer dizer: 13ª – Volta a petição ao juiz de órfãos. 14ª – E expede-se um aviso ao chefe de polícia comunicando o despacho. 15ª – O juiz de órfãos remete a petição ao escrivão e faz passar a carta, que este demora em seu poder até que a parte vá pagar os respectivos emolumentos. 16ª – Remete-se a carta ao chefe de polícia. 17ª – O chefe de polícia oficia ao administrador da Casa de Correção, mandando vir o africano. 18ª – O administrador manda-o, e o chefe designa o termo ou município em que há de residir. 19ª – O chefe de polícia da Corte oficia ao da província a que pertence o termo designado, e remete-lhe o africano acompanhado da carta. 20ª – O chefe de polícia da província oficia, remetendo o infeliz e a sua carta à autoridade policial do lugar para onde o chefe de polícia da Corte aprouve designar o degredo do homem livre e não condenado por crime algum (...) E, depois de todo o trabalho, de despesas feitas com procuradores ou veículos para que a petição não ficasse sepultada no *mare magnum* das nossas repartições, o mísero africano consegue ser banido do lugar em que residiu por dez, 15, 20 anos, em que adquiriu raízes, em que começou a preparar o seu futuro, os seus interesses! (1938, pp. 462-63)

Moral da lamentável e kafkiana história por antecipação: 99 em cada cem africanos livres morriam no cativeiro. Os ingleses não aceitavam ver essa farsa.

Em 1865, depois do decreto que libertou os africanos emancipados, um bisbilhoteiro inglês descobriu africanos livres escravizados em repartições públicas. (Conrad, 1978, p. 59) O Estado tinha dificuldades em cumprir as leis que fazia para inglês ver. Um emancipado teria passado 26 anos como estagiário, ou seja, aprendiz. A vida podia ser curta ou longa. A burocracia jamais tinha pressa. Em 1869, aprovou-se uma lei proibindo o leilão público de escravos, bem como a separação de cônjuges e de seus filhos menores de 15 anos pela venda. Os leilões privados continuaram, e a lei só serviu para provocar polêmica e sinalizar que algo se movia no parlamento branco.

17. Direito à infâmia (pena de morte sem recurso, açoites e a mais bárbara das leis)

Não seria a narrativa histórica, até mesmo a mais cuidadosa e descritiva, uma prática permanente de anacronismo? O que fazer? Anacronismo é ver o passado com os olhos cegos do presente. Ver o passado que se infiltra no presente é descobrimento, desvelamento, revelação. O positivismo amordaçou o presente ao impedi-lo de julgar o passado. É claro que os julgamentos continuaram a ser feitos de maneira indireta, dissimulada ou transversal. O tempo, porém, revolta-se contra o que lhe tolhe os movimentos. O relativismo constrange a visão crítica. Deve-se relativizar o relativismo, colocando tudo em relação. A história não é simplesmente a crônica dos eventos que se perderam no tempo. Tampouco se resume à análise das transformações determinadas pelos movimentos estruturais. A história é uma narrativa que se refaz o tempo todo como desconstrução.

O desmonte da ideia de que a escravidão era "normal", como se viu, começou na própria época do cativeiro. Não era uma noção estranha a todos em um mundo inocente de senhores e escravos. Rui Barbosa, analista rigoroso de seu tempo, desmascarou a legalidade da escravidão mostrando que, entre homens de quaisquer "raças", épocas e nacionalidades, não pode haver legitimidade jurídica nem ato jurídico perfeito quando uns legislam em causa própria sem consultar para nada os objetos de suas leis perversas:

RAÍZES DO CONSERVADORISMO BRASILEIRO

Assim é, senhores. O africano que lance mão violenta às migalhas dos vossos tesouros perpetra um roubo, transgredindo um direito que não conhece, desconhecendo um código para cuja elaboração não contribuiu, arrostando uma Justiça organizada pelos seus carrascos, aventurando-se, unidade miserável, contra a multidão, a polícia e a riqueza da população opressora, rebelando-se contra um meio social que, aos olhos do escravo, não pode simbolizar senão o ódio e a pilhagem, cedendo aos impulsos do instinto animal, único princípio de vida consciente que a condição servil não destrói. (Barbosa *apud* Estrada, p. 40)

O ladrão não era o escravo que se apossava por desespero de um bem do escravista. O escravo era o bem roubado pelo escravista. Um roubo legalizado.

Os escravistas dotaram o cativeiro de leis fictícias, assim como um ditador dota sua tirania com um parlamento fantoche. Essas leis regulavam menos a escravidão como legítima e mais o intercâmbio da mercadoria humana entre seus proprietários. Rui Barbosa desmascarou, como outros, inteiramente a farsa desse direito infame:

E vós, com todo esse patrimônio de sentimentos morais que a vossa civilização se ensoberbece de monopolizar, vós que constituís o Direito à feição da vossa vontade; que criais os códigos para proteção da vossa honra; que dispondes dos tribunais para garantia da vossa opulência; vós vos comprometeis, perante a Europa, a não continuar a saquear de almas a África, cominais, no papel, a ignomínia e o castigo de pirataria aos flibusteiros que desrespeitem a vossa palavra (...) vós o estipulais com o outro continente e, não obstante, vós mesmos, vós, não indivíduos dispersos, mas vós nação, vós governo, vós Estado, vós monarquia constitucional, vós vos fazeis o pirata máximo, cobrindo, aos olhos do mundo, com a improbidade nacional, os salteadores do tratado de 1826 e da lei de 1831. (Barbosa *apud* Estrada, 2005, p. 40)

O visconde de Jequitinhonha também compreendera a natureza jurídica impossível do cativeiro: "Todos os fatos da minha vida pública mostram que nunca pude considerar a escravidão civil como um fato legal." Tudo

DIREITO À INFÂMIA

se sabia e tudo se compreendia. Não se tratava de falta de instrumentos intelectuais para perceber a impropriedade da situação. Tratava-se, ao contrário, de praticar, de modo regrado, um sistema de exploração total do homem pelo homem. A única norma, de fato, respeitada nesse sistema era a lei do mais forte. A força do proprietário branco era uma organização social, uma estrutura de dominação com tecnologia própria e dispositivos de funcionamento.

Não se pode ser injusto e afirmar que as principais leis não pegavam no império brasileiro. Havia exceções inglórias. Uma lei que pegou foi a nº 4, de 10 de junho de 1835, que pode ser chamada de mais infame e bárbara das leis. Seu primeiro artigo não podia ser mais preciso e exequível:

> Serão punidos com a pena de morte os escravos ou escravas que matarem, por qualquer maneira que seja, propinarem veneno, ferirem gravemente ou fizerem qualquer outra grave ofensa física a seu senhor, a sua mulher, a descendentes ou ascendentes, que em sua companhia morarem, a administrador, feitor e as suas mulheres, que com eles viverem. Se o ferimento ou ofensa física forem leves, a pena será de açoites à proporção das circunstâncias mais ou menos agravantes.

O art. 4º não podia ser mais enxuto: "Em tais delitos, a imposição da pena de morte será vencida por dois terços do número de votos; e para as outras, pela maioria; e a sentença, se for condenatória, se executará sem recurso algum." (Coleção de Leis do Império, de 1835, Primeira Parte, p. 5)

Essa norma pegou de tal forma que foi preciso voltar a ela para bem definir seu alcance. Era uma lei do agrado dos proprietários de escravos, embora sua aplicação representasse a morte de alguns deles e o sacrifício de suas caras e, às vezes, perigosas propriedades. O decreto de 9 de março de 1837 foi feito para coibir abusos na aplicação da lei de 10 de junho de 1835, concedendo a todos o direito de pedir graça da pena capital, salvo, pelo seu art. 2º, "os escravos, que perpetrarem homicídios em seus próprios senhores, como é expresso no decreto de 11 de abril de 1829, o qual continua no seu vigor". (Coleção de Leis do Império, 1837, t. VIII, pp. 120-121) Matar o dono era o crime mais grave possível. Não podia ter graça.

RAÍZES DO CONSERVADORISMO BRASILEIRO

Nem mesmo o pai de Joaquim Nabuco, o consciencioso e venerável José Tomás Nabuco de Araújo, passaria incólume. Ele assinou, em 2 de janeiro de 1854, o infame decreto que reafirmava o alcance da lei da pena de morte:

> Hei por bem, tendo ouvido o meu Conselho de Estado, declarar que a lei de 10 de junho de 1835 deve ser executada sem recurso algum (salvo o do Poder Moderador) no caso de sentença condenatória contra escravos, não só pelos crimes mencionados no artigo primeiro, mas também pelo de insurreição, e quaisquer outros em que caiba a pena de morte, como determina o artigo quarto, cuja disposição é genérica, compreende, não só os crimes de que trata o artigo primeiro, mas também os do artigo segundo dela. (Coleção de Leis do Império, 1854, t. XV, Parte 1, p. 2)

Sem clemência.

Longo seria o tempo de aplicação da lei de 1835, talvez a mais perfidamente longeva das legislações discriminatórias do século XIX. Milhões de chibatadas seriam desferidas no lombo de escravos em seu cumprimento zeloso sob determinação judicial. Negros seriam sacrificados sem a possibilidade da graça do imperador para que cada morte servisse de exemplo aos desobedientes que ficavam. Desde as Ordenações Afonsinas, Manuelinas e Filipinas que a cultura lusa se especializava em normas jurídicas discriminatórias. As Ordenações Manuelinas tiveram uma primeira edição em 1514 e sua versão definitiva em 1521. As Ordenações Filipinas saíram em 1605. Pelos regulamentos desta última suma, por exemplo, quem comprasse um escravo doente tinha o direito de devolvê-lo no prazo de seis meses. O mesmo se aplicava a bestas. A questão em jogo era o respeito ao prazo.

Como os homens do passado puderam ser tão impiedosos? Como puderam esquecer o homem no escravo? Como puderam não ver o ser humano no negro? Como conseguiram ignorar o semelhante no diferente? A prova de que sabiam o que faziam está no tratamento diferente que acabaram dispensando a negros e índios. Não se deve julgá-los? Como compreender, então, essa crueldade, apesar dos avisos até mesmo de papas nesses períodos de veneração e de temor à divina autoridade eclesiástica? Evitar qualquer julgamento não implica certa posição implícita de superioridade? Quando

DIREITO À INFÂMIA

uma voz se levanta em dado momento, seja qual for essa voz, para denunciar algo como aberrante, então toda uma época poderia ter essa mesma percepção da barbárie.

Em 12 de agosto de 1885, o deputado João Penido, o mesmo que acusou o Ceará de se tornar abolicionista depois de vender seus escravos para o sudeste, apresentou o Projeto nº 55, revogando a lei de 10 de junho de 1835. (*Anais da Câmara dos Deputados*, v. III, pp. 508-509) As motivações da proposta revelam muito sobre aquela que pode ser chamada também de a mais hedionda das leis e sobre a autoestima do legislador: "A lei de 10 de junho de 1835 é uma nódoa que rebaixa o nosso código criminal, aliás, tão liberal e humano, como não há outro que mais o seja." Salvo pelo fato, segundo a fundamentação da proposta, de que a "lei excepcional de 10 de junho de 1835, além de draconiana, desumana e inconcebível", serviria "somente para atentar aos vindouros o nosso estado de barbaria e ferocidade inqualificável!". Em conclusão, "não se compreende que legisladores cristãos revelassem tanta ferocidade e tanto egoísmo!". O legislador afirmava: "O escravo perante a lei de 10 de junho de 1835 não é um homem: é considerado um bruto feroz, sem direitos, sem regalias e indigno de qualquer sentimento humanitário."

As razões para tal convicção não se faziam esperar. Textos legais ou projetos de lei revelam muito sobre os modos de pensar de uma época. São pequenos tratados de sociologia. A lei de 10 de junho 1835, em sua ferocidade exemplar e no afã de não deixar brechas para discussões indesejadas e improdutivas, negava um princípio basilar do direito criminal, a intencionalidade do réu: "Nessa lei infernal não se indaga nem se cogita o móvel do ato reputado criminoso." Para que perder tempo com motivações se a intenção do legislador era condenar e não permitir qualquer recurso ou mesmo um pedido de graça? Quanto tempo para, enfim, compreender-se o arbítrio sob a forma de lei?

A argumentação do projeto atreveu-se a ir mais longe. Atacou a sacrossanta objetividade dos juízes:

> Os juízes na infernal lei são possuidores de escravos, e, por conseguinte, – juízes suspeitos e imprestáveis –: são os escravos – as vítimas – julgados por seus próprios algozes; os seus defensores são outros tantos

acusadores, porque são nomeados *ex-officio* e tirados da classe dos juízes suspeitos.

Decisão de justiça é para se discutir. A conclusão só podia ser esta para um espírito livre e crítico: "Não deve fazer parte da coleção de leis de um povo civilizado e cristão uma lei que não admite circunstâncias atenuantes, apelação e nem agravo." Não sabiam os legisladores de 1835 que praticavam um sacrilégio jurídico? Sim, sabiam. Era assim: "Proferida a sentença, será executada a pena, se for de morte, sem recurso algum." Aparente ponderação: "Em tais delitos, a pena de morte será vencida por dois terços do número de votos." Mero truque retórico: "Recomendação supérflua, porque a pena é imposta quase sempre, se não sempre, por unanimidade de votos."

18. Não se nascia livre pela Lei do Ventre Livre

A pena de açoites e a lei de 1835 foram revogadas no Senado em 13 de outubro de 1886. Na Câmara dos Deputados, foram apenas dois votos contrários: o do fanático Lacerda Werneck e o de Lourenço de Albuquerque. As duas leis mais polêmicas do lento andar do processo de libertação dos escravos seriam as de 1871 e de 1885. A Lei do Ventre Livre, que começou a tramitar na Câmara dos Deputados em 12 de maio de 1871, projeto apresentado por Teodoro Machado Freire Pereira da Silva, foi aprovada em 28 de setembro e regulamentada por decretos de 11 de novembro e 19 de dezembro do mesmo ano. Em certo sentido, ela também não pegou. Ou só pegou para o bem dos escravistas.

Os debates foram intensos, como já se indicou aqui, e carregados de sofismas e falácias. A comissão que analisou a proposta tratou de defender sem constrangimento a honra nacional:

> E, antes de tudo, aliviemos de um peso a consciência. É com injustiça que temos sido acusados. Nem nos lance em rosto o mundo a existência e duração desta instituição, hoje anacrônica; nem caluniemos tampouco os séculos que nos antecederam. Em passadas eras outra foi a organização social; o feudalismo triunfou durante séculos; cada instituição tem tido o seu tempo, e a da escravidão foi, até o primeiro quarto desta centúria, abraçada por todos os mais civilizados impérios.

RAÍZES DO CONSERVADORISMO BRASILEIRO

Os legisladores do século do XIX já buscavam no relativismo um álibi que os absolvesse dos crimes praticados.

Não lhes bastava, porém, o alívio em relação ao passado. Queriam ser compreendidos quanto ao presente e ao futuro. Pediam habeas corpus preventivos:

> Se as outras nações a aboliram (e sempre com debates prévios e precauções minuciosas), pouco mais fizeram do que prestar culto a um grande princípio, ao passo que no Brasil é-se impelido pelo mesmo pensamento moral, mas levado a efeito com infinitamente maior sacrifício, visto como o curso das ideias tem induzido a crer que tal solução prende com os mais vastos interesses materiais públicos e privados. Não obstante, foram os nossos antepassados que deram o primeiro exemplo da emancipação, abolindo em 1773 a escravidão em terras de além-mar e agora, por impulso próprio, procuramos por [sic] termo à legislação em que muitos julgam assentar grande parte daqueles interesses: nenhuma nação deu o golpe em circunstâncias iguais às nossas.

Avançar, sim, mas sem culpa.

A comissão lembrou até as advertências da Igreja, sempre esquecidas no baú dos pecados não confessados ou sempre perdoados por padres também escravistas ou agregados da Casa-Grande:

> Cem vezes da cadeira de São Pedro têm partido as mais veementes admoestações contra a escravidão, como, por exemplo, dos santos padres Pio II, em 7 de outubro de 1462; Paulo III, em 28 de maio de 1537; Urbano VIII, em 22 de abril de 1639; Benedito XIV, em 20 de dezembro de 1741; Gregório XVI, em novembro de 1839.

Alguns séculos de sábios avisos celestes ignorados em nome de muitos sagrados interesses terrenos.

Em sua cruzada retórica tardia, a comissão usou de metáforas duvidosas para expressar novas certezas: "Consideremos agora o escravo em si, esse homem sem direitos de homem, essa alma com privilégio de máquina. Não é ele criatura do mesmo Criador?". Não o era desde sempre? Não tinham

NÃO SE NASCIA LIVRE PELA LEI DO VENTRE LIVRE

indicado isso os sumos pontífices? O espírito subitamente elevado não perdeu o senso das coisas rasteiras chamadas de responsabilidade com a produção e a nação:

> Representa o escravo para o senhor: 1) um capital valioso; 2) um instrumento de trabalho. O capital, como significação de propriedade, não pode ser arrebatado sem indenização, mas pode, como toda ela, ser expropriado por causa de interesse público. O instrumento de trabalho, esse então pode ser conservado com organização diversa, ou substituído.

Em poucas palavras, tudo pode ser legal quando devidamente indenizado.

Os proprietários de escravos deviam ser considerados inocentes. A discussão do projeto de lei de libertação dos nascituros propiciava aos senhores de escravos mais uma oportunidade de autoabsolvição. Não se devia culpar este ou aquele indivíduo. Muito menos todos os antepassados escravistas. A culpa era institucional: "Não pode o Estado burlar os cidadãos, que na sua palavra depositaram crédito." Fazer isso seria "uma extorsão, e um desonroso abuso de confiança". Note-se o peso dos termos: extorsão e abuso de confiança. O Estado surgia como um confortável anteparo capaz de, em sua impessoalidade, assumir todos os erros, resgatar todos os pecados e pagar tudo.

O reconhecimento retrospectivo do abuso não levava a comissão a condená-lo nem a cogitar de uma dívida em relação às vítimas do esbulho. Se vítima havia, era o proprietário induzido pelo Estado a adquirir propriedades que nunca poderiam ter sido consideradas mercadorias:

> Quem duvida que a escravidão fosse na origem um abuso da força? Mas nesse abuso se fundou uma organização, e essa organização constituiu jus, a cuja sombra descansaram os que tomaram a lei pela expressão dos direitos e deveres do cidadão. Se estigmatizamos o abuso da força, que produziu a servidão, quase igual estigma mereceria o oposto abuso da força, que totalmente, e sem compensação a abolisse agora.

Um sofista não faria melhor. Muito menos neste conselho: "Convém acabar com a instituição da escravidão. Importa respeitar os interesses dos senhores dos atuais cativos, e não menos velar pela sorte destes." Tudo, claro, com muita cautela.

A comissão encarregada de dar parecer sobre o projeto de lei mais assustador, depois daquele que culminou na Lei Eusébio de Queirós, para os escravistas, cheia de consciência interessada, advertia quanto à "monstruosidade" de uma abolição imediata:

> Lançaríamos instantaneamente e em massa, no seio dela, um elemento que a não conhece, e que também para ela seria desconhecido. Envernizaríamos de liberdade turbas e turbas, não educadas nela, e incapazes de exercer as graves funções do cidadão. Forçaríamos a autoridade a imensa vigilância impossível, e mais impossível repressão por todo este império, que é da grandeza da Europa.

O alto senso de responsabilidade dos parlamentares brancos obrigava-os a recomendar a manutenção do cativeiro em prol da ordem e da felicidade geral da nação. O contrário seria o caos:

> Converteríamos o país numa espelunca de malfeitores, porquanto o escravo prematuramente libertado, faltando-lhe religião, zomba da consciência; faltando-lhe disciplina, zomba dos homens; faltando-lhe ensino, desconhece as vantagens da civilização; faltando-lhe coação ou incentivo, torna-se vagabundo; faltando-lhe o trabalho, rouba; faltando-lhe o receio, embriaga-se; faltando-lhe a moralidade, arroja-se a todos os delitos. Criaríamos uma repentina lacuna nos instrumentos de trabalho, e alteração radical e sem preparo no sistema dele.

Esse era o ponto mais sensível. Quem representava essa civilização responsável? Quem era o bom cidadão? A civilização superior era o cidadão branco ocioso parasitando o negro escravo.

Pretensamente altiva e generosa, a comissão preocupava-se com o futuro dos negros: "Não daríamos tempo à substituição de braços. Prejudicaríamos a nação, a classe agrícola (a mais importante do Brasil) e o próprio escravo, a quem a liberdade em massa e sem transição seria um presente grego." A transição aconteceu de 1871 a 1888. O presente grego foi dado mesmo assim. Apesar disso, quem teria aceitado retroceder? Os doutos rejeitavam a libertação por completo: "Quanto à imediata, por qualquer forma, já fica dito que a comissão entende não poder admiti-la. Sem indenização, porém, seria monstruosidade." Vinha, então, a transferência de responsabilidade: "Direito ou fato, uso ou abuso, quem é o principal culpado da servidão? O Estado, que sem a poder proclamar legítima, a decretou legal." Estava esclarecido: o Estado era o único culpado de tudo. Esse discurso não era uma novidade nem a súbita descoberta de um grupo de iluminados. Apenas verbalizava o que era moeda corrente.

Um dos erros na interpretação do passado é o de supor que as pessoas de certa época não poderiam perceber o que só se tornaria um valor dominante muito depois. Trata-se de uma espécie de concepção evolucionista por meio da qual o presente sempre está à frente do passado. Uma leitura menos idealizada ou menos inocente pode ser esta: nos conflitos de qualquer época, os atores sociais travam batalhas armados de estratégias que não dispensam o cinismo, o pragmatismo, o interesse material acima de qualquer princípio moral para si mesmos ou para parte da sociedade em que atuam. Ver a escravidão como uma monstruosidade incompreensível significa absolver em massa aqueles que a praticaram, defenderam, valorizaram e prorrogaram.

Não cabia dúvida para a comissão que examinou o projeto que culminaria na Lei do Ventre Livre:

> Se o Estado tem declarado que assegura à propriedade de escravo as mesmas fianças que à restante propriedade, acha-se radicalmente inibido de fazer banca rota [*sic*] da fé pública: nestes termos, o *bone fide* possuidor de escravos nem mesmo é um cúmplice do legislador; é um cidadão que se guiou por aquela prescrição constitucional, que o desobriga de fazer ou deixar de fazer alguma coisa, a não ser em virtude da lei.

O proprietário de escravos recebia um atestado de absoluta conduta ilibada. Nem cúmplice de um crime fora? Somente obedecera à lei. Feita por quem?

Disposta a fazer bem seu dever de casa, examinando todas as possibilidades em pauta, inclusive a da emancipação das escravas, com a manutenção dos homens no cativeiro, a comissão tomaria partido contra o sexismo. Quem poderia imaginar que já em 1871, em uma época de hegemonia dos machos brancos, legisladores brasileiros, sem qualquer virtude ou mérito, tentavam evitar privilégios de sexo para negros? O relatório é claro:

> Se se tem em vista o instrumento de trabalho, que motivo há para colocar a mulher em condições privilegiadas, relativamente ao homem? Em que boa razão se estribaria o cativeiro do operário homem, *pari passu* da liberdade da operária mulher?

Não seria assim. A comissão adotava com orgulho posição contrária ao sexismo e supostamente ao racismo:

> Ao absurdo resultante de mais esta arbitrária desigualdade acresceria praticamente o regímen… da desordem e da anarquia. Os mesmos estabelecimentos seriam servidos por mais uma nova distinção de classes: as senhoras pretas e os escravos pretos. Quando trabalhamos por apagar o estigma da cor, iríamos agravá-lo com outro privilégio: o do sexo.

Qual era o trabalho feito para apagar o estigma da cor? O problema, do ponto de vista da propaganda em favor da entrada de colonos europeus, não seria a cor, mas a raça. Um sórdido sofisma que pretendia relativizar a questão da cor em função de supostos atributos de natureza racial.

Havia mais para a minuciosa comissão: "Voltaríamos a pirâmide de ponta para baixo, inverteríamos todas as ideias recebidas; colocaríamos o sexo masculino, só porque é sexo masculino, em condições de inferioridade!" Pobre homem do século XIX, correndo o risco de ser considerado inferior à mulher. Alerta máximo: "Poderia frequentemente dar-se até um fenômeno curioso, qual o de tornar-se o marido escravo de sua mulher e de seus filhos!" Pior, muito pior:

> Por outro lado, que se havia de fazer, nos estabelecimentos agrícolas e outros, às escravas libertadas? Conservá-las? Teríamos a amálgama de grupos, com três condições diversas: homens escravos, mulheres libertas,

filhos livres. Expeli-las? Surgiriam males não menos graves: violar-se-iam as leis divinas e humanas, que vedam a separação dos cônjuges.

A separação dos cônjuges, praticada à sombra da religião pela venda de escravos por seus proprietários, tornava-se então inaceitável para aqueles legisladores tão zelosos pelos negros.

Talvez jamais se tenha visto uma comissão tão cínica e, ao mesmo tempo, tão franca em relação aos sofismas do passado. Tudo foi dito com uma limpidez impressionante:

> A emancipação, como diz um autor, não é a privação do direito de propriedade; ao contrário, é a negação dele. Todos os andaimes da construção fantástica eram ficções; nenhuma, porém, mais atroz que o torpe legado de miséria imposto de geração em geração. E nunca se perca de vista que todas as concessões assentam em equidade simples e nada mais.

Era preciso fechar a torneira do mal com a prudência do bem senhorial. A libertação dos nascituros não levaria a um infanticídio por ordem dos proprietários sem interesse em sustentar os filhos livres de cativos:

> É o desvairado excesso de amor materno que tem produzido inúmeros infanticídios: a escrava mata o filho, antes de nascer, ao nascer, ou no berço, para poupá-lo à sorte miseranda que o aguarda; mata o escravo querido, para lhe dar a única alforria a que pode aspirar.

Os dados estavam lançados para o bem e para o mal. Nenhum discurso evitaria a aprovação da lei. Não foram poucas as vozes que se elevaram para avaliar o projeto. Havia tensão no ar. Os parlamentares tinham noção do que estava em jogo. Os proprietários seriam contemplados em seus anseios compensatórios. Para eles, seria uma derrota com sabor de vitória ou de meia vitória. Entregavam os anéis de ouro, salvavam as mãos sem calos. Viviam o ocaso da escravidão como quem conta pragmaticamente um dia depois do outro, tentando sugar até a última gota no mais distante tempo possível. O deputado Pinto Moreira tomou a palavra, comentando o parecer emitido, para sustentar que, sendo o escravo propriedade, a indenização se fazia incontornável. Os argumentos mais crus dos escravistas sobre a propriedade da cria das escravas já haviam sido citados nesse texto.

O projeto foi aprovado na Câmara dos Deputados em votação nominal, proposta por dois parlamentares, em 28 de agosto: 61 votos a favor e 35 contra. (*Anais da Câmara dos Deputados*, t. 4, pp. 316-318) Estrada cita os nomes de 62 deputados favoráveis ao primeiro artigo do projeto e 37 contra. (2005, pp. 65-66) Aprovado na Câmara Geral, foi imediatamente enviado ao Senado, onde passou em 27 de setembro de 1871. A princesa Isabel tratou de sancioná-lo no dia seguinte. A Lei 2.040 ficou assim:

> Art. 1º – Os filhos de mulher escrava que nascerem no império desde a data desta lei serão considerados de condição livre.
>
> §1º – Os ditos filhos menores ficarão em poder e sob a autoridade dos senhores de suas mães, os quais terão a obrigação de criá-los e tratá-los até a idade de oito anos completos. Chegando o filho da escrava a esta idade, o senhor da mãe terá opção, ou de receber do Estado a indenização de 600$000, ou de utilizar-se dos serviços do menor até a idade de 21 anos completos. No primeiro caso, o governo receberá o menor e lhe dará destino, em conformidade da presente lei.

A escravidão tinha ainda longos e conturbados anos pela frente.

Ficava para a Justiça mais uma atribuição que dificilmente resultaria em ganho de causa para os escravos: "Cessa a prestação dos serviços dos filhos das escravas antes do prazo marcado no § 1º se por sentença do juízo criminal reconhecer-se que os senhores das mães os maltratam, infligindo-lhes castigos excessivos." Surgia uma estrutura burocrática de eficácia duvidosa:

> Art. 2º – O governo poderá entregar a associações, por ele autorizadas, os filhos das escravas, nascidos desde a data desta lei, que sejam cedidos ou abandonados pelos senhores delas, ou tirados do poder destes em virtude do Art. 1º – § 6º.

NÃO SE NASCIA LIVRE PELA LEI DO VENTRE LIVRE

Mas de aproveitamento certeiro:

§1º – As ditas associações terão direito aos serviços gratuitos dos menores até a idade de 21 anos completos, e poderão alugar esses serviços, mas serão obrigadas: 1º – A criar e a tratar os mesmos menores; 2º – Constituir para cada um deles um pecúlio, consistente na quota que para este fim for reservada nos respectivos estatutos; 3º – Procurar-lhes, findo o tempo de serviço, apropriada colocação.

Isso aconteceria?

O previsto no referido artigo era "aplicável às Casas dos Expostos, e às pessoas a quem os juízes de órfãos encarregarem da educação dos ditos menores, na falta de associações ou estabelecimentos criados para tal fim". O governo reservava-se "o direito de mandar recolher os referidos menores aos estabelecimentos públicos, transferindo-se neste caso para o Estado as obrigações que o §1º impõe às associações autorizadas". A lei tinha outras disposições:

Art. 3º – Serão anualmente libertados em cada província do império tantos escravos quantos corresponderem à quota anualmente disponível do fundo destinado para a emancipação.

Art. 4º – É permitida ao escravo a formação de um pecúlio com o que lhe provier de doações, legados e heranças, e com o que, por consentimento do senhor, obtiver do seu trabalho e economias. O governo providenciará nos regulamentos sobre a colocação e a segurança do mesmo pecúlio.

Se não era revolucionária, a lei equilibrava demandas diversas e tentava produzir, ao menos, algum avanço real.

Estabelecia que o escravo pertencente a condôminos, libertado por um deles, teria "direito a sua alforria indenizando os outros senhores da quota do valor que lhes pertencer. Esta indenização poderá ser paga com serviços prestados por prazo não maior de sete anos". Fixava que, "em qualquer caso de alienação ou transmissão de escravos", era "proibido, sob pena de nulidade, separar os cônjuges e os filhos menores de 12 anos do pai ou da mãe". Mantinha, evidentemente, a linguagem crua da época e a lógica da mercadoria:

> Se a divisão de bens entre herdeiros ou sócios não comportar a reunião de uma família, e nenhum deles preferir conservá-lo sob seu domínio, mediante reposição da quota, ou parte dos outros interessados, será a mesma família vendida e o seu produto rateado.

Finalmente, consumava o que outros projetos ainda não haviam alcançado:

> Art. 6º – Serão declarados libertos:
> §1º – Os escravos pertencentes à nação, dando-lhes o governo a ocupação que julgar conveniente.
> §2º – Os escravos dados em usufruto à Coroa.
> §3º – Os escravos das heranças vagas.
> §4º – Os escravos abandonados por seus senhores. Se estes os abandonarem por inválidos, serão obrigados a alimentá-los, salvo o caso de penúria, sendo os alimentos taxados pelo juiz de órfãos.
> §5º – Em geral, os escravos libertados em virtude desta lei ficam durante cinco anos sob a inspeção do governo. Eles são obrigados a contratar seus serviços sob pena de serem constrangidos, se viverem vadios, a trabalhar nos estabelecimentos públicos. Cessará, porém, o constrangimento do trabalho, sempre que o liberto exigir contrato de serviço.

Não deixa de chamar a atenção que um homem livre pudesse ter a ocupação que o governo julgasse conveniente. O gradualismo não se embaraçava com essas minúcias. Temia-se, sobretudo, uma horda de desempregados vagando pelas ruas.

A Lei 2.040/1871 previa um novo recenseamento de escravos com fins específicos:

> Art. 8º – O governo mandará proceder à matrícula especial de todos os escravos existentes do império, com declaração do nome, sexo, estado, aptidão para o trabalho e filiação de cada um, se for conhecida.

NÃO SE NASCIA LIVRE PELA LEI DO VENTRE LIVRE

§1º – O prazo em que deve começar e encerrar-se a matrícula será anunciado com a maior antecedência possível por meio de editais repetidos, nos quais será inserta a disposição do parágrafo seguinte.
§2º – Os escravos que, por culpa ou omissão dos interessados, não forem dados à matrícula, até um ano depois do encerramento desta, serão por este fato considerados libertos.

Outro dispositivo importante:

Serão também matriculados em livro distinto os filhos da mulher escrava, que por esta lei ficam livres. Incorrerão os senhores omissos, por negligência, na multa de 100$000 a 200$000, repetidas tantas vezes quantos forem os indivíduos omitidos, e por fraude nas penas do art. 179 do código criminal. (Coleção Leis do Império, 1871, t. XXXI – parte I, pp. 147-152)

Uma parte da burocracia dependia do clero em um país ainda sem separação entre Estado e Igreja. Em consequência disso, os párocos seriam "obrigados a ter livros especiais para o registro do nascimento e óbitos dos filhos de escravas, nascidos desde a data desta lei. Cada omissão sujeitará os párocos à multa de 100$000". Por fim, o governo, "em seus regulamentos", poderia "impor multas até 100$000 e penas de prisão simples até um mês". Tudo dependeria de fiscalização, aplicação da lei, atuação da polícia, dos padres e dos juízes. Em alguns aspectos, os resultados seriam pífios. Rio Branco, chefe conservador do Conselho de Ministros, o segundo que mais tempo ficou no cargo, cujo nome foi atribuído à Lei do Ventre Livre, ficou coberto de glórias imediatas e póstumas por sua atuação. Aplaudido por sua estratégia conciliadora, ele fez 21 discursos na Câmara dos Deputados e no Senado para conter e dobrar os opositores do projeto.

Antes de ser emancipacionista, Rio Branco militara nas hostes dos que anunciavam o fim do mundo diante de qualquer tentativa de reforma da escravatura. Quando o chefe do governo, o liberal Zacarias de Góis, em 1867, apresentou o projeto de Pimenta Bueno, Rio Branco previu o caos nas fazendas. Foi contestado por Francisco de Montezuma, visconde de Jequitinhonha, considerado por Joaquim Nabuco o primeiro abolicionista brasileiro, que não queria saber de panos quentes e pedia a imediata libertação dos nascituros. Longo foi o caminho para o Ventre Livre. Góis, que vivia às turras com o poderoso Caxias, comandante das tropas brasileiras no Paraguai, cansado de guerra e fogo amigo, entregou o cargo. Dom Pedro II escolheu um conservador para seu lugar, o visconde de Itaboraí, para a indignação dos liberais, majoritários no parlamento. Dissolvida a Câmara, a nova eleição deu vitória aos conservadores. Itaboraí escolheu para seu ministério o grupo mais escravista: Paulino de Sousa, Cotegipe, José de Alencar e Rio Branco. Sentou em cima da questão servil. Não queria ofender a sensibilidade e os interesses dos fazendeiros. Acabou perdendo o lugar para o conservador moderado Pimenta Bueno, que não teve a audácia necessária para emplacar suas reformas. Itaboraí desabou por iniciativa própria quando se opôs ao projeto provocador de Nabuco de Araújo de aumentar em mil contos o orçamento para libertação de escravos. A opinião pública esperava algo. Por fim, Rio Branco herdou o poder e soube transformar-se. Mas foi Nabuco de Araújo quem pavimentou o caminho para o Ventre Livre.

Não foi uma luta fácil. Rio Branco justificou sua mudança de posição dizendo que a conjuntura havia transformado o inoportuno em oportuno e o indesejável em necessário. Zacarias de Góis passou para o lado escravista por despeito. Um terço dos 125 deputados trabalhou arduamente para impedir a aprovação da reforma defendida pelo baiano José Maria da Silva Paranhos (1819-1880), visconde do Rio Branco. A batalha foi travada em cinco meses no parlamento (um mês no Senado), onde a oposição fez 47 discursos de resistência, tendo ouvido 41 pronunciamentos de Rio Branco, e nos jornais. A principal consequência política da Lei do Ventre Livre foi a divisão do Partido Conservador. Os escravocratas mais radicais, como o fervoroso Paulino de Sousa, não perdoariam o imperador pelo apoio à reforma e enfraqueceriam o campo político ao qual pertenciam com uma fratura que não cessaria de se ampliar nos anos seguintes. De certo modo, o império começou a ser abolido ou a morrer com a libertação dos nascituros em 1871. O segundo golpe viria com a Lei dos Sexagenários. O terceiro, fatal, seria a Lei Áurea. A escravidão era um cadáver que o Brasil precisava enterrar, mas que não o fazia por pressão de seus poderosos e articulados produtores rurais, inconformados

NÃO SE NASCIA LIVRE PELA LEI DO VENTRE LIVRE

com a possibilidade de perder dinheiro e de ficar sem mão de obra farta, gratuita e castigável. As vitórias do imperador seriam, cada vez mais, as derrotas do Império. Melhor para o Brasil.

A Lei do Ventre Livre não convenceu a todos. O dono do jornal *Rio News*, Jackson Lamoureaux, afirmou que "jamais houve uma impostura maior posta em vigor por uma legislatura nacional". (*apud* Conrad, 1978, p. 145) Estrada (2005, p. 62) fulminou:

> A verdade é que por ela ninguém nascia livre no Brasil: a liberdade era adquirida por serviços, aos 21 anos de idade, ou aos oito, mediante indenização de 600$000, paga pelo governo, SE A ISSO ANUÍSSE O SENHOR.

Um embuste que teve seus efeitos políticos. Nada mais. Em 1884, Lacerda Werneck berraria diante do projeto Dantas: "Deem-nos apenas um níquel." (*apud* Estrada, 2005, p. 62) Parasitismo puro. As leis gradualistas serviram, acima de tudo, para retardar a abolição.

19. Não se ficava livre aos 60 anos pela Lei dos Sexagenários (armadilhas parlamentares, tentativas de anistia a traficantes, regulamentos hediondos e superfaturamento dos preços de escravos para indenização pelo Estado)

Foram 17 meses de debates até a aprovação da Lei Saraiva-Cotegipe. Um caminho tortuoso começado no ministério liberal Dantas e terminado no ministério conservador de Cotegipe, com passagem pelo gabinete liberal do escravocrata Saraiva. Três chefes de governo para formular uma lei que se tornou a pior quando o projeto original foi retalhado para produzir um monstrengo capaz de figurar uma criatura progressista com alma reacionária. A nação acompanhou cada escaramuça no parlamento com temor e incredulidade.

Na refrega, a Associação Comercial do Rio de Janeiro desancou os abolicionistas "irresponsáveis", acusando-os de promover a desordem sem considerar os danos à economia. No lugar de emancipações, os proprietários queriam mais prisões em lugares distantes para libertos e homens livres que não se dispunham a trabalhar para eles. O projeto Dantas começou a tramitar em 15 de julho de 1884. Foi atacado por representar uma limitação do direito à propriedade. O presidente da Câmara dos Deputados, Moreira de Barros, liberal dissidente de São Paulo, pediu demissão por não concordar com a proposta. Pagou para ver e perdeu. Sua renúncia foi aceita por 55 a 52 votos. Em 28 de julho, o escravocrata liberal mineiro João Penido aprovou,

RAÍZES DO CONSERVADORISMO BRASILEIRO

por 59 a 52 votos, moção de censura contra o governo. Contou com a ajuda do fogo amigo de 17 liberais que votaram contra Dantas e seu projeto. O chefe de governo pediu que dom Pedro dissolvesse a Câmara, o que foi aceito. Os adversários do projeto berravam contra o sentimentalismo, a agitação e os prejuízos para a sagrada lavoura.

A nova eleição, em 1º de dezembro de 1884, elegeu 67 liberais, 55 conservadores e três republicanos. Votaram 140 mil eleitores de uma população de 12 milhões de habitantes. José do Patrocínio foi esmagado com seus míseros 160 votos. Rui Barbosa foi derrotado na Bahia. Joaquim Nabuco ganhou, mas não levou. Acabou eleito graças à desistência de um candidato liberal do quinto distrito de Pernambuco, dr. Ermírio. Com 336 votos contra 256 do oponente, Nabuco garantiu sua cadeira e o direito de infernizar os escravocratas. Entre eles, Antônio Prado, Lacerda Werneck, Andrade Figueira, Moreira de Barros e João Penido foram eleitos. O debate recomeçou. O *Jornal do Commercio* atacou as indenizações por serviços como um acinte aos direitos dos proprietários. Moreira de Barros liderou os liberais rebelados contra o projeto Dantas. Em 4 de maio de 1885, o chefe de governo foi derrubado por nova moção de censura. Dom Pedro II escolheu o escravagista José Antônio Saraiva para formar o novo gabinete. Saraiva tratou de corrigir o projeto até transformá-lo no contrário do que tinha sido, garantindo, assim, o apoio necessário para aprová-lo, como se representasse um notável e generoso avanço.

Robert Conrad (1978, pp. 270-272), cuja síntese dos fatos está sendo seguida aqui, nesta parte do resgate do episódio envolvendo a aprovação da Lei dos Sexagenários, compreendeu bem as diferenças entre os projetos. Dantas propunha liberdade aos escravos de 60 anos. Previa uma sobretaxa sobre todas as arrecadações públicas, salvo exportações, para investimento exclusivo em libertação de escravos. O liberal Saraiva conseguiu deformar o projeto a ponto de transformá-lo em bolsa para donos de escravos, que, com parte do dinheiro do fundo de emancipação, poderiam importar colonos da Europa e investir em estrutura para recebê-los. Saraiva ganhou a batalha na Câmara dos Deputados com a ajuda de liberais escravistas, apesar da defecção de alguns conservadores, mas ficou sem condições de permanecer no cargo. Dom Pedro II escolheria para substituí-lo outro escravocrata da gema, o barão de Cotegipe, cuja missão seria ganhar a guerra no Senado.

NÃO SE FICAVA LIVRE AOS 60 ANOS PELA LEI DOS SEXAGENÁRIOS

Em postos diferentes, os antigos adversários puderam travar novas batalhas. Na Câmara alta, o senador Dantas opôs-se à criação de um imposto a ser pago por todos com o objetivo de facilitar a importação de imigrantes em benefício de poucos e aquinhoados. Também se criticou a fixação dos preços de escravos com menos de 60 anos para libertação com indenização estatal em níveis tão elevados a ponto de induzir a não libertação voluntária pelos valores então praticados. Libertava-se, por exemplo, a 200$000. "O Estado poderia oferecer 665$000", esbravejou o senador Taunay. Era uma teta. Com preço acima dos praticados no mercado, os proprietários poderiam ter alto retorno ao libertarem seus cativos com dinheiro público. Mesmo assim, a tropa de choque escravista não estava contente e exigia indenizações, como na França e na Inglaterra, pelos sexagenários.

O debate foi longo, fastidioso, agressivo, repleto de ataques virulentos, cheio de peripécias e francamente folhetinesco. Os principais elementos do projeto Dantas – "O escravo de 60 anos, cumpridos antes ou depois desta lei, adquire *ipso facto* a liberdade", "o Governo mandará efetuar nova matrícula dos escravos, com declaração do nome, cor, idade, estado, naturalidade, filiação, aptidão para o trabalho, profissão e valor...", "o domicílio do escravo é intransferível da província onde se ache residindo ao tempo da promulgação desta lei" e a "renda criada ou aumentada por esta lei pertence exclusivamente ao fundo de emancipação; ficando abolidas as taxas atuais sobre escravos" – seriam alterados, deturpados ou desfigurados pela lei aprovada ou por sua posterior regulamentação.

A Lei nº 3.270, de 28 de setembro de 1885, que "regula a extinção gradual do elemento servil", depois de uma lenta e sofrida gestação, ficou assim em seus elementos fundamentais:

DA MATRÍCULA – Art. 1º – Proceder-se-á em todo o império a nova matrícula dos escravos, com declaração do nome, nacionalidade, sexo, filiação, se for conhecida, ocupação ou serviço em que for empregado, idade e valor calculado conforme a tabela do §3º.

Esse era sempre o gargalo. As possibilidades de fraude eram sempre muito maiores do que as condições de fiscalização e controle. O governo tentava obter dados seguros sabendo que a margem de desvio era moeda corrente.

RAÍZES DO CONSERVADORISMO BRASILEIRO

A lei precisava dar vantagens nítidas ou impor punições pesadas para que os donos de escravos se dessem o trabalho de registrar corretamente os escravos que possuíam e sua procedência.

§1º – A inscrição para a nova matrícula far-se-á à vista das relações que serviram de base à matrícula especial ou averbação efetuada em virtude da lei de 28 de setembro de 1871, ou à vista das certidões da mesma matrícula, ou da averbação, ou à vista do título do domínio quando nele estiver exarada a matrícula do escravo.

Era fundamental fixar novas regras que não apagassem as antigas ou não as ignorassem, provocando perdas ou ganhos indevidos ou prejudiciais às intenções do legislador ou aos interesses em jogo.

§2º – À idade declarada na antiga matrícula se adicionará o tempo decorrido até o dia em que for apresentada na repartição competente a relação para a matrícula ordenada por esta lei. A matrícula que for efetuada em contravenção às disposições dos §1º e §2º será nula, e o coletor ou agente fiscal que a efetuar incorrerá em uma multa de 100 mil-réis a 300 mil-réis, sem prejuízo de outras penas em que possa incorrer.
§3º – O valor a que se refere o art. 1º será declarado pelo senhor do escravo, não excedendo o máximo regulado pela idade do matriculando conforme a seguinte tabela: Escravos menores de 30 anos, 900$000; de 30 a 40, 800$000; de 40 a 50, 600$000; de 50 a 55, 400$000; de 55 a 60, 200$000.

A multa era o instrumento mais consistente para submeter os renitentes. A libertação automática do escravo não registrado consistia em um mecanismo ainda mais ameaçador. Mesmo assim, a questão era como fazer isso chegar aos confins do país e ser aplicado.

§4º – O valor dos indivíduos do sexo feminino se regulará do mesmo modo, fazendo-se, porém, o abatimento de 25% sobre os preços acima desta. A tese antissexista de alguns escravocratas ardilosos não pre-

NÃO SE FICAVA LIVRE AOS 60 ANOS PELA LEI DOS SEXAGENÁRIOS

valeceu. O mercado fazia distinção entre homens e mulheres. Uma lei visando favorecer os escravos teria de fazê-lo também.

§5º – Não serão dados à matrícula os escravos de 60 anos de idade em diante; serão, porém, inscritos em arrolamento especial para os fins dos §10º a §12º do art. 3º.

§6º – Será de um ano o prazo concedido para a matrícula, devendo ser este anunciado por editais afixados nos lugares mais públicos com antecedência de noventa dias e publicados pela imprensa, onde a houver.

§7º – Serão considerados libertos os escravos que no prazo marcado não tiverem sido dados à matrícula, e esta cláusula será expressa e integralmente declarada nos editais e nos anúncios pela imprensa. Serão isentos de prestação de serviços os escravos de 60 a 65 anos que tiverem sido arrolados.

O cerne da reforma estava nisto: escravos de mais de 60 anos não poderiam mais ser considerados como tal. Dar publicidade ao novo regulamento era o grande desafio. O problema consistia em divulgar, aplicar, fazer respeitar a regra e evitar infrações à nova lei.

§8º – As pessoas a quem incumbe a obrigação de dar à matrícula escravos alheios, na forma do art. 3º do Decreto nº 4.835, de 1º de dezembro de 1871, indenizarão aos respectivos senhores o valor do escravo que, por não ter sido matriculado no devido prazo, ficar livre. Ao credor hipotecário ou pignoratício cabe igualmente dar à matrícula os escravos constituídos em garantia. Os coletores e mais agentes fiscais serão obrigados a dar recibo dos documentos que lhes forem entregues para a inscrição da nova matrícula, e os que deixarem de efetuá-la no prazo legal incorrerão nas penas do art. 154 do Código Criminal, ficando salvo aos senhores o direito de requerer de novo a matrícula, a qual, para os efeitos legais, vigorará como se tivesse sido efetuada no tempo designado.

§9º – Pela inscrição ou arrolamento de cada escravo pagar-se-á 4$ de emolumentos, cuja importância será destinada ao fundo de emancipação, depois de satisfeitas as despesas da matrícula.

Um emaranhado de condições.

A situação era altamente complexa e exigia controlar inclusive o controlador para evitar conluios, arranjos e fraudes em parceria com os fiscais. A regra parecia ser uma só: ninguém é confiável.

> §10º – Logo que for anunciado o prazo para a matrícula, ficarão relevadas as multas incorridas por inobservância das disposições da lei de 28 de setembro de 1871, relativas à matrícula e declarações prescritas por ela e pelos respectivos regulamentos. A quem libertar ou tiver libertado, a título gratuito, algum escravo, fica remetida qualquer dívida à Fazenda Pública por impostos referentes ao mesmo escravo. O governo, no regulamento que expedir para execução desta lei, marcará um só e o mesmo prazo para a apuração da matrícula em todo o império.

Como sempre, havia uma anistia embutida. As novas legislações procuravam não apagar as anteriores, mas se permitiam conceder benefícios como forma de obter apoio e de ceder a pressões.

> Art. 2º – O fundo de emancipação será formado: I – Das taxas e rendas para ele destinadas na legislação vigente. II – Da taxa de 5% adicionais a todos os impostos gerais, exceto os de exportação. Esta taxa será cobrada desde já livre de despesas de arrecadação, anualmente inscrita no orçamento da receita apresentado à Assembleia Geral Legislativa pelo Ministro e Secretário de Estado dos Negócios da Fazenda. III – De títulos da dívida pública emitidos a 5%, com amortização anual de 0,5%, sendo os juros e a amortização pagos pela referida taxa de 5%. §1º – A taxa adicional será arrecadada ainda depois da libertação de todos os escravos e até se extinguir a dívida proveniente da emissão dos títulos autorizados por esta lei. §2º – O fundo de emancipação, de que trata o nº I deste artigo, continuará a ser aplicado de conformidade ao disposto no art. 27º do regulamento aprovado pelo Decreto nº 5.135, de 13 de novembro de 1872.

Pode-se imaginar e conhecer, pelos *Anais da Câmara dos Deputados* e do *Senado*, a dificuldade para se chegar a um acordo em torno de uma norma tão complexa e detalhada. O resultado só poderia ser polêmico.

NÃO SE FICAVA LIVRE AOS 60 ANOS PELA LEI DOS SEXAGENÁRIOS

§3º – O Produto da taxa adicional será dividido em três partes iguais: a 1ª parte será aplicada à emancipação dos escravos de maior idade, conforme o que for estabelecido em regulamento do Governo. A 2ª parte será aplicada à deliberação por metade ou menos de metade de seu valor, dos escravos de lavoura e mineração cujos senhores quiserem converter em livres os estabelecimentos mantidos por escravos. A 3ª parte será destinada a subvencionar a colonização por meio do pagamento de transporte de colonos que forem efetivamente colocados em estabelecimentos agrícolas de qualquer natureza.

Nesse ponto, a vantagem seria toda para os proprietários. Uma transferência de renda em favor dos sempre privilegiados. Os abolicionistas jamais aceitariam essa benesse aos fazendeiros.

§4º – Para desenvolver os recursos empregados na transformação dos estabelecimentos agrícolas servidos por escravos em estabelecimentos livres e para auxiliar o desenvolvimento da colonização agrícola, poderá o governo emitir os títulos de que trata o nº III deste artigo. Os juros e a amortização desses títulos não poderão absorver mais dos dois terços do produto da taxa adicional consignada no nº II do mesmo artigo.

O Estado ajudaria a pagar a conta. Em grande parte, essa era a expectativa dos escravistas.

Os demais aspectos da Lei dos Sexagenários estampavam uma negociação feita na ponta do lápis com colunas de perdas e ganhos.

DAS ALFORRIAS E DOS LIBERTOS – Art. 3º – Os escravos inscritos na matrícula serão libertados mediante indenização de seu valor pelo fundo de emancipação ou por qualquer outra forma legal.

§1º – Do valor primitivo com que for matriculado o escravo se deduzirão: no primeiro ano, 2%; no segundo, 3%; no terceiro, 4%; no quarto, 5%; no quinto, 6%; no sexto, 7%; no sétimo, 8%; no oitavo, 9%; no nono, 10%; no décimo, 10%; no undécimo, 12%; no décimo segundo, 12%; no décimo terceiro, 12%. Contar-se-á para esta dedução anual qualquer prazo decorrido, seja feita a libertação pelo fundo de emancipação ou por qualquer outra forma legal.

Esse "fator emancipatório" foi objeto de intenso debate. Os proprietários sentiam que perder muito no começo significaria perder tudo no fim, pois talvez não houvesse tempo para a aplicação completa da tabela. A abolição total engoliria essa engenharia perversa.

§2º – Não será libertado pelo fundo de emancipação o escravo inválido, considerado incapaz de qualquer serviço pela Junta classificadora, com recurso voluntário para o juiz de Direito. O escravo assim considerado permanecerá na companhia de seu senhor.

Esse item visava a evitar burlas praticadas fartamente em função de leis anteriores. Era uma forma de tapar uma brecha escandalosa.

§3º – Os escravos empregados nos estabelecimentos agrícolas serão libertados pelo fundo de emancipação indicado no art. 2º, §4º, segunda parte, se seus senhores se propuserem a substituir, nos mesmos estabelecimentos, o trabalho escravo pelo trabalho livre, observadas as seguintes disposições: a) libertação de todos os escravos existentes nos mesmos estabelecimentos e obrigação de não admitir outros, sob pena de serem estes declarados libertos; b) indenização pelo Estado de metade do valor dos escravos assim libertados, em títulos de 5%, preferidos os senhores que reduzirem mais a indenização; c) usufruirão dos serviços dos libertos por tempo de cinco anos.

Esse item permitiria aos proprietários emancipacionistas indenizações generosas em relação ao que pagariam por serviços.

§4º – Os libertos obrigados a serviço nos termos do parágrafo anterior serão alimentados, vestidos e tratados pelos seus ex-senhores, e gozarão de uma gratificação pecuniária por dia de serviço, que será arbitrada pelo ex-senhor com aprovação do juiz de Órfãos.
§5º – Esta gratificação, que constituirá pecúlio do liberto, será dividida em duas partes, sendo uma disponível desde logo, e outra recolhida a uma Caixa Econômica ou Coletoria para lhe ser entregue, terminado o prazo da prestação dos serviços a que se refere o §3º, última parte.

NÃO SE FICAVA LIVRE AOS 60 ANOS PELA LEI DOS SEXAGENÁRIOS

§6º – As libertações pelo pecúlio serão concedidas em vista das certidões do valor do escravo, apurado na forma do art. 3º, §1º, e da certidão do depósito desse valor nas estações fiscais designadas pelo Governo. Essas certidões serão passadas gratuitamente.

Estima-se que os senhores ganhavam em torno de dez vezes de juros o que pagavam por dia para um novo emancipado.

§7º – Enquanto se não encerrar a nova matrícula, continuará em vigor o processo atual de avaliação dos escravos, para os diversos meios de libertação, com o limite fixado no art. 1º, §3º.

§8º – São válidas as alforrias concedidas, ainda que o seu valor exceda ao da terça do outorgante e sejam ou não necessários os herdeiros que porventura tiver.

§9º – É permitida a liberalidade direta de terceiro para a alforria do escravo, uma vez que se exiba preço deste.

Tudo era permitido em termos de generosidade, desde que o preço fosse respeitado. O único limite era a valorização da propriedade.

§10º – São libertos os escravos de 60 anos de idade, completos antes e depois da data em que entrar em execução esta lei, ficando, porém, obrigados a título de indenização pela sua alforria, a prestar serviços a seus ex-senhores pelo espaço de três anos.

§11 – Os que forem maiores de 60 e menores de 65 anos, logo que completarem esta idade, não serão sujeitos aos aludidos serviços, qualquer que seja o tempo que os tenham prestado com relação ao prazo acima declarado.

Somente as nuances do pensamento jurídico explicariam os elementos arrolados nesses tópicos aparentemente obscuros e contraditórios. Na prática, era simples: cada idoso teria de envelhecer um pouco mais sob o jugo de seu apegado proprietário.

§12 – É permitida a remissão dos mesmos serviços, mediante o valor não excedente à metade do valor arbitrado para os escravos da classe de 55 a 60 anos de idade.

RAÍZES DO CONSERVADORISMO BRASILEIRO

§13 – Todos os libertos maiores de 60 anos, preenchido o tempo de serviço de que trata o §10º, continuarão em companhia de seus ex-senhores, que serão obrigados a alimentá-los, vesti-los, e tratá-los em suas moléstias, usufruindo os serviços compatíveis com as forças deles, salvo se preferirem obter em outra parte os meios de subsistência, e os juízes de Órfãos os julgarem capazes de fazê-lo.

§14 – É domicílio obrigado por tempo de cinco anos, contados da data da libertação do liberto pelo fundo de emancipação, o município onde tiver sido alforriado, exceto o das capitais.

§15 – O que se ausentar de seu domicílio será considerado vagabundo e apreendido pela polícia para ser empregado em trabalhos públicos ou colônias agrícolas.

§16 – O juiz de Órfãos poderá permitir a mudança do liberto no caso de moléstia ou por outro motivo atenuável, se o mesmo liberto tiver bom procedimento e declarar o lugar para onde pretende transferir seu domicílio.

§17 – Qualquer liberto encontrado sem ocupação será obrigado a empregar-se ou a contratar seus serviços no prazo que lhe for marcado pela polícia.

O novo homem livre só não era livre para gerir sua vida, mudar de endereço e tentar escolher seu destino. Deixava de ser escravo para ser suspeito em tempo permanente sob vigilância policial. Colava-se a ele o estigma de vagabundo e criminoso em potencial.

§18 – Terminado o prazo sem que o liberto mostre ter cumprido a determinação da polícia, será por esta enviado ao juiz de Órfãos, que o constrangerá a celebrar contrato de locação de serviços, sob pena de 15 dias de prisão com trabalho e de ser enviado para alguma colônia agrícola no caso de reincidência.

§19 – O domicílio do escravo é intransferível para província diversa da em que estiver matriculado ao tempo da promulgação desta lei. A mudança importará aquisição da liberdade, exceto nos seguintes casos: 1) Transferência do escravo de um para outro estabelecimento do mesmo senhor; 2) Se o escravo tiver sido obtido por herança ou por adjudicação forçada em outra província; 3) Mudança de domicílio do senhor; 4) Evasão do escravo.

NÃO SE FICAVA LIVRE AOS 60 ANOS PELA LEI DOS SEXAGENÁRIOS

Antônio Prado se encarregaria, como se verá, de flexibilizar essas obrigações, de modo a favorecer mudanças de endereço aos plantadores de café do Rio de Janeiro, os que mais resistiram a todos os passos na longa caminhada pela abolição da escravatura.

§20 – O escravo evadido da casa do senhor ou de onde estiver empregado não poderá, enquanto estiver ausente, ser alforriado pelo fundo de emancipação.

§21 – A obrigação de prestação de serviços de escravos, de que trata o §3º deste artigo, ou como condição de liberdade, não vigorará por tempo maior do que aquele em que a escravidão for considerada extinta.

Era o mínimo que se podia esperar: extinta a escravidão, as obrigações de escravo desapareciam.

DISPOSIÇÕES GERAIS – Art. 4º – Nos regulamentos que expedir para execução desta lei o governo determinará: 1) os direitos e obrigações dos libertos a que se refere o §3º do art. 3º para com os seus ex-senhores e vice-versa; 2) os direitos e obrigações dos demais libertos sujeitos à prestação de serviços e daqueles a quem esses serviços devam ser prestados; 3) a intervenção dos curadores gerais por parte do escravo, quando este for obrigado à prestação de serviços, e as atribuições dos juízes de Direito, juízes Municipais e de Órfãos e juízes de Paz nos casos de que trata a presente lei.

O ex-escravo seria tratado como incapaz, devendo estar permanentemente sob a vigilância policial e judiciária. Era como um criminoso em liberdade condicional, com obrigações e regulações.

§1º – A infração das obrigações a que se referem os nº 1 e 2 deste artigo será punida conforme a sua gravidade, com multa de 200$ ou prisão com trabalho até trinta dias.

§2º – São competentes para a imposição dessas penas os juízes de Paz dos respectivos distritos, sendo o processo o do Decreto nº 4.824, de 29 de novembro de 1871, art. 45º e seus parágrafos.

§3º – O açoitamento de escravos será capitulado no art. 260º do Código Criminal.

§4º – O direito dos senhores de escravos à prestação de serviços dos ingênuos ou à indenização em títulos de renda, na forma do art. 1º, §1º, da lei de 28 de setembro de 1871, cessará com a extinção da escravidão.

§5º – O governo estabelecerá em diversos pontos do império ou nas províncias fronteiras, colônias agrícolas, regidas com disciplina militar, para as quais serão enviados os libertos sem ocupação.

Um paraíso.

A Lei dos Sexagenários não aboliu os açoites, o que só aconteceria em 1886. Como se acaba de ver, a Lei Saraiva-Cotegipe protegia amplamente os "direitos" dos ex-proprietários a explorar, como previsto em 1871, os serviços dos ingênuos. Previa colônias para novos cidadãos livres com "disciplina militar" para desocupados. Por que não se aplicava o mesmo regulamento aos escravistas sem ocupação?

§6º – A ocupação efetiva nos trabalhos da lavoura constituirá legítima isenção do serviço militar.

§7º – Nenhuma província, nem mesmo as que gozarem de tarifa especial, ficará isenta do pagamento do imposto adicional de que trata o art. 2º.

§8º – Os regulamentos que forem expedidos pelo governo serão logo postos em execução e sujeitos à aprovação do Poder Legislativo, consolidadas todas as disposições relativas ao elemento servil constantes da lei de 28 de setembro de 1871 e respectivos regulamentos que não forem revogados.

O legislador não se descuidava de um ponto fundamental para os cofres públicos: nenhuma província escaparia aos impostos devidos: "Art. 5º – Ficam revogadas as disposições em contrário." (Coleção das Leis do Império do Brasil, Atos do Poder Legislativo, parte I, t. XXXII, e Parte II, t. XLVIII, pp. 14-20)

O problema chegaria com as disposições em contrário irrevogáveis, entre elas a vontade de não colaborar com a lei.

NÃO SE FICAVA LIVRE AOS 60 ANOS PELA LEI DOS SEXAGENÁRIOS

Robert Conrad (1978, p. 271) enumerou precisamente as diferenças entre o Projeto Dantas e a Lei Saraiva-Cotegipe:

> Os projetos Dantas e Saraiva (e a lei final) previam uma sobretaxa em todas as formas de receita do governo, exceto os direitos de exportação, mas no projeto revisto havia uma diferença na forma como este dinheiro seria usado. O projeto original dispunha que toda a receita dessa sobretaxa seria usada para libertar os escravos mais idosos e menos valiosos (os que já estivessem perto dos 60 anos de idade), um terço seria para libertar escravos cujos donos se convertessem completamente para o trabalho livre (em troca de títulos e mais cinco anos de trabalho forçado) e o último terço seria usado para importar colonos para trabalhar nas fazendas. O Projeto Dantas teria imposto uma sobretaxa para benefício principalmente de escravos, mas, segundo os termos do Projeto Saraiva, aqueles que mais ganhariam com a sobretaxa seriam os donos de escravos.

Fazia-se da lei indigesta um bom almoço.

Um demorado cruzamento de emendas, de votos em separado e de projetos alternativos marcaria a trajetória da elaboração da Lei dos Sexagenários. No começo de tudo, no parecer de Rui Barbosa ao projeto de Dantas, uma rememoração destacara a imensa capacidade dos escravocratas de sofismar:

> A representação do Pirahy discorria: "Fundada na mais manifesta injustiça relativa entre os escravos, a proposta concede o favor da liberdade aos que, pelo cego acaso, nascerem depois de tal dia, conservando, entretanto, na escravidão os indivíduos que, por longos, proveitosos e relevantes serviços, mais jus têm à liberdade." A oposição escravista conclamava, na Câmara dos Deputados: "A religião condena toda a injustiça, assim como a humanidade a condena também; a ninguém deixa de ver uma grande injustiça nesta medida. Como se condena a perpétuo cativeiro a geração que já trabalhou, que já sofreu, que já concorreu com os seus esforços para aumento da nossa fortuna, para melhoramento da nossa indústria, para o progresso de nossa pátria, e vamos libertar uma geração que ainda não veio, que ainda não trabalhou, que ainda nada sofreu, que ainda nada fez?

Em 1885, o argumento era invertido: para que libertar quem precisava de proteção na velhice se a nova geração tinha a liberdade garantida tendo a escravidão seus dias contados?

Os resultados da lei aprovada foram modestos. De 90.713 sexagenários recenseados, apenas 18.946 foram registrados para libertação. Novas fraudes aconteceram para corrigir o aumento artificial das idades dos escravos registrados por força da lei de 1871 com o intuito de burlar a lei de 1831, ou seja, aqueles que haviam sido envelhecidos para parecer que estavam no Brasil desde antes da primeira proibição do tráfico. Muitos ignoraram a nova lei mantendo em cativeiro quem devia ser livre. Outros libertaram aqueles que não podiam mais produzir e eram considerados como fardos.

As fraudes eram tantas que o anuário do Rio Grande do Sul de 1888 observou: "Ora, a simples leitura destes algarismos basta para nos convencer que mui longe da verdade andou o recenseamento de 1872, pois é certo que muito maior número de escravos contava a província." (Anuário, p. 199) Mais: "Seja como for – o que é certo é que o recenseamento de 1872 apurou 66.876 nesta província, ao passo que o número de escravos matriculados até 30 de setembro de 1873 foi de 98.378." (Anuário, p. 200) Deixadas de lado as fragilidades estatísticas e de levantamento de dados, a diferença de números tinha a ver com leituras conjunturais das vantagens a tirar na obediência das leis ou na adoção de mecanismos de falseamento das realidades.

A história da abolição da escravatura no Brasil pode ser resumida em uma expressão: luta contra a fraude. Conrad (1978, p. 138-141) mostra que o Fundo de Emancipação constituído pela lei de 1871 foi corroído por todo tipo de fraude: em 1874, havia 3 mil contos em caixas, mas faltavam registros para que o valor pudesse ser aplicado; até 1878, quase um quinto do arrecadado fora gasto na compra de livros de registro; os escravos de mais de 70 anos foram libertados a preços tão altos que dava para comprar meia dúzia de jovens; os proprietários podiam escolher quem seria libertado pelo fundo: indicavam "doentes, cegos, inúteis e imprestáveis"; mortos eram libertados. Tudo acontecia, como denunciou a *Gazeta da Tarde,* em 14 de dezembro de 1883: "O fundo de emancipação também serviu, conforme foi alegado, como fonte de dinheiro para campanhas eleitorais e, em algumas

NÃO SE FICAVA LIVRE AOS 60 ANOS PELA LEI DOS SEXAGENÁRIOS

comunidades isoladas, as distribuições anuais de fundos iam regularmente para cinco ou seis pessoas influentes." (*apud* Conrad, 1978, p. 140) Desvio de recursos, aumento artificial de preços, fraudes. Escravos de Campinas foram vendidos pelo preço superfaturado de 1.556 réis. Várias vezes o preço médio praticado na época.

Antônio Prado, como ministro da Agricultura de Cotegipe, regulamentou a Lei dos Sexagenários altamente em favor dos proprietários de escravos. Não seria preciso, por exemplo, indicar a naturalidade dos cativos registrados, o que facilitava trocar um morto por um vivo transferido de província. Durante os debates que levaram à Lei Saraiva-Cotegipe, Prado, em voto em separado, propusera o que se poderia chamar de fator "abolicionário". O projeto do governo fixava o preço dos escravos para indenização do governo assim: menores de 20 anos, 1.000$000; de 20 a 30 anos, 800$000; de 30 a 40 anos, 600$000; de 40 a 50 anos, 400$000; de 50 a 60 anos, 200$000. Haveria uma depreciação anual de 6%. Em 16 anos, aconteceria a extinção da escravidão. Prado percebeu que podia tirar mais para os proprietários com outra tabela: até 35 anos, 1.000$000; de 35 a 40 anos, 800$000; de 40 a 45 anos, 600$000; de 45 a 55 anos, 400$000; de 55 a 60 anos, 200$000; de 60 a 65 anos, 100$000. A partir de 65 anos, idade em que todos deveriam estar livres, Prado propunha arbitramento do valor. A depreciação obedeceria ao seguinte fator emancipatório: 2% no primeiro ano, 3% no segundo, 4% no terceiro, 5% no quarto, 6% do quinto ao oitavo ano; 7% no nono ano; 8% no décimo, 9% no décimo primeiro, 10% no décimo segundo, 12% no décimo terceiro e 16% no décimo quarto. A escravatura terminaria dois anos antes, mas os proprietários ganhariam bem mais até que isso virasse notícia.

A Lei Saraiva-Cotegipe foi apelidada de "monstro". Um monstrengo gerado pelo cruzamento entre liberais e conservadores com dominância conservadora. Duque Estrada tirou uma conclusão que impressiona pela precocidade ou revela a ingenuidade dos que idealizam o passado ou demonizam o tempo em que vivem: os partidos do império "traficavam com seus programas, invertendo-lhes os dogmas, só por amor ao poder". (2005, p. 141) Tudo se negociava. Tudo se vendia.

Se a Lei Saraiva-Cotegipe foi monstruosa, o decreto que a regulamentou, datado de 12 de junho de 1886, assinado por Antônio Prado, recebeu o apodo de "regulamento negro". O decreto nº 9.602 estabelecia que a transferência de província libertava o escravo, salvo nos casos previstos em lei, mas "para efeito do parágrafo anterior o munícipio neutro faz parte do Rio de Janeiro". Um golpe de mestre em favor do tráfico interprovincial e dos amigos cafeicultores do Rio de Janeiro. Outro golpe era fixar a redução anual do preço do escravo a partir da data da nova matrícula e não a da vigência da lei: "§3º – O valor do escravo será o resultante do fixado na nova matrícula, abatidas a porcentagem ou porcentagens do ano ou anos decorridos desde a data da nova matrícula até a da libertação." Por fim, um petardo na direção dos seus inimigos incendiários do abolicionismo:

> Art. 15 – Incorre no crime do art. 260 do Código Penal aquele: a) que receber em casa, estabelecimento, serviço ou obra, ou ocultar escravo alheio, sabendo que o é, se dentro de 15 dias depois de recebido não manifestar ao juiz de Paz do distrito ou Inspetor de quarteirão; b) que conservar na casa, estabelecimento, serviço ou obra, ou ocultar escravo, depois de conhecer a sua condição, e não o manifestar no prazo legal, contado da nova ciência.
>
> Parágrafo único. Aquele que receber escravo maltratado por castigos exagerados ou foragido por temor de ameaças graves, deverá apresentá-lo, no prazo mais breve possível, à autoridade mais próxima, para proceder como for de direito.

Era mais um regulamento da mordaça.

Em artigo à *Gazeta da Tarde*, de 2 de outubro de 1885, José do Patrocínio resumiu a Lei Saraiva-Cotegipe:

> Ataca a liberdade de opinião dos cidadãos brasileiros, ao mesmo tempo em que investe o senhor de escravo de domínio absoluto sobre o desgraçado, converte o Tesouro público em sucursal de industriais que não souberam gerir-se e prosperar, e agrava os impostos da nação em desproveito da comunidade brasileira, para beneficiar uma determina [*sic*] classe. (*apud* Estrada, 2005, p. 149)

NÃO SE FICAVA LIVRE AOS 60 ANOS PELA LEI DOS SEXAGENÁRIOS

Pela Lei dos Sexagenários, cativos de 60 anos não ficavam livres, pois teriam de cumprir mais três anos de trabalhos gratuitos como indenização a seus ex-proprietários. De fato, só os homens de 65 anos é que ficavam imediatamente livres. Do ponto de vista dos escravos, a lei poderia se chamar "Lei dos Quase Septuagenários".

Em 15 de janeiro de 1886, havia acontecido nova eleição. De 12 milhões de habitantes, em torno de 200 mil puderam votar. Os conservadores de Cotegipe fortaleceram-se para resistir à abolição, que os aterrorizava e contra a qual pouco podiam fazer. Não imaginavam, contudo, que em três anos veriam velhos parceiros seus de infâmia obrigados a apoiar projetos de libertação definitiva e assinar leis que os transformariam em protagonistas daquilo que mais odiavam: a extinção do trabalho servil. Antônio Prado, Rodrigo da Silva e João Alfredo colheriam glórias que teriam preferido evitar. Dos três, a posição nobre coube ao último, no papel de chefe de governo. Prado preferiu adoecer para não ter de fingir alegria.

20. Lutas no campo jornalístico (a escravidão é um roubo e a mais radical ideia apropriada pelo capitalismo: o trabalho gratuito; *Redempção versus Correio Paulistano* e *A Província de São Paulo*)

A notícia da libertação ecoou nos jornais abolicionistas como uma explosão, o que se pode ver em algumas manchetes da época: "Viva a Pátria Livre! Viva o Ministério 10 de Março! Viva o Glorioso Dia 13 de Maio! Viva o Povo Brasileiro! Viva!" (*O Carbonário*); "A Liberdade dos Escravos É Hoje Lei do País." (*O Carbonário*); "Brasil Livre. Treze de Maio – Extinção dos Escravos" (*Gazeta de Notícias*). "As Festas da Igualdade." (*Cidade do Rio*); "Ao Povo Brasileiro Pela Liberdade dos Escravos – Lei 3353 de 13 de Maio de 1888.", "A Festa Da Liberdade." (*Gazeta da Tarde*); Grito condoreiro: "Ave, Libertas!" (*O Paiz*)

Essas chamadas eram praticamente o oposto do que talvez tenham desejado gritar seus atores. Exprimiam mais uma incapacidade de encontrar termos e frases mais expressivas depois de tanta espera e sonho. Era como se, chegado o grande momento, faltasse o que dizer. A imprensa brasileira tinha apenas oito décadas de prática. Descontados os tempos de oficialismo e das primeiras experiências, contava em torno de meio século de maiores liberdades ou de busca por uma identidade e por um estilo. A abolição era seu grande momento, seu ritual de passagem. Jornal algum ficaria indiferente às duas décadas de lutas em torno da questão servil.

RAÍZES DO CONSERVADORISMO BRASILEIRO

De 1867 a 1888, a imprensa passaria da estranheza ao engajamento em relação ao tema da escravatura. Um despertar acontecera. Como descrevê-lo aos leitores?

O abolicionismo teve seus jornais e seus jornalistas. No começo, a tendência ao conservadorismo neutralizou o poder dos jornais. Robert Conrad lembra, porém, que

> a maior parte da imprensa do Brasil estava ligada direta ou indiretamente aos interesses agrícolas e comerciais; assim, os abolicionistas receberam pouco apoio de jornais sólidos e "responsáveis" durante a primeira fase da luta. Apesar de haver exceções notáveis, a tendência dos editores, tanto monárquicos quanto republicanos, era ignorar o movimento enquanto isso lhes fosse possível e, depois, atacá-lo ou até impugnar os motivos ou o caráter moral dos principais líderes abolicionistas. (1972, p. 181)

Apesar disso, o forte da luta deu-se na imprensa.

Os grandes jornais, seguindo um imaginário que se repete ao longo do tempo em relação a qualquer movimento social, "permaneceram indiferentes, rejeitando a emancipação rápida por razões econômicas ou, então, defendendo a posição pró-escravatura". (Conrad, 1972, p. 181) Guerra quente. Guerra de penas incandescentes:

> O primeiro dos grandes jornais abolicionistas do período foi a *Gazeta de Notícias*, de Ferreira de Araújo, o qual, juntamente com *O Abolicionista*, despertou o interesse público em 1880, mas esse jornal pioneiro depressa foi ultrapassado por um jornal mais radical, a *Gazeta da Tarde*, sob o breve controle de José Ferreira de Menezes. Até ser substituído como principal jornal abolicionista em 1887 por *A Cidade do Rio*, a *Gazeta da Tarde*, de propriedade de José do Patrocínio e editado por ele depois de meados de 1881, foi a única fonte de informação digna de confiança na capital para um público ávido de notícias sobre o progresso da libertação. (Conrad, 1972, pp. 180-181)

O exame da grande imprensa brasileira dos últimos anos da escravidão revela um traço de seu imaginário mais permanente: a hesitação conserva-

LUTAS NO CAMPO JORNALÍSTICO

dora intencional. Contra essa astúcia, movimentaram-se as penas de José do Patrocínio, Joaquim Nabuco, Luiz Gama, André Rebouças e outros:

> Ninguém era melhor [sic] qualificado do que Patrocínio para dirigir a *Gazeta da Tarde* depois da morte de Ferreira de Menezes. Um intenso e eficaz orador nas reuniões abolicionistas, autor de milhares de palavras sobre a questão da escravatura, Patrocínio possuía a reputação de ser um reformista incondicional. Influenciado pelas obras de Pierre Proudhon, adotara o grito de guerra "a escravidão é um roubo". (Conrad, 1972, pp. 187-188)

A reação aos abolicionistas foi violenta e rasteira. Robert Conrad levantou algumas das pérolas desse contra-ataque inflamado de ódio e de ressentimento:

> Segundo *O Corsário*, do Rio de Janeiro, Joaquim Nabuco escolhera o abolicionismo como um meio de ganhar fama em países estrangeiros depois de sofrer desapontamentos pessoais e políticos, incluindo seu fracasso em casar-se com uma mulher rica. *O Paiz*, do Maranhão, referiu-se a Nabuco como um homem "sem a autoridade do bem senso, sem a prudência e o tino do estadista, sem a consciência sã do patriota". Nabuco, presumia esse jornal, "declama contra a escravidão por ambição de glória, por vaidade somente, e mais para ser aplaudido do estrangeiro do que por verdadeiro amor à liberdade". (1972, p. 200)

Os escravocratas juravam agir em defesa dos escravos. Parte da imprensa aceitava essa mentira por interesse.

Certos jornais, como o *Diário do Rio de Janeiro*, viviam de anúncios de fugas de escravos. O problema central de cada veículo era a sobrevivência. Nada menos garantido do que o dia seguinte. A informação não era o produto principal à venda. Os títulos é que se vendiam conforme as disputas momentâneas, o poder econômico dos interessados, as ideias em jogo, as causas a serem defendidas e as oportunidades de negócio. Anúncios de venda ou de captura de escravos eram uma fonte de renda permanente. Dificilmente o dono de um periódico se dava o luxo de recusá-los. A certa

RAÍZES DO CONSERVADORISMO BRASILEIRO

altura, não causavam espanto. Depois, faziam parte do jogo da sobrevivência. Em diversos casos, correspondiam à ideologia do dono da casa e traziam recursos. Quem poderia apontar o dedo para o concorrente antes de 1870 ou 1880?

Depois da curta vida dos poucos jornais que lutaram contra o tráfico de escravos, não houve, até os anos 1860, um só jornal mais robusto no Brasil que defendesse a abolição como prioridade. Conrad (1978, p. 39) destaca que um cônsul britânico chegou a prever que, na pasmaceira em que se encontrava o país, a escravidão só acabaria no Brasil pela força das armas. Estava, ao mesmo tempo, certo e errado. Certo, porque a abolição exigiria grandes combates mesmo sem uma guerra civil. Errado, porque ela viria por outros meios ou, ao menos, por outros caminhos. Em 1869, quando tudo ainda era muito tímido, embora estudantes já se agitassem em São Paulo, o jornal *A Reforma*, do Rio de Janeiro, saiu a campo com um projeto do Centro Liberal de emancipação gradual da escravatura a partir do Ventre Livre. Figuras que se tornariam incontornáveis começavam a emergir. Joaquim Nabuco, por exemplo, esteve ligado aos jornais *A Reforma* e *O Abolicionista*, criados nos anos 1880 pela Sociedade Antiescravista do Brasil.

Paradoxalmente, não se ganhava guerra no século XIX sem as armas de um jornal combativo. Os atores sociais sabiam que, sem conquistar a opinião pública, nada se conseguia de sólido. A propaganda já era a alma do negócio, o espírito da política e a arte das guerras. Os métodos adotados para abrir caminho não eram muito diferentes do que alguns praticados ainda hoje. Jornalismo era persuasão e custava dinheiro. Alguém precisava pagar a conta. Por que não os governos?

Em 1871, na polêmica do Ventre Livre, o governo teria subsidiado veículos como o *Jornal do Commercio* para que defendessem seu ponto de vista emancipacionista. O quadro da época revela uma moldura coberta de poeira. Só o *Diário do Rio de Janeiro* se manteve na oposição ao projeto de libertação dos nascituros. No país, 57 jornais apoiaram a reforma. Em contraposição, o Clube da Lavoura e do Comércio, o Centro do Café e outras entidades de classe, representativas das classes abastadas, lutaram como puderam, especialmente a golpe de petições – 22 foram enviadas ao parlamento em cinco meses. O argumento principal era o conhecido refrão

LUTAS NO CAMPO JORNALÍSTICO

de que a lei autorizava a propriedade de escravos e que os compradores não podiam ser culpados de ter apenas acreditado na legitimidade das leis.

Uma forma astuciosa de luta encontrada pela *Gazeta da Tarde* foram as paródias de anúncios de busca de escravos fugidos do tipo: "Procura-se um proprietário explorador de homens que deveriam ser livres." As lutas, porém, não se travavam apenas contra ou a favor da escravidão. Elas se davam também no interior dos jornais. Lilia Moritz Schwarcz traça um bom perfil dessas disputas em *Retrato em branco e negro, jornais, escravos e cidadãos em São Paulo no final do século XIX*. (1987) Ela mostra, por exemplo, a lenta progressão de tiragem de um jornal como o *Correio Paulistano*: 450 exemplares em 1868; 850, em 1869. Em 1872, explica, o jornal, por força das opções de seus mentores, Américo de Campos e José Roberto A. Marques, se torna republicano. Mas Américo sai para fundar *A Província de São Paulo*. Em 1882, o conselheiro Prado assume o *Correio*, que muda de ideologia.

A Província de São Paulo, segundo Lilia Schwarcz, nasceu "em nome de um grupo de um partido com propósitos explícitos, mas que alegava durante um largo tempo imparcialidade e não comprometimento". (1987, p. 72) Seria o órgão do Partido Republicano escravista. Um jornal de fazendeiros liberais, "agricultores, comerciantes, homens de letras e capitalistas", segundo o editorial da primeira edição, de 4 de janeiro de 1875. A partir de 1884 é que assumiria suas posições e só depois descobriria virtudes na emancipação dos escravos. Já na metade de seu primeiro ano de existência, o jornal atingiu a marca de 2.200 exemplares de tiragem. Republicano e positivista, assim seria o jornal que representaria o empreendedorismo paulista. Fé na ciência e venda aos gritos nas ruas. Pretensa moderação e razão. Mas nem tanto. Nas lutas intestinas, em 1884, assumiu o poder no jornal em ascensão um positivista fervoroso e racista por modernidade teórica chamado Alberto Salles, irmão do futuro presidente Campos Salles e discípulo de Auguste Comte. Somente em 1885, depois de uma crise financeira, já com Júlio Mesquita na direção, é que o jornal daria um salto.

Em 1887, São Paulo ganharia um jornal radical, *A Redempção*, órgão dos caifazes de Antônio Bento, que aplicaria muitos açoites no lombo republicano pouco engajado nas causas abolicionistas de *A Província de São Paulo* e no dorso conservador do *Correio Paulistano*, do senhor conselheiro,

RAÍZES DO CONSERVADORISMO BRASILEIRO

o ministro Antônio Prado. Em sua edição de 6 de janeiro de 1887, em uma pretensa homenagem de aniversário, fazia crítica violenta:

> No dia 4, fez 14 anos que surgiu um jornalismo que veio a dar combate ao jornalismo até então decadente. Falamos do aparecimento do jornal *A Província de São Paulo*, órgão republicano [...] dirigido por três grandes homens [...] Mas como não devemos fazer elogios perfeitos, pois isso vai contra a índole da nossa folha, devemos dizer que *A Província* não tem descrito como devia e podia fazê-lo a questão do elemento *servil*. *A Província* poderia convencer aos fazendeiros especialmente republicanos que a escravidão é roubo, um furto. Pelo contrário, tem falado sobre os *quilombos* aos quais tem reclamado providências. (*apud* Schwarcz, 1987, p. 94)

Não o faria.

A Redempção, *A Província* e o *Correio* viviam de captar anúncios e editais públicos, o que os tornava reféns dos governos e incapazes de fazer um jornalismo comprometido com as questões sociais mais relevantes. O *Correio Paulistano* era espancado como uma "pobre égua velha de beiço caído" ou uma "pobre mulher grávida que se assusta com tudo", "órgão do governo" que "tem sempre dinheiro para viver a tripa forra", veículo de partido e de político com recursos obtidos pelo dr. Antônio Prado, "estadista que mereceu até a honra de ter uma rua com o seu nome infeliz, a rua que dá para ele o melhor gramado", "uma espécie de Narcisozinho acaboclado" e inútil. "O que faz? Nada." O *Correio Paulistano* era acusado de ter alma inimiga da raça negra. (*apud* Schwarcz, 1987, pp. 91-94) Os jornais conservadores ou republicanos apanhavam na cara por não entenderem os quilombos e por disseminarem um discurso de repressão, de temor ou de apreensão.

A escravidão era apresentada como a ideia mais radical do capitalismo comercial, a apropriação mais extremista e imoralmente ousada do legado da antiguidade greco-romana: o trabalho gratuito. O lucro potencializado pela redução a zero do custo do trabalho. A *Revista Illustrada* repercutia com humor a ira de *A Redempção*. Em sua edição de 3 de março de 1888, trucida:

LUTAS NO CAMPO JORNALÍSTICO

Custa a crer que houvesse, no Brasil, um jornal que procurasse justificar o atentado do Rio do Peixe. Dá-nos *A Redempção* esta triste notícia fazendo-nos conhecer o nome desse jornal, de um museu. Pois se até as *Novidades* disseram que aquilo era uma vergonha! Mas, acrescenta *A Redempção*: "Indague-se quem é esse jornalista e vai-se conhecer um maltrapilho, um bajulador vulgar, um desses homens que vive do estômago e é capaz de todos os atos baixos, impróprios da raça humana." Dá-nos nojo, até, escrever esta notícia, porque é dar importância a um jornal que, esquecendo-se da sua missão, envergonha o jornalismo. Felizmente, bem perto da nossa cama existe um criado-mudo, depositário desses jornais, que, em vez de pregarem o progresso, anunciam pretos fugidos e escrevem artigos asnáticos, como escreveu a *Gazeta da Bocaina*. Para o criado-mudo, *Gazeta da Bocaina*! Eu preciso de ti para servir de arco a certo rabecão de cordas. Vai escrever para o diabo que te carregue!

O atentado da Penha do Rio do Peixe foi um ato terrorista praticado por escravagistas, sob o comando de um médico, James Warne – casado com uma brasileira da poderosa família escravista Cintra, um ex-confederado dos Estados Unidos apelidado de Boi e conhecido por sua truculência –, contra a família de um delegado de polícia que se tornara protetor de negros fugidos. A repercussão negativa foi tanta que a cidade acabaria mudando seu nome para o de Itapira.

21. Jornais abolicionistas e jornais na abolição
(*A Província de São Paulo* e depois
O Estado de S. Paulo publicavam anúncios
de leilão de escravos ainda em 1884)

A abolição foi um produto, de certo modo, da imprensa. Uma obra do impresso. O resultado de um campo de lutas. Uma relação de jornais e revistas, ampliada a partir de uma lista feita pelo historiador Robert Conrad (1978), centrada nos anos 1870-1880, mas incluindo alguns veículos de décadas anteriores, dá uma amostragem dos títulos da imprensa brasileira das décadas de combate ou defesa do cativeiro: *O Abolicionista* (Rio de Janeiro, 1880); *Amazonas* (Manaus, 1883, 1884); *Anglo-Brazilian Times* (Rio de Janeiro, 1881); *Associação Central Emancipadora* (Rio de Janeiro, 1880-1881); *O atirador franco* (Rio de Janeiro, 1881); *The British and American Mail* (Rio de Janeiro, 1878); *O Cearense* (Fortaleza, 1846); *Cidade do Rio* (Rio de Janeiro, 1887-1888); *Correio Mercantil* (Pelotas, 1887); (*Correio Paulistano*, São Paulo, 1887-1888); *O Corsário* (Rio de Janeiro, 1880); *O Cruzeiro* (Rio de Janeiro, 1882, 1884); *Diário de Notícias* (Rio de Janeiro, 1882); *Diário Oficial* (Rio de Janeiro, 1867); *Diário do Rio de Janeiro* (Rio de Janeiro, 1854); *Diário de Santos* (São Paulo, 1886-1887); *Gazeta Mineira* (São João d'El Rei, 1888); *Gazeta do Norte* (Fortaleza, 1880-1881); *Gazeta de Notícias* (Rio de Janeiro, 1880, 1885); *Gazeta do Povo* (Campos, 1887); *Gazeta do Povo* (São Paulo, 1888); *Gazeta da Tarde* (Rio de Janeiro, 1880-

RAÍZES DO CONSERVADORISMO BRASILEIRO

1888); *O Grito Nacional* (Rio de Janeiro, 1848-1851); *A ideia Nova* (Diamantina, 1848); *Jornal do Commercio* (Rio de Janeiro, 1880, 1884-1888); *O Libertador* (Fortaleza, 1881); *O Monarchista* (Rio de Janeiro, 1848); *Novidades* (Rio de Janeiro, 1887); *A Onda* (São Paulo, 1884); *A Ordem* (Baturité, Ceará, 1884); *O Paiz* (Rio de Janeiro, 1887); *O Paiz* (São Luís do Maranhão, 1879-1881); *Pedro II* (Fortaleza, 1878); *O Philantropo* (Rio de Janeiro, 1849-1853); *O Pirassununga* (Pirassununga, São Paulo, 1888); *O Popular* (Porto das Caixas, Rio de Janeiro, 1855); *O Progressista* (São João da Barra, Rio de Janeiro, 1887); *A Província de Minas* (Ouro Preto, 1880); *A Província do Espírito Santo* (Vitória, 1882), *A Província do Pará* (Belém, 1888); *A Província de São Paulo* (São Paulo, 1880, 1887-1888); *A Redempção* (São Paulo, 1887); *A Reforma* (Porto Alegre, 1884); *The Rio News* (Rio de Janeiro, 1880-1889); *The South American Journal and Brazil and River Plate Mail* (Londres, 1881-1888); *Vinte e cinco de março* (Campos, 1884). Só em Minas Gerais, de 1823 a 1897, teriam sido criados 867 periódicos. Nada mais perecível do que um jornal.

Nada mais representativo da segunda metade do século XIX: São Paulo, entre 1881 e 1890, teria contado com 273 títulos. Os jornais que mais combateram o tráfico de escravos, quando ainda não havia uma imprensa francamente abolicionista, segundo Conrad (1978, p. 28), foram *O Monarchista* (criado em 1848), *O Grito Nacional* (1848) e *O Philantropo* (1849). Depois, deu-se um vazio até o surgimento de uma nova e combativa imprensa abolicionista. Na guerra, os meios eram os mais diversos e nem sempre legais. Um cônsul inglês no Rio de Janeiro, James Hudson, admitiu ou sugeriu, para o horror dos nacionalistas escravistas, que a Inglaterra subsidiava a imprensa brasileira contrária ao tráfico. Não seria a última vez que dinheiro estrangeiro bancaria campanhas de seu interesse dentro do Brasil.

Em 1811, conforme Emília Viotti da Costa, Hipólito José da Costa, no seu *Correio Braziliense*, editado em Londres, já defendia a abolição da escravatura. (2010, p. 17) Seria, porém, em jornais radicais como *O Progresso* (Recife, 1848) e a *Nova Luz Brasileira* (Rio de Janeiro, 1829-1831) que o sistema seria atacado. Tudo se criticava, do latifúndio improdutivo à improdutividade do Senado vitalício e elitista. Se os jornais duravam pouco, apressavam-se em mostrar a que vinham. A mensagem era tudo,

JORNAIS ABOLICIONISTAS E JORNAIS NA ABOLIÇÃO

mesmo que os receptores fossem poucos. O meio acabava por difundir o que o suporte e o código restringiam. Sem os mensageiros, nada avançava. Em 1871, conforme Conrad (1978, p. 130), o Ventre Livre foi uma vitória da imprensa, "que identificou o objetivo da emancipação com patriotismo e futuro da nação, minando, sem dúvida, a autoridade dos proprietários de escravos e o compromisso nacional para com o sistema escravocrata". Nos grandes momentos, o jornalismo não pode e não deve ser neutro. Uma lição.

A imprensa "séria" do século XIX temia os radicais, não os vendo entre os escravocratas, mas somente entre os abolicionistas, e por isso, de modo geral, permaneceu indiferente à questão escravista "rejeitando a emancipação rápida por razões econômicas ou, então, defendendo a posição pró-escravatura" (Conrad, 1978, p. 181) por conveniência. Foi a *Gazeta de Notícias*, de Ferreira de Araújo, que rompeu o pensamento único da grande imprensa escravista. Já a *Gazeta da Tarde*, de Ferreira de Menezes e depois de José do Patrocínio, radicalizou a defesa da abolição. E *A Cidade do Rio*, com José do Patrocínio, assumiu, em 1887, o combate em termos implacáveis.

Uma imprensa paralela mobilizou o público mais sensível aos instrumentos da retórica, entre os quais a *Revista Illustrada*, do italiano Angelo Agostini, com suas caricaturas impiedosas, e o jornal *Rio News*, publicado em inglês por Jackson Lamoureux, com suas análises precisas sobre o descumprimento das leis relativas, por exemplo, aos africanos livres. A *Gazeta do Norte*, de Fortaleza, criada em junho de 1880, tornou-se abolicionista seis meses depois.

Nos anos 1880, a imprensa abolicionista sofreria uma campanha de difamação comandada por escravistas como Manoel Peixoto de Lacerda Werneck. Nabuco era chamado de vaidoso e acusado de ser um menino mimado, filhinho de papai, querendo aparecer no estrangeiro com sua militância abolicionista. Para o jornal *O Paiz*, do Maranhão, Nabuco não tinha "a autoridade do bom senso" nem "a prudência do estadista e a consciência do patriota". (*apud* Conrad, 1978, p. 200)

O jornal *A Província de São Paulo*, criado em 1875, que viria a se tornar o *Estadão*, desencavava, em 1880, a *Gazeta da Tarde* e menosprezava José do Patrocínio, chamado de "orador de São Luís". Jornais eram quebrados, invadidos. Jornalistas da *Gazeta da Tarde* eram impedidos de assistir às

RAÍZES DO CONSERVADORISMO BRASILEIRO

sessões do parlamento. Nas páginas de *A Província de São Paulo*, o filósofo Luís Pereira Barreto defendia que a escravidão, para "os infelizes filhos da bárbara África", era "incontestavelmente um bem relativo". (*idem*, p. 204) *A Província de São Paulo*, para Conrad (*idem*, p. 209), era o "órgão pró-escravatura do abolicionismo", que defendeu barreiras contra o tráfico interprovincial para evitar o crescimento do abolicionismo nas províncias vendedoras de cativos. O *Diário do Brazil* pregava o descumprimento da lei de 1871 e defendia a honra dos fazendeiros.

Falhas eram comuns. Incomuns eram as correções. Contava-se com o esquecimento. As dificuldades de apuração de notícias pareciam insuperáveis. Uma "barrigada" (erro no jargão jornalístico) da agência Havas, por exemplo, depois da aprovação da Lei dos Sexagenários, que permitia punir severamente quem ajudasse escravos em fuga, tirou os abolicionistas da letargia em que se encontravam. Segundo a Havas, a escravidão havia sido abolida no Brasil. O Brasil, obviamente, não se apressou em corrigir a informação nem em confirmá-la com um ato de libertação dos cativos, que só viria em 1888.

A primeira missão de um jornal no século XIX era sobreviver mais um dia. No site do acervo digital do *Estadão*, lê-se uma bela história:

> O jornal *O Estado de S. Paulo* nasceu com o nome de *A Província de São Paulo*. Seus fundadores foram um grupo de republicanos, liderados por Manoel Ferraz de Campos Salles e Américo Brasiliense, que decidiram criar um diário de notícias para combater a monarquia e a escravidão.[7]

República, talvez. Abolição, não. Somente a partir de 1885. Em 29 de janeiro de 1884, *A Província de São Paulo* trazia um longo "edital da praça", encomendado pelo dr. Lupercínio da Rocha Lima, juiz de órfãos de São José dos Campos "na forma da lei". Anunciava-se, na porta da Câmara Municipal da cidade, às 10 horas do dia 4 de fevereiro, uma sensacional liquidação, isto é, um leilão altamente diversificado, com itens tais como: "sessenta cabeças de porcos soltos à razão de 8$33 réis cada uma, que soma 500$000", "um cavalo pombo para sela, avaliado em 100$000",

---

7 <http://acervo.estadao.com.br/historia-do-grupo/decada_1870.shtm>.

cavalo tordilho (R$ 70$000), cavalo rosilho (60$000), junta de bois pretos (150$000), touro pintado (50$000), vaca pintada com cria macho (60$000), vaca laranja sem cria (45$000), novilha amarela, novilha vermelha, tourinho pintado, tourinho fusco, vaca estrela amarela, mula tordilha negra, uma mula chamada Fineza, mula Mimosa, mula gateada, um pangaré chamado Rede, mula ruana, macho vermelho de nome Relógio, carro de bois, tábuas, madeiras, selim, máquina para beneficiar café, 6 mil pés de café novos, terras, 2 mil pés de café de oito anos, terras da fazenda Varadouro, mais 40 mil pés de café (250 réis o pé, total de 10:500000$000), a casa da fazenda, a senzala, a casa do engenho para café, a casa do moinho, etc. Vasto anúncio, enorme lista, negócios, grandes oportunidades.

Para arrematar um produto especial com várias peças:

Outrossim, este juízo recebe propostas em cartas fechadas, seladas e assinadas, desde agora, para ser abertas na audiência do referido dia 4 de fevereiro, a fim de ser arrematada por quem mais der, os escravos abaixo mencionados, em cujo ponto deverão comparecer os proponentes à sala da câmara municipal, sendo: Martim, cor preta, de 56 anos de idade, casado com a escrava Isabel, africano, de trabalho pesado, pedreiro, avaliado em 1:500$000. Isabel, cor preta, de 36 anos de idade, casada com o escravo Martim, crioula, de trabalho pesado, cozinheira (com três filhas ingênuas), avaliada em 800$000. Casemiro, cor preta, de 15 anos de idade, solteiro, crioulo, filho de Isabel, pra [sic] trabalho leve, para serviço doméstico, avaliado em 1:500$000. Joaquim, cor parda, de 41 anos de idade, casado com a escrava Maria, crioulo, para serviço pesado, avaliado em 1:200$000. Maria, cor preta, de 56 anos de idade, casada com o escravo Joaquim, africana, para trabalho regular, lavoura, avaliada em 400$000. Feliciano, cor preta, de 41 anos idade [sic], solteiro, crioulo, para serviço pesado, lavoura, avaliado em 1:200$000. Bonifácio, cor preta, de 36 anos de idade, solteiro, crioulo, para serviço pesado, lavoura, avaliado em 1:400$000. Adão, cor parda, de 31 anos de idade, solteiro, crioulo, para serviço pesado, lavoura, avaliado em 1:400$000. Caetana, cor preta, de 26 anos de idade, solteira, crioula, para serviço pesado e doméstico (com uma filha ingênua), avaliada em 7000$000.

RAÍZES DO CONSERVADORISMO BRASILEIRO

A lista incluía ainda Luzia, Romão, João (51 anos, 100$000), Alexandrina, 49 anos, mulher de João (avaliada em 700$000), Martinho (29 anos, solteiro, lavrador, 600$000), Vicente, 27 anos, lavrador (1:500$000), Manoel (29 anos, 1:200$000), Theophilo (25 anos, 1:500$000), João (29 anos, 1:500$000). Ofertas variadas.

Transparência absoluta: envelope fechado, abertura em sessão pública, vitória do valor mais elevado, nada de favorecimentos. Alto padrão de baixeza. As comparações dão a medida do valor de um escravo: de 12 a 20 cavalos. Escravos jovens valiam muito mais do que velhos. Mulheres valiam menos, em geral, do que homens. O que pode ter acontecido a João, de 51 anos, para valer sete vezes menos do que sua mulher, Alexandrina, apenas dois anos mais moça? Doença, alcoolismo? Um dado chama a atenção: a oferta de um menino de 15 anos, Joaquim, pelo valor forte de 1:500$000. Teria esse jovem tido sua idade adulterada para não ser considerado um ingênuo? Esse anúncio mancha a biografia que o jornal gostaria de se dar como abolicionista desde a sua criação. O escrivão dava fé: "E eu, João José do Nascimento, escrivão de órfãos, o subscrevi e declaro, em tempos, que estes escravos podem ser vistos no bairro do Varadouro, em poder do inventariante Onofre de Oliveira Ramos..." Nenhuma observação à separação de cônjuges.

Não bastasse esse leilão, *A Província de São Paulo* trazia logo abaixo, na mesma página, um anúncio de escravo fugido de Itatiba. Melhor, denunciava um fugitivo:

> Acha-se preso na cadeia desta cidade um preto que diz chamar-se João Crioulo, e pertencer a João Gonçalves de Camargo (vulgo João Bunda), no município de Guaratinguetá, com os sinais seguintes: altura regular, fino de corpo, pouca barba, tem falta de dente em um lado, sinais de castigo nas costas, fisionomia alegre; foi preso no dia 11 do corrente e já fazem [sic] três anos que anda fugido; quem for seu dono pode procurar na cadeia desta cidade.

A edição de 29 de janeiro de 1884 de *A Província de São Paulo* publicava ainda uma pequena nota sobre um mergulho libertador: "A vida pela liberdade." Escrevem da Vargem Alegre para o Rio: "Dois capitães do mato

JORNAIS ABOLICIONISTAS E JORNAIS NA ABOLIÇÃO

acompanhavam hoje um escravo que fugira ao sr. barão do Rio Bonito quando, ao atravessarem a ponte do rio Paraíba, o preto atirou-se na água e desapareceu." Era a forma mais rápida de escapar ao cativeiro. *A Província de São Paulo* foi muito mais um jornal na abolição do que um jornal abolicionista. Não podia ser *A Redempção*, folha bissemanal *abolicionista, comercial e noticiosa*, que apresentara armas no primeiro editorial, em 2 de janeiro de 1887:

> O título do nosso jornal já indica a nossa missão na imprensa. Divergimos completamente tanto dos liberais resistentes quanto dos *escravocratas*, não concordamos com as ideias conservadoras e detestamos aqueles que, trazendo o capacete frígio na cabeça, trazem na mão o bacalhau com que cotidianamente surram os seus míseros escravos.

Ao ataque! Para não deixar dúvida, lançava nesse primeiro dia o primeiro capítulo de *A cabana do pai Tomás*. A escravidão era definida, no pontapé inicial, como um "crime de lesa-humanidade".

Um câncer do qual só se escapava pela alforria ou pela morte. Quando a morte natural tardava e o sofrimento era imenso, restava o suicídio para abreviar a curva do tempo. Por que se matar em vez de matar o opressor identificado? Por que não se vingar do opressor conhecido? Por que não cortar o mal pela raiz? Por que não silenciar o torturador? Uma resposta categórica nunca será alcançada. Em todo caso, é quase impossível não se pensar nessa hipótese radical.

A abolição dominou os jornais. *A Redempção*, em 13 de maio de 1889, permitiu-se uma deliciosa crônica de humor em relação ao jornalismo pós-libertação dos escravos: "Depois da lei de 13 de maio, tendo cessado o jornalismo abolicionista, caíram os jornais da terra numa apatia digna de lástima. Ler-se um era ler-se todos [*sic*]." Mordaz, a sátira apresentava *A Província de São Paulo* como um interminável rol de discursos republicanos requentados:

> Continuamos a ler *A Província* e até hoje não nos deu mais uma notícia de sensação [...] *O Correio Paulistano* conservou-se em silêncio durante o ano: de vez em quando o mavioso poeta Wensceslau de Queiroz publicava

suas odes, chorando o desprezo com que o sexo feminino o maltrata [...] *O Diário Mercantil* deu nítido obituário de diversas pessoas importantes e amigos daquela redação, contou a seus leitores que o Gaspar esteve doente nove vezes, o Leo foi muito bem tratado pelo Cotegipe [...] O Leo ficava doente de vez em quando e Gaspar sarava e, quando este ficava doente, o Leo sarava [...] O *Diário Popular* não deixa de publicar todos os dias cartas do Aristides Lobo, sendo para notar que houve dias em que publicou duas [...] o noticiário é variado como são todos e tem bons telegramas, sendo sua seção de humorismo com tão pouco humor que nunca podemos dar risada de uma só graça ali escrita.

O final dessa crônica é divertidíssimo: "E enquanto tudo isso se passava, o sr. Prates do banco, com seu chapéu esquisitório, estudava astrologia no telhado da sua casa a ver se era possível descobrir outra estrela igual à que descobriu para o primeiro filho." A nota triste era a notícia da morte do abolicionista Joaquim Serra.

22. A hipótese radical: por que os escravos não mataram todos os seus donos?

A escravidão atingiu todos os cantos e recantos do Brasil. Não foi apenas um modo de produção. Moldou um estilo de vida. Formatou um tipo de relação cotidiana baseada no medo, na coerção, no castigo corporal e em uma noção particular de propriedade. Tinha o proprietário direito total sobre o corpo dos escravos? Podia exigir que as escravas lhe prestassem serviços sexuais? Joaquim Nabuco, como se viu, entendia que sim. Ou seja, que, na prática, os proprietários apropriavam-se do corpo e do espírito dos cativos.

A certeza da posse absoluta do escravo aparecia nos textos de anúncios de captura de escravos fugidos. Em 1884, uma página do jornal *A Província de Minas*, coberta desses anúncios com os tradicionais detalhes sobre cor, estatura, vestimentas, defeitos físicos e características particulares, deixava, como tantos outros, entrever a estrutura do sistema escravista encarnado na singularidade de uma fuga. Prometiam-se 200$000 pelo escravo fugido de nome Sebastião,

> comprado ao sr. barão de Montes Claros – depois de ter sido julgado pelo juiz da cidade de Pomba, onde foi condenado a açoites, dos quais deve ter sinais; é de boa aptidão para o trabalho de lavoura, carreia e toca tropa.

O que diz esse anúncio tão comum? Acima de tudo, que a administração dos castigos se tornara uma questão pública, embora, no dia a dia, fosse praticada de modo privado, como forma de evitar a burocracia. Castigos a escravos de terceiros requeriam a mediação judicial. De resto, a justiça privada era mais expedita e eficaz.

Os anúncios, como os dessa página do jornal *A Província de Minas*, indicavam, de modo geral, as péssimas condições físicas dos fugitivos, "tem sinais de uma ferida no peito do pé direito", "com falta de dentes na frente do queixo superior", "aleijado do dedo índex de uma das mãos", "à noite quase não enxerga tendo luz à vista", ainda que houvesse, nessas descrições macabras, os "de bons dentes" e "cheios de corpo". Esses classificados negreiros faziam questão de mostrar legitimidade e conhecimento jurídico: "Protesta-se com todo o rigor da lei contra quem o acoutar." As prisões estavam à disposição dos reclamantes como estalagens: "Quem o prender em alguma cadeia dando imediatamente aviso receberá duzentos mil-réis." Ou: "Gratifica-se com 100$000 a quem os prender e depositar em qualquer cadeia, dando por esta tipografia aos seus senhores o respetivo aviso." O aparato estatal muito servia aos cidadãos proprietários.

Em 30 de novembro de 1887, praticamente às vésperas da abolição, um anúncio em *A Província de Minas* exibia o velho estilo dos tempos anteriores às lutas abolicionistas:

> Evadiu-se da fazenda do Monte Carmelo, município de Pyranga, freguesia de Calambão, propriedade do abaixo-assinado [Joaquim Carneiro de Miranda], o seu escravo Marçal, cor preta, estatura média, rosto comprido, olhos pequenos, nariz grande, não tem barba, 30 anos mais ou menos, ótimo trabalhador de enxada, e toca viola. A fuga teve lugar no dia 25 do corrente, e desconfia-se ter o dito escravo procurado a via férrea Leopoldina, ou alguma fazenda nas suas imediações, para trabalhar. Gratifica-se bem a quem dele der notícia certa, levá-lo à fazenda acima ou recolhê-lo em alguma cadeia.

Imprensa e escravismo continuavam trabalhando em parceria na captura de negros fugidos.

A HIPÓTESE RADICAL: POR QUE OS ESCRAVOS NÃO MATARAM TODOS OS SEUS DONOS?

O modelo dominante não acompanhava necessariamente a luta abolicionista. O anuário do Rio Grande do Sul de 1888, com dados referentes a 1883-1886, apresentava em suas colunas itens como gado de consumo, transmissão de escravos, exportação de escravos, animais exportados, armazenagem de aguardente, fumo, sabão, velas e renda do guindaste, taxas de escravos, bens de evento e outros componentes. Um relatório do Ministério da Agricultura, de 1887, dava conta da distância entre o espírito das leis e a realidade: o total de alforriados pelo fundo de emancipação desde a sua implantação não passava de 30.014. Reconhecia-se o fracasso:

> O resultado não corresponde aos intuitos do legislador de 1871. Com efeito, este não podia crer que, passados 16 anos, tão somente se houvesse alforriado por conta do fundo aquele número de escravos, ou no fim de 17 anos o número total de 32.436.

O preço médio das alforrias fora de 602$257.

O escravo estava por toda parte. O escravismo impregnava tudo. A estrutura social, do ponto de vista jurídico ou econômico, articulava a expectativa de ordem e produção com mecanismos de violência ilegítima e emperramento da evolução legal da libertação. Tudo parecia feito para não funcionar. A população escrava diminuía, mas não na proporção necessária. As ideias andavam mais rápido do que certas práticas sociais. Se o número de escravos diminuía, a ideologia escravista permanecia enraizada no imaginário social da nação.

Um dado citado por Robert Conrad exemplifica o tamanho dessa disseminação: "Na década de 1870, todos os 643 municípios do império dos quais havia estatísticas ainda continham escravos, desde 48.939 no Município Neutro (o distrito da capital), até três escravos registrados no município baiano de Vila Verde." (1978, p. 6) A evolução dos números de cativos e livres revela o caráter da sociedade brasileira. Em 1821, no Rio de Janeiro, seriam 173.775 escravos e 159.271 livres. Em 1840, de 400 mil habitantes do Rio de Janeiro, 225 mil seriam escravos. Mas, em 1870, a população livre fluminense já era maior do que a escrava, exceto nos municípios do café, como Vassouras, São Fidélis, Valença e Piraí. Mais impressionante é este outro dado que não escapou a Conrad:

Na província de São Paulo, o município de Campinas, produtor de café, contava com 13.685 escravos e apenas 6.887 pessoas livres cerca de 1872, enquanto, no vizinho Bananal, viviam 8.281 escravos entre 7.325 pessoas livres (*idem*, p. 7).

Como foi possível evitar uma explosão?

Em 1820, conforme dados de Stanley J. Stein e Barbara H. Stein citados por Robert Conrad, em uma população de 3 milhões de habitantes, 2 milhões seriam escravos no Brasil. Praticamente só os escravos trabalhavam. Em 1799, um relatório indicava que, de 46 mil pessoas com ocupações laborais no Maranhão, 40 mil eram escravas. Em Curitiba, metade da população ativa era escrava, embora, como sublinha Conrad, os cativos fossem apenas 16% da população local. (1978, p. 9) Os escravos eram tudo, faziam tudo e valiam muito. O exemplo apresentado por Conrad é altamente elucidativo: em 1882, 230 escravos de uma fazenda do Rio de Janeiro valiam 280 contos, enquanto tudo mais – terra, café e animais – não passava de 354 contos. Os escravos eram dinheiro, faziam dinheiro para seus proprietários e enchiam os cofres do Tesouro público com os impostos pagos na importação, eufemismo para tráfico, de 30 a 40 mil "peças" por ano. A receita de impostos chegava a 2 milhões de contos anuais. (*idem*, p. 11) O Estado era cúmplice, proxeneta, algoz e legitimador.

O que, no entanto, freou uma revolta generalizada dos cativos quando se encontravam em maioria? "Os escravos sempre tinham continuado a trabalhar nas terras dos seus senhores principalmente por medo do castigo físico." (*idem*, p. 289) A proibição dos açoites teria facilitado as fugas e aberto caminho para a abolição. Ao olhar o passado, o historiador espanta-se. Cortés tinha 550 homens no México? Pizarro conquistou o Peru com 168 aventureiros? Yuval Harari questiona provocativamente: "O que 550 homens poderiam fazer a um império de milhões?" (2015, p. 303) Trazendo para mais perto:

Durante todo o século XIX e início do século XX, menos de 5 mil oficiais britânicos, algo entre 40 mil a 70 mil soldados britânicos e, talvez, outros 100 mil empresários parasitas, esposas e filhos de britâ-

A HIPÓTESE RADICAL: POR QUE OS ESCRAVOS NÃO MATARAM TODOS OS SEUS DONOS?

nicos foram o suficiente para conquistar e governar até 300 milhões de indianos. (*idem*, p. 310)

Como foi possível fazer isso?

Por que cada escravo brasileiro, nos confins das fazendas ou na solidão dos lares urbanos, não matou seu senhor em um momento de descuido? Por medo? Por instinto de sobrevivência? Por falta de uma cultura do atentado/suicídio? Pela força disseminada da repressão? Por ideologia introjetada? Por amor à vida? Por conformismo? Muitas foram as formas de resistência dos escravos em mais de três séculos: fugas, quilombos, rebeliões, assassinatos de senhores, suicídios, ataques pontuais a certos proprietários, religião e negociação.

Os assassinatos de proprietários de escravos eram registrados na imprensa sempre com odes aos generosos senhores mortos. Celia Maria Marinho de Azevedo trata disso em *Onda negra, medo branco – o negro no imaginário das elites do século.* (1987) Na passagem de 1860 para 1870, segundo levantamento feito por ela, nos relatórios dos chefes de polícia, os crimes contra a vida dos amos aumentaram. Passava-se da fuga ao assassinato. O ano de 1871 seria farto em homicídios contra feitores. As autoridades policiais alarmavam-se. São Paulo, segundo um chefe de polícia, só perdia nesse tipo de crime para Pernambuco e Ceará. (*apud* Azevedo, 1987, p. 187) Para outro chefe de polícia, Elias Antonio Pacheco e Chaves, em relatório para o ano de 1876, a situação agravava-se em São Paulo, devido ao "escravo mau vindo do norte." (*apud* Azevedo, 1987, p. 190) Seriam os efeitos perversos do tráfico interprovincial. Quando o escravo Nazario matou, em 8 de fevereiro de 1879, o seu proprietário, João Dias Ferraz da Luz, e suas filhas, a machadadas, o delegado de polícia João Augusto de Pádua Fleury qualificou o assassino de "malvado" e de "execrável matador", que teria agido sem haver "sofrido castigo algum". Em função disso, o "povo aterrado revoltou-se contra o assassino e, arrancando-o da prisão, matou-o a pedradas". (*apud* Azevedo, 1987, p. 198)

Em *A Província de São Paulo*, o tom das notas sobre crimes cometidos por escravos era assim:

Mais um lamentável assassinato, mais um daqueles casos que registramos com profunda mágoa e sentimento. O sr. Manoel Ignácio de Camargo, conhecido e muito estimado fazendeiro deste município de Campinas, foi vítima de seus próprios escravos sendo barbaramente morto ontem à traição com 12 ferimentos de enxada e foice, cinco dos quais cada um por si determinava a morte. (2 de maio de 1876, *apud* Schwarcz, 2001, p. 121)

As qualidades eram todas da vítima. Não havia espaço para atenuantes que buscassem compreender o ato assassino. As notícias de outros crimes em *A Província de São Paulo* destacavam que o fazendeiro morto "não era rigoroso no modo de tratar seus escravos", sendo, ao contrário, visto como "muito honesto e brando para com seus escravos". (15 de maio de 1887) Ou procuravam mostrar o absurdo de um crime contra uma "mãe de numerosa família", dona de só oito ou dez escravos, proprietários que "não eram maus senhores", tendo sido mortos por dois cativos que haviam sido amamentados pela vítima. (11 de junho de 1878, *apud* Schwarcz, 2001, p. 122) Há um padrão: bom senhor, generoso, brando e honesto, assassinado por negro ingrato.

O negro assassino era o monstro que ceifava a vida do branco que o protegia e alimentava. A situação concreta do criminoso, sua condição de cativo, não era vista como justificativa para seu gesto desesperado. Matar seria questão de caráter e índole. Não se aceitava que o contexto existencial pudesse servir de atenuante. Nada de novo. Nada de velho. O conservadorismo brasileiro continua a pensar que aspectos sociais não podem ser usados para explicar ou justificar crimes. Estabelece-se o paradoxo: o escravismo seria explicado pela época, pelo contexto, mas a prática do crime seria abstrata. O escravista raciocinava, consciente ou inconscientemente, deste modo: se apenas alguns negros matam seus senhores, então não é o fato de ser escravo que leva ao crime, ou todos cometeriam assassinatos. Pedia-se ao escravo que aceitasse sua condição e vivesse em paz. O cruzamento das intimações sociais com as pressões subjetivas ou vice-versa não podia ser considerado. O argumento relativista sugere que o contexto histórico é sempre mais forte do que a razão. Será assim?

A HIPÓTESE RADICAL: POR QUE OS ESCRAVOS NÃO MATARAM TODOS OS SEUS DONOS?

Por que esses crimes não se transformaram no tão temido banho de sangue? José do Patrocínio emitiu a sua opinião:

> As estatísticas demonstram que o número de atentados de escravos contra seus senhores aumentou de um modo sensível desde que o imperador começou a comutar sistematicamente a pena de morte pronunciada contra os escravos em trabalhos forçados perpétuos. (*apud* Azevedo, 1987, p. 183)

A repressão extrema, portanto, funcionava? Até mesmo, ao que parece, a resistência pelo desespero tem seu tempo de maturação. Quem poderia censurar os escravos por quererem viver? Quem poderia criticá-los retrospectivamente por não verem no ato individual extremo um rastilho para o coletivo? O ato de matar e morrer não se constituiu numa opção libertadora percebida como um elemento de acumulação. Certamente para isso contaram a falta de conexão entre os cativos, a diversidade cultural, as injunções individuais e as dificuldades de organização.

Os escravos viviam sob vigilância permanente. Revoltaram-se, fugiram, suicidaram-se ou abortaram seus filhos. Mataram seus senhores. Acima de tudo, porém, predominou uma aura vitalista. Não chegaram a ver no assassinato individual de seus proprietários uma estratégia revolucionária coletiva. Embora tudo os autorizasse a atentar contra a vida de seus algozes, foram, de modo geral, mais generosos, humanistas e civilizados do que seus selvagens senhores, raptores, torturadores e, muitas vezes, assassinos. Os proprietários de escravos devem tudo aos seus cativos, tudo, inclusive a vida.

Depois da abolição, começou uma luta para que os condenados por crimes contra senhores fossem perdoados. O jornal *A Redempção*, de 13 de maio de 1889, defendeu esta causa: "É preciso não confundir os assassinos vulgares que cometem crimes por vício ou por malvadez com esses infelizes que, se mataram, foi em defesa da liberdade." O jornal de Antônio Bento, já em seu primeiro número, em 1887, dera um ótimo e ainda atual conselho:

> Empregado público, dependente por sua natureza do governo, jamais devia ser redator de jornais e, senão, leiam as *Notas Diárias* do *Diário*

Mercantil e verão que aquela seção é sempre um turíbulo fumegante a todos os presidentes, chefes de polícia *et religua*. Para que meter-se a escrever em jornais quem não tem a independência precisa? Quando o homem tem habilitação para escrever, mas não pode fazê-lo com independência e arrisca a pena, vai fazer versos porque isso a ninguém ofende. O autor das *Notas diárias* se tivesse um olho de menos poderia ser um grande Camões, mas, como tem os dois perfeitos, seja um João de Deus.

Ainda não mudou.
Será que um dia mudará?

23. Senhores e feitores assassinos, um crime exemplar

O conflito entre escravos e proprietários teve seus picos e seus casos paradigmáticos. Uma das narrativas exemplares dessa guerra sempre no fio da navalha não trata de senhores e de feitores assassinados, mas de senhores e de feitores assassinos. É o célebre caso do rio do Peixe, que chocou até mesmo a sensibilidade embotada da época. As narrativas dependem, obviamente, dos narradores. A lente nem sempre procura o fato mais significativo. Osório Duque Estrada sintetizou:

> Ocupamo-nos apenas com mais detalhe da meia conquista de 1871, que teve a vantagem de despertar o sentimento nacional e desvendar ao país a fortaleza negra do escravagismo impenitente, onde se encastelou durante cerca de vinte anos a resistência férrea dos Paulinos, dos Cotegipes, dos Andrades Figueiras e dos Saraivas.

Essa resistência foi, aos poucos, sendo corroída:

> Com mais amor e cuidado, da fase militante e revolucionária do verdadeiro abolicionismo, que começa em 1879, com o movimento emancipador de Joaquim Nabuco, sobe de intensidade, em 1883, com a ação demolidora de José do Patrocínio e da Confederação Abolicionista, empolga a nação inteira em 1885 com o ministério Dantas e a efervescência dos

RAÍZES DO CONSERVADORISMO BRASILEIRO

comícios em que troveja constantemente a palavra fulminadora de Rui
Barbosa, conquista ao mesmo tempo a Escola Militar e o Exército,
provocando o êxodo dos escravos, e tem, por fim, o seu epílogo fatal na
alvorada luminosa de 13 de maio de 1888. É essa a verdadeira epopeia
da Abolição, que há de ter no futuro o seu Homero, já que não logrou
encontrar até agora o seu Tucídides. (2005, p. 23)

Resistência sempre existiu. Quilombos foram criados desde o século XVI.
Em 1883, havia cinco perto de Belém do Pará. A resistência, porém, precisou enfrentar a reação dos proprietários. O caso do rio do Peixe revela
o desespero que tomou conta dos escravocratas na fase revolucionária do
abolicionismo. Muitos jornais descreveram o ocorrido, mas a narrativa da
jocosa *Revista Illustrada*, em tom sério, dá a medida do choque que abalou
o Brasil da época.

Sob o título "Atrocidade sem nome", com a data de 18 de fevereiro de
1888, a *Revista Illustrada* conta:

Os jornais do domingo trouxeram as primeiras notícias sobre o covarde
assassinato do delegado de polícia da Penha do Peixe, em São Paulo. Informações posteriores confirmam o nefando atentado e dão-lhe proporções
de verdadeira tragédia, na qual figuram, como protagonistas, diversos
fazendeiros, e como vítima, uma autoridade constituída e sua exemplar
esposa. O teatro do morticínio foi o próprio lar doméstico do delegado de
polícia, invadido, às horas mortas da noite, por um grupo de fazendeiros,
à frente de 140 capangas. É o primeiro fato, de caráter sanguinolento, que
se dá na história do abolicionismo, alvoraçando os espíritos, acendendo
a chama das lutas fratricidas! Uma autoridade pública, perfeitamente
inspirada nos seus deveres e nas ordens dos chefes, que dirigem a política
de São Paulo, foi assim dada em holocausto à sanha negreira, e banhou
com seu sangue o solo, quase redimido, da adiantada província.

Um quadro sinistro. Uma narrativa detalhada:

Na sua sanha brutal, os agressores cobardes, ocultos nas sombras
da noite e na confusão do número, trucidaram o mísero delegado de

SENHORES E FEITORES ASSASSINOS, UM CRIME EXEMPLAR

polícia e feriram gravemente sua esposa, a heroica senhora, que procurou interpor-se entre seu marido indefeso e a fúria dos assassinos. A desditosa senhora ajoelhou-se aos pés dos bandidos, suplicando a vida de seu esposo e, como eles a maltratassem, mandou também ajoelhar uma filhinha. Com um pontapé, um dos sicários atirou a criança para longe! Isso brada aos céus. É uma vergonha, é um opróbrio, não dissemos para a província de São Paulo, mas para todo o Brasil! Não haverá alma de patriota que ao ler o nefando atentado não se sinta envolvida nos crepes do luto.

Eis o ponto:

Os assassinos e seus assalariados juntaram-se em grande número para que a responsabilidade de tão monstruoso crime se dissolvesse por todos, não sabendo a justiça a quem dar autoria. Os fatos, porém, estão-se desenhando, com nitidez e já o nome de vários fazendeiros passa de boca em boca como autores desse vil e miserável assassinato. Mais: temendo a luz do dia, tanto os mandantes como os capangas atacaram a vítima dos seus ódios pela madrugada, à hora em que toda a povoação dormia. Queriam praticar o crime em comum, num grupo de 140 pessoas, para não se saber quem foi; pela calada da noite, para que não houvesse testemunhas, e de surpresa, para que toda a resistência fosse inútil. Em vão! O sangue derramado pede vingança! Já todos apontam os principais autores do trágico atentado. A luz há de fazer-se e, sobre esses criminosos, se não pesar o braço da Justiça social, a cólera popular há de fazer explosão. Desde o dia do crime, já eles se rojam na jaula de suas consciências, que a todo momento lhes estará lembrando a justa vindita popular. Temos, porém, fé que essas feras irão purgar o seu crime numa enxovia porque o povo não tolerará tal impunidade.

Eis, finalmente, o motivo do atentado:

O infeliz delegado de polícia foi assassinado barbaramente por não querer prestar-se a perseguir escravos fugidos. E note-se o contraste: ao passo que os negros fogem em paz e sem causar depredações, seus pretensos senhores mancham as páginas da nossa história com fatos como este, que serão a eterna vergonha de um povo! Que as autoridades despertem e persigam essas feras, quando não o povo terá de fazer justiça por suas mãos. Basta de opróbrio. Em Fernando de Noronha ainda há lugar para vinte ou trinta facínoras.

A revista incitava a população a se vingar.

Mais de vinte dias depois, na edição de 3 de março de 1888, sob o título "Da tragédia à comédia", a revista fazia o balanço da situação desmascarando a engrenagem acionada para acobertar o crime e louvando-se de poder, enfim, apresentar os "retratos" da família atacada e de alguns dos "principais indigitados como assassinos":

São passados 21 dias e algumas horas depois que, numa florescente cidade de São Paulo, um grupo de sicários, em número de 200 ou 300, atacou às 4 horas da manhã, [sic] o lar feliz e risonho de Joaquim Firmino de Araújo Cunha, assassinando-o com uma crueldade e uma covardia como não há memória.

A publicação descrevia novamente a execução, enriquecendo-a com novos e crus detalhes. A vítima teria exclamado: "Vocês o que querem é matar-me! Pois matem-me. Aqui estou!"

A narrativa explorava ao máximo o lado macabro do crime e a frieza dos executores:

Passam-se alguns instantes. A vociferação e a sanha dos bandidos crescem. Joaquim Firmino recua. Um homem só e inerme não pode resistir a duzentos! Cai prostrado pelas pancadas; e, como agonizasse, um dos bandidos, James Ox Warne, quebra-lhe o pescoço, volta-lhe a cabeça para as costas e pergunta aos capangas: "Já viram um homem nesta posição? É medonho!". A malta de assassinos tenta fazer outras vítimas. Todos fogem. Ela, então, arromba várias casas, rouba tudo o que encontra e destrói o que não pode levar. Tais são os traços gerais do crime do dia 11 de fevereiro, que hoje abala todo o país e tem triste repercussão no estrangeiro.

SENHORES E FEITORES ASSASSINOS, UM CRIME EXEMPLAR

Terrível. O que fizeram as autoridades? Muito pouco:

> No dia seguinte, a cidade da Penha está sob o domínio do terror e des-
> povoa-se. As autoridades, então, acorrem. Abrem inquérito, verificam
> tudo e expedem mandado de prisão contra 24 dos principais chefes dessa
> horda de assassinos. Deixam passar o tempo preciso para que a notícia
> da ordem da prisão chegue aos delinquentes, que se dispersam. Do dia
> 14 ao dia 24 nada mais se faz. Mas, neste dia, como uma satisfação à
> consciência pública, irritada, sai uma força em demanda dos criminosos;
> mas é escusado dizer que regressa sem nada conseguir.

O mal da época chamava-se impunidade quando envolvia certos setores
mais aquinhoados da sociedade:

> Há 21 dias, já, que este crime está impune e, por toda parte, o povo
> começa a descrer de que a justiça dê à sociedade a reparação a que esta
> tem direito. E os dias passam-se e cada um deles leva consigo os restos de
> confiança que as populações ainda tinham nas autoridades constituídas.
> Estas fingem, apenas, querer cumprir os seus deveres. Mas nada fazem
> de decisivo. Oh, céus! Quanto cinismo! Pois, haverá quem, depois de
> uma tragédia dessas, esteja representando uma comédia.

Que tempos! A imprensa não tinha papas na língua nem compromissos
com a falsa neutralidade.

A *Revista Illustrada* não perdoava o chefe de governo, que ainda era
Cotegipe, apresentado em suas páginas como um negreiro fantasiado para
o carnaval.

O episódio teve ampla cobertura do jornal *A Província de São Paulo*, no
qual, em 6 de abril de 1888, o advogado de defesa dos acusados reclamava
estar sendo vítima de ataques em função de "ódios mal contidos" e "despei-
tos pouco dominados". Na edição de 14 de abril de 1888, na Seção Livre, a
quinta parte de um artigo sustentava ter "ficado cabalmente demonstrado
que Joaquim Firmino de Araújo Cunha não pode entrar para o catálogo
dos mártires, por mais torturados que sejam os acontecimentos da madrugada de 11 de fevereiro". A argumentação buscava desqualificar a vítima:

RAÍZES DO CONSERVADORISMO BRASILEIRO

Para supô-lo hóstia sacrificada de uma causa, forçoso era que, por uma série constante de serviços, se não de pesados sacrifícios, ele se impusesse como o intemerato apóstolo dessa mesma causa. Ninguém pedir-lhe-ia muito; mas, em nome de seu caráter de *abolicionista*, com intimações severas à sinceridade de suas crenças, talvez alguém, um anônimo qualquer desses que de mão à ilharga se aquecem às esquinas da imprensa, exigisse que, começando a propaganda por um ato de nobre desinteresse, não tivesse *escravizadas,* não tratasse de *vendê-las* e menos capturasse *escravos fugidos.* Ora, se tal não foi o procedimento do ex-delegado de polícia da Penha, a transfiguração de sua pessoa em abolicionista já vem um pouco tardia.

O articulista jogava pesado.

Reconhecia a violência da execução, mas ironizava: "E tudo pela sórdida cobiça do negro. Eram fazendeiros e só isto basta para dar aos fatos da Penha a cor do escravagismo." Segundo o dr. Brazilio Machado – advogado dos acusados, declarando-se abolicionista e sem interesse por dinheiro, embora a causa lhe garantisse a fortuna de 100 contos –, parte dos "sicários" envolvidos no crime não tinha escravos, não podendo censurar o delegado por não ajudá-los a resgatar fujões. Não se poderia, então, atribuir o assassinato ao "rancor escravista". Machado absolvia todo mundo por falta de provas.

Firmino morreu aos 33 anos, no quintal de sua casa, na rua do Comércio, 400, atingido por uma pancada na cabeça. Uma filha de Firmino conseguiu esconder-se em um quarto, enquanto a esposa abrigou-se num forno. Warne era um fanático. Afirmava que os fazendeiros brasileiros tinham sangue de barata e recomendava uma revolução contra as fugas de escravos. Mesmo tendo tido escravos, o delegado passara a se recusar a caçar negros fugidos e até dava abrigo a alguns. Junto com o jornalista, farmacêutico e vereador Joaquim Ulisses Sarmento, começara a militar pela abolição e chegara a fazer comício em praça pública em defesa da libertação dos escravos. Sofreu processo de um fazendeiro, Firmino Gonçalves Bairral, por não cumprir sua "obrigação" de capturar cativos em fuga. Foi absolvido pelo juiz, que o considerou sem aptidão para o cargo. Seria exonerado pouco antes de morrer. Os assassinos ainda teriam tentado linchar mais dois simpatizantes

SENHORES E FEITORES ASSASSINOS, UM CRIME EXEMPLAR

do abolicionismo em Penha, Pedro Candido de Almeida e Bento da Rocha Campos, mas estes tiveram tempo de escapar.

Submetidos a julgamento, os assassinos foram absolvidos. O advogado, que não perdia causas, ganhou mais uma. Seu nome só não ficou mais sujo na praça porque obteve amplo espaço em *A Província de São Paulo* para se defender. No auge da polêmica, Rui Barbosa lembrou que os piores criminosos, em um Estado de Direito, precisavam de um defensor. A opinião pública, contudo, viu em Machado apenas um advogado mercenário que ganhou a causa graças a uma justiça secularmente comprometida com os interesses dos fazendeiros.

A Redempção, do intrépido Antônio Bento, em sua edição comemorativa de 13 de maio de 1890, lembrou a "horda de escravocratas que quis por todos os meios apagar a luz da liberdade que já lançava seus raios luminosos sobre aquele torrão amaldiçoado", matando um "pai de família, Joaquim Francisco, que exercia o cargo de delegado de polícia e era o chefe abolicionista". Lembrou para informar o pior: "Foram absolvidos todos esses canalhas e patifes porque contaram com magistrados corrompidos que não sabiam cumprir os seus deveres e com jurados que nem compreendiam um juramento por serem analfabetos." O jornal rogava a Deus para dar aos assassinos a punição negada pelos homens e praguejava contra o nome da cidade onde ocorrera o crime: "Envergonhados, mudaram o nome dessa localidade para o de *Itapyra*. Seja esse nome sempre amaldiçoado pelos abolicionistas." Entregava:

> A verdade é que o defensor desses assassinos foi o sr. Brasilio Machado, que hoje exerce o cargo de diretor do Banco de Crédito Real, levanta dinheiro em bancos, compra ações, prédios, etc. E ainda conta com a proteção do nosso chefe, conselheiro Dantas. Vejam o que é o mundo!

Um lugar das elites.

24. Os caifazes de Antônio Bento
(só a desordem liberta)

Rico e cristão, Antônio Bento foi um dos abolicionistas mais radicais. Era conhecido como o homem da capa preta e dos chapéus de aba larga. Criador do jornal radical *A Redempção*, via-se como protegido de Nossa Senhora dos Remédios. A radicalização em São Paulo começou em 1882, com um pequeno jornal intitulado *Ça Ira*, publicação do Centro Abolicionista de São Paulo, sob a tutela da *Gazeta da Tarde*. No final desse ano, houve uma revolta de escravos. O *Diário do Brasil* atacou a desordem, a violência – teriam morrido seis pessoas – e a propaganda abolicionista, que, conforme o jornal *Opinião Liberal*, de Campinas, tinha por objetivo a "destruição dos elementos conservadores da sociedade". (*apud* Conrad, 1978, p. 225) Não deixava de ser verdade. Nem de ser um elemento necessário para a causa.

Em manchetes, seria algo assim: dois grandes quilombos foram criados para dar guarida aos fugitivos – o do Leblon, sob o comando de Seixas Magalhães, e o de Jabaquara, em Santos, dirigido por um trio infernal, o negro carregador de café Quintino de Lacerda, os jornalistas Galeão Carvalhal e Gastão Bousquet e por certo Santos Garrafão. (Estrada, 2005, p. 90) Um artigo do decreto de regulamentação da Lei dos Sexagenários tentou punir severamente qualquer ajuda aos fugitivos; em 1887, 12 mil escravos fugiram pela Serra do Cubatão; *A Redempção*, jornal dos caifazes, contou a história das fugas dos escravos enquanto ela acontecia, mas também em retrospecto; abolida a escravidão, o jornal fechou as portas; voltou, contudo, a lançar edições comemorativas a cada 13 de maio.

No domingo, 13 de maio de 1888, a edição de *A Redempção*, de número 138, trazia o capítulo XXXVI de *A cabana do pai Tomás*. Uma frase na metade do folhetim parecia feita para a situação: "Quem poderá descrever o júbilo desse primeiro dia de liberdade?". O jornal já se despedia do público com uma saudação ao senador Dantas, "pela sua vitória"; uma crítica ao Partido Liberal, por estar sumindo, não tendo sido hasteada a bandeira no Clube Liberal em comemoração aos seus triunfos; e uma nota de louvor a José Bonifácio. A grande preocupação já era com as "leis compressoras": "A vagabundagem não é infração que tenha de ser agora definida." Todos teriam de ser iguais perante as leis. Uma nova fase de lutas pela cidadania se abriria.

Antônio Bento (São Paulo, 17 de fevereiro de 1843-8 de julho 1898) teve seu elogio fúnebre na edição comemorativa do 13 de maio de 1899 publicada pelo jornal que criou, *A Redempção*. Coroinha, depois capelão demitido da Igreja da Sé por haver cometido "irreverências a um cônego", recusou a fazer os agradecimentos de praxe ao se formar na faculdade de Direito, o que lhe custou a perda do cargo de promotor público para o qual fora nomeado: "Antônio Bento pagou esse ato de rebeldia com a suspensão que sofreu e que foi aprovada pelo conselheiro Paulino José Soares de Sousa." Seu destino estava selado. Tinha bons inimigos para sempre. Acabou promotor em Botucatu. Depois de passar por Limeira, exonerou-se e foi advogar em Atibaia, onde virou delegado de polícia e depois juiz.

De volta a São Paulo, em 1877, Antônio Bento se tornaria provedor da Confraria de Nossa Senhora dos Remédios. Na assembleia de 1º de outubro de 1882, disparou um abaixo-assinado a ser enviado aos "altos poderes do Estado", ou seja, ao imperador, pedindo a revogação da lei de 10 de junho de 1835 e do art. 60 do Código Criminal. O argumento era cristalino: "Porque são antinômicos com a Justiça, verdadeiros atentados perante o mundo, crimes aos olhos de Deus."

Fundou *A Redempção* para ser um órgão de combate em uma guerra. Um jornal sem "papas na língua" nem "panos quentes". Lançou-se na luta contra a escravidão, contando prontamente "as atrocidades dos senhores

OS CAIFAZES DE ANTÔNIO BENTO (SÓ A DESORDEM LIBERTA)

de escravos de que ia tendo notícia e citava-lhes os nomes inteiros". O periódico ganhou leitores por curiosidade, "outros por medo" e passou a incomodar os governantes. Publicou a lista dos senhores de escravos em São Paulo. Desde a morte de Luiz Gama, em 1882, Bento chamara para si a tarefa da abolição por métodos mais arrojados. Segundo seu necrológio, "Antônio Bento resolvera operar em ponto grande, porque a escravidão no interior, com a formação de grupos de caifazes, em todas as cidades, redobrava de vigilância".

A estratégia era ousada e perigosa:

> Enviava emissários de toda a confiança às fazendas onde convinha que fosse iniciado o movimento, traçou o plano a executar e... um belo dia viu-se com espanto começar essa esplêndida epopeia do êxodo dos escravizados, que fugiam em massa ao cativeiro, calmos, de enxada ao ombro, acompanhados de mulheres que aconchegavam aos seios *ingênuos*, atravessando cidades, vilas, em busca de Jabaquara, oásis de liberdade aberto no grande deserto negro.

O caminho da luta era o mais curto para a liberdade. Um caminho de confronto:

> A propaganda penetrara nas senzalas, saltara os muros dos quadrados, abrira os troncos, arrancara os ferros e deixara os *senhores* atônitos e espavoridos como os judeus na madrugada da Páscoa, ofuscados por essa ressureição luminosa da liberdade! A escravidão estava morta, e foi Antônio Bento quem lhe vibrou com mão certeira esse golpe tremendo. Para o auxílio da campanha organizou a instituição secreta dos *caifazes*, nome com que designava humoristicamente os seus auxiliares, e é uma cousa indescritível o que se passou nesta contradança da liberdade.

Todos passaram a se empenhar em uma tarefa obsessiva:

> subtrair escravizados ao poder dos senhores. E nessa faixa abençoada, em cuja execução deixamos perecer interesses, quanto *caifaz* encontramos pronto a dar a camisa a um preto boçal e as costas ao rifle da polícia!

Todos juntos em uma missão:

> O cocheiro de praça, o carregador, o caixeiro, o negociante, o operário, o acadêmico, o jornalista, o advogado, o médico, todos, todos, que não tinham escravos, queriam fazer jus ao título de *caifazes*, subtraindo um escravo – ao irmão, ao pai, à sogra, a quem quer que fosse, contanto que o dono perdesse a cabeça a procurá-lo, sem saber como se deu a fuga, e indo queixar-se à polícia para pedir providências.

O custo dessa coragem podia ser alto.

Ameaças, cartas anônimas, pressões de toda ordem, polícia cercando a casa, a vida de pernas para o ar na descrição de seu companheiro de combates, Hippolyto da Silva: "Na abolição, com o sustento de escravizados que se asilavam em sua casa, gastava o que não tinha, e ria-se do ódio escravagista quando este se expandia no insulto, chamando-o de *papa peculios*." Em seu jornal havia espaço para diferentes visões partidárias: conservadores, liberais e republicanos. Ele mesmo era conservador. Hippolyto era republicano. Fernando Coelho, liberal. Alcançada a abolição, teria declarado que, missão cumprida, era hora de ir cuidar da mulher e dos filhos.

Na edição comemorativa mais importante do jornal, a dos dez anos da abolição, de 13 de maio de 1898, Damaso Coelho sintetizou três tempos em poucas palavras: "Se os cativos só confiassem, como confiaram, por dilatados anos, na ação morosa das leis, a liberdade continuaria a ser para eles a imagem querida e sorridente de uma fraca luz de esperança." Sem a desordem dos caifazes, a nova ordem da liberdade teria custado mais a chegar. O passado fora superado. O presente era uma chaga:

> Se sob o império definhava o regime da escravidão na república, tem a nossa pátria agonizado nos braços de maus governos. Em cada estado existe um cacique que governa à sua vontade e perpetua-se no poder por si e por gentes da sua tribo e força é suportar, não há para onde apelar. E o povo humilde e paciente tudo suporta, até a miséria, com evangélica resignação.

Em outro artigo da mesma edição, Hippolyto da Silva admitia com orgulho, mas também sintomaticamente:

OS CAIFAZES DE ANTÔNIO BENTO (SÓ A DESORDEM LIBERTA)

Já nossos filhos não sabem o que é o escravo! Já nos interrogam curiosos e assombrados na sua ingenuidade infantil sobre a tolerância imbecil desse infeliz obscuro, flagelado, que viveu acorrentado ao poste infamante de uma exploração covarde e que sumiu-se [sic] eclipsado pelo fulgor do 13 de maio! Bendita seja a liberdade, que faz com que as crianças condenem a tirania e se espantem das atrocidades dos perversos.

Ainda na mesma página, o republicano J. Vieira de Almeida enunciava um problema para muitos ainda não resolvido:

Fechando a campanha abolicionista, os seus campeões mais entusiastas, longe de ensarilharem as armas, alistaram-se em outras legiões e foram oferecer batalha a outro inimigo igualmente formidável: a monarquia. O humilde rabiscador destas garatujas escrevia em artigo-programa do *Grito do Povo*: "abolimos a escravidão do negro, precisamos agora de libertar o branco". Esta frase lhe caíra do bico da pena ainda antes de se completar o primeiro mês da gloriosa data, a 10 de junho de 1888.

A proclamação da república seria a coroação de suas aspirações, mas não a de todos os seus ex-companheiros de luta.

Em 13 de maio de 1890, o editorial de *A Redempção* louvava o crescimento da arrecadação nacional depois da abolição, contrariando as previsões dos catastrofistas, lamentava a falta de bons governos para que o país se tornasse o maior das Américas e considerava quase impossível comparar os "apóstolos" da abolição com os da proclamação da república. Os primeiros teriam voltado aos seus lugares. Os republicanos seriam todos "empregados públicos". Os abolicionistas teriam virado párias, e os escravocratas continuariam a mandar no país. A única a ter sofrido com a proclamação da república, conforme texto de *A Redempção,* teria sido a porta de um quartel atingida por um tiro de um valente patriota: "A porta coitada, apesar de ficar com a barriga furada, não reclamou, não morreu e nem chorou."

A abolição, porém, não cumprira todas as promessas da liberdade. *A Redempção*, em suas edições festivas, não se iludia. Nos festejos do primeiro ano da abolição, o jornal buscava defender a monarquia. A gratidão dos

RAÍZES DO CONSERVADORISMO BRASILEIRO

ex-cativos em relação à princesa Isabel estaria sendo vista por republicanos como uma "ameaça de guerra de raças". Temiam os republicanos que a monarquia manipulasse os ex-escravos:

> Que direito têm os republicanos para querer que os libertos apoiem os seus princípios quando a maior parte daqueles possuíam escravos e eram os senhores mais bárbaros? [...] Que ódio de raça é esse que querem descobrir os republicanos nas manifestações de gratidão da parte dos infelizes libertos?

A abolição, sustentava o jornal de Bento, fora uma tremenda luta contra "a opressão, o suborno, a incoerência, a traição política, o interesse particular servido pelo bacalhau e pelo tranco, o ódio, a calúnia, a intriga, a infâmia...". Novas formas de horror surgiam e ameaçavam os negros.

O imperador pretendia indultar os apenados por crimes cometidos na época da escravidão. *A Gazeta do Povo*, desancada por *A Redempção*, atacava o projeto:

> Prepara sua majestade, a imperatriz de fato, dona Isabel de Bragança Orleans, para, sob nome do imperador, lançar ao seio da sociedade brasileira, no próximo futuro 13 de maio, um aluvião de sicários negros, de criminosos natos. Atualmente nas enxovias onde o atirou o júri brasileiro, eles elaboram em seus cérebros viciados projetos monstruosos; restituídos à liberdade, eles traduzirão em realidade as suas pavorosas concepções. O indulto futuro dos escravos assassinos é o digno *pendant* da guarda-negra. O trono do Brasil declara guerra à raça branca e contra ela emprega todos os meios.

Pedro II estaria destinado a um papel "ainda mais ridículo do que o de seu avô pateta, do bom rei dom João". *A Redempção* chicoteava seus adversários:

> Os republicanos outrora inimigos dos abolicionistas, bárbaros para seus infelizes escravos, querem hoje que os libertos se revoltem contra Isabel, a redentora, para entregar as rédeas do governo aos apóstolos do vergalho e da indenização.

OS CAIFAZES DE ANTÔNIO BENTO (SÓ A DESORDEM LIBERTA)

Na mesma edição, na página 2, Hippolyto da Silva defendia o contrário:

> Um ano apenas decorrido, que vemos nós? O mesmo governo que capitulou na questão abolicionista, roubando ao povo brasileiro a sua mais legítima glória – a libertação dos escravos – para entregá-la à *redentora* Isabel de Orleans, cujo marido manda abrir recrutamento forçado para tornar a cativar aqueles que o povo fez livres. Para assegurar o trono a essa mulher, esses homens sem coração nem consciência atraiçoam o povo e exploram a ignorância política dos pobres libertos, armando-os contra todos aqueles que depois de terem cooperado para a libertação do escravo querem também agora libertar-se da especulação do trono, do fanatismo da princesa, do militarismo do Conde d'Eu, do recrutamento, das injustiças, da especulação do Tesouro pelos ministros sem noção de honestidade e de tantas outras manchas que depois de maio 13 de maio [*sic*] continuam a ensombrar esta parte da América.

O tom subia:

> O trono quer a guerra civil. A *guarda negra* foi o prenúncio e esta semente é daquelas que uma vez lançadas à terra germinam sempre [...] Implantam no coração dos libertos o mais negro dos vícios – a ingratidão, armando-os contra o povo que os libertou.

Para serem "escravos da monarquia"?

Poucas vezes um jornal foi tão pluralista. Um pequeno texto desse número especial de 13 de maio de 1889 provocava os escravistas de São Paulo:

> Campinas, Campinas... convertei-vos ao Senhor. O sangue de tantas vítimas da escravidão tornou essa terra amaldiçoada e virou em micróbios mortíferos para servir de instrumento a Providência Divina. Campinas, Campinas, convertei-vos ao Senhor.

Um ano depois, *A Redempção* cobrava atenção aos prisioneiros negros, "libertos condenados":

RAÍZES DO CONSERVADORISMO BRASILEIRO

Era consequência natural e imediata que depois da lei 13 de maio de 1888 o governo concedesse anistia a todos aqueles criminosos que não o seriam se não existisse a escravidão. Por um ato denominado de clemência imperial se fez baixar um decreto em que se perdoavam os escravos criminosos. Triste ilusão. Só foram perdoados os que já não precisavam, pois tinham morrido. É preciso que o novo governo, que procura fazer justiça, faça baixar um decreto mandando desentulhar as cadeias e dê liberdade àqueles que, cansados de sofrer, em um momento de desespero, mataram os seus verdugos. Se o ex-imperador do Brasil foi iludido, o cidadão generalíssimo Deodoro, que hoje está à frente do governo, saberá não ser. Esperamos o perdão para os infelizes, pois é consequência lógica da Lei Áurea que hoje festejamos.

Nada era lógico. Tudo era preconceito e desprezo. Em 13 de maio de 1893, cinco anos depois da grande vitória, com seu tradicional sarcasmo, *A Redempção* propunha que os fazendeiros construíssem um monumento aos abolicionistas com esta inscrição: "Aos caifazes, a lavoura agradecida." O agronegócio não se manifestou.

25. Heróis negros da abolição (Luiz Gama, André Rebouças e José do Patrocínio)

Se Joaquim Nabuco, Rui Barbosa e Sousa Dantas carregaram a abolição no parlamento, Luiz Gama, André Rebouças e José do Patrocínio fizeram-na acontecer com suas atuações sempre mais intensas e consistentes nos jornais e nas ruas. Se os três primeiros eram brancos, os três últimos eram negros. Se os parlamentares exploraram a produção de leis, os agitadores atuaram nas brechas das legislações existentes. Para André Rebouças (1838-1898), faltavam ao Brasil moralidade, determinação, conhecimento, caridade, cientificidade, princípios civilizadores, educação, indústria, investimento, inovação e as comunicações fundamentais ao progresso. Em 1888, com uma população de cerca de 14 milhões de habitantes, a maioria continuava afundada no analfabetismo e em condições de vida precárias. Próximo da família do imperador, ele procurou influenciá-la para fazer o país mudar.

A abolição não teria acontecido sem o trabalho de parlamentares como Nabuco, Rui e Dantas. O trabalho desses políticos, porém, não teria surtido efeito sem a pressão externa articulada por homens como Gama, Patrocínio e Rebouças. A vida deles foi dedicada à abolição. Como os jornais da época retrataram esses heróis da luta pela libertação dos escravos? Em parte, isso já foi mostrado antes. É preciso um pouco mais como síntese destinada a roçar o brilhantismo desses revolucionários adeptos da palavra como instrumento de emancipação. O baiano André Rebouças, neto de uma escrava alforriada e de um alfaiate português, filho de um advogado sem formação acadêmica, sempre esteve à frente de seu tempo. Foi um engenheiro bem-sucedido que canalizou mananciais de fora da cidade para resolver o problema de abastecimento de água no Rio de Janeiro em crescimento acelerado. Para a Guerra do Paraguai, concebeu um torpedo eficaz. Planejou também a estrada de ferro ligando Curitiba a Antonina, no litoral do Paraná, alterada, na execução, para Curitiba–Paranaguá.

Fiel à família real, acompanhou o imperador quando este foi obrigado a deixar o Brasil. Viveu em Lisboa, em Cannes e em Luanda. Atuou como correspondente do jornal *The Times*, de Londres. Morreu no exílio, em Funchal, na Ilha da Madeira. Estava deprimido, financeiramente arruinado e esquecido. Cometeu suicídio em 9 de maio de 1898. Teve uma vida quase improvável para um descendente de escrava. Estudou na Europa com uma bolsa de estudos, lutou no Paraguai como "voluntário da pátria", tornou-se amigo do Conde d'Eu no teatro das operações bélicas, ajudou Carlos Gomes a obter recursos na Europa para continuar seu trabalho de compositor, militou na Sociedade Brasileira contra a Escravidão, na Confederação Abolicionista, na Associação Central Emancipadora e na Sociedade Central de Imigração. Em suas diferentes lutas, ombreou com homens da estatura do Conde d'Eu, Joaquim Nabuco, José do Patrocínio, visconde de Taunay...

Baiano como Rebouças, Castro Alves e Rui Barbosa, Luiz Gama (1830-1882) usou a lei de 1831 para libertar escravos. Lutou nos tribunais. Em 13 de maio de 1899, praticamente na virada do século, o jornal *A Redempção* destacou a participação de Gama nas lutas pela abolição:

> Não pode haver comemoração de 13 de maio sem o glorioso nome dos precursores e desses os que mais fizeram não foram por certo os que receberam os últimos aplausos, mas os que prepararam, por uma propaganda honesta, contínua, severa, o ânimo popular para compreender que a escravidão era a ignomínia social, o senhor de escravos, um iníquo, e o país que admitia uma instituição assim, aviltante, uma nesga de território que a civilização conspurcava, baixando-a ao nível em que

HERÓIS NEGROS DA ABOLIÇÃO

domina o réprobo. Era esse o problema, e de todos o mais difícil, porque falava antes da consciência, da honra e do dever, ao interesse, ao ganho e à fortuna. A luta era heroica porque cumpria combater a lei que criava direitos sobre o homem, a sociedade que mantinha o escravo e o outro homem que o usufruía.

Era preciso afrontar os juízes com a lei descumprida: "Luiz Gama, quando armou a tenda nos arraiais da franca liberdade, era um fraco pela origem, era um tímido pela condição, era um insignificante pelos meios." Um ex--escravo sem medo da justiça dos escravistas:

> Mas o talento dava-lhe força, a convicção de que a cruzada do bem que promovia destruía-lhe a timidez, a palavra e a ação valiam-lhe por todos os recursos. E o 13 de maio é obra de Luiz Gama porque o plano de combate que deu a vitória foi ele quem o traçou, deixando a nós outros depois da liberdade do preto essa missão, ainda mais difícil, ainda mais penosa, mas tão necessária quanto aquela – a educação cívica do branco.

Era preciso educar o branco para a diferença.

O jornal criado por Bento pensava o passado, o presente e o futuro: "E é quando vemos diante da nossa querida terra esse problema de tão amplas proporções que nos curvamos reverentes à memória de Luiz Gama com mais do que admiração, com saudade e tristeza." Gama operou no contrapé da estrutura jurídica edificada para dar garantias aos proprietários de escravos. Contou com a mudança de mentalidades e ajudou nessa metamorfose. Explorou a contradição entre o texto da lei e sua aplicação. Cobrou do Judiciário um compromisso com as legislações aprovadas pelos parlamentares. Esticou o fio até fazer estremecer a incoerente estrutura jurídica vigente no império. Rebouças atuou como articulador político fora do parlamento. Deu-se o papel de intelectual na cena pública. Gama agiu por dentro da superestrutura judicial. José do Patrocínio abraçou o jornalismo como instrumento de combate, de denúncia e de formulação de propostas.

O biógrafo de Gama captou a essência da trajetória desse abolicionista precursor:

RAÍZES DO CONSERVADORISMO BRASILEIRO

> Luiz Gama começa a sua campanha muito longe, quando ainda ninguém se dignara fazer algo, pela ação sistemática, a favor do negro sem esperanças. Literariamente e parlamentarmente, alguns idealistas já se haviam interessado pela sorte crua e horrível da raça infeliz, a começar por Manuel Ribeiro da Rocha, advogado do foro da Bahia, que, em 1758, escrevera o seu tão citado *Etíope resgatado, empenhado, sustentado, corrigido, instruído e libertado*, que é, no Brasil, o primeiro trabalho sério, juridicamente fundamentado, em prol do negro; ou pelo célebre projeto de José Bonifácio, apresentado, em 1823, à Constituinte Brasileira, primeira tentativa legislativa em defesa do humilde rebanho. (Mennucci, 1938, p. 130)

Ele se prestou a um trabalho hercúleo. Tudo separava negros e brancos. Até a morte. A passagem do caixão de um negro provocava risos entre os brancos. A lei só existia para os senhores de escravos.

O advogado dos africanos livres soube entregar-se a uma luta aparentemente perdida desde o ponto de partida:

> Gama, espírito combativo, qualidade que se iria acentuando com o correr de sua existência, até cair tombado como touro bravio, no meio da áspera luta, Gama compreendeu o seu momento histórico. À palavra que fazia a persuasão e que conquistava adeptos, ele queria unir o seu trabalho, o seu esforço pessoal, a sua ação continuada, para que fosse um bálsamo, um lenitivo, uma esperança à desgraçada condição de seus irmãos de cor. (Mennucci, 1938, p. 130)

Pioneiro em um tipo de luta, o homem tornou-se referência abolicionista e, por fim, no túmulo, ponto de união e de comunhão.

José do Patrocínio, ex-farmacêutico convertido ao abolicionismo como causa e ao jornalismo como razão de existir, não aceitava o termo "escravo". Para ele, só existiam escravizados. (Estrada, 2005, p. 84) Articulado, escreveu ao escritor francês Victor Hugo, uma das maiores celebridades da época, pedindo que pressionasse dom Pedro II. Fez o mesmo com o senador francês Victor Schoelcher, herói da abolição francesa de 1848. Schoelcher foi a uma festa organizada por Patrocínio em Paris e disparou:

"Exprobai o imperador, que é, dizem, um espírito liberal, a humilhação de ser o único soberano do mundo civilizado que reina sobre hilotas." (*apud* Estrada, 2005, p. 104) Victor Hugo não deixou por menos. Mandou carta ao imperador saudando a libertação do Ceará. Afirmou que a escravidão transformava homens em bestas e aconselhou: "O Brasil tem um imperador, mas esse imperador é mais do que isso: é um homem. Que ele continue! Nós o felicitamos, nós lhe rendemos nossas homenagens." (*apud* Estrada, 2005, p. 105) Para o humanista dom Pedro II, esse era um desafio e tanto.

Sem medo por natureza ou pela convicção de que empenhava a bandeira do bem, Patrocínio denunciava a corrupção policial, a venalidade dos políticos, a inconsistência do imperador, a política retrógrada dos governantes e, para o horror dos conservadores, que odiavam sentimentalismos humanistas e princípios, defendia a abolição da escravatura nos cem anos da Declaração dos Direitos do Homem. Osvaldo Orico (1931, p. 125) romantizou Patrocínio com perfeição:

> O escritório da *Gazeta da Tarde* ficava na rua Uruguaiana, num dos trechos mais concorridos do Rio de Janeiro antigo. Era a caserna do titã. Aí vivia ele o seu drama interior, atarefado numa salinha exígua, a produzir artigos, a sonhar epígrafes e a conceber planos com que iluminasse a árdua trajetória de sua folha. Nesse ambiente desenrolaram-se episódios sumamente interessantes para a história literária do país. Por aquelas escadas que iam dar ao gabinete de trabalho do ardoroso abolicionista desfilaram os mais notáveis espíritos do tempo, atraídos e presos pela misteriosa simpatia do tribuno.

O homem reinava em seu canto como um soberano da palavra.

Boêmio, escritor e jornalista engajado, Patrocínio fez seu nome por saber dar nome aos bois: chamou a escravidão de roubo. Se Joaquim Nabuco, eleito deputado-geral pelo Partido Liberal, em 1878, fundou, nos 58 anos da independência do Brasil, em sua casa na praia do Flamengo, em 9 de julho de 1880, a Sociedade Brasileira contra a Escravidão e o jornal O *Abolicionista*, que se indignava com a venda de criaturas humanas, Patrocínio e Nicolau Moreira criaram a Central Emancipadora. Um homem de lutas precisa de apoios providenciais. Patrocínio ganhou do sogro, um certo capitão Sena, de cujos filhos fora professor, seu operoso jornal, *Gazeta da Tarde*, que circulou pela primeira vez em 10 de julho de 1880 com Ferreira de Meneses.

Transformados em lendas, Gama, Rebouças e Patrocínio foram descritos pelo olhar estrangeiro de Robert Conrad (1978, pp. 188-191) com pinceladas de pintor impressionista. Patrocínio: filho de um padre e de uma negra vendedora de legumes, tinha "olhos salientes, barba e bigode esparsos, rosto e corpo amplos, cabelo castanho desgrenhado e uma pele que foi descrita como da cor de um charuto havana maduro". Rebouças, a partir de José Veríssimo: "Um magro, escuro e sobriamente vestido engenheiro e professor de botânica, cálculo e geometria na Escola Politécnica, escritor e analista conhecedor dos problemas sociais da nação." Gama: nascido livre na Bahia, filho da africana livre Luíza Mahen e de um homem branco, rico e apaixonado por cavalos e festas. Gama foi vendido pelo pai depois do desaparecimento da mãe, possivelmente deportada para a África Ocidental por seu envolvimento na Sabinada, em 1837, em Salvador. No patacho *Saraiva*, o pai deixou o filho para trás, que ainda exclamou: "Meu pai, o senhor me vendeu!" (*apud* Estrada, 2005, p. 249) Jornalista, ex-soldado da milícia e advogado, Luiz Gama sobreviveu, resistiu e brilhou convencendo juízes a libertarem africanos trazidos para o Brasil depois da lei de 1831.

Cada um dos três tinha seus métodos e suas missões. O tentacular Patrocínio foi ao Ceará comandar a libertação dos escravos em 1883. Organizou o sistema de libertação por cidades e ruas. No Rio de Janeiro, as primeiras ruas a libertar seriam a Uruguaiana e a do Ouvidor. Os fios da longa operação eram trançados com paciência e ansiedade. Aracape, no Ceará, foi a primeira cidade declarada livre de escravos. Era um pequeno passo rumo a um grande salto. Mossoró, no Rio Grande do Norte, conquistaria o mesmo estatuto ainda em 1883. Tudo precisava ser costurado para ter sentido e acelerar a libertação. José do Patrocínio ajudou a organizar rotas de fuga para os escravos do sul. André Rebouças teve forte participação na imaginação dessa primeira operação, mais sonhada do que concretizada, de fugas cujo ponto de partida podia ser o túmulo de Luiz Gama, falecido em 1882, em São Paulo. Incansável, José do Patrocínio, em maio de 1883,

HERÓIS NEGROS DA ABOLIÇÃO

ajudou a fundar a Confederação Abolicionista do Rio de Janeiro, cujo primeiro manifesto, divulgado em agosto daquele ano, foi lido para 2 mil pessoas no Teatro dom Pedro II. Em 26 páginas, tudo é dito.

> O estuário da escravidão entre nós teve duas vertentes: a espoliação da liberdade dos íncolas por um lado; a espoliação da liberdade dos africanos, por outro. As duas torrentes de lágrimas e abjeções, de interesses opressores e de martírios não vingados, tiveram dois leitos diferentes, ainda que entre si se abraçassem, lembrando-se da origem comum – a retrogradação social operada pelas descobertas. Uma se espraiou ao norte, outra inundou o sul. Desde, porém, que ressuscitou a escravidão já condenada pela civilização humana, os protestos apareceram. O poder dos poderes, aquele que ainda hoje se proclama proveniente de uma investidura sobrenatural – o papado – fulminou essa volta bárbara ao paganismo. Desmentido sanguinário de uma religião de amor e fraternidade universal. Não se diga que esta sentença só tem valor no foro moral. (1883, p. 3)

O manifesto defende a liberdade natural do ser humano, mostra que o papado condenou a escravidão moderna, relembra o papel de Pombal na afirmação de que a escravidão dos africanos não era o "exercício de um direito", mas a força transformada em lei; denuncia a esperteza cínica de Portugal para driblar a condenação da Igreja, "não se propõe a escravizar, empenha-se em resgatar", apresentando a escravização como "um noviciado religioso e social". (1883, p. 4) Preciso e bem-documentado, salienta a pressão da Inglaterra no longo processo em busca da libertação dos escravos, demonstra que os brasileiros tinham consciência de leis como a de 1831, salienta que Pombal libertara os índios pela lei de 6 de junho de 1755, e a regência, pela lei de 7 de novembro de 1831, abolira o tráfico. O manifesto é uma síntese qualificada da história da escravidão.

O documento analisa os ciclos econômicos e suas relações com o escravismo, focaliza a desproporção entre o número de mulheres e de homens importados da África, indigna-se com a tentativa de anistia de 1837 aos contrabandistas de escravos em atuação depois de 1831, dá números da entrada de africanos em condições ilegais depois da primeira proibição do tráfico (515.315 pessoas), critica a Constituição imperial por só falar em libertos, escamoteando a escravidão, cita a obra do "finado Perdigão Malheiro, de saudosíssima memória", comenta a polêmica em torno do Bill Aberdeen, aborda a questão do tráfico interprovincial, ataca os fazendeiros pela resistência à Lei do Ventre Livre, elogia o trono pelo apoio à aprovação da lei dos nascituros, defende a propaganda abolicionista, rotulada como anárquica, antipatriótica e criminosa pelos escravistas, revolta-se contra a prostituição de escravas, a separação de mães e filhos recém-nascidos para venda do leite materno e as fraudes nas matrículas de escravos, pedindo ainda a extinção imediata da escravidão.

Apresenta cálculos impressionantes em relação aos negócios dos escravistas com o Banco do Brasil:

> Este banco tem emprestado à província do Rio de Janeiro 13.741:909$928 sobre 356 fazendas e 19.657 escravos. À província de São Paulo 10.220:617$200 sobre 245 fazendas e 9.417 escravos. À província de Minas Gerais 5.027:734$740 sobre 5.229 escravos e 145 fazendas. À província do Espírito Santo 214:206$600 sobre 569 escravos e 145 fazendas. O que se conclui é que uma população de 34.812 trabalhadores, numa área de 758 fazendas, só tem o valor hipotecário de 29.204:468$468 rs. Qualquer que seja o lado pelo qual encaremos este fato, ele enche de mágoa o observador imparcial. Calculando ao trabalho de cada escravo um salário de 240$000 rs anuais temos que este salário representa o valor anual de 8.469:280$000 rs, que é o juro anual de 6% do enorme capital de 141.154:666$000, valor detido em trabalho nas mãos dos devedores hipotecários do Banco do Brasil. (1883, p. 19)

Sem romantismo.

A indignação de Patrocínio explodiu nas mais diversas frentes de luta. Quando percebia a matéria ser explorada, voava. Sua fúria contra o "regulamento negro" de Antônio Prado garantiu-lhe a eleição para vereador do Rio de Janeiro com votos de 37 dos quarenta distritos eleitorais da cidade. Com obstinação, ele ganhou as batalhas da opinião pública por destruir com dados, histórias e números os argumentos mais repetidos dos gigolôs de africanos. Orico soube captar a personalidade do jornalista da abolição:

HERÓIS NEGROS DA ABOLIÇÃO

O idealismo de Patrocínio não tinha limites na sua expansão. Ele desprezava todas as conveniências para atingir o objetivo que o animava. E não via pessoas, nem interesses, nem influências. Via somente o alvo da investida, conduzido pela força que lhe vinha do temperamento combativo. Era radical nos ataques ou louvores, desconhecendo o meio-termo, as nuanças e os entretons. (1931, p. 169)

Um *enragé*. Só o radicalismo podia enfrentar a falsa moderação dos escravagistas.

André Rebouças iluminou mentes bem-posicionadas na hierarquia social com sua firmeza, seu conhecimento e suas concepções. Luiz Gama terá libertado mais de mil africanos trazidos para o Brasil depois de 1831. José do Patrocínio libertou milhares de mentes com seus artigos candentes e suas imagens incendiárias. Viveu para as palavras e delas tirou seu sustento. Eram palavras encarnadas, colhidas no cotidiano de suas lutas e de suas aspirações. Os três praticaram a arte de reduzir a pó sofismas de reacionários escravistas. Carregavam na pele a certeza de que a escravidão era um roubo. Sabiam por natureza que eram homens como qualquer branco.

26. Matar um senhor de escravos é sempre legítima defesa (um escravocrata da gema não se arrepende)

Os escravos tiveram desde sempre a consciência do horror a que estavam submetidos. O aprendizado do cativeiro foi, para cada um, o mais interminável mergulho no inferno. Um luto experimentado a cada dia, como uma morte repetida perversamente. Pode-se imaginar a dor, esquecida em alguns momentos de relaxamento ou de rotina, sentida nos tantos instantes extremos dessa existência de mercadoria: maus-tratos, castigos, humilhações, venda de familiares, exposição como objeto de leilão, exploração sexual pelos senhores, fixação de preço, separações de filhos ou cônjuges, redução à condição de animal e tantas outras possibilidades de desumanização pela condição de propriedade destituída do princípio fundamental do humano, a liberdade. A escravidão não deixava o cativo esquecer sua condição.

A resistência dos escravos começou cedo. Segundo José Honório Rodrigues, "a fuga e a formação de quilombos começam em 1559 e vêm até a abolição". (1970, p. 67) João Cândido Martins, na edição de *A Redempção* de 13 de maio de 1890, condensou com aura a resistência dos escravos:

> Que maior injustiça, que maior perversidade poderá a imaginação humana conceber do que a destruição da República de Palmares? Quarenta infelizes pretos, fugindo ao bárbaro azorrague do cativeiro, distante de Pernambuco cerca de 30 léguas, e aí fundaram a sua república. Conse-

guiram mulheres índias e mestiças e desenvolveram-se desde 1630 até 1695, elevando a sua população a 20 mil almas. A princípio, urgidos pela fome, furtaram nas vizinhanças, mas, logo que fizeram plantações e estas supriram os seus meios de subsistência, deixaram os furtos e se ocuparam do progresso de sua república, aumentando a sua lavoura, criando pequenas indústrias, estabelecendo comércio com os vizinhos, fazendo leis e aclamando o seu presidente, que denominaram Zambi. O Brasil que precisava desenvolver-se, o Brasil que sempre reclamou de falta de braços e de população, ficou, em 1695, privado desse elemento de prosperidade, pois que se organizaram forças armadas, que lá foram aniquilar a república, roubando a felicidade e a vida de tantos seres, que tinham o direito de viver, gozar da liberdade e ser felizes.

Lutaram até o fim, o mais terrível dos fins, o mais devastador, o fim de uma utopia construída sem romantismo nem sonhos de perfeição:

> Foram destruídos; mas sustentaram galhardamente a luta enquanto dispuseram de munições; e quando estas se esgotaram e não puderam mais resistir, para evitar o miserável e infame cativeiro, precipitaram-se de rochedos fazendo rolar os seus corpos aos pés dos bárbaros vencedores. Os prisioneiros suicidaram-se, trucidaram os filhos e as mulheres; e em falta de outros meios de morte, muitos se deixaram acabar à fome. A Troia dos negros foi arrasada, mas a memória dos seus heróis ficou e ficará como um nobre protesto de liberdade humana contra os miseráveis que a tem [sic] explorado.

Obrigados a escapar de seus sequestradores, os escravos fugitivos eram vistos como ameaças permanentes. Em 1826, conforme Conrad (1978, p. 21), "922 escravos fugitivos foram levados para a prisão do Rio de Janeiro de distritos vizinhos". O Estado devia zelar pela paz dos proprietários. É claro que os "cidadãos de bem" se queixavam da insegurança, da violência e dos roubos praticados por escravos em rebelião contra o cativeiro. Em 1823, ano da Constituinte sem futuro, as reclamações dos que se sentiam prejudicados chegaram ao parlamento, que pediu medidas fortes contra um quilombo, o de Catumbi, nas proximidades da capital do império. Um

MATAR UM SENHOR DE ESCRAVOS É SEMPRE LEGÍTIMA DEFESA

parlamentar queixou-se de que escravos eram levados para o quilombo à força, obrigados a buscar a liberdade e deixando para trás o conforto do cativeiro. A punição aos fugitivos podia ser a mais dura possível. Aos mortos, no Maranhão, nem sepultura era garantida, salvo o mar, onde os rebeldes eram jogados com uma pedra ou um ferro no pescoço.

Se, ao longo do século XIX, a escravidão foi perdendo sua legitimidade graças às campanhas de conscientização promovidas pelos jornais, o deputado mineiro Martinho Campos, alheio a essa mudança de mentalidade, dizia-se escravocrata no interesse de seus escravos, acusava os abolicionistas de socialistas e propunha, em agosto de 1880, que os fazendeiros reagissem de revólver em punho (*apud* Conrad, 1978, p. 202) contra os abolicionistas. Tamanha fidelidade ao escravismo não seria ignorada. Em 1882, Campos seria brindado pelo imperador abolicionista com o cobiçado posto de chefe do governo.

O conflito entre escravos e seus proprietários não era, nem podia ser, de mão única. Se os escravos fugiam, os senhores não só faziam tudo para recuperá-los, como também procuravam mostrar força com medidas que pretendiam ser exemplares. Em 1884, proprietários enfurecidos atacaram uma prisão do interior do Rio de Janeiro para linchar três escravos que haviam matado seus generosos senhores. Havia nisso espírito de vingança e intenção de sinalizar aos demais o que lhes aconteceria se continuassem a romper seus "contratos". A essa altura do século XIX, o sistema já estava com seus dias contados, o que produzia manifestações de violência desesperada.

O médico liberal Martinho Campos, que presidiu a província do Rio de Janeiro e foi deputado-geral e ministro da Fazenda, como presidente do Conselho de Ministros declarou-se "escravocrata da gema". (Estrada, 2005, p. 82) O sistema escravista, no entender dele, era operacional, necessário, de eficiência comprovada e legal. O que mais se poderia querer? Campos raciocinava com seus bolsos e em sintonia com seus pares. Não se dava o trabalho de dissimular suas posições nem de fingir uma compaixão que não sentia. Havia outros mais empedernidos do que ele entre os escravocratas mais ou menos sensíveis a reformas. O deputado liberal João Penido viu no projeto Dantas, que propunha a emancipação dos sexagenários, um torpedo que faria o país voar pelos ares. (*apud* Estrada, 2005, p. 121) Penido

RAÍZES DO CONSERVADORISMO BRASILEIRO

teve um percurso sinuoso. Lúcido, sabia que o escravo era visto como um "bruto feroz" e, por força dessa condição, "indigno de qualquer sentimento humanitário". A questão seria o custo da abolição.

Sousa Carvalho era ainda mais fundamentalista. Suas palavras eram corrosivas. Para ele, o Brasil tinha, em 1884, poucos escravos em comparação "aos muitos milhões que têm existido e ainda existem em várias partes do globo". Segundo ele, bastava esperar o tempo passar para que a extinção da escravatura acontecesse "sem roubo da propriedade". Afirmava também que os "poucos" escravos estavam acostumados com a vida que levavam e nada teriam a lucrar com a liberdade, que só lhes serviria para se entregarem "à ociosidade e a vícios que os tornarão infelizes". O Projeto Dantas, em sua opinião inabalável, era o "suplício da Constituição, uma falta de consciência e de escrúpulo, um verdadeiro roubo, a naturalização do comunismo, a ruína geral, a situação do Egito, a bancarrota do Estado, o suicídio da nação". (*apud* Estrada, 2005, p. 121) A escravidão, nesse ponto ele tinha razão, era o capitalismo ou um mecanismo usado pelo capitalismo para se darem as melhores condições de produção. O projeto da Lei do Ventre Livre também foi rotulado de comunista por um deputado, Almeida Pereira, na desesperada tentativa de bloqueá-lo.

Os proprietários capitalistas exigiam que o Estado reduzisse, nos termos atuais, a insegurança jurídica e lhes desse a proteção policial necessária para que pudessem oprimir seus escravos sem correr demasiados perigos. A vida de um rico proprietário de escravos tinha o dissabor de conviver com uma propriedade predisposta ao ressentimento. Aqueles que nada tinham a perder, no dizer de Martinho Campos, poderiam colocar tudo a perder para os senhores escravistas. A Câmara Municipal de Caconde (SP), por ocasião do Projeto Dantas, manifestou à Assembleia Geral sua perplexidade diante de um dano aos interesses dos fazendeiros, que "não podem contar com a garantia e a proteção que tão de frente pretende ferir os seus interesses e violar a sua propriedade". (*apud* Queiróz, 1980, p. 70) Subentendia-se que era impossível trabalhar e investir sem as garantias jurídicas fundamentais de respeito a contratos e negócios.

Contra escravocratas da gema, abolicionistas destemidos com declarações assassinas. Consta que Luiz Gama considerava ato de legítima defesa o assassinato de qualquer proprietário por um escravo seu:

MATAR UM SENHOR DE ESCRAVOS É SEMPRE LEGÍTIMA DEFESA

Conta-se efetivamente que o advogado baiano, numa dessas sessões, não se sabendo propriamente em qual, se na Capital ou no interior, num momento de extrema excitação, parece que em resposta a um aparte mordente ou patético da promotoria pública, exclamara com grande escândalo: "O escravo que mata o senhor, seja em que circunstância for, mata sempre em legítima defesa." O episódio vem narrado no trabalho de Lúcio de Mendonça, no mesmo que ele decalcou sobre a Carta de Gama e não traz referência nem de local nem de data. Não faz parte da biografia escrita pelo abolicionista. É contribuição pessoal do próprio Lúcio. (Mennucci, 1938, p. 153)

Uma pérola.

Martinho Campos e os escravocratas da gema nunca se arrependeram de suas posições. Para eles, o escravo era uma propriedade que merecia sua sorte, na medida em que não soubera ou não pudera resistir à sua redução a tal status. Nessa visão de mundo utilitarista e comercial ao extremo, a lei purificava as condições de constituição do patrimônio, eliminando o pecado original da transformação de homens livres em mercadorias e em desterrados escravizados. Se a escravidão era legal, ou fora legalizada, tornava-se legítima e moral. Como seria possível considerar ilegítimo que um escravo, consciente do absurdo e da violência ilegítima da sua situação, matasse um escravocrata da gema? Como não considerar legítima defesa o ato de atentar contra seu sequestrador? Os proprietários brasileiros de escravos foram poupados pela bondade dos negros. Poderiam ter sido exterminados como moscas. Um a um. Todos.

Os "selvagens" pagãos "resgatados" da África para ser civilizados e cristianizados amavam a vida, tinham princípios e não sentiam prazer em matar. Queriam ser livres, viver e deixar viver. Matar, mesmo os seus proprietários, exigia mais do que uma decisão racional. Não era uma escolha. Era um ato de ruptura existencial.

27. Províncias abolicionistas e tráfico interprovincial (muitos interesses e poucos méritos)

Houve uma época em que historiadores se perdiam em longas digressões e intermináveis debates sobre o papel do indivíduo nas transformações sociais. Essas reflexões opunham estruturas e pessoas, movimentos e vontades, forças coletivas e projetos individuais, os rios caudalosos da materialidade às tempestades inesperadas das ideias e das determinações individuais. Também se discutia, a certa altura, a existência de leis históricas irrefutáveis. A busca da cientificidade impulsionou a procura por regularidades em comparações que nem sempre cotejavam elementos equivalentes. Quem foi mais determinante para a abolição da escravatura no Brasil? O escravo? O branco abolicionista? A pressão inglesa? O imperador? O parlamento? A pressão das ruas? A evolução do capitalismo? O avanço das mentalidades? A religião católica? Um novo imaginário internacional? A imprensa? Encontrar a causa principal sempre foi uma obsessão explicativa.

A concepção materialista colocou em segundo plano qualquer tentativa de valorização das ideias como motores de transformação social. Só os ingênuos poderiam crer no poder pessoal contra a potência das estruturas. Acreditar na relevância dos homens, ou de um homem singular, como protagonistas da história era algo considerado idealismo ou voluntarismo. Já as leituras cívicas de um acontecimento como a abolição da escravatura no Brasil aproveitaram para destacar personagens como dom Pedro II e a princesa Isabel. Se um lado só via a pressão do capital, o outro só percebia a bondade da família real. Se um lado enxergava causalidades fortes irredutíveis ao desejo dos humanos, o outro lado focava nos atores em cena fazendo girar a roda.

Quem levou mais água para o moinho da abolição? Um entrelaçamento de fatores, de instituições, de interesses, de concepções, de ideias, de personalidades, de contradições, de projetos e de condicionantes perpassou o lento processo que culminou com a libertação dos escravos. Alguns desses aspectos se forjaram associando antagonismos. O tráfico interprovincial foi um deles. O problema gerou uma solução, que se converteu em outro grande problema. A solução engendrou um problema que se tornou insolúvel.

O papel do tráfico interprovincial na história da escravidão no Brasil tem sido exaustivamente analisado pelos historiadores. O norte-americano Robert Conrad fez desse aspecto um dos pontos fortes de seu livro (bastante citado aqui), *Os últimos dias da escravidão no Brasil* (1978). A valorização dos escravos, que inicialmente se apresentara como uma solução para suprir a necessidade de braços no sudeste depois de 1850, e como um bom negócio, tornou-se rapidamente um fator de divisão entre as províncias do sul e as províncias do norte. Quanto mais o nordeste vendia escravos para o sudeste, mais ficava livre para ser abolicionista. Quanto mais o sudeste recebia os escravos do norte e do extremo sul, mais se tornava refém de um "produto" em extinção.

O nordeste tornou-se abolicionista quando seus produtos perderam competividade no mercado internacional. O algodão do Maranhão teve uma recuperação durante a guerra civil americana. Depois, voltou a retroceder. Enquanto isso, o café do sudeste tornava-se a pérola negra brasileira. Com o tráfico internacional de escravos proibido, os produtores de café em ascensão passaram a comprar os escravos dos produtores de cana-de-açúcar e de algodão em decadência. O nordeste passou a vender um produto mais rentável: seus escravos. Uma seca no Ceará aumentou a venda de escravos, inclusive de índios. O capitalismo explora todas as formas de trocas comerciais. Empresários do sudeste passaram a receber escravos do nordeste por consignação. O Rio Grande do Sul tornou-se um dos maiores exportadores de escravos para a região do café, salvo entre 1859 e 1863, quando o charque teve grande procura. O fim do tráfico internacional mostrou-se um grande

PROVÍNCIAS ABOLICIONISTAS E TRÁFICO INTERPROVINCIAL

negócio interno para alguns. Azar de uns, sorte de outros. Quando alguém perde, outro sempre ganha.

Nem o imposto de 500 mil-réis por escravo embarcado sofreou o ímpeto dos vendedores do Maranhão. A *Gazeta da Tarde* de 5 de janeiro de 1881 denunciou o envio de mulheres de províncias decadentes para serem alugadas como amas de leite ou vendidas para a prostituição. Um negócio do Brasil: a 50 mil-réis por mês, uma ama de leite "comprada no norte por 400 a 600 mil-réis dava a ganhar 900 em 18 meses e, depois, podia ser vendida a 1.500 mil-réis". (*apud* Conrad, 1978, p. 68) Uma vaca não rendia tanto. Agentes ou caixeiros-viajantes recorriam ao Brasil em busca de escravos. Para fugir aos impostos, que os capitalistas escravistas odiavam pagar, peças compradas eram transportadas a pé pelo sertão nordestino. Era preciso abastecer os mercados das ruas do Ouvidor e Direita no Rio de Janeiro, que dispunham de catálogo com descrições precisas: a rapariga 61, oferecida em uma loja da esquina da rua do Ouvidor com Ourives, na década de 1850, tinha "muito bom leite" e era vendida "com cria".

Mesmo depois do Ventre Livre, anúncios em jornal, como *O Paiz*, propunham a compra de ingênuos a serem negociados em hotéis de São Luís. O ministro da Marinha, como se fosse economista, explicava a migração "por uma lei econômica, em virtude da qual o objeto que tem menos valor em um lugar passa-se para outro, onde o preço é maior, sejam quais forem os obstáculos que lhe oponham". (*apud* Conrad, 1978, p. 72) Na linguagem de hoje, apesar do trocadilho infame, ele estava dizendo que, no capitalismo, a lei da oferta e da procura pode gerar até mercado negro. As províncias do café abasteceram-se no sul e no norte à base de três a quatro mil escravos por ano entre 1852 e 1862. O café rendeu ao país 925 mil contos de 1840 a 1863. O açúcar não passou de 372 mil contos. A população escrava de São Paulo não parava de aumentar, passando do nono ao terceiro lugar em vinte anos.

Idosos, doentes e mulheres ficavam para trás. Os cativos do sexo masculino passaram a ser dominantes nas províncias do café. As mulheres choravam solitárias nas províncias do norte e do sul. Fortunas se consolidavam ou aumentavam inacreditavelmente: em 1883, um em cada 762 escravos do Brasil pertencia a um só magnata, um cafeicultor do Rio de Janeiro, o conde de Nova Friburgo. Alguns escravistas se assustaram com o êxodo

RAÍZES DO CONSERVADORISMO BRASILEIRO

que fatalmente colocaria sudeste e norte em oposição e tentaram frear o tráfico interprovincial com uma guerra fiscal ao contrário, cobrando altos impostos sobre cada escravo vendido. Pernambuco largou na frente. Só em janeiro de 1881, São Paulo aprovou uma lei fixando uma taxa de dois contos para cada escravo importado de outras províncias. Cotegipe tentou aprovar uma lei nacional para acabar com o tráfico interprovincial. Não levou. Ainda era muito cedo em 1854. Conrad (1978, pp. 101-102) cita um ex-confederado americano, em viagem pelo Brasil, que ironizou a indignação dos nortistas por quem havia pago "generosamente pela compra dos seus escravos". Não havia santos.

Durante a década de 1870, o Rio Grande do Sul foi a província que mais exportou escravos para a região do café. O Ceará não foi abolicionista até 1879, quando, ainda em meio à seca, surgiu uma organização chamada Esperança e Porvir. Um ano depois, surgiria a Sociedade Cearense Libertadora. O Rio Grande do Sul, que entre 1874 e 1884 vendeu 14.302 escravos para a região do café, não sendo superado por qualquer outra província, praticou radicalmente um sistema de troca da liberdade futura por mais alguns anos de trabalho. Foi uma maneira cruel de reforçar as estatísticas emancipacionistas e de manter os africanos no cativeiro dissimulado:

> Os rio-grandenses entraram num compromisso astuto com o abolicionismo que lhes permitiu usar o trabalho de seus escravos, embora dando-lhes o rótulo nominal de homens e mulheres "livres". O choque econômico foi diminuído, assim, com a província somando-se gloriosamente às fileiras das províncias emancipadoras. (Conrad, 1978, p. 248)

Quarenta mil, de 60 mil escravos, foram libertados dessa forma, o que representava, em média, mais cinco anos de cativeiro para cada "libertado". O jornal *A Reforma*, de Porto Alegre, defendia a liberdade como princípio e a indenização como prática. Quem não podia pagar pela liberdade que trabalhasse para obtê-la.

O jornal porto-alegrense *O Conservador* mandou carta aos proprietários de escravos de toda a província dizendo que era absurdo aceitar como indenização serviços que já lhes pertenciam. Tinha lógica. Faltava-lhe política. Conrad (1978, p. 250) ironizou a astúcia dessa emancipação a prazo fixo longínquo: os rio-grandenses "privaram os abolicionistas de seus argumentos" e "satisfizeram suas vaidades, beneficiando-se dos elogios da imprensa". Em 6 e 7 de setembro de 1884, Porto Alegre festejava, com champanha e *Te-Deum*, a libertação em poucos dias de seus mais de 2 mil escravos. Os vendedores de flores faturaram alto. Um abolicionista leiloou, a 15 mil-réis cada pedaço, os cacos da taça de champanha que quebrou, destinando o arrecadado para a causa emancipacionista. (Conrad, 1978, p. 253) Em 17 de outubro de 1884, Pelotas declarou-se livre do último de seus 5 mil escravos. Em 1888, porém, o Rio Grande do Sul ainda tinha 8.442 escravos. Porto Alegre possuía 58 cativos.

Todo o lento processo emancipacionista baseado em alforrias e contratos de trabalho repetia um padrão: muitos interesses e poucos méritos. O proprietário de escravos não queria ser lesado. Via-se, muitas vezes, como um infeliz que poderia ser despojado, na velhice, de seu amparo. Exigia uma recompensa pela bondade de aceitar o fim de uma relação juridicamente perfeita. Era o dono de um escravo. Nada o obrigava a vendê-lo. Se aceitava fazê-lo, exigia um ressarcimento. Se o interessado não dispunha de dinheiro, que pagasse com trabalho. Para deixar de ser escravo, o cativo aceitava continuar escravo.

A divisão entre províncias com muitos escravos e províncias sem cativos gerou tanta turbulência, em dado momento, que alguns políticos e fazendeiros mais extremados, por medo ou por uma reação de desespero, falaram em secessão entre norte e sul. O gigante da América do Sul poderia ser dividido. Mesmo que a ideia não tenha prosperado, era uma ameaça real. A questão servil incendiava as mentes. O país teria de fazer um grande esforço, com muitas cicatrizes, para se reunificar por meio da abolição da escravatura.

28. Tráfico na bolsa de valores (trabalho negro, preguiça branca)

O tempo histórico tem o dom de apagar suas raízes e de camuflar seu tronco. Vê-se apenas sua copa. O passado sofre uma espécie de compressão que o transforma em mais inocente ou em mais cruel do que foi. É muito comum que se faça comparação entre o comunismo e o capitalismo com base em uma pergunta ideológica e ardilosa: o que matou mais, o capitalismo ou o comunismo? A pergunta não é quem matou mais no século XX. Tampouco não é quem mais matou por execução ou por massacre. A resposta costuma ser peremptória: o comunismo. Não passa pela cabeça de quase ninguém incluir na conta do capitalismo as mortes da escravidão moderna.

O tráfico não foi apenas uma operação sórdida praticada a partir das regiões africanas e nos porões macabros de navios negreiros. Foi também uma oportunidade de investimentos na bolsa. O tráfico de escravos, antes de tudo, foi uma atividade capitalista. Yuval Noah Harari, em *Sapiens: uma breve história da humanidade* (2015, p. 341), esclareceu o que para muitas pessoas ainda parece inacreditável:

> O comércio de escravos não era controlado por nenhum Estado ou governo. Foi uma iniciativa puramente econômica, organizada e financiada pelo livre mercado de acordo com as leis da oferta e da demanda. As

empresas privadas de comércio de escravos vendiam ações nas bolsas de valores de Amsterdã, Londres e Paris. Europeus de classe média à procura de um bom investimento compravam essas ações.

No século XVI, a taxa de retorno dessas ações infames era de 6% ao ano. Um belo negócio para quem não se perdia em dilemas éticos. Poucos eram os que se sentiam abalados por tais práticas cruéis, mas eles existiam. O racismo não foi a causa do tráfico nem da escravidão, mas a consequência disso, uma derivação, segundo Harari (2015, p. 341):

> O capitalismo matou milhões por pura indiferença unida à ganância. O comércio de escravos no Atlântico não derivou de ódio racista para com os africanos. Os indivíduos que compravam as ações, os corretores que as venderam e os administradores das empresas de comércio de escravos raramente pensavam nos africanos. O mesmo pode ser dito dos proprietários de plantações de açúcar: muitos deles viviam longe das plantações e a única informação que exigiam eram livros contábeis com registros precisos de lucros e perdas.

A "banalidade do mal" nazista foi precedida pela banalidade da ganância capitalista, que inventaria o racismo contra os africanos para legitimar e naturalizar o comércio que ceifou milhões de vida. No ponto de partida, era só um bom negócio com carne humana encontrada fartamente na África. Carne branca, contudo, poderia ter sido encontrada. Mas seria muito mais difícil legitimar seu consumo.

Harari (2015, pp. 241-42) destaca que o mesmo tipo de movimento foi feito pela Companhia das Índias Orientais, levando à fome 10 milhões de bengaleses sem que isso chocasse seus investidores:

> As campanhas militares da VOC na Indonésia eram financiadas por burgueses holandeses honestos que amavam seus filhos, faziam doações de caridade e apreciavam boa música e boa arte, mas não tinham consideração alguma pelo sofrimento dos habitantes de Java, Sumatra e Malaca. Inúmeros outros crimes e contravenções acompanharam o crescimento da economia moderna em outras partes do mundo.

TRÁFICO NA BOLSA DE VALORES (TRABALHO NEGRO, PREGUIÇA BRANCA)

No século XIX, a ciência capitalista inventaria teorias raciais para tentar justificar o direito dos brancos de dominar os negros e de mantê-los tardiamente sob controle. Não pegaria inteiramente. Mas provocaria os enormes estragos cujos efeitos ainda se fazem e se farão sentir.

A história da acumulação primitiva do capitalismo é a verdadeira história universal da infâmia. Os mais otimistas, ou cínicos, garantem que esse foi o preço pago pela liberdade atual. Só a ironia de Harari serve de contraveneno:

> Já a maioria das pessoas hoje consegue viver de acordo com o ideal capitalista-consumista. A nova ética promete o paraíso sob a condição que os ricos continuem gananciosos e dediquem seu tempo a ganhar mais dinheiro, e as massas deem rédea solta a seus desejos de paixões – e comprem cada vez mais. Essa é a primeira religião na história cujos seguidores realmente fazem o que se espera que façam. Mas como temos certeza de que, em troca, teremos o paraíso? Nós vimos na televisão.

É simples assim.

Pesquisar é formular novas hipóteses. Um dos defeitos de muitas pesquisas em ciências humanas é que raramente produzem hipóteses originais. Contentam-se em alimentar um gênero baseado na legitimação pelo procedimento (aplicação de metodologias prévias como aprendizado de uso da ferramenta) e legitimação pela autoridade autoral (citações que não estruturam a narrativa nem acrescentam informações). O historiador Yuval Noah Harari, doutor por Oxford e professor na Universidade Hebraica de Jerusalém, criou novas hipóteses, ampliou outras menos conhecidas ou inverteu hipóteses tradicionais. Para ele, por exemplo, o *sapiens* é apenas uma das espécies de gênero humano. Em certo momento, seis espécies de humanos teriam coexistido. O que diferenciaria o homem dos outros animais? A capacidade de produzir ficção (coisas que não existem naturalmente, mas em torno das quais os humanos se estruturam e pelas quais competem ou cooperam). As narrativas sobre a escravidão foram ficções sempre em mutação.

A mais interessante hipótese de inversão de Harari é a seguinte, que serve de matéria para reflexão metodológica: "Os homens não domesticaram as plantas. As plantas é que domesticam o homem." Essa ideia vem depois de outra não menos provocativa: "A vida dos caçadores coletores pré-históricos era melhor do que a dos seus sucessores agricultores, inclusive do ponto de vista alimentar e de segurança, e muito mais interessante que a dos camponeses ou operários de sociedades modernas." Segundo ele, o que não cabe examinar aqui, "a revolução agrícola foi a maior fraude da história". (2015, p. 90)

Do método à teoria. O que é a história? "A história é o que algumas poucas pessoas fizeram enquanto todas as outras estavam arando campos e carregando baldes de água." (Harari, 2015, p. 111) Talvez não. A história é o que algumas poucas pessoas contavam enquanto as outras estavam fazendo essa história, arando campos, carregando baldes de água e sendo escravizadas por diferentes agentes sociais, brancos ricos, ou por efeitos secundários do processo, brancos e mestiços pobres ou até negros.

A população escrava brasileira cresceu com esses métodos de investimento em bolsa nas grandes cidades por homens de "bem". Estrada fez um balanço:

> Em 1580, data em que foi a colônia incorporada aos domínios de Filipe II da Espanha, em virtude do direito de herança reconhecido pelas cortes de Thomar, a população de escravos africanos podia ser computada ainda em menos de 8 mil indivíduos, assim distribuídos; em Itamaracá, 200; Pernambuco, 2.000; Bahia, 4.000; Ilhéus, 500; Porto Seguro, 100; Espírito Santo, 200; São Vicente, 500; Santo Amaro, 200. Havia, por este tempo, 120 engenhos, que produziam a média anual de 70 mil caixas de açúcar. Em 1628, pouco antes do domínio holandês, computava-se em cerca de 30.000 indivíduos o total da população escrava do Brasil; reduzindo-se de um terço a de 1755, com a promulgação da lei pombalina, que libertou os índios escravizados. Foi nos primeiros anos do século XIX que a escravidão aumentou consideravelmente entre nós com o extraordinário desenvolvimento que teve o tráfico. (2005, pp. 28-29)

Foi assim.

Para contornar a pressão contra o tráfico e a escassez de mão de obra, os capitalistas brasileiros tentaram emplacar leis de "locação de serviços"

TRÁFICO NA BOLSA DE VALORES (TRABALHO NEGRO, PREGUIÇA BRANCA)

em 1830, 1837 e 1839. Todas tinham um ponto em comum: a tentativa de tratar os contratados como escravos. Era a legislação trabalhista dos sonhos dos patrões, que podiam demitir sem motivo, sem que os empregados pudessem demitir-se antes de pagar as dívidas "que haviam contraído no processo do seu emprego e embarque para o Brasil". (Conrad, 1978, p. 51) Quem não cumprisse o acordo poderia ser preso e obrigado a pagar o dobro do que devia ao patrão. Tentava-se transformar o escravo em servo da gleba. A *Gazeta da Tarde* fulminou, em 8 de julho de 1884, a esperteza dos patrões: "A lavoura queria braços tão baratos que parecessem de graça." E assim fossem.

O tráfico interprovincial passou de transação "normal" e lucrativa para uma praga a ser erradicada: o deputado paulista Lopes Chaves apresentou, em 1871, um projeto para abolir o imposto de saída de escravos de São Paulo e impor uma taxa de 100 mil-réis sobre cada entrada. O objetivo era eliminar "essa lepra que de todas as províncias do norte do império vem para a nossa". (*apud* Azevedo, 1987, p. 112) A imigração surgia como um horizonte luminoso. As piores razões seriam usadas para defender uma nova política. O futuro estaria no branqueamento radical dos trabalhadores do Brasil.

29. Abolição, imigração e racismo (tudo menos a reforma agrária)

Para Harari (2015, p. 143), o homem é sempre produtor de hierarquias. O racismo é um sistema de hierarquia social:

> Os ocidentais são ensinados a desprezar a ideia de hierarquia social. Eles ficam chocados com as leis que proíbem os negros de viver em bairros de brancos, ou estudar em escolas de brancos, ou ser tratados em hospitais de brancos. Mas a hierarquia de ricos e pobres, que autoriza os ricos a viver em bairros distintos e mais luxuosos, estudar em escolas mais distintas e de maior prestígio e receber tratamento médico em instalações distintas e bem equipadas, parece perfeitamente sensata para muitos norte-americanos e europeus.

Qual a diferença? O mérito? Harari zomba dessa ficção:

> Mas é um fato comprovado que a maior parte dos ricos são ricos pelo simples motivo de terem nascido em uma família rica, enquanto a maior parte dos pobres continuarão pobres no decorrer da vida simplesmente por terem nascido em uma família pobre.

O sistema limita-se a reproduzir suas desigualdades por meio de seus mecanismos de educação. Cada sociedade tem sua hierarquia. Viver na base

RAÍZES DO CONSERVADORISMO BRASILEIRO

da pirâmide é uma experiência existencial. Os indianos organizaram-se em castas. Formalizaram e sacralizaram a barbárie. Chamaram isso de sabedoria milenar. Nós, ocidentais, damos outro nome a isso: meritocracia. Harari é direto: "Dinheiro gera dinheiro e pobreza gera pobreza."

Os sistemas de hierarquia social não são eternos. Clennon King, segundo Harari (2015, p. 151), um estudante negro americano, tentou fugir, em 1958, da lógica de separação entre negros e brancos. Quis ingressar na Universidade do Mississippi como qualquer jovem. Foi mandado para um hospício. Mulheres passaram por humilhações semelhantes. Queriam ignorar a "hierarquia de gêneros", apresentada como natural. Só em 1997, a Alemanha criou uma lei para punir o estupro conjugal. Até ali, o marido estuprar a esposa era algo muito natural.

Yuval Noah Harari (2015, p. 334) mostra vários capítulos infames do capitalismo como ficção realizada. A "bolha do Mississippi" é um deles. A Companhia do Mississippi, dirigida por John Law, presidente do Banco Central da França e controlador-geral das finanças do rei Luís XV, vendeu ações na Bolsa de Paris para colonizar o vale do baixo Mississippi. Bom marqueteiro, Law espalhou boatos de que a região escondia riquezas fabulosas. As ações dispararam. Muita gente vendeu tudo o que tinha para entrar no jogo.

As riquezas do Mississippi eram só crocodilos. As ações despencaram. John Law fez o Banco Central da França comprar ações da Companhia do Mississippi para estabilizar a situação. Não adiantou. O Banco Central e o Tesouro Real atolaram-se. Os especuladores venderam suas ações podres a tempo. Os cofres públicos pagaram a conta. Luís XVI herdou a França atolada pagando os juros da bolha. Chamou os Estados Gerais. Veio a revolução de 1789. Quantas bolhas vieram depois? A Inglaterra vendia ópio para a China. Grandes fortunas britânicas surgiram assim. A China proibiu o consumo. Os cartéis britânicos da droga, tendo acionistas entre os deputados, obrigaram o governo a adotar medidas. Harari observa:

> Em 1840, a Grã-Bretanha declarou guerra à China em nome do "livre comércio" [...] Segundo o tratado de paz que se seguiu, a China concordou em não restringir as atividades dos comerciantes de drogas britânicos e em compensá-los pelos danos causados pela polícia chinesa.

ABOLIÇÃO, IMIGRAÇÃO E RACISMO (TUDO MENOS A REFORMA AGRÁRIA)

Como indenização, a Inglaterra ganhou o controle de Hong Kong e 40 milhões de viciados.

O Egito também entrou na dança. O capitalismo britânico ofereceu-lhe empréstimos para atividades arriscadas que "deram com os burros n'água". A dívida ficou impagável. A rainha Vitória mandou seu exército cobrar a conta. O Egito tornou-se protetorado britânico. Não é lindo? A Grécia rebelou-se contra os turcos. Os ingleses lançaram os títulos da Rebelião Grega. Os gregos pagariam depois da vitória. Estavam perdendo. A Inglaterra mandou seus navios atacarem os turcos para defender seus acionistas. A Grécia conquistou a liberdade e uma dívida impagável com os britânicos. Não existe emancipação grátis. Esse texto poderia se chamar também "ética belga do capitalismo". O rei Leopoldo II, da Bélgica, fundou uma ONG para combater o tráfico de escravos ao longo do rio Congo. A boa ideia transformou-se em outra melhor ainda para o colonialismo abutre: a exploração da borracha.

Os aldeães africanos envolvidos nesses negócios que nem compreendiam (Harari, 2015, p. 342) eram obrigados a entregar cotas de borracha. Os "preguiçosos" que não atingiam as metas tinham os braços cortados. Entre 6 e 10 milhões de trabalhadores morreram nesse trabalho inglório, 20% da população do Congo. Exemplos dispersos das múltiplas facetas do capitalismo em ação. O capitalista brasileiro queria mão de obra gratuita. Em tese, tanto fazia para ele que o escravo fosse negro ou branco. Cativo era quem nascesse, antes da Lei do Ventre Livre, de mãe escrava. O senhor branco fazia filhos em escravas negras. Tratou seus rebentos sem privilégios enquanto a lei assim o permitiu. Robert Conrad analisou informações em número suficiente para mostrar que tudo podia acontecer: escravos brancos, negros libertos donos de escravos e até cativos negros proprietários de escravos. Um caso citado, que espantou o viajante inglês Henry Koster, é o de um mulato, em um monastério beneditino, dono de escravos. Ser dono de seres humanos era um sinal de distinção social, uma marca de importância social cobiçada e valorizada. Foi isso que defendeu Luiz Peixoto de Lacerda Werneck: "O escravo é um objeto de luxo." (*apud* Conrad, 1978, p. 15)

A defesa da imigração despertou o racismo generalizado da elite tropical. Criatividade não faltava aos capitalistas brasileiros em matéria de tentativas de jeitinhos salvadores. Em 1850, um certo Antônio Pedro de Carvalho

RAÍZES DO CONSERVADORISMO BRASILEIRO

propôs, dada a impossibilidade de manter o tráfico de escravos, a importação de "colonos africanos". O sempre obsceno Lacerda Werneck opôs-se à importação de chineses com um argumento criativo: "Nem mesmo são humanos [...] uma espécie de monstros, quer no corpo, quer no espírito... são lama... pó... nada." (*apud* Conrad, 1978, p. 46) O racismo bloqueou a "solução chinesa".

Falava-se de reforma agrária com frequência. André Rebouças, no fundo um romântico apaixonado pela princesa Isabel, que fazia de tudo para escapar das saias justas, militava por uma "democracia rural". Pretendia que os grandes proprietários vendessem ou alugassem lotes de vinte hectares para os libertos e imigrantes. Conrad (1978, p. 182) seguiu esse fio de alta-tensão:

> Numa conferência organizada no início de setembro no Teatro São Luiz, os oradores foram aplaudidos entusiasticamente quando pediram a "subdivisão do solo" ou demonstraram matematicamente que os proprietários de escravos no Brasil tinham contraído uma enorme dívida para com a nação através da violação da lei de 1831 durante o meio século anterior.

Os abolicionistas sabiam que, sem reforma agrária, a abolição ficaria incompleta. Conrad (1978, p. 194) observa que a causa mais defendida pelos abolicionistas, além do fim do cativeiro, foi "a democratização do solo", o que "implicava o desmantelamento de grandes propriedades agrícolas e a criação de pequenas fazendas". A democratização do solo foi objeto de preocupação de José Bonifácio, em 1823, em sua proposta de emancipação. Ele queria que os libertos recebessem "uma pequena sesmaria de terra para cultivar" e meios para produzir. Tavares Bastos foi mais longe e propôs, em 1870, um imposto sobre as grandes propriedades e a desapropriação das terras improdutivas "à margem dos futuros caminhos de ferro". (*apud* Conrad, 1978, p. 195) Não conseguiu. Quando o presidente João Goulart, em 1964, tentou a mesma coisa, foi derrubado por um golpe militar. Abolição, sim; reforma agrária, não.

Um amigo de Rebouças, o visconde de Beaurepaire Rohan, aconselhou o Ministério da Agricultura a fazer uma reforma agrária sob o argumento de que "o retalhamento da grande propriedade territorial" seria "uma condição indispensável ao desenvolvimento" da lavoura e "muito mais

ABOLIÇÃO, IMIGRAÇÃO E RACISMO (TUDO MENOS A REFORMA AGRÁRIA)

quando estiver extinta a escravidão". (*apud* Conrad, 1978, p. 196) Nabuco denunciou o latifúndio já no primeiro número de O *Abolicionista*. Ele acreditava cedo demais que a solução para a pobreza brasileira seria a divisão das terras cultiváveis. Dantas, no projeto de 1884 abortado pelos conservadores, previa terras para os novos libertos. Em 1883, André Rebouças, um professor da Escola Politécnica, pediu que se criasse um imposto sobre terras improdutivas em um raio de vinte quilômetros das linhas de comunicação. Segundo Conrad (1978, p. 235), "tratava-se de mais uma manifestação da batalha final do século contra o latifúndio". Batalha da terra que seria perdida.

Ser negro se tornaria, cada vez mais, um fator de rejeição social. Luiz Gama atacou os racistas lembrando que a cor negra era a "origem da riqueza de milhares de salteadores". (*apud* Conrad, 1978, p. 2.001) Entre dizer e ser ouvido, havia grande distância. O empresário Felício dos Santos, em 1882, afirmou que o trabalho dos negros era necessário, apesar de eles terem uma "conformação cerebral" inferior. Esse discurso ganharia força com as teorias raciais pretensamente científicas que se espalharam pelo Ocidente ao longo do século XIX.

Não foram poucos os que se enganaram com as aparências brasileiras de harmonia racial. Nas comemorações da aprovação da Lei do Ventre Livre, no Senado, o representante americano louvou o modelo brasileiro, que não se caracterizaria "por uma guerra de raças, como nos Estados Unidos", tendo dado ensejo "à sua fusão e à sua solidariedade, pela expansão de sentimentos nobres e altruísticos de confraternização, de piedade e de filantropia". (*apud* Estrada, 2005, p. 20) Se não houve guerra aberta, foi pela existência de outros métodos de enfrentamento, negociação, dominação e controle social.

Celia Maria Marinho de Azevedo, em *Onda negra, medo branco*, inventariou os projetos de transformação do Brasil pela introdução de uma raça "superior", a branca:

> Tavares Bastos acreditava firmemente que, caso a história do Brasil tivesse sido outra, com brancos em vez de negros na produção, o país contaria então com uma riqueza triplicada, pois o trabalho dos primeiros era três vezes mais produtivo do que o dos segundos. (1987, p. 63)

RAÍZES DO CONSERVADORISMO BRASILEIRO

Para Bastos, o negro afugentava o branco europeu. Não foram poucos os analistas da situação brasileira que atacaram a suposta inferioridade da raça negra para defender a imigração branca como salvação da lavoura. Pereira Barreto, em artigos publicados em *A Província de São Paulo*, em 1880, encarnava o cientificismo racista da época:

> O que constitui, porém, o grosso da nossa população escrava é o contingente das outras populações caracterizadas todas anatomicamente pela sua menor massa de substância cerebral; e esta condição anatômica de inferioridade é bem própria para abrandar os rancores abolicionistas contra a parte da sociedade que tem por si a vantagem efetiva da superioridade intelectual. (*apud* Azevedo, 1987, p. 69)

O crítico literário Sílvio Romero não queria que o Brasil se tornasse um Haiti:

> A minha tese, pois, é que a vitória na luta pela vida, entre nós, pertencerá no porvir ao branco; mas que este, para essa mesma vitória, atento às agruras do clima, tem necessidade de aproveitar-se do útil que as outras duas raças lhe podem fornecer, máxime a preta, com que tem mais cruzado. Pela seleção natural, todavia, depois de prestado o auxílio de que necessita, o tipo branco irá tomando a preponderância até mostrar-se puro e belo como no velho mundo. Será quando já estiver de todo aclimatado no continente. Dois fatos contribuirão largamente para tal resultado: de um lado a extinção do tráfico africano e o desaparecimento constante dos índios, e de outro a emigração europeia. (*apud* Azevedo, 1987, p. 71)

Para outro analista, Domingos José Nogueira Jaguaribe, com tese aprovada com louvor na Academia de Medicina do Rio de Janeiro, também citado por Celia Azevedo, o Brasil deveria escolher uma raça melhor para almejar um futuro material, moral e intelectual melhor.

Nada mais de africanos. Tampouco de chineses. Boa parte das ideias racistas que se enraizaram no imaginário brasileiro saiu da cabeça do médico francês Louis Couty, que lecionou, a partir de 1878, na Escola Politécnica e no Museu do Rio de Janeiro. Segundo ele, o Brasil estava atolado na ir-

ABOLIÇÃO, IMIGRAÇÃO E RACISMO (TUDO MENOS A REFORMA AGRÁRIA)

racionalidade da escravidão, refém de uma raça atrasada. O progresso só viria com as "populações avançadas da Europa". O africano era o atraso. O europeu, a modernidade. Couty, conforme Celia Azevedo, cumpriu três missões delicadas e complexas: convencer o governo da necessidade de investir em colonos brancos europeus; persuadir os abolicionistas a não ir rápido demais, aceitando uma emancipação gradual; mostrar aos proprietários de escravos as vantagens do trabalho livre e de uma reforma agrária.

Couty considera o Brasil, paradoxalmente, um paraíso sem preconceitos raciais um local onde os negros libertos eram tratados imediatamente como iguais dos brancos. O africano, porém, era "quase sempre um grande preguiçoso". (*apud* Azevedo, 1987, p. 79) O africano seria infantil por natureza:

> Como as crianças, eles têm os sentidos inferiores e, sobretudo, o paladar e a audição relativamente desenvolvidos. O negro gosta de tabaco [...] ele adora as coisas açucaradas, a rapadura; mas o que ele gosta acima de tudo é de cachaça [...] Para conseguir cachaça, ele rouba [...] e sacrificando tudo a essa paixão, inclusive a própria liberdade, ele trabalhará até no domingo. (*apud* Azevedo, 1987, p. 80)

O Brasil só se tornaria moderno, segundo essa lógica, com a entrada de por volta de 2 milhões de europeus, que deveriam receber incentivos para se radicar no Novo Mundo.

Abolicionistas como Taunay, um dos fundadores da Sociedade Central de Imigração e do jornal da SCI, destaca Celia Azevedo, aplaudiam as ideias de Couty. Taunay tomava, porém, o cuidado de explicar a "preguiça" dos brasileiros pela falta de garantias para trabalhar, podendo ser expulsos de suas terras a qualquer momento. Amoroso Lima, articulista do jornal da SCI, defensor da raça ariana, sustentava que só o europeu podia "servir de guia à raça mestiça, tendo sido a africana trazida às plagas americanas por uma tendência irresistível, para ser introduzida, mesmo que por meio do cativeiro, no convívio da civilização". (*apud* Azevedo, 1987, p. 87)

A defesa da política de imigração encontrou seus melhores argumentos nos piores conceitos do racismo com roupagem científica. Celia Azevedo resumiu com acerto:

RAÍZES DO CONSERVADORISMO BRASILEIRO

> Enquanto os abolicionistas retomavam os argumentos dos emancipacio-
> nistas, que desde o início do século pretenderam a incorporação social
> do negro livre, os imigrantistas consolidavam sua posição quanto à
> vagabundagem irremediável do ex-escravo e seus descendentes por força
> de suas supostas origens raciais inferiores. (*apud* Azevedo, 1987, p. 104)

O elogio do imigrante branco escorou-se na desqualificação do escravo e do ex-escravo negro. Mais do que a qualidade do trabalho livre, cantou-se em prosa e em ensaios cientificistas a superioridade do branco europeu sobre o negro africano. O preconceito ganhou novos argumentos e floresceu como a força das verdades do senso comum. O jornalismo encampou essas ideias fáceis com a paixão dedicada aos simplismos que convencem pela força das reduções tão explicativas. A modernidade tinha origem, raça, cor, competência e futuro. O branco era o porvir. O negro era o passado. O branco era o trabalho. O negro, a preguiça. O branco olhava para a frente. O negro cochilava. Construíra-se o futuro em cima de uma sólida base de areia movediça.

30. Abolição com ou sem negros? (libertações ao vivo)

A abolição foi um longo processo de conflito vivido nas ruas, nos campos, nas lavouras, nas igrejas e inclusive nos teatros. Essa lenta construção ganhou impulso a partir de 1871. O tempo apaga os rastros da história no imaginário social. O maior erro que se comete é imaginar a abolição como uma concessão imperial ou, no máximo, como um ato generoso da Coroa sob a pressão do parlamento. Outro engano, como se viu, é imaginar a abolição sem a luta dos próprios escravos. A reação dos cativos sempre enfrentou a brutal engrenagem repressora azeitada pelos proprietários com base na tríade violência privada, polícia e justiça. O Brasil, ao contrário do que se costuma dizer, teve um dos sistemas repressores mais violentos e eficazes do mundo.

Enfrentar o aparato repressivo dos escravistas brasileiros significava pagar com a vida, por execução sumária ou por condenação à morte, ou ser submetido legalmente a castigos horrendos. O senhor de escravos detinha o poder de punir seus cativos. A justiça era acionada quando a ação de um escravo envolvia interesses de terceiros. A história, escrita pelos escravistas, pintou um quadro de interação entre cativos e proprietários que faz jus às ficções mais românticas e falsas de um José de Alencar. Todo o sistema funcionava com a intenção de cercar, caçar e neutralizar os fugitivos e os rebeldes.

A astúcia do escravismo brasileiro foi simular uma malemolência de relações que não existiu ou só existiu circunstancialmente. Difundiu-se a ideia de que senhores e escravos, à sombra das mangueiras, em dias langorosos, uns embalando os outros nas redes das sestas regeneradoras, fundiam-se, superando abismos raciais e o fato de serem proprietário e propriedade. Em certos momentos de distensão, isso até ocorreu. Nada, porém, jamais apagou a separação estrutural entre o sujeito e o submetido. Mesmo quando o dono engravidava suas propriedades, prevalecia a relação de dominação que os ligava e separava cruelmente. Se a escrava chegava a se apaixonar pelo senhor, ou este por sua cativa, o efeito estrutural não se apagava. Também não se podem ignorar os jogos de sedução e de esperança de emancipação ou de melhor tratamento na complexa rede de envolvimentos possíveis.

A consciência de horror finalmente ganhou as ruas. Os abolicionistas conceberam múltiplas formas de enfrentamento com os escravistas. Como se viu, entre os principais ativistas da abolição, estiveram homens como José do Patrocínio, André Rebouças e Luiz Gama. Se Gama morreu cedo, os outros dois levaram a luta ao seu triunfo. Em certo momento, a tomada do espaço público tornou-se determinante e corriqueira. A abolição teve suas manifestações de rua, seus comícios, suas bandeiras, seus confrontos com a polícia, suas estratégias de divulgação, seu "marketing", seus slogans e suas formas de produção de notícias, de acontecimentos e de manchetes.

Os teatros, no século XIX, eram os espaços nobres da cena pública. Neles, os abolicionistas ou emancipacionistas encenaram, com realismo de folhetim, suas melhores ações contra a ideologia escravista. Uma das estratégias mais bem-sucedidas e impactantes adotadas pelos ativistas foi a das libertações "ao vivo", graças a alforrias concedidas por proprietários convencidos da nobreza da causa, ou pela compra de cativos a partir de fundos de doações, em espetáculos com direito a cenário, trilha sonora e figurino. Negros vestidos de branco eram libertados sob os aplausos incontidos da "sociedade".

A produção do espetáculo exigia algum requinte e a presença de celebridades que lhe dessem certa aura. O compositor Carlos Gomes participou de algumas dessas operações. Em 27 de julho de 1880, no Teatro D. Pedro II, em homenagem ao próprio maestro, foi libertado, ao vivo, o escravo Julião, "conduzido pela mão da célebre cantora Durand, todo vestido de branco, no meio de ovações delirantes da plateia, onde senhoras, de pé, batiam palmas, jogavam flores e agitavam lenços freneticamente". (Estrada, 2005, p. 81) Em setembro, em Campinas, ainda em homenagem a Carlos

ABOLIÇÃO COM OU SEM NEGROS? (LIBERTAÇÕES AO VIVO)

Gomes, o empresário William Van Vleck Lidgerwood libertou ao vivo outros dois escravos jovens.

Essa tomada de consciência, com suas operações teatrais, não se fez com uma simples abertura de cortina. A ideologia do senhor foi inculcada na mente dos cativos. Joaquim Nabuco, depois de uma derrota eleitoral acachapante, em 1886 – 90 votos em 1.911 depositados nas urnas, chegou a se queixar de que negros livres votavam em candidatos escravistas. (*apud* Conrad, 1978, p. 177) Ainda que poucos negros se deixassem contaminar (alguns por uma lógica perversa de distinção), o efeito podia ser devastador. Os colégios eleitorais do século XIX eram reduzidos. Em 1881, o Rio de Janeiro, município neutro, tinha 5.928 eleitores, sendo 2.211 funcionários públicos, 1.076 comerciantes ou seus empregados e 516 proprietários; os demais eram profissionais liberais. (Conrad, 1978, p. 178) Poucos votos decidiam muito ou tudo. A unidade na luta precisava ser absoluta.

Para Octavio Ianni, como assinala Robert Conrad (1978, p. 192), a abolição foi uma revolução branca. Em contrapartida, Joaquim Nabuco sabia que a abolição teria de se dar no parlamento, mas a partir da pressão das ruas. Ianni enganou-se. A abolição foi o resultado de uma luta conjunta em que cada parte deu o que dispunha em cada momento do processo. Se no começo tudo era tabu, ao final tudo se discutia, até se a mulher brasileira era escravocrata, tema tratado pela *Gazeta da Tarde* e abordado por Mercedes de Oliveira. (Estrada, 2005, p. 95) A abolição contou com uma imensa rede dotada de nós mais ou menos complexos. As batalhas cotidianas articularam-se no contexto de uma guerra simbólica com direito a desobediência civil – no incentivo às fugas de escravos – e apropriação de elementos culturais capazes de tocar o imaginário, ou a alma, das pessoas, especialmente dos setores médios da população. A simbologia cristã tornou-se instrumento de luta.

Angela Alonso captou o espírito dessa operação:

> A estratégia do choque moral deu ao tropo do escravo sofredor, usado em literatura e em conferências-concerto, uma concretude selvagem. O movimento se apossou da simbologia cristã. Rui Barbosa comparou os reveses dos abolicionistas aos de Jesus, ao passo que *O País* [sic] coletava fundos para a emancipação sob a chamada "em nome de

Cristo". Antônio Bento nomeou o grupo herdado de Luís [*sic*] Gama de Caifazes, referência ao profeta que prometera a volta do filho de Deus para redimir o povo, e ideou um museu de horrores na nave de uma igreja – era membro da Irmandade dos Remédios –, com a exposição de instrumentos de tortura, como um grande gancho de dependurar escravos. Ideia replicada em Campos e Recife. Bento fez do culto um meio de propaganda. (2015, p. 298)

Era fundamental sensibilizar os espíritos vulneráveis. O movimento conseguiu enternecer o coração de senhoras católicas devotas.

Cada adepto conquistado para a causa era um pequeno passo na direção do objetivo fixado. A libertação de um escravo tinha de figurar como um acontecimento. Era uma cerimônia, um ritual, um momento de passagem. Um parágrafo de Angela Alonso condensa a profusão de atos orquestrada pelos militantes da abolição:

> De 1878 a 1885, o ciclo do protesto abolicionista teve por fulcro o proselitismo. Foram 587 manifestações no espaço público orientadas para persuadir a opinião pública e angariar novos adeptos. Seus intuitos ordeiros se materializaram num símbolo: as flores. Aos poucos, o repertório de técnicas de protesto se alargou. (2015, p. 230)

O repertório dos abolicionistas era variado em formatos de ação:

> As conferências-concerto transbordaram dos teatros. A concentração em jardins, que as precedia, se desdobrou na Corte em quermesses, feiras, alvoradas, serenatas, bem como em deslocamentos aos teatros [...] desfile, cortejo, parada, procissão cívica, marcha, *marche aux flambeaux* (com archotes). Disseminaram-se os *meetings*, à inglesa, aglomerações a céu aberto. De noite e de dia, muitas vezes com banda, passeatas e manifestações viraram rotina (*idem*, p. 230).

A ocupação das ruas e dos teatros não se fez sem confrontos ou tentativas de censura. Humberto Fernandes Machado estudou essa questão no espaço conflagrado do Rio de Janeiro:

ABOLIÇÃO COM OU SEM NEGROS? (LIBERTAÇÕES AO VIVO)

A proibição de "ajuntamentos em praças e ruas" quase provocou um confronto de graves proporções, em agosto de 1887, quando a Confederação Abolicionista do Rio de Janeiro organizou um *meeting* no Teatro Polytheama. Durante o discurso de Quintino Bocaiúva, explodiram bombas dentro do recinto. Em seguida, entraram "policiais armados de cacetes", que lutaram com os assistentes. Após a expulsão dos policiais para o jardim, o recinto foi invadido por "um piquete de cavalaria e outro de infantaria". O embate foi evitado após entendimentos mantidos entre os líderes e as autoridades policiais. Os espectadores foram para a rua do Ouvidor, protestando contra o governo e aclamando a Confederação Abolicionista. A tentativa de proibição de reuniões públicas não surtia efeito, pela repercussão do abolicionismo nos vários setores da sociedade, inclusive pela resistência do próprio escravo. (2003, p. 7)

O Polytheama foi um dos palcos mais ocupados pelos abolicionistas em suas representações.

As manifestações em espaços públicos, ou para públicos, dependiam, de algum modo, ou em parte, da divulgação pelos jornais comprometidos com a abolição. Humberto Fernandes Machado estudou os limites da colaboração da imprensa com o abolicionismo:

Poucos órgãos da imprensa aderiram, sem subterfúgios, à campanha abolicionista. Muitos só defenderam o término incondicional da escravidão quando se tornou impossível preservá-la em virtude das incessantes fugas dos escravos das propriedades e o apoio acentuado da sociedade para a sua eliminação. A opção clara em favor de uma solução para a "questão servil" ocorreu na década de 1880, quando o cativeiro já estava em sua fase de agonia. (2003, p. 3)

Novidade?

Nem o 13 de Maio de 1888 interessou a certos jornais considerados muito sérios:

Quando cotejamos, por exemplo, os números da *Gazeta da Tarde*, principal jornal abolicionista do Rio de Janeiro, cujo proprietário era

RAÍZES DO CONSERVADORISMO BRASILEIRO

> José do Patrocínio, e do *Jornal do Commercio*, reconhecidamente um órgão vinculado às atividades mercantis, no dia da extinção legal do cativeiro, percebem-se imediatamente as diferenças de abordagem. Enquanto o primeiro não publicava nenhuma matéria sobre venda ou aluguel de escravos, o segundo, naquela data, omitiu os debates do Parlamento sobre o projeto abolicionista, veiculando através de suas páginas anúncios a respeito do ignóbil comércio. Deve-se frisar que o *Jornal do Commercio* praticamente ignorou a campanha abolicionista, exceto por alguns artigos cujos espaços eram comprados pelos autores, denominados "a pedidos". Os abolicionistas consideravam os jornais como os documentos mais importantes para denunciar as mazelas do cativeiro. Para Joaquim Nabuco eles "fotografavam" a escravidão de uma forma "mais verdadeira do que qualquer pintura". (Machado, 2003, p. 3)

E do que a ficção.

Os relatos sobre as diversas etapas da luta pela abolição não param de aumentar graças ao trabalho de pesquisadores ligados a programas de pós--graduação em História. O movimento teve muitas faces e cores: pacífica, conflitiva, no parlamento, nas ruas, nos jornais, nos teatros, nas senzalas, nas praças, por toda parte. Brancos e negros trabalharam pelo fim do cativeiro. Três negros foram decisivos na propagação das diversas formas de luta: Gama, Rebouças e Patrocínio. Negros anônimos travaram os mais importantes combates no silêncio do cotidiano, aqueles que escapam aos historiadores pela falta de documentos escritos. Quantas conversas entre escravos devem ter acontecido nos "quadrados" a que estavam confinados? Quantas tramas, sonhos e projetos? Quantas ilusões, temores, apostas e encorajamentos? Quantos sussurros, cochichos, senhas e cuidados?

Quantas lágrimas de ódio, de impotência e de esperança foram vertidas? Quantas fugas foram organizadas, quando tudo se destravou, em noites febris e intermináveis? Quantas histórias foram levadas para sempre por esses homens e mulheres que poderiam afogar o mundo com narrativas intermináveis sobre cativeiro, utopia e liberdade? As penas mais brilhantes jamais poderiam descrever esses sentimentos compartilhados na solidão povoada das senzalas em berço esplêndido.

31. O 13 de Maio na ficção ou como ficção (escravocratas fizeram a abolição?)

A escravidão não poderia ser ignorada pela literatura. Emília Viotti da Costa, em uma página solitária, destacou a abordagem do tema do escravismo por escritores do século XIX: em 1846, Gonçalves Dias, com *A escrava*; em 1856, José de Alencar, em *O demônio familiar*; ainda Alencar, cuja ficção parecia mais generosa do que suas palavras de político, pouco depois, publicava *A mãe*. Mais bem-sucedido seria Joaquim Manuel de Macedo, com *A moreninha*, a triste história de uma escrava branca, tendo sido menos aplaudido por *As vítimas algozes*, de 1869. Castro Alves, com sua poesia condoreira, desempenhou o papel de escritor engajado mais completo e admirado da saga da abolição.

Emília Viotti da Costa também destaca alguns autores menos conhecidos:

> Um grupo de escritores nordestinos – Juvenal Galeno, Trajano Galvão de Carvalho, Francisco Leite Bittencourt Sampaio, Joaquim Serra – incluía o negro e o escravo como personagens em suas obras. O negro melancólico, saudoso da pátria de origem, a escrava virtuosa perseguida pelo senhor, o escravo justiceiro que vinga sua honra ultrajada, toda uma galeria de personagens desfila no cenário rural que serve de tema de inspiração àqueles escritores. (2010, p. 40)

O africano escravizado era um personagem pronto para a ficção.

RAÍZES DO CONSERVADORISMO BRASILEIRO

O que se disse na literatura sobre o 13 de Maio de 1888? Machado de Assis, criticado por não ter sido um escritor engajado em seus espaços em jornais, dedicou algumas passagens de seu livro *Memorial de Aires* (1908), com certo tom melancólico, à questão da abolição. Em 7 de maio de 1888, o narrador personagem anota: "O ministério apresentou hoje à Câmara o projeto de abolição. Dizem que em poucos dias será lei." (1946, p. 63) Em 13 de maio, Aires registra:

> Enfim, lei. Nunca fui, nem o cargo me consentia ser, propagandista da abolição, confesso que senti grande prazer quando soube da votação final do Senado e da sanção da regente. Estava na rua do Ouvidor, onde a agitação era grande e a alegria, geral. (1946, p. 64)

O personagem recusa a carona de um jornalista para seguir o cortejo festivo:

> Disseram-me depois que os manifestantes erguiam-se nos carros, que iam abertos, e faziam grandes aclamações, em frente ao paço, onde estavam também todos os ministros. Se eu lá fosse, provavelmente faria o mesmo e ainda agora não me teria entendido... Não, não faria nada; meteria a cara entre os joelhos. (*idem*, p. 64)

Seria o Conselheiro Aires o *alter ego* de Machado de Assis em relação ao escravismo? "Ainda bem que acabamos com isto. Era tempo. Embora queimemos todas as leis, decretos e avisos, não poderemos acabar com os atos particulares, escrituras e inventários, nem apagar a instituição da história, ou até da poesia." (1946, pp. 64-5) Foi o que Rui Barbosa, quando ministro da República, fez: mandou queimar os arquivos públicos com a documentação do escravismo, a fim de acabar com as pretensões dos proprietários inconsolados a alguma indenização. Ao menos oficialmente essa é a versão que ficou para a história.

Outra passagem do romance revela uma confusão bastante curiosa entre um fato de natureza privada e a abolição:

> Não há alegria pública que valha uma boa alegria particular. Saí agora do Flamengo, fazendo esta reflexão, e vim escrevê-la, e mais o que lhe

O 13 DE MAIO NA FICÇÃO OU COMO FICÇÃO

deu origem. Era a primeira reunião do Aguiar; havia alguma gente e bastante animação. Rita não foi; fica-lhe longe e não dá para isto, mandou-me dizer. A alegria dos donos da casa era viva, a tal ponto que não a atribuí somente ao fato dos amigos juntos, mas também ao grande acontecimento do dia. Assim o disse por esta única palavra, que me pareceu expressiva, dita a brasileiros:
— Felicito-os.
— Já sabia? – perguntaram ambos.
(1946, p. 66)

O narrador dissimula sua perplexidade:

Não entendi, não achei que responder. Que era que eu podia saber já, para os felicitar, se não era o fato público? Chamei o melhor dos meus sorrisos de acordo e complacência, ele veio, espraiou-se, e esperei. Velho e velha disseram-me então rapidamente, dividindo as frases, que a carta viera dar-lhes grande prazer. Não sabendo que carta era nem de que pessoa, limitei-me a concordar:
— Naturalmente.
— Tristão está em Lisboa – concluiu Aguiar –, tendo voltado há pouco da Itália; está bem, muito bem.
(*idem*, p. 64)

Só lhe resta filosofar:

Compreendi. Eis aí como, no meio do prazer geral, pode aparecer um particular, e dominá-lo. Não me enfadei com isso; ao contrário, achei-lhes razão, e gostei de os ver sinceros. Por fim, estimei que a carta do filho postiço viesse após anos de silêncio pagar-lhes a tristeza que cá deixou. Era devida a carta; como a liberdade dos escravos, ainda que tardia, chegava bem. Novamente os felicitei, com ar de quem sabia tudo.
(1946, p. 64)

Memorial de Aires é um livro sobre as consequências da abolição. Na anotação de 10 de agosto de 1888, feita pelo narrador machadiano em seu diário, lê-se:

RAÍZES DO CONSERVADORISMO BRASILEIRO

Fidélia chega da Paraíba do Sul no dia 15 ou 16. Parece que os libertos vão ficar tristes; sabendo que ela transfere a fazenda, pediram-lhe que não, que a não vendesse, ou que os trouxesse a todos consigo. Eis aí o que é ser formosa e ter o dom de cativar. Desse outro cativeiro não há cartas nem leis que libertem; são vínculos perpétuos e divinos. Tinha graça vê-la chegar à Corte com os libertos atrás de si, e para quê, e como sustentá-los? Custou-lhe muito fazer entender aos pobres sujeitos que eles precisam trabalhar, e aqui não teria onde os empregar logo. Prometeu-lhes, sim, não os esquecer, e, caso não torne à roça, recomendá-los ao novo dono da propriedade. (1946, p. 119)

Qual o interesse do escritor em mostrar o apego dos ex-escravos à antiga senhora? Busca de realismo? Aposta na complexidade? Reprodução de um olhar forte da época?

O último romance de Machado de Assis foca a decadência de uma era, o fim de um modo de vida. É, de certo modo, a história do fim da escravidão. A herdeira Fidélia informaria, depois da morte do barão de Santa-Pia, que os libertos continuavam na fazenda. Segundo Tristão, que se casaria com a rica fazendeira, "por amor da sinhá-moça". (1946, p. 261) Melancolicamente "livres com a mesma afeição de escravos" (1946, p. 98), segundo a avaliação cética de Aires, o diplomata aposentado. A permanência era previsão do barão de Santa-Pia, o grande proprietário de escravos falecido pouco mais de um mês depois do 13 de maio libertador. Ao alforriar seus cativos, ele explicou: "Estou certo que poucos deles deixarão a fazenda; a maior parte ficará comigo, ganhando o salário que lhes vou marcar, e alguns até sem nada – pelo gosto de morrer onde nasceram." (1946, p. 61) O desembargador Campos, porém, em outubro, contaria ao conselheiro narrador: "Os libertos, apesar da amizade que lhe têm ou dizem ter, começaram a deixar o trabalho." (1946, p. 165)

O barão de Santa-Pia libertou seus escravos antes da abolição, apesar de ser um defensor do sagrado direito à propriedade: "Quero deixar provado que julgo o ato do governo uma exploração, por intervir no exercício de um direito que só pertence ao proprietário, e do qual uso com perda minha, porque assim o quero e posso." (1946, p. 60) Fidélia, herdeira da fazenda Santa-Pia, resolve doá-la aos ex-escravos. Aires anota: "Lá se vai Santa-Pia para os libertos, que a receberão provavelmente com danças e com lágrimas;

O 13 DE MAIO NA FICÇÃO OU COMO FICÇÃO

mas também pode ser que esta responsabilidade nova ou primeira..." (1946, p. 263) As reticências semeavam a dúvida sobre a capacidade dos negros para o exercício produtivo da liberdade. Era a mentalidade disseminada.

Por que Machado de Assis não ocupou seus espaços em jornais com críticas à escravidão? Em 19 de maio de 2015, a *Folha de S. Paulo* publicou texto intitulado "Pesquisa identifica Machado de Assis em foto histórica sobre abolição". A notícia destaca:

> A Brasiliana Fotográfica divulgou no último domingo (17) ter descoberto um registro fotográfico inédito de Machado de Assis (1839-1908). O site de fotografias brasileiras do século 19 e do começo do 20 identificou a presença do escritor em uma imagem sobre o fim da escravidão. Em 17 de maio de 1888, quatro dias depois da assinatura da Lei Áurea, uma missa campal foi celebrada em São Cristóvão, no Rio, em homenagem à abolição da escravatura. Cerca de 30 mil pessoas estiveram presentes.[8]

Seria a prova que faltava do engajamento do escritor?

A descrição do fato parece dizer muito:

> A missa foi retratada pelo fotógrafo Antonio Luiz Ferreira. De uma posição um pouco acima do nível do chão, ele fez uma tomada panorâmica que contemplou uma larga extensão do Campo de São Cristóvão. Na imagem se misturaram negros recém-libertos, jornalistas, intelectuais, representantes do império e da igreja. O escritor Lima Barreto, então com sete anos, também esteve na missa. No canto esquerdo, está a princesa Isabel e seu marido, o Conde d'Eu. Agora os pesquisadores da Brasiliana Fotográfica notaram a presença de Machado, próximo ao casal real. A fotografia da missa, ainda hoje pouco divulgada, integra a coleção do IMS (Instituto Moreira Salles), instituição que, em parceria com a Biblioteca Nacional, abastece a Brasiliana Fotográfica.

Seria a redenção de Machado, sempre tão acusado de omissão no que se refere à luta pelo fim do cativeiro? Seria o famoso elo perdido?

---

8 <http://www1.folha.uol.com.br/ilustrada/2015/05/1630720-pesquisa-identifica-machado-de--assis-em-foto-historica-sobre-abolicao.shtml>.

RAÍZES DO CONSERVADORISMO BRASILEIRO

Detalhe da notícia: "O palco em que aparece a princesa Isabel foi ampliado 15 vezes, o que revelou um homem bastante semelhante ao escritor." Foi preciso ampliar 15 vezes uma fotografia para localizar uma imagem duvidosa que serviria como prova do engajamento abolicionista de Machado de Assis, cronista presente nos jornais de seu tempo! Segundo Sergio Burgi, coordenador de fotografia do IMS, citado no texto da *Folha de S.Paulo*, "a foto é uma representação muito importante do contexto da época, e ainda demonstra que Machado estava próximo da questão abolicionista". A matéria contextualiza:

> Nas primeiras décadas do século 20, Machado, mulato bisneto de escravos alforriados, foi criticado por ser omisso em relação à escravidão. Estudos posteriores, no entanto, mostraram que ele retratou com argúcia as contradições sociais do país no século 19 – a escravidão entre elas. Desde os anos 1870 Machado escreveu diversas crônicas contra a escravidão na imprensa da época.

Não convence.

A reportagem da *Folha de S.Paulo* cita Valentim Facioli, professor aposentado da USP, dono da Nankin Editorial e pesquisador de Machado há cinquenta anos, que se mostra dubitativo: "Não bato o martelo de que é o Machado, mas realmente parece muito com ele." O complemento chama a atenção pela tentativa de sepultar algo que parece incomodar: "Se for realmente ele, é mais uma prova para desqualificar as bobagens de que Machado era indiferente à escravidão. Sempre foi um abolicionista, mas à moda dele, sem militar em grupos ou comícios." A dúvida parece predominar para o inglês John Gledson, especialista em Machado de Assis: "Parece realmente o Machado daquele período." Mais: "Me surpreende que ele estivesse tão perto da princesa. Ele não era exatamente membro da elite, embora já fosse famoso na época."

A foto parece mostrar o quanto os fãs e estudiosos do escritor genial se incomodam com as críticas a Machado de Assis por sua discrição quanto à questão do escravismo. Mais do que revelar, enfim, o engajamento do homem, traz à luz a indignação dos especialistas com quem ousa questionar a postura de Machado de Assis, que poderia ter ombreado com Joaquim Nabuco, Rui Barbosa e José do Patrocínio em textos virulentos contra a

O 13 DE MAIO NA FICÇÃO OU COMO FICÇÃO

infâmia escravista. Não o fez. Não será o Conselheiro Aires a melhor fotografia de Machado quanto à abolição?

Em 1943, um novo grande romance, *Fogo morto*, de José Lins do Rego, falaria da abolição em tom de perplexidade:

> Chegou a abolição e os negros do Santa Fé se foram para os outros engenhos. Ficara somente com seu Lula o boleeiro, que tinha paixão pelo ofício. Até as negras da cozinha ganharam o mundo. E o Santa Fé ficou com os partidos no mato, com o negro Deodato sem gosto para o eito, para a moagem que se aproximava. Só a muito custo apareceram trabalhadores para os serviços do campo. Onde encontrar mestre de açúcar, caldeireiros, purgador? O Santa Rosa acudiu o Santa Fé nas dificuldades, e seu Lula pôde tirar a sua safra pequena. O povo cercava os negros libertos para ouvir histórias de torturas. (2008, p. 251)

Essa é a história que não foi contada em sua dimensão mais hedionda e completa, a história da tortura aos escravos no Brasil.

Fogo morto sugere que havia algo de encoberto a ser descoberto, depois da abolição, das práticas cotidianas e visíveis da tortura:

> Fazia-se romance com os sofrimentos das vítimas de Deodato. Quando o carro do capitão Lula de Holanda passava, corria gente para ver o monstro, todo bem-vestido, com a família cheia de luxo, que ia para a missa. Um jornal da Paraíba falara em crimes da escravidão e nomeava o Santa Fé, o Itapuã, como senhores algozes. (2008, p. 251)

Havia chegado, enfim, o tempo de dar nome aos bois à luz do dia. Os negros podiam, então, contar suas histórias para quem quisesse ouvi-las.

Talvez o melhor romance sobre a escravidão tenha sido *Os tambores de São Luís*, escrito por um autor medíocre, Josué Montello, em 1975. É a história do negro Damião. Cada grande momento da luta pela abolição é repassado na vivência da cidade de São Luís do Maranhão, entre eles os episódios das leis do Ventre Livre e dos Sexagenários. O ápice, claro, seriam os seis dias de maio de 1888. O personagem João Moura diz a Damião: "Venha, venha comigo. O governo acaba de enviar à Câmara o projeto de lei que extingue a escravidão. Vamos ver o telegrama na redação do *Pacotilha*." (Montello, 2002, p. 554)

Em seguida, as contradições explodem. Damião fica chocado ao ouvir um orador discursando na rua: "Um sentimento de repulsa fez que Damião cerrasse os punhos. Como aceitar que estivesse ali, defendendo a causa dos negros, o mesmo tribuno que advogava a causa dos senhores de escravos?" (*idem*, p. 554) Damião varre o mau pensamento. O momento é de vibração. Em breve, será a festa dos tambores. O romancista não perde, contudo, o sentido da caricatura. Um desembargador, no Tribunal de Justiça, ao saber que a abolição está chegando, exclama: "Perdi meus pretos, perdi meus pretos." (*ibidem*, p. 555) Na saga de Montello, há negro dizendo que desgraça alguma poderia ser maior do que a liberdade. E dona de escravos tentando convencer seus negros de que a notícia da abolição era uma mentira.

A notícia da abolição consumou-se como uma verdade avassaladora, capaz de transformar a capital maranhense em uma festa sem precedentes: "Não se sabia de onde havia surgido tanta gente em São Luís. Na rua todos se abraçavam ou se davam as mãos, repetindo vivas à liberdade e à princesa Isabel." (Montello, 2002, p. 567) Se a negra doceira Fabrícia gritava que queria morrer escrava, famílias inteiras de negros juntavam suas trouxas e ganhavam o mundo sem destino. A melhor definição da liberdade, no imenso livro de Josué Montello, é da negra Simplícia, ao receber a visita costumeira do major Frias para uma trepada: "Me deixe. Vá pra lá. Tá ouvindo o sino tocar? O cativeiro acabou. Xiri de preta não tem mais dono." (2002, p. 565)

A ficção mais surrealista do processo de libertação dos escravos talvez tenha sido esperar que parlamentares escravistas fizessem a abolição. Algo menos verossímil do que amanhecer transformado em uma barata ou a existência de virgens voadoras. Teria sido mais lógico haver uma revolução sangrenta. Em uma prova de que se pode esperar qualquer coisa da realidade, cujo comportamento não prima pela linearidade, eles acabaram por fazê-la. No ritmo deles. Depois de esgotadas todas as alternativas. Não conseguiram obter a indenização que tanto desejavam. Tiveram de se contentar com os ganhos pretéritos. Alguns, certamente personagens menos importantes, nunca se recuperaram da perda de seus "pretos" e sucumbiram com a instituição que lhes dava sentido. Outros, mais flexíveis, adaptaram-se logo à nova realidade. Só não podiam suportar que xiri de preta não tivesse mais dono.

32. Escravizar como missão sagrada e alforria para morrer pela pátria (escravidão mais dura do que nos Estados Unidos)

A vida dos escravos no Brasil nunca foi paradisíaca. Só a infinita e criativa maldade humana foi capaz de criar a fantasia ideológica responsável pela fábula da escravidão feliz em terras ensolaradas e de vegetação luxuriante. Um paraíso tropical hierarquizado, com os brancos no topo da escala e os negros na base. Essa ideia, na verdade, é mais uma forma sinuosa de preconceito racial: o africano infantil por natureza vivendo feliz sob a proteção de bondosos senhores, sofrendo castigos somente em situações extremas, retribuindo com seu trabalho os gastos com sua manutenção.

Os escravos souberam dissimular o ódio sentido a cada dia. Souberam também dolorosamente encontrar formas de resistência capazes de ferir os proprietários no que mais podia afetá-los: a propriedade. Não é difícil imaginar a tensão dos ressentimentos oscilando sob a cobertura do medo, das aparências e das dissimulações em longos anos de convivência forçada. É certo que alguns afetos se forjaram nesse convívio por vezes do berço ao caixão. Se houve naturalização do vínculo entre senhores e escravos, também houve percepção da impropriedade natural fabricada artificialmente por meio da força. Jamais se dispensou, porém, a ideologia como elo em condições de ir além da violência.

RAÍZES DO CONSERVADORISMO BRASILEIRO

A resistência deu-se até pelo aborto e pelo suicídio. Mulheres abortavam ou matavam seus filhos para que não sofressem a tristeza do cativeiro. O tráfico sempre privilegiou a importação de homens. Havia um flagrante desequilíbrio de sexos. As condições miseráveis de vida impostas pelos proprietários resultaram em altas taxas de mortalidade infantil. Era mais barato comprar novos escravos do que criar seus filhos. O investimento era coberto em 12 meses. Depois, era lucro. (Conrad, 1978, p. 36) A importação de escravos era imensa, mas a população não crescia. Em 1798, seriam 1.582.000 escravos. Nos cinquenta anos seguintes, mais 1.600.000 foram comprados na África. Em 1871, portanto, destaca Conrad (1978, p. 37), a população escrava deveria superar os 3 milhões, mas só havia 1.540.829 registrados. Parte do déficit era produto da fraude. O resto era resultado da mortandade.

David Brion Davis, historiador citado por Conrad (1978, p. 38), considerou que os escravistas brasileiros "eram menos sensíveis do que os norte-americanos quanto ao valor da vida humana". Ainda em 1855 o Conselho de Estado determinou que era inconstitucional um escravo obrigar seu dono a libertá-lo mediante pagamento de seu valor de mercado. O direito de propriedade não admitia brechas. Henry Hilliard, representante dos Estados Unidos no Rio de Janeiro, que fora confederado nos Estados Unidos, surpreendeu o Brasil ao responder a uma carta de Joaquim Nabuco afirmando que a abolição da escravatura em seu país não trouxera os prejuízos anunciados e nos quais ele mesmo acreditava. Foi homenageado pelos abolicionistas brasileiros, em uma deliciosa ironia da história. Os escravistas, ao lerem as manifestações do americano na imprensa, denunciaram uma intervenção estrangeira em assuntos de natureza interna do Brasil.

Contra uma ameaça interna, costuma ser interessante focar um inimigo externo. Chamado a depor na Câmara dos Deputados, Hilliard foi interrogado pelo maranhense Belfort Duarte, que considerava sinistro qualquer projeto abolicionista. Não deu em nada. Mas reativou a luta pela abolição. O mito de que a escravidão no Brasil teria sido mais branda do que a vivida pelos africanos nos Estados Unidos não resiste ao mais rápido exame histórico. Por que seria melhor a vida do escravo brasileiro? Os elementos objetivos não fornecem material para considerar pertinente essa hipótese. Tudo nos relatos que permitem mergulhar

ESCRAVIZAR COMO MISSÃO SAGRADA E ALFORRIA PARA MORRER PELA PÁTRIA

no passado escravista brasileiro mostra relações, no essencial, brutais, perversas e de parasitismo.

Machado de Assis, em uma crônica da *Gazeta de Notícias*, de 19 de maio de 1888, obviamente, ironizou:

> Bons dias! Eu pertenço a uma família de profetas *après coup*, *post factum*, depois do gato morto, ou como melhor nome tenha em holandês. Por isso digo, e juro se necessário for, que toda a história desta lei de 13 de maio estava por mim prevista, tanto que na segunda-feira, antes mesmo dos debates, tratei de alforriar um molecote que tinha, pessoa de seus 18 anos, mais ou menos. Alforriá-lo era nada; entendi que, perdido por mil, perdido por 1.500, e dei um jantar.

O escritor debocha dos abolicionistas de última hora. De quebra, ridiculariza os exageros da imprensa e os mecanismos de autopromoção de seu tempo:

> Neste jantar, a que meus amigos deram o nome de banquete, em falta de outro melhor, reuni umas cinco pessoas, conquanto as notícias dissessem 33 (anos de Cristo), no intuito de lhe dar um aspecto simbólico. No golpe do meio (*coup du milieu*, mas eu prefiro falar a minha língua), levantei-me eu com a taça de champanha e declarei que, acompanhando as ideias pregadas por Cristo, há 18 séculos, restituía a liberdade ao meu escravo Pancrácio; que entendia que a nação inteira devia acompanhar as mesmas ideias e imitar o meu exemplo; finalmente, que a liberdade era um dom de Deus, que os homens não podiam roubar sem pecado.

A ironia, porém, não deixa de atingir os discursos dos abolicionistas. Duvidava o cronista da sinceridade de tais propósitos ou permitia o vazamento de uma entranhada postura cética em relação à liberdade de todos? A crônica, em seu desdobrar, torna-se mais cínica e menos confiante no futuro da liberdade havia pouco conquistada. O grande gesto aparece como farsa:

> Pancrácio, que estava à espreita, entrou na sala, como um furacão, e veio abraçar-me os pés. Um dos meus amigos (creio que é ainda meu sobrinho) pegou de outra taça, e pediu à ilustre assembleia que corres-

pondesse ao ato que acabava de publicar, brindando ao primeiro dos cariocas. Ouvi cabisbaixo; fiz outro discurso agradecendo, e entreguei a carta ao molecote. Todos os lenços comovidos apanharam as lágrimas de admiração. Caí na cadeira e não vi mais nada. De noite, recebi muitos cartões. Creio que estão pintando o meu retrato, e suponho que a óleo.

Teria sido esse descrédito a razão do discreto abolicionismo de Machado de Assis?

O desfecho não recomenda comemorações:

No dia seguinte, chamei o Pancrácio e disse-lhe com rara franqueza: "Tu és livre, podes ir para onde quiseres. Aqui tens casa amiga, já conhecida e tens mais um ordenado, um ordenado que..." A resposta é imediata: "Oh! meu senhô! Fico." O complemento, puro sarcasmo: "... Um ordenado pequeno, mas que há de crescer. Tudo cresce neste mundo; tu cresceste imensamente. Quando nasceste, eras um pirralho deste tamanho; hoje estás mais alto que eu. Deixa ver; olha, és mais alto quatro dedos..." Pancrácio reage com sabedoria: "Artura não qué dizê nada, não, senhô..." O patrão nem o ouve: "Pequeno ordenado, repito, uns 6 mil-réis; mas é de grão em grão que a galinha enche o seu papo. Tu vales muito mais que uma galinha". O amo tenta convencer-se: "Justamente. Pois 6 mil-réis. No fim de um ano, se andares bem, conta com oito. Oito ou sete".

O narrador-personagem não se constrange em ser realista:

Pancrácio aceitou tudo; aceitou até um peteleco que lhe dei no dia seguinte, por me não escovar bem as botas; efeitos da liberdade. Mas eu expliquei-lhe que o peteleco, sendo um impulso natural, não podia anular o direito civil adquirido por um título que lhe dei. Ele continuava livre, eu de mau humor; eram dois estados naturais, quase divinos. Tudo compreendeu o meu bom Pancrácio; daí pra cá, tenho-lhe despedido alguns pontapés, um ou outro puxão de orelhas, e chamo-lhe besta quando lhe não chamo filho do diabo; cousas todas que ele recebe humildemente, e (Deus me perdoe!) creio que até alegre.

ESCRAVIZAR COMO MISSÃO SAGRADA E ALFORRIA PARA MORRER PELA PÁTRIA

Machado de Assis descrevia o que já via e acontecia corriqueiramente? Fazia o imediato balanço de um fracasso triunfante? Zombava dos tantos arroubos sem concretude?

> O meu plano está feito; quero ser deputado, e, na circular que mandarei aos meus eleitores, direi que, antes, muito antes da abolição legal, já eu, em casa, na modéstia da família, libertava um escravo, ato que comoveu a toda a gente que dele teve notícia; que esse escravo, tendo aprendido a ler, escrever e contar (simples suposições), é então professor de filosofia no Rio das Cobras; que os homens puros, grandes e verdadeiramente políticos não são os que obedecem à lei, mas os que se antecipam a ela, dizendo ao escravo: és livre, antes que o digam os poderes públicos, sempre retardatários, trôpegos e incapazes de restaurar a justiça na terra, para satisfação do céu.

Sidney Chalhoub (1990) percebeu que, nessa crônica, Machado de Assis descrê do futuro reservado aos ex-escravos. Não estava errado. Nem certo.

O genial Machado de Assis não percebia a diferença entre o pequeno e o grande passo. Perdigão Malheiro fez-se a seguinte pergunta: "Tem a escravidão fundamento no Direito Natural? Ou seja, há algum direito de reduzir o homem à escravidão?" (1976, v. 2, p. 69) As primeiras linhas de sua resposta à questão são impressionantes:

> Em todos os tempos tem havido quem pense a favor da escravidão, defendendo-a como instituição não reprovada pela filosofia, pelo Direito Natural, e ao contrário conforme a ele; que há escravos por natureza, como entes inferiores aos senhores; que originando-se da guerra a escravidão foi até um benefício feito ao vencido, que assim era poupado, quando aliás se tinha o direito de matá-lo; que ela subsistiu e se manteve por um contrato ou quase contrato; que não é proibido a qualquer vender-se ou obrigar perpetuamente os seus serviços; que a própria religião cristã não reprova a escravidão, pelo que se vê do Velho e do Novo Testamento, antes, a reconhece.

E mais este complemento de antologia da infâmia: "Houve mesmo um teólogo que dissesse que o tráfico de escravos era a mais bela de todas as

RAÍZES DO CONSERVADORISMO BRASILEIRO

sociedades missionárias! E outro que sustentasse que a escravidão americana deveria ser eterna." (*idem*, p. 69) Perdigão Malheiro referia-se ao reverendo presbiteriano John Henley Thornwell (1812-1862) e a William Gannaway Brownlow (1805-1877). Thornwell sustentava que na guerra civil americana não se opunham apenas escravistas e abolicionistas, mas, de um lado, comunistas, socialistas, ateus, republicanos vermelhos, jacobinos, e de outro, o seu lado, os amigos da ordem, das leis e da liberdade. Simples assim.

O metodista Brownlow foi jornalista e governador do Tennessee. Em um debate, em 1858, na Filadélfia, com Abram Pryne, ele declarou:

> Não só eu em toda esta discussão aberta e corajosamente terá opinião de que a escravidão como existe na América deveria ser preservada, mas que escravidão é uma condição estabelecida e inevitável para a sociedade humana. Eu manterei a opinião de que Deus sempre destinou que a relação de mestre e escravo deve existir, que Cristo e os primeiros professores do cristianismo encontraram a escravidão sem diferença material alguma da escravidão americana, incorporada em todos os departamentos da sociedade (...) essa escravidão tem existido desde a primeira organização da sociedade, ela continuará a existir até o fim do tempo. (Brownlow & Pryne, 1858)

O discurso conservador ainda é o mesmo. As dicotomias repetem-se. As polarizações continuam a ser entre deus e o diabo.

O Brasil descobriu que a escravidão não devia ser eterna quando precisou de mão de obra militar para morrer na Guerra do Paraguai. A morte parecia não cair bem a muitos brancos ricos. Fez-se necessário ajudá-los a sobreviver:

> A *compra de substitutos,* ou seja, a compra de escravos para lutarem em nome de seus proprietários, tornou-se prática corrente. Sociedades patrióticas, conventos e o governo encarregavam-se, além disso, da compra de escravos para lutarem na guerra. O império prometia alforria para os que se apresentassem para a guerra, fazendo vista grossa para os fugidos. (Toral, 1995)

ESCRAVIZAR COMO MISSÃO SAGRADA E ALFORRIA PARA MORRER PELA PÁTRIA

O resto é história. Um grande esquecimento. André Amaral de Toral, apoiado em Schulz (1994, p. 59), informa que "ainda em 1865 iniciou-se o recrutamento forçado para formação dos *Corpos de Voluntários da Pátria;* e o termo *voluntários* tornou-se uma piada". Quantos negros foram morrer pelo Brasil, pela liberdade e pelos seus senhores no Paraguai: de 8.489, segundo dados citados por Toral, a partir de números do general Queiroz Duarte, sobre 123.150 soldados engajados na grande guerra, a 20 mil segundo as contas do americano Robert Conrad.

Cada província tinha de arcar com cotas de "voluntários". A prática de cotas "para" negros, que tanta polêmica ainda causa no século XXI, provocava menos controvérsia quando era cota "de" negros para ser usada pelos brancos ou para salvar suas peles alvas. Quem não queria ser cotista fugia para os matos, onde seria caçado por recrutadores de voluntários para a sagrada missão patriótica.

33. *Commodities* humanas e marfim (escravismo, o pecado original do capitalismo, negócios com elites africanas)

De onde vinham esses africanos que, escravizados, produziram a acumulação primitiva do capitalismo no Brasil? Como eram "adquiridos" esses homens transformados em produtos de exportação? Como eram transportados, alimentados e controlados durante a viagem da África para o Brasil? Quem os vendia? Quem os comprava? Como eram alojados à espera da grande viagem? Como eram amontoados nos navios negreiros? Como se comportavam enquanto aguardavam o que lhes aconteceria? Um último flashback, com recurso a um caso específico de comércio africano com o Brasil, poderá ajudar a ilustrar essa tragédia.

A aquisição de escravos na África passou por três grandes etapas: obtenção na Costa dos Escravos (região que vai do atual Togo ao Benin e à Nigéria); importação congo-angolana; e compra na costa oriental da África, no oceano Índico, em Moçambique. O livreto *Para uma história do negro no Brasil* (1988, p. 9) faz uma síntese que ecoa no imaginário de qualquer brasileiro:

> Diversos grupos étnicos ou "nações", com culturas também distintas, foram trazidos para o Brasil. A Guiné e o Sudão, ao norte da linha do equador, o Congo e Angola, no centro e sudoeste da África, e a região de

Moçambique, na costa oriental, foram as principais áreas fornecedoras. Das duas primeiras vieram, entre outros, os afantis, axantis, jejes, peuls, hauçás (muçulmanos, chamados malês na Bahia) e os nagôs ou iorubás. Estes últimos tinham uma grande influência política, cultural e religiosa em ampla área sudanesa. Eram de cultura banto os negros provenientes do Congo e de Angola – os cabindas, caçanjes, muxicongos, monjolos, rebolos –, assim como os de Moçambique.

Na geografia do escravismo e da exploração da África, falava-se em Costa da Guiné (do Senegal ao Gabão), Costa dos Escravos (especialmente Benin, parte então do Reino de Daomé, Togo e Nigéria), Costa do Ouro (atual Gana), Costa da Pimenta (agora Libéria e Serra Leoa) e Costa do Marfim. Em certo momento, os portugueses estiveram na África em busca de ouro. Aprenderam a trocar escravos, capturados ou adquiridos no próprio continente africano, e a negociá-los pelo metal precioso, na medida em que para certos reis o número de súditos era marca de poder. Nas guerras entre reinos rivais, a escravização em massa visava a aumentar esse poder simbólico do vencedor. O homem se tornou a principal *commodity* africana. Escravos de Daomé e de lugares adjacentes eram embarcados para o Brasil no porto que ficava a leste da fortaleza de São Jorge da Mina, na cidade de Elmina, na costa de Gana. Esses escravos ficaram conhecidos em terras brasileiras como "minas" mina-nagô, mina-jeje. Um mundo de valores e crenças articula-se. Parte considerável do patrimônio afro-brasileiro, especialmente religioso, como a umbanda e o candomblé, está ligada à cultura iorubá, também chamada de nagô, na Bahia, oriunda do Benin (Daomé) e da Nigéria. No Maranhão e na Amazônia, predomina o "Tambor de Mina", prática religiosa de iniciação, transe e possessão.

Enquanto o tráfico da costa ocidental da África para o Brasil é muito estudado, as importações da costa oriental africana, de Moçambique, ainda não são tão focalizadas. O historiador português José Capela dedicou-se a pesquisar esse comércio hediondo e duradouro. Em uma obra monumental, *O tráfico de escravos nos portos de Moçambique* (2002), Capela condensou o que foi o teatro das operações de captura, aquisição, transporte e controle de negros das terras moçambicanas. Acompanhar

COMMODITIES HUMANAS E MARFIM

sua descrição e análise ajuda a compreender, em parte, o horroroso espetáculo do todo. Vale segui-lo como se fosse um guia.

A primeira informação básica dada por Capela é que o escravismo era moeda corrente em Moçambique. Nos povos de língua banta, explica, o conceito de pessoa não coincidia com a de individualidade ocidental. Essa visão de mundo facilita a dissolução do indivíduo na coletividade, inclusive dos cativeiros locais, onde o escravo acabava por ter um lugar social ao qual podia acomodar-se. Capela (2002, p. 12) conta que frei Bartolomeu dos Mártires espantava-se ao ver caravanas com mil escravos conduzidos sem a menor resistência, mesmo não sendo presos de guerra: "ajuas conduzindo ajuas para vender". Havia crimes que, praticados por um indivíduo, atingiam toda a família, escravizada como pena ou compensação. É nesse contexto particular, em que vagabundos e escravos por decisão judicial podiam ser casados com pessoas livres, que se deve ancorar a percepção da escravidão em Moçambique. Uma expressão chama a atenção: vender o corpo. Era comum que nativos fossem "vender o corpo" aos portugueses, "isto é, acolhiam-se à proteção de um senhor que lhes garantia a alimentação em ocasiões de fome ou que os subtraía à cominação de uma pena de julgamento". (2002, p. 15) Capela destaca que, nesse sentido, parecia não haver diferença entre vender-se e ser vendido por alguém.

Havia escravos que possuíam mais escravos que seus senhores. De onde vem a seguinte conclusão: "A escravidão era o estado mais natural em Moçambique. Só por exceção se não era escravo." (Capela, 2002, p. 18) A escravidão na Zambézia terá chegado tranquilamente até o século XX, apesar da legislação contrária. Em certas ocasiões, escravos teriam se revoltado contra leis emancipadoras. A prática da escravidão, porém, tinha matizes que precisam ser observados. Havia três tipos de escravos: oficiais, ladinos (ambos invendáveis, salvo por herança ou em situações extraordinárias) e burros ou boçais. Estes, também chamados de caporros, eram para exportação, recrutados "fora dos estoques senhoriais". (2002, p. 23) Capela resume: "Nada se fazia em Moçambique sem escravos, o senhor indolente e inerte [...] passava os dias dormindo", tratava-se de uma "escravocracia". (2002, p. 25) Foi aí que o capitalismo mundial foi buscar mão de obra escrava em uma fase de transição de fatores políticos e econômicos.

RAÍZES DO CONSERVADORISMO BRASILEIRO

Já em 1540, navios portugueses embarcavam escravos em Moçambique. Filhos vendiam pais. Malandros conduziam pessoas até as praias e as negociavam sem que pudessem escapar. Em 1642, depois que os holandeses, um ano antes, tomaram Angola, um alvará franqueou a costa de Moçambique para os brasileiros. O comércio de escravos não deixaria ninguém de fora. Os jesuítas interferiram junto ao governador para que franceses pudessem operar na praça. Capela detalha a evolução do tráfico. No auge da dominação do negócio pelos franceses, os dominicanos eram seus parceiros. Um certo padre Nunes comprava escravos a 40 cruzados e revendia-os a 80 ou 90. (2002, p. 40) Árabes e franceses trocavam armas, pólvora, tecidos e outros produtos por marfim e escravos nas ilhas de Moçambique. Os franceses adquiriam escravos para as ilhas do Índico. Em 1814, o Brasil teve acesso ao porto de Quelimane, no rio dos Bons Sinais, onde se abasteceria de negros por décadas, especialmente depois de 1831.

O tráfico, mostra José Capela, era comandado pelos governadores de províncias e por funcionários portugueses ansiosos por enriquecer e voltar para casa. O governador Vasconcelos e Cirne, de Quelimane, era alto negociante. Nada parecia capaz de emperrar o negócio que movimentava a economia: "Em momentos de euforia negreira, Quelimane surgia, ainda uma vez, como o grande manancial para abastecimento do mercado." (2002, p. 59) Depois da abolição da escravatura nas colônias francesas, em 1848, inventou-se uma nova modalidade de aquisição de homens, o *libre engagé*, um colono contratado por dez anos para trabalhar em lugares como as Ilhas Bourbon. Os livremente engajados não escapavam de ferros nos pés, tortura, cárcere privado e "gargalheira no pescoço". (Capela, 2002, p. 58) O capitalismo ouve a voz da razão: em 1744, escravos de Mina custavam entre 150 e 200 mil-réis. Em Moçambique, podiam ser adquiridos por 15 a 20 mil-réis.

Tudo se explica. O Brasil faria ótimos negócios trocando cachaça por escravos robustos e jovens. Francisco de Lacerda e Almeida saiu do Rio de Janeiro para o governo de Rios de Sena. Viajou com um projeto desenvolvimentista de governo: fazer a sua capitania exportar escravos diretamente para o Brasil. Mas foi João da Silva Guedes quem primeiro despachou uma leva de escravos de Moçambique para o Brasil. (Capela, 2002, p. 78) O tráfico "supria tudo". Em função dele, "abundavam os gêneros a preços ba-

COMMODITIES HUMANAS E MARFIM

ratos e não faltava o dinheiro para os adquirir". (2002, p. 81) Moçambique tornou-se grande parceiro comercial do Brasil. Desenvolveu a construção naval em Quelimane. Empregos eram criados. Era preciso buscar escravos cada vez mais longe. O produto era cobiçado. A burocracia, porém, era grande. Cada exportação dependia de passaportes específicos. Os impostos de entrada e saída eram pesados. Até os padres ganhavam. Não saía escravo sem ser batizado. Isso tinha um preço. Empresários, como João Bonifácio Alves e Silva, faziam fortuna e tinham poder.

As autoridades podiam dizer: "Sem a exportação de escravos, Moçambique ficaria sem receitas." (Capela, 2002, p. 90) Poucos eram os abolicionistas nesse contexto. Uma oligarquia faturava e gozava. Tudo corria bem:

> O porto de Quelimane tinha-se transformado, nos anos 40, na capital do Índico no que respeitava ao fornecimento de escravos ao tráfico transatlântico. A mercadoria era abundante, o tráfico fluido e as autoridades, coniventes. (Capela, 2002, p. 96)

Em dezembro de 1852, depois do segundo fim legal do tráfico, o brigue americano *Camargo* soltou entre quinhentos e seiscentos escravos na Ilha Grande. A concorrência era ampla. Se franceses e portugueses operavam com grandes embarcações, árabes usavam "pangaios", pequenos barcos. Os chamados "mujojos" saíam de Zanzibar e de Madagascar carregados de gado bovino e caprino. Voltavam com fartura de gado humano de contrabando.

Mesmo em tempos de controle inglês, caravanas abasteciam feiras com marfim e escravos. O livro de José Capela é um inventário de iniquidades e um relatório sobre a força do dinheiro. Em 1888, quando o Brasil aboliu a escravidão, deu-se o bloqueio da costa moçambicana para reprimir o tráfico, o que teria servido apenas para favorecer os traficantes árabes. O negócio ainda rendia. Se rendia, continuava. Se continuava, encontrava brechas para atuar. O escravismo brasileiro, por exemplo, não teve qualquer tipo de constrangimento diante de certas leis. No Rio Grande do Sul, depois da proibição do tráfico, passou-se a contrabandear negros do Uruguai. Em 1859, um decreto regulamentou o leilão de escravos, gados ou bestas achados sem dono. Eram os chamados "bens de evento". (Conrad, 1978, p. 60) Assim foi.

RAÍZES DO CONSERVADORISMO BRASILEIRO

Em Moçambique, todos compravam e todos vendiam. Os baneanes, de origem indiana, financiavam os agentes comerciais que iam aos confins obter escravos, marfim e ouro. Toda uma engrenagem azeitada funcionava: moradores das vilas forneciam a mercadoria humana. Os compradores eram levados até os portos pelos "viageiros". Havia também os "muçambazes", escravos que se metiam pelos interiores em busca de escravos para seus senhores. Capela (2001, p. 137) esclarece:

> Tudo nos leva a crer que o percurso normal do tráfico fosse esse: os escravos saíam do seu meio de origem por rapto ou compra para as mãos de um chefe tradicional ou de alguém agindo em seu nome ou com seu beneplácito, que os trocava por fazendas com o agente comercial, viageiro ou muçambaze, cujo mandante era o agente imediatamente antes do carregador ou um seu fornecedor.

No Brasil, talvez conhecendo essa lógica, o visconde de Itaboraí, segundo Conrad (1978, p. 119), afirmava que "a violência da escravidão não fora cometida pelo plantador brasileiro, mas sim pelo chefe africano".

Até mulheres foram proprietárias de navios negreiros. Capela (2002, p. 152) cita Rita Xavier Velasco, dona do *Santa Ana* e do *Pensamento Feliz*, que naufragaria; Páscoa Maria de Almeida e Maria Antônia Leite de Melo Virgolino. O empreendedorismo não tinha preconceito de gênero. Importante era ter, como foi o caso do traficante João Bonifácio Alves da Silva, segundo esse feitor de Quelimane, em 1828, "opinião, ambição e lascívia". (*apud* Capela, 2002, p. 153) Também era importante ter tino político: "Os negreiros de Moçambique financiaram a revolução dos liberais contra os absolutistas na guerra civil portuguesa." (Capela, 2002, p. 154) Desse fato, o governador-geral de Moçambique, Pereira Marinho, tirou uma conclusão ainda atual: o liberalismo é sucedido pela roubalheira e todos os que fazem fortuna vão para o Brasil. (*apud* Capela, 2002, p. 155) Altos funcionários enriqueciam traficando escravos e escapavam para o Rio de Janeiro. Em 1842, 53 comerciantes assinaram um manifesto contra o fechamento do porto de Quelimane ao tráfico. Consideravam que seria o caos na economia de um lugar onde as feiras de escravos aconteciam no quintal das casas em nome dos bons negócios públicos.

COMMODITIES HUMANAS E MARFIM

O tráfico construía fortuna e reputações. Manuel Pinto da Fonseca, "negreiro de maior projeção na sua época", e seus irmãos, embora procurados pela polícia brasileira por contrabando de escravos, tiveram grande importância na constituição do "capital acumulado nos negócios coloniais" de Portugal. (Capela, 2002, p. 159) A família tornou-se dona do banco Fonseca Santos & Viana. Dinheiro não tinha cor. Podia ser adquirido com a compra e venda de negros.

O livro de Capela é de uma clareza impressionante: "Na colônia, no começo da década de 40, todos se dedicavam ao tráfico de escravos: portugueses, canarins, baneanes, parces, mouros, funcionários civis, militares e eclesiásticos." (2002, p. 160) Todos. Sem distinção de classe, religião, etnia ou nacionalidade. Era uma questão de oportunidade: "Quando a exportação de escravos se tornou negócio avassalador, os governadores meteram-se nele como já andavam no do marfim." (2002, p. 167) Marfim ou negros. Só a cor dos produtos era diferente. De resto, não passavam de mercadorias. Capela destaca como um dos maiores traficantes da história de Moçambique o governador-geral Francisco de Albuquerque do Amaral Cardoso.

Os governadores não resistiam aos lucros que podiam alcançar, na ordem de 390%. O negócio consistia em abarrotar de negros os navios para o Novo Mundo. José Capela dá bons exemplos disso. O navio *União Feliz* teria partido de Moçambique para o Brasil com 910 escravos. O armador pediu indenização por 209 mortes no trajeto em função de um atraso e um acidente na partida. Na viagem, de 53 dias, porém, morreram 399 cativos. O lucro, mesmo assim, foi bom. Em torno de 40,73% do capital aplicado. (2002, pp. 204-5) Para esse tipo de aventura rentável, nunca faltaram candidatos. Depois da primeira proibição do tráfico para o Brasil, por pressão inglesa, o primeiro a ter infringido a norma teria sido certo José Maria Lisboa. Capela conta que o contrabando foi tanto, especialmente entre 1844 e 1848, que chegou, depois de uma boa alta, a derrubar, por algum tempo, o preço do produto humano.

O tráfico tornou-se uma febre. Por volta de 1849, "considerava-se que todos os moradores do Ibo negociavam escravos". (Capela, 2002, p. 215) Altos funcionários e negociantes de todos os tipos fomentavam a caça ao homem. O governador de Quelimane, Manuel Joaquim Mendes de Vascon-

RAÍZES DO CONSERVADORISMO BRASILEIRO

celos e Cirne, incrementou de tal forma o tráfico em sua área de atuação que a exportação saltou de 1.500 escravos em 1810 para 5 ou 6 mil entre 1819 e 1825. Por que Quelimane? Capela mostra o caminho dos negócios em três jogadas:

> Somos levados a crer que esse tráfico, proibido como estava, se fazia sem rendimento para a Fazenda Real, mas com interesse para os funcionários públicos, a começar pelos mais graúdos [...] Quelimane transformar-se-ia rapidamente em grande porto negreiro frequentado por navios de todas as praças então envolvidas no tráfico, desde as europeias até as do norte e sul-americanas [...] Só o contrabando de escravos é que justificava a abordagem de Quelimane pela navegação de longa distância. (2002, p. 222)

O porto não era de fácil abordagem.

Os brasileiros tomaram a praça. Quelimane virou sinônimo de tráfico. Outros portos, no entanto, faziam parte da rota de exportação moçambicana: Ilha de Moçambique, Ibo, Angoche, Quizungo Grande, Sofala, Inhambane, Lourenço Marques. Para os franceses, informa Capela, a massa de escravos, na segunda metade do século XVIII, era de macuas. Havia compras nas proximidades dos portos, além de raptos e de tavernas que funcionavam como agências de escravos. Capela assinala que só no Mossuril eram 12. O grosso dos escravos, porém, era trazido por caravanas que iam buscar suas presas nos confins. A etnia ajaua especializou-se em capturas nos lugares mais distantes, arrastando até 4 mil pessoas por mais de mil quilômetros, desde o entorno do lago Niassa ou de Lunda, Tete, Sena, Quissanga. Fazia-se uma dobradinha: marfim e escravos. Os negros carregavam o marfim.

Eram vendidos com a carga. Com base nas descrições de Pereira Marinho, Capela resume as principais modalidades de obtenção de escravos: até as donas de casa participavam. Recebiam tecidos dos contratadores e mandavam trocar por presas nos matos. Mantinham os cativos nos quintais com "milho miúdo" e água. Quando os navios chegavam, trocavam os prisioneiros por patacas, onças, fazendas e outros objetos. A fome estimulava a captura e a venda de qualquer um. Os preços podiam variar absurdamente.

COMMODITIES HUMANAS E MARFIM

Capela conta que um missionário "resgatou dois rapazes por uma navalha de barba". (2002, p. 239)

O ciclo, em certo momento, conforme o viajante Livingstone (*apud* Capela, 2002, p. 240), era simples: portugueses estimulavam ajauas a "atacar as aldeias da Maganja, matar os homens e vender as mulheres e as crianças". Funcionava. A marcha do interior para os portos era dantesca: quem fraquejava era morto. A descrição de frei Bartolomeu dos Mártires (*apud* Capela, 2002, pp. 249-250) sobre a condução de 3 mil escravos da nação Mujâo é impressionante e remete à questão central: por que os capturados se deixavam conduzir: "Tendo todos os meios de poderem evadir-se no caminho antes de serem vendidos, ou de matar os seus poucos condutores e ficarem logo livres, por que não faziam?". Por que não se insurgiam? Por que não reagiam como animais em perigo: "Por que consentem que cinco ou seis homens, seus cruéis inimigos, levem ao cativeiro uma divisão de quinhentos, ou seiscentos, como um pastor leva ao pasto um rebanho de ovelha?". A explicação é terrível: se fugirem e "voltarem outra vez às suas terras, vão ali achar a morte irremissivelmente". Se buscarem abrigo em outras nações, também serão mortos. Vendidos pelos seus, por algum crime punindo toda a família, não havia ponto de fuga. Era andar.

Na espera, em barracões alugados para alojamento, outros perigos mortais espreitavam essas criaturas, que, vendidas, receberiam no corpo a marca do dono: sarampo, disenteria e outras doenças. Os mortos eram jogados ao mar. Não se imagine, porém, que não houvesse regulamento para quase tudo, inclusive para o transporte das presas. Capela cita uma lei de 1648 fixando as condições de acomodação dos escravos no trajeto de Angola para o Brasil. Eram cerca de 35 dias de Angola a Pernambuco; quarenta até a Bahia; cinquenta até o Rio de Janeiro. Em 1813, sempre conforme Capela, um alvará fixou novas obrigações para as viagens dos navios negreiros, entre as quais a de um médico a bordo. Praticava-se a meritocracia. Se as perdas no trajeto não superassem dois por cento da carga, o "mestre da embarcação seria premiado com a gratificação de 240 mil-réis e o cirurgião com 120". (Capela, 2002, p. 253) Era preciso proteger os investimentos.

Na viagem, os prisioneiros, segundo o minucioso alvará, deveriam comer feijão misturado com milho; arroz uma vez por semana; peixe, carne-seca e amendoim. Os caldeirões deveriam ser de ferro, não de cobre. Duas por-

RAÍZES DO CONSERVADORISMO BRASILEIRO

ções de água por dia. Capela (2002, p. 256) dá exemplo da alimentação no brigue *Dom Estevão de Ataíde*, que navegou, em 1830, de Moçambique para o Rio de Janeiro com 335 escravos e quarenta tripulantes:

> Carregou 420 panjas de farinha de mandioca, 302 de feijão, 179 de arroz e 97 de milho, 3 pipas e 2 balsas com 125 arrobas de carne salgada de vaca e de porco, mais 120 arrobas de carne-seca, 2 barricas de farinha de trigo, 2 frasqueiras de azeite doce e uma de azeite de coco, 2 anacoretas de peixe salgado, 2 barricas de açúcar, 5 barris de aguardente, 4 de vinagre, 1 saco de tapioca, 1/2 arroba de sevadilha, 1/2 de chocolate, 1 barril de manteiga, criação e gado vivo.

Navios com escravos para a fazenda real podiam, certas vezes, ter condições melhores de acomodação e de alimentação.

Rebeliões de escravos aconteciam durante as viagens. Ainda mais quando as condições de transporte eram hediondas. Os chefes eram jogados ao mar. Em viagens no Índico, cada escravo podia ser obrigado a ficar com a cabeça entre as pernas do prisioneiro situado atrás. Açoites, até oitocentos, e execuções sumárias desencorajavam aventura. Estar vivo era tudo o que restava a seres que, apesar de tudo, queriam viver. Restava-lhes apegar-se a suas crenças, valores e esperanças.

Para acalmar a massa humana em desespero, servia-se, vez ou outra, uma bebida feita com água, vinagre, cachaça, suco de citrino e açúcar. A leitura do livro de Capela, como a de outros relatos e sínteses do transporte de escravos, é como um poema de Castro Alves sem a sua verve condoreira. Mesmo assim, arrepia. Rebeldes e fujões podiam ser enforcados e ter o corpo mutilado em público para dar exemplo. A perversidade podia ser requintada:

> Mas havia outras situações não menos absurdas. Os 362 escravos do brigue Bela União, do Rio de Janeiro, apreendido, em 1842, em Quelimane, foram distribuídos pelos moradores que os tinham vendido para embarque. (Capela, 2002, p. 270)

Parece infinda essa história de governadores atacando aldeias para roubar marfim e raptar moradores, cotas de negros para exportação, terras

COMMODITIES HUMANAS E MARFIM

desertificadas pela venda e fuga de seus moradores e relatos, como o de Livingstone, de 1863, resumidos por Capela (2002, p. 284), sobre a técnica de ataque a uma fonte de escravos *in natura*, a chamada caça ao homem no entorno do lago Niassa:

> Imagine-se uma aldeia cercada de capim tão alto como os tetos das palhotas e cujos terrenos se estendem até os limites do horizonte. É lançado o fogo numa largura de dois a três quilômetros e o incêndio dirige-se para a aldeia, onde a população apenas dispõe de arco e flechas contra as carabinas dos sitiantes.

O horror! Horror!

Um mundo devastador em que até escravos compravam e vendiam escravos, pais negociavam filhos, vizinhos raptavam-se entre si, o horror, sendo que o grande beneficiário era mesmo o capitalismo europeu do homem branco, implantado na América ou nas ilhas do Índico. Em certo sentido, o tráfico transcendeu etnias, raças e peles. Esse sentido, porém, é enganador. A escravidão moderna foi um pesadelo que se abateu sobre os negros africanos em benefício, principalmente, de brancos europeus, sem esquecer árabes, indianos e outros. O capitalismo, na conta de suas atrocidades, tem a escravidão negra, assim como o nazismo tem na sua conta o holocausto dos judeus. Cenas de uma tragédia que deveria terminar no Brasil em 13 de maio de 1888.

34. A cerimônia de sanção da Lei Áurea

Os jornais fartaram-se de tanto noticiar os grandiosos fatos. Não havia greve de acontecimentos. A *Gazeta de Notícias*, de 14 de maio de 1888, segunda-feira, combinou as notícias sobre a melhora do estado de saúde do imperador com a libertação dos escravos. A descrição do momento final quis ser também monumental: "A sessão do Senado foi das mais imponentes que se tem visto. Antes de abrir-se a sessão, o povo que cercava todo o edifício, com justificada avidez de assistir ao que ali ia se passar, invadiu os corredores e recinto da câmara vitalícia." O espetáculo em cartaz afigurava-se imperdível: "As galerias, ocupadas por senhoras, davam um aspecto novo e entusiástico ao Senado, onde reina a calma imperturbável da experiência." O feminino, por um momento, invadia a casa dos machos.

O imaginário social estava dominado pela ilusão de um final feliz para um longo pesadelo:

> Ao terminar o seu discurso, o senador Correia, que se congratulou com o país pela passagem do projeto, teve uma ovação por parte do povo. Apenas o Senado aprovou quase unanimemente o projeto, irrompeu uma salva prolongada de palmas, e vivas e saudações foram levantados ao Senado, ao gabinete 10 de março, à abolição, aos senadores abolicionistas e a S. A. Imperial Regente. Sobre os senadores caiu nessa ocasião uma

chuva de flores, que cobriu completamente o tapete; foram soltados [*sic*] muitos passarinhos e pombas.

Assim se comemorava um acontecimento extraordinário. A população improvisava um roteiro ou adaptava seus costumes para estar à altura do salto que seu parlamento vinha, enfim, dar.

Tudo era flor, embora nem todas as flores exalassem perfume:

> Nessa ocasião, entrou no recinto uma comissão da Confederação Abolicionista, que entregou aos srs. senador Dantas e presidente do conselho ricas coroas de louro com espigas de ouro maciço. Ao presidente do Senado foi oferecido um ramo de flores artificiais.

Nas ruas, a festa antecipava o último ato e designava aos gritos seus heróis:

> Igual entusiasmo havia nas imediações do edifício, onde grande massa de povo se aglomerava em volta dos gloriosos estandartes da Confederação. À proporção que saíam os ministros e senadores abolicionistas, eram levantados vivas e saudações, especialmente quando apareceu em uma das janelas o benemérito conselheiro Dantas, a quem o povo fez uma estrondosa saudação.

Era a hora da colheita. Colheita das rosas e dos rosários de lutas:

> Organizou-se depois luzido e numeroso préstito, precedido por duas bandas de música, o qual se dirigiu para a rua do Ouvidor. Foi esse o começo das festas de ontem, entusiásticas e extraordinárias, como jamais se viram nesta cidade.

Era tempo de colher, de aplaudir e de acreditar:

> O cortejo enorme passou pela rua do Ouvidor às 2 horas, com destino ao paço da cidade, onde momentos depois Sua Alteza Imperial Regente devia sancionar o decreto legislativo extinguindo a Escravidão no Brasil.

A CERIMÔNIA DE SANÇÃO DA LEI ÁUREA

Por que a palavra escravidão merecia (em jargão jornalístico) uma "caixa alta", uma inicial maiúscula?

> A passagem pela rua do Ouvidor foi imponente. Das redações dos jornais caía sobre o cortejo uma verdadeira chuva de flores. Os edifícios dos jornais achavam-se enfeitados com colchas, bandeiras, galhardetes e arcos de flores; muitas outras casas estavam também enfeitadas.

Era uma vitória também da imprensa:

> À noite, as redações e muitas casas particulares da rua do Ouvidor iluminaram a frente. Em alguns jornais tocavam bandas de música. Desde que foi conhecida a votação do Senado começou a afluir muito povo, pela rua do Ouvidor, de modo que das 3 horas em diante era quase impossível o trânsito por ela.

A abolição engarrafava as ruas do Rio de Janeiro. A festa desengarrafaria o que os foliões pudessem beber. Havia, antes disso, o ritual:

> Às 2h30 da tarde uma onda de povo invadiu o saguão do paço, apenas o préstito ali chegou. Uma comissão da Confederação Abolicionista, composta dos srs. João Clapp, Nicolau Moreira, Joaquim Nabuco, Afonso Celso Júnior, José do Patrocínio, capitão Senna, Pinto Peixoto, Antônio Azeredo, Brício Filho, Leopoldo Figueira, José Dantas, Doelinger e Regadas, subiu para uma das salas do Paço, onde aguardou a chegada de Sua Alteza a princesa imperial regente.

Quase todos os líderes da causa estavam presentes. A situação era solene e, ao mesmo tempo, de uma alegria incontrolável:

> Em outra sala aguardava também a chegada de Sua Alteza a comissão do senado, composta dos srs. Dantas, Ignácio Martins, Afonso Celso, Evaristo Veiga, Jaguaribe, Cândido de Oliveira, Franco de Sá, Paranaguá, De Lamare, Barros Barreto e Taunay, para apresentar os autógrafos da lei extinguindo a escravidão.

RAÍZES DO CONSERVADORISMO BRASILEIRO

Veio o coroamento da situação: "Pouco antes das 3h da tarde, anunciada a chegada de Sua Alteza por entusiásticos gritos do povo, que em delírio a aclamava, abrindo alas o ministério, camaristas e damas do paço vieram recebê-la à porta."

Cada passo dado era uma cerimônia:

> Acompanhada de seu augusto esposo, subiu a princesa, tendo formado alas na escada grande número de senhoras, que atiravam flores sobre a excelsa regente. Momentos depois a comissão do Senado teve entrada na sala do trono para apresentar a Sua Alteza os autógrafos da lei. Nessa sala achava-se o ministério, de pé, à direita do trono, e à esquerda estavam os semanários e damas do o [sic] paço. A comissão colocou-se em frente ao trono, junto ao qual estava Sua Alteza de pé; então o sr. senador Dantas, relator da comissão, depois de proferir algumas palavras, entregou os autógrafos ao presidente do conselho, para que este por sua vez os entregasse a Sua Alteza.

Chegava ao fim o cativeiro.

O senador Dantas discursou. Congratulou-se com a nação. Felicitou a regente "por caber-lhe a glória de assinar a lei que apaga dos nossos códigos a nefanda mácula da escravidão, como já lhe coube a de confirmar o decreto que não permitiu nascerem mais cativos no império do Cruzeiro". Isabel, "vivamente comovida, com os olhos cheios de lágrimas", declarou: "Seria hoje o dia mais feliz da minha vida se meu extremoso pai não se achasse enfermo, mas espero em Deus que em breve ele regresse bom à nossa pátria." Submergiu em um oceano de aplausos: "O povo, que nessa ocasião já havia invadido o paço e chegado até junto ao trono, acompanhou S. A. à sala contígua, onde iam ser sancionados os autógrafos da lei referendando o decreto extinguindo a escravidão." Faltava muito pouco. O tempo não passava.

A precisão do ritual em nada cedeu ao fantástico da situação. A narrativa da *Gazeta de Notícias* é minuciosa:

> O sr. presidente do conselho passou os autógrafos ao sr. ministro da agricultura, que, depois de traçar por baixo dos autógrafos o seguin-

A CERIMÔNIA DE SANÇÃO DA LEI ÁUREA

te – *A princesa imperial regente, em nome de S. M., o imperador, consente* –, entregou-os a S. A., que os assinou, bem como o decreto, servindo-se da riquíssima e delicada pena de ouro que para esse ato lhe foi oferecida pelo povo.

Nada fora deixado ao acaso:

> O decreto, traçado em pergaminho, é trabalho artístico, corretamente executado pelo habilíssimo calígrafo Leopoldo Hech, que o ofereceu a Sua Alteza, patenteando por essa forma a sua alegria pelo glorioso acontecimento.

O senhor Drago, que entregara a pena de ouro a Isabel, discursou eloquentemente. A regente foi à janela para ser aclamada pela população. Clapp, em nome da Confederação Abolicionista, entregou à princesa um ramo de violetas com a seguinte frase: *Libertas alma mater. A S. A. Imperial Regente, a Confederação Abolicionista. 13 de maio de 1888.* Estava pronto o mito. José do Patrocínio emocionou o povo com seu discurso. A regente retirou-se para seus "aposentos particulares". Joaquim Nabuco fez ecoar o seu verbo, iluminado de uma janela. De uma porta, discursaram Clapp, Patrocínio e Dantas. Era a hora de desfilar pelas ruas da capital.

A *Gazeta de Notícias* podia comemorar:

> Formado o préstito, composto das associações abolicionistas, com os respectivos estandartes, seguiu para a rua do Ouvidor, levando após si uma enorme cauda do povo. Foram nessa rua proferidos entusiásticos discursos das janelas das redações dos jornais, falando desta redação os notáveis lutadores José do Patrocínio, Joaquim Nabuco e Afonso Celso Júnior. O venerando senador Dantas, que vinha na comissão da Confederação Abolicionista, subiu a esta redação e apresentou-se ao povo, que estrepitosamente o saudou. A princesa Isabel voltou para Petrópolis consagrada.

A *Gazeta da Tarde* de 15 de maio de 1888 reproduziu a reportagem da *Gazeta de Notícias* do dia anterior. Sob o título de "As festas da liberdade – o dia de anteontem – no Arsenal da Marinha", destacou:

> Desde 1h da tarde de anteontem começou a afluir no Arsenal da Marinha da Corte um grande número de senhoras e cavalheiros que ali iam esperar a chegada de Sua Alteza a princesa imperial regente. Às 2h30 da tarde chegou a galeota imperial trazendo a seu bordo Sua Alteza a princesa regente acompanhada de seu augusto esposo, Sua Alteza o sr. Conde d'Eu, general Miranda Reis, e chefe de divisão João Mendes Salgado e dos ministros da Agricultura e império.

Detalhe fundamental que o olho do repórter não deixou escapar:

> Sua Alteza trajava um vestido de seda cor de pérolas guarnecido de rendas valencianas. Ao saltar no arsenal foi Sua Alteza vistoriada pelas senhoras que ali se achavam, erguendo-se vivas a Sua Alteza e Sua Majestade o imperador.

Foi assim. E mais.

Na página 3 da edição de 15 de maio de 1888 do jornal *A Província de São Paulo*, encontrava-se este anúncio: "Aluga-se uma criada branca para o serviço doméstico ou ama-seca." Na primeira página dessa mesma edição histórica, Jesuíno Cardoso amarrava passado, presente e futuro: "1888 é o complemento de 1822 e o início de uma nova era, cujo término deve ser a uniformidade do regime democrático na América." Sob o pseudônimo de dom Pedrito el Macho, um humorista zombava do Conde d'Eu, que, supersticioso, teria ficado triste e veria nas expansões populares "uma sombra negra e ameaçadora, o número 13 – data da abolição". Outro tribuno, segundo o texto, cujo nome não seria revelado para não lhe "ofender a desconhecida modéstia", também estaria triste por não poder mais terminar discursos com o fecho de ouro: "Mancha negra da escravidão."

35. Festas nas ruas

As ruas foram tomadas pela população em festa. De norte a sul, brancos e negros comemoraram a abolição da escravatura. Como nas manifestações políticas dominicais de 128 anos depois, a parte simbolizou um todo que preferiu permanecer em casa criando uma ilusão de unidade. A explosão de alegria assumiu a forma de cortejos, bailes, batuques, banquetes e correrias. Um carnaval. As repartições públicas do Rio de Janeiro fizeram feriadão. Os jornais ficaram sem palavras frescas para narrar a desmesura dos acontecimentos. Os heróis da grande conquista foram carregados nos ombros da glória.

A *Gazeta de Tarde*, em sua edição de 15 de maio de 1882, relatou na página 2 a intensidade dos festejos e a diversidade das manifestações de júbilo. A "briosa mocidade" constituída pelos "acadêmicos de S. Paulo", da faculdade de Direito, enviaram telegrama saudando a princesa regente, o gabinete 10 de março, o parlamento e a imprensa, "como representantes da opinião nacional". O redator do jornal não se conteve e soltou um "hurra pelos acadêmicos! e um hurra pela pátria livre!". As homenagens partiam de todos os lados, cruzando-se como fogos espocando no céu, dos estudantes das classes preparatórias, da "classe tipográfica", dos jornalistas, dos militares, da Associação Comemorativa da Abolição da Escravidão, que "resolveu receber incorporada, na igreja do Rosário, Sua Alteza a regente" para assistir a uma "missa de ação de graças pela melhora do imperador". A *Gazeta da Tarde* exultava:

Desde pela manhã de ontem notava-se grande movimento de povo em diversas ruas da cidade, principalmente na rua do Ouvidor. Às 11 horas da manhã os alunos do mosteiro de S. Bento passaram incorporados por esta rua, saudando a todos os jornais desta capital. Às 3 horas, precedidos de uma banda de música, passaram incorporados os empregados da Câmara Municipal, que cumprimentaram os jornais.

Ninguém queria perder o trem da história. "Em Niterói, às 4 horas da tarde de ontem, reuniu-se o povo na praça Pinto Lima e em brilhante marcha cívica seguiu para o palácio da presidência." Foi assim. Um rastilho de iluminações.

Edifícios embandeiraram-se ou iluminaram-se para sinalizar o fim de um tempo de trevas. Do centro aos arrabaldes, as comemorações repetiram sinais de júbilo: "Toda a rua do Ouvidor foi iluminada em arcos." Foram marchas sem-fim, dos alunos da Escola Militar, de bandas militares, dos trabalhadores da Estrada de Ferro dom Pedro II, dos caixeiros do comércio, de todos os que se sentiam orgulhosos com a inauguração de uma nova era. Na Escola Politécnica, André Rebouças, conforme a narrativa da *Gazeta da Tarde* do segundo dia depois da abolição, foi saudado como herói e discursou como intelectual paternalista:

Meus amigos, meus filhos, como costumo chamar-vos em aula! Meu agradecimento vai ser ainda uma ação. A voz mais autorizada do escravagismo disse no Senado que o Brasil estava em "feudalismo patriarcal". Essa é a verdade. Estávamos nos tempos de Abraão. E aqui nesta casa lecionávamos caminhos de ferro e eletricidade e ainda mais: ensinávamos quanto de mais sublime produziram Newton e Charles Darwin. Foi esse antagonismo que cessou a 13 de maio de 1888. Foi a Escola Politécnica que doutrinou a abolição. O futuro pertence aos filhos desta Escola. A escravidão durou três séculos. A triangulação do Brasil vai durar também séculos: a divisão da terra, os canais, os caminhos de ferro, os rios navegáveis, os portos de mar, serão feitos por vós. Aos engenheiros todo o trabalho de constituição da democracia rural brasileira. Viva a Escola Politécnica.

FESTAS NAS RUAS

Foi assim. Só as festas dos ex-escravos, entre eles, não encontram cobertura.

É o oficial que predomina. O vereador Souto Carvalho conseguiu aprovar a proposta de mudança do nome da rua da Guarda Velha, no Rio de Janeiro, para rua 13 de maio de 1888. Os jornais, por toda parte, produziram narrativas semelhantes ou idênticas sobre fatos semelhantes ou idênticos. Empresários deram folga aos seus funcionários, como fez, segundo o *Diário de Notícias* de 15 de maio de 1888, Antônio José do Amorim, dono de fábricas nas ruas do Lavradio e Dois de Dezembro. Os repórteres não cobriram a abolição nas senzalas?

As comemorações podem ser resumidas nestas linhas impactantes do *Diário de Notícias*: "Em regozijo pela passagem da lei áurea os jornais da tarde não publicaram ontem as suas folhas." E "todos os edifícios públicos e jardins iluminaram-se". Na Câmara Municipal,

> o sr. comendador Rozario fundamentou uma proposta para que, em nome de S. M. o imperador e para comemorar o dia 13 de maio, a Câmara funde mais duas escolas para o povo, sendo uma na freguesia do Espírito Santo e outra na de Santa Rita; esta proposta foi recebida com aclamações e palmas. O dr. Dias Ferreira propõe então que sejam estas duas escolas denominadas Santa Isabel e N. S. do Patrocínio.

Menos de um ano depois, já existiam motivos de sobra para tristeza. O mesmo *Diário de Notícias*, de 24 de abril de 1889, sob a direção de Rui Barbosa, publicava em sua capa um texto intitulado "A coroa e a guerra das raças"; e "Manifestação de Libertos". O primeiro artigo começava com uma anedota:

> Há dias, em casa de um oficial do exército, nesta cidade, uma preta divisando, na lâmina da espada empunhada pelo amo, que a brunia, as armas do império, lançou-se a ela, ávida de beijar a coroa da rainha, que a libertara.

Ouviu: "Não sejas parva, disse-lhe o honrado militar: quem te libertou foi esta arma, não se prestando a ir filar negros fugidos no Cubatão."

RAÍZES DO CONSERVADORISMO BRASILEIRO

O manifesto dos libertos, endereçado ao

> grande cidadão Rui Barbosa, fazia o balanço das esperanças perdidas: "Comissionados pelos nossos companheiros, libertos de várias fazendas próximas à estação do Paty, município de Vassouras, para obtermos do governo imperial educação e instrução para os nossos filhos, dirigimo--nos a V. Ex., verdadeiro defensor do povo e que, dentre os jornalistas, foi o único que assumiu posição definida e digna, em face dos acontecimentos que vieram enlutar nossos corações de patriotas. A lei de 28 de setembro de 1871 foi burlada e nunca posta em execução quanto à parte que tratava da educação dos ingênuos."

Havia muito que cobrar:

> Nossos filhos jazem imersos em profundas trevas. É preciso esclarecê-los e guiá-los por meio de instrução. A escravidão foi sempre o sustentáculo do trono neste vasto e querido país; agora que a lei de 13 de maio de 1888 aboliu-a querem os ministros da *rainha* fazer dos libertos, nossos inconscientes companheiros, base para o levantamento do alicerce do terceiro reinado.

A guerra era política. Os ex-escravos não queriam ser usados:

> Os libertos do Paty do Alferes, por nós representados, protestam contra o meio indecente de que o governo quer lançar mão e declaram, aproveitando esta ocasião, que não aderem a semelhante conluio e que até agora sugados pelo governo do império querem educação e instrução que a lei de 28 de setembro de 1871 lhes concedeu. O governo continua a cobrar o imposto de 5% adicionais, justo é que esse imposto decretado para o fundo de emancipação dos escravos reverta para a educação dos filhos dos libertos. É para pedir o auxílio da inspirada pena de V. Ex. que tanto influiu para a nossa emancipação que nos dirigimos a V. Ex. Compreendemos perfeitamente que a libertação partiu do povo que forçou a coroa e o parlamento a decretá-la e que em Cubatão foi assinada a nossa liberdade e por isso não levantamos nossas armas contra nossos irmãos, embora aconselhados pelos áulicos do paço, outrora nossos maiores algozes.

FESTAS NAS RUAS

Eram libertos republicanos. Assinavam o manifesto Quintiliano Avellar ("preto") e mais seis.

As escolas prometidas, de modo geral, nunca saíram do papel. O analfabetismo continuou a grassar como a erva daninha que proliferava nas selvagens terras brasileiras, sendo esmagador entre os negros, esses ex-escravos mantidos à margem da sociedade e para os quais a liberdade, embora sempre melhor do que a escravidão, custava a sorrir com dignidade, educação, respeito e perspectivas de desenvolvimento humano. Os vivas de 13 de maio cederiam lugar aos velhos suspiros. Passada a euforia, o racismo se imporia como um ferro em brasa. Os negros sairiam do passado das senzalas para o futuro das favelas.

Em 1889, os tempos eram ruins para quase todos, menos, obviamente, para os velhos donos do poder, que se habituaram rapidamente aos novos tempos e continuaram a ganhar dinheiro com o trabalho alheio sem a grandeza de bons salários. Um texto intitulado "Miséria!", na mesma página, descrevia "homens, mulheres e loiras criancinhas sem pão, sem roupas [...] abandonadas em terra estranha". Eram imigrantes instalados "bem próximos da Secretaria da Agricultura". O redator pedia ao governo: "Repatrie-os, empregue-os ou sustente-os, mas tire-os da via pública para não servirem de compaixão aos transeuntes e de vergonha para o país. Ah! se o imperador estivesse bom." Mendigos louros chocavam. Negros miseráveis faziam parte da paisagem. As festas da abolição já eram lembranças.

O Brasil ainda não terminou de romper com o pior de seu passado. Trata-se de um país incompleto por interesse de suas elites. Uma das estratégias do conservadorismo sempre reinante para impedir a reinvenção do país é a interdição da releitura do passado com uma lente revisora. Qualquer tentativa de revelação das minúcias das engrenagens de dominação social desse passado ainda tão presente é rotulada de ideológica e logo vetada. A pesquisa acadêmica sabe e narra aquilo que a sociedade se recusa a ver. Em consequência, a universidade é acusada de se manter separada do "mundo real". O passado, porém, incrusta-se no presente como uma marca indelével.

Em 17 de maio de 1889, *O Paiz* repercutia editorial do *Diário Oficial* sobre uma denúncia de desvio de verbas destinadas à comemoração do primeiro aniversário da abolição da escravatura:

RAÍZES DO CONSERVADORISMO BRASILEIRO

Não tem o menor fundamento o boato, em que insistem algumas folhas desta cidade, de haver sido posta à disposição do chefe de polícia da corte, pelo crédito extraordinário de que trata o decreto de 9 de fevereiro último, a quantia de 17$000 para ocorrer a despesa com festejos do aniversário da lei de 13 de maio. Nenhuma quantia recebeu aquela autoridade para tal fim.

Essa imprensa! Sempre fazendo denúncias infundadas e obrigando os governos a publicar desmentidos. O dinheiro teria sido para despesas inadiáveis de "socorros públicos aos indigentes acometidos da epidemia que com tanta intensidade grassa nesta capital". E outras despesas, todas devidamente documentadas! Terão os jornais acreditado nas explicações oficiais?

Velhas explicações para velhas e novas artimanhas. A festa de verdade pela abolição durou pouco. Nas profundezas dos campos e sertões, a liberdade de fato não chegou no dia seguinte. Aos poucos, os afrodescendentes perceberam que o 13 de Maio de 1888, apesar de toda a sua importância e do papel decisivo desempenhado pelos próprios escravos para alcançar a abolição, fora, antes de tudo, um entendimento dos diferentes setores da elite branca. Não se pode, como é sabido, jogar fora a criança com a água da bacia. A abolição representou um passo gigantesco em uma caminhada de longa duração. A luta dos negros continua. Chegará o dia da grande festa pelo fim do preconceito racial, das discriminações de todos os tipos e das desigualdades salariais, sociais etc. O som das ruas no 13 de maio de 1888 então ecoará como um sino badalando pelo passado, pelo presente e pelo futuro em um mesmo tom. O tempo das tristezas será apenas história, essa história que se aprende para não esquecer.

36. Holocausto negro: raízes do racismo e do conservadorismo brasileiros

O que se vê percorrendo os subterrâneos do passado brasileiro? O que se encontra nos desvãos da história da escravatura no Brasil? Nada mais do que as raízes daquilo que o país continua a ser. Se hoje a Justiça ainda é acusada de privilegiar os brancos ricos, ontem ela servia abertamente aos interesses dos brancos proprietários de escravos. Se atualmente a polícia é suspeita de discriminar os negros, ontem ela era o capitão do mato caçando escravos fugitivos e cumprindo o papel de garantir pela força a ordem da escravidão, a permanência em cativeiro, sob sequestro permanente, de seres humanos traficados da África ou de alguma província do Brasil para outras. Se hoje a mídia é vista como reprodutora da ideologia conservadora, que legitima a desigualdade social, ontem a imprensa era veículo de disseminação de teorias racistas e de ideologias de dominação. O parlamento foi, durante muito tempo, a caixa de ressonância sem estática dos interesses das elites escravistas em que liberais e conservadores distinguiam-se quase tanto quanto gêmeos univitelinos.

Fraturas, porém, surgiram no edifício do conservadorismo brasileiro do século XIX. A imponente construção tinha base de areia. A imprensa conservadora foi confrontada por uma profusão de jornais emancipacionistas ou abolicionistas. O exército, depois da Guerra do Paraguai, recusou-se a ter soldados escravos. Essa decisão, que se consolidou aos poucos, teve consequências práticas e, de certo modo, decretou o fim do cativeiro. Sem a

RAÍZES DO CONSERVADORISMO BRASILEIRO

lealdade das forças armadas, não havia como deter as fugas de escravos. Um ativismo judicial progressista tardio começou a aplicar leis, como a de 1831, em favor dos africanos mantidos ilegalmente na escravidão, ou a interpretar textos legais contrariando os interesses seculares dos senhores escravistas. Mesmo na polícia, às voltas com as asperezas do dia a dia, surgiram homens dispostos a desafiar o sistema em nome da razão libertadora. O parlamento viu chegarem eleitos com novas e desconcertantes ideias. O impossível tornou-se, enfim, possível.

No século XIX, a Justiça já usava artimanhas ainda hoje em voga para sentar-se em cima daquilo que não desejava apreciar ou não sabia como barrar. Estrada cita o termo "chicana":

> Em 1827 foi a convenção impugnada no parlamento, alegando-se que só a este competia estabelecer penalidades, não tendo para isso competência o Poder Executivo. Era, evidentemente, uma chicana; mas foi para arredar esse pretexto e responder a inúmeras reclamações da Inglaterra que se decretou a lei de 7 de novembro de 1831, pela qual foram solenemente ratificados os compromissos cinco anos antes assumidos, dando-se sanção legislativa àquele pacto internacional. (2005, p. 31)

Aquilo que parecia garantido por lei podia ser anulado em um passe de mágica parlamentar:

> Até essa data tudo conspirava para burlar a Lei da Regência, e o escândalo chegou a ponto de se apresentar no Senado, em 1837, um projeto cujo art. 13º, denominado por Nunes Machado "o artigo monstro", concedia completo indulto aos piratas. (2005, p 33)

Depois da explosão de alegria do 13 de maio de 1888, o pior aconteceu. A imprensa voltou a ser dominada pelo conservadorismo com horror das massas. O racismo espalhou-se com um novo impulso. A Justiça retomou sua função ideológica tradicional e sua tarefa rasteira de punir as camadas menos favorecidas economicamente da população sem lhes conceder o benefício do desespero. Um setor do exército, no entanto, cumpriria, nos anos 1920, com o chamado tenentismo, um papel revolucionário, ajudando a

HOLOCAUSTO NEGRO: RAÍZES DO RACISMO E DO CONSERVADORISMO BRASILEIROS

abrir caminho para a ruptura institucional de 1930. Em 1932, porém, parte dessa força rebelde se enfileiraria com os saudosos do "antigo regime", sob a cobertura de uma pretensa reconstitucionalização do país. Os revoltosos de 1932 gerariam os golpistas reacionários de 1964. A incorporação dos excluídos – os descendentes dos escravos transplantados de terras africanas – seria postergada a cada governo.

O que se aprende nessa viagem ao continente infame da escravidão? O que se consolida na mente do viajante que retorna desse mergulho no coração melancólico das trevas escravistas? Uma lista de conclusões vem a lume: a escravidão moderna foi um produto e um fato do capitalismo; só aberrações como o extermínio dos judeus pelo nazismo faz face a esse sequestro industrial, de mais de três séculos, de africanos capturados em suas terras e transplantados para um novo mundo infernal da agricultura de *plantation*, da extração de minérios e da produção total, rural e urbana, com mão de obra gratuita e sem a possibilidade da ruptura de "contrato"; a manutenção do cativeiro contou com o respaldo de uma tríade institucional: parlamento-justiça-aparato repressivo; se o parlamento legalizou e legitimou a excrescência natural da escravidão, a justiça mostrou-se profundamente comprometida com a vigilância e a punição dos "infratores" das regras vigentes; essa mesma justiça fechou os olhos para o descumprimento de leis que poderiam ter abreviado o sofrimento de milhões de indivíduos; parlamento, justiça, imprensa escravista e escola ajudaram a consolidar o imaginário da inferioridade do negro.

Ainda não se sabe tudo sobre a escravidão no Brasil. Em 5 de abril de 2015, uma reportagem do jornal *O Globo* informava: "Pesquisa americana indica que o Rio recebeu 2 milhões de escravos africanos. O número é o dobro do que era estimado: a tese é baseada em banco de dados criado pela Universidade de Emory, em Atlanta." O texto do repórter Renan França indicava:

> Entre 1500 e 1856, a cada cinco pessoas no mundo que foram escravizadas, uma colocou os pés no Rio de Janeiro. Foi na região do Porto, onde hoje estão as avenidas Venezuela e Barão de Tefé, que atracou boa parte dos navios negreiros vindos da África, trazendo, inclusive, corpos de quem não resistiu à viagem. Por muito tempo, imaginou-se que pouco mais de 1 milhão de escravos desembarcaram na cidade – e

RAÍZES DO CONSERVADORISMO BRASILEIRO

mais 2,6 milhões teriam sido levados para outros pontos do litoral brasileiro. Agora, estudiosos afirmam que o número relativo ao Rio é muito maior que o estimado por vários historiadores. A tese é baseada em um minucioso banco de dados criado pela Universidade de Emory, em Atlanta, nos Estados Unidos: o arquivo reúne registros portuários feitos ao longo de três séculos e meio.

A bela Rio de Janeiro foi um caldeirão de desterrados.

Um elemento a ser registrado diz respeito ao número de vítimas arrancadas da África para satisfazer o capitalismo colonial:

De acordo com a pesquisa, cerca de 4,8 milhões de escravos chegaram ao litoral brasileiro. Outro número que chama a atenção, divulgado pela primeira vez, é o de total de vidas perdidas nos deslocamentos entre continentes – pelo levantamento da Universidade de Emory, cerca de 300 mil escravos morreram a caminho do Rio.

A tragédia deixa seus rastros até de forma irônica no imaginário:

Outro período que carecia de informações mais detalhadas sobre a chegada de escravos ao Rio era o pós-1831 – ano de criação da Lei Feijó, que proibia o tráfico negreiro no Brasil. Pesquisando o site, constata-se que, num primeiro momento, a iniciativa deu resultado. Em 1831, chegaram novecentos escravos à cidade, contra 31 mil um ano antes. No entanto, a partir de 1832, voltou a um ritmo galopante. Com a pressão britânica pelo fim da exploração humana, surgiu a expressão "lei para inglês ver". Entre 1835 e 1850, aproximadamente 564 mil escravos chegaram ao Rio ilegalmente, de acordo com a Universidade de Emory.

Os ingleses cansaram-se de ver. Pagaram para não ver mais. Ganharam a guerra.

A guerra das mentalidades ainda não acabou. Tenta-se por todas as formas edulcorar o passado. Busca-se apaixonadamente justificar a escravidão pelo relativismo histórico. Esse relativismo, contudo, privilegia o ponto de vista do escravista e subestima a posição do escravo. A verdade sempre esteve diante dos olhos de todos. Sob o pseudônimo de Paul de Kock, um articulista do jornal maranhense *Pacotilha*, em 18 de novembro de 1884, traçou o perfil dos dois grandes tipos de sua época, o escravista e o escravo:

> Uma terra onde reinava a maior indolência, uma preguiça de *Lazzaroni*, onde todos queriam ser bacharéis e oficiais da Guarda Nacional, onde não havia artes, indústrias, enfim – uma terra onde ninguém trabalhava. Desse modo, era justo que os opositores da abolição imediata da escravatura procurassem, por todos os meios, conservar aqueles que eram forçados a trabalhar dia e noite, não como homens, e sim como máquinas. Enquanto esses desgraçados gemem debaixo do serviço brutal e do chicote que lhes retalha a carne, a sociedade – esta sociedade que vai às igrejas ouvir missa e se ajoelha ante um padre para confessar – vive em pândegas, em regabofes, em festanças, rindo e folgando, alegre, satisfeita sem se importar com o dia de amanhã, sem cuidar do futuro, pois tem certeza que lá embaixo, nas senzalas, bestas humanas se aniquilam trabalhando para o engrandecimento dela. Encarando isso como a ordem natural das coisas, não vendo no negro senão um ente que por Deus foi destinado a ser sempre escravo, não admitindo ideia de que um dia tenham de entrar diretamente na luta pela existência.

O resto é romance de ficção. O Brasil teve, sobretudo, uma justiça vil, a Justiça mais vil de todas, aquela que o fiscal da lei, sem o álibi do desconhecimento ou dos valores da época, não aplica para satisfazer os interesses de seus controladores. Um sistema de equilíbrio formou-se: se o parlamento se via obrigado a legislar contra os interesses dos escravistas, a justiça tratava de não aplicar essas leis, contrabalançando, com sua inação, arroubos parlamentares praticados sob o chicote dos ingleses. Se alguém ainda precisa de um exemplo de justiça como instrumento de classe, a história da escravidão está aí para servir de material ilustrativo.

O escravo queria e precisava da Justiça. O homem de leis sabia que a escravidão era ilógica por contrariar o princípio básico, ainda que abstrato, da liberdade como ponto de partida. Se, porém, não tivesse essa clareza filosófica, sabia, por formação, que sua tarefa era cumprir o que a legislação determinava. No país das leis que não pegam, o Judiciário do escravismo não existia sem seus negros.

37. O ponto de virada (a desordem libertadora, o exército rebelado, os fazendeiros subitamente emancipacionistas, a imprensa em pé de guerra, os estudantes visionários e o imperador que realmente hesitava)

As mudanças históricas costumam resultar de processos cumulativos, de circunstâncias inesperadas, de avaliações de conjuntura e de alianças estratégicas capazes de, em certos casos, determinar reviravoltas aparentemente incompreensíveis. A virada brasileira que levaria à segunda abolição do tráfico de escravos, com a Lei Eusébio de Queirós, de 1850, teria sido consequência também do medo do governo brasileiro de uma invasão platina ao Rio Grande do Sul pelo caudilho argentino Rosas e pelo uruguaio Oribe. A proteção contra esse perigo teria de vir da Inglaterra. (Costa, 2010, p. 28)

As viradas históricas, porém, abraçam dinâmicas complexas difíceis de redução a um estado de transparência. Causas econômicas e políticas convergem subitamente para um mesmo reservatório de significados. Infiltrações acabam por romper a solidez dos sistemas dominantes. A abolição da escravatura no Brasil foi o produto de pressões internacionais, de interesses econômicos contraditórios e de uma tomada de consciência que mobilizou a imprensa e se alimentou da militância de grupos cada vez mais organizados e mais eficazes.

RAÍZES DO CONSERVADORISMO BRASILEIRO

Robert Conrad (1978, pp. 88-111) listou muitos dos elementos que contribuíram para a virada na posição dominante no Brasil em relação ao escravismo: libertação dos escravos nos territórios controlados por França, Portugal e Dinamarca; emancipação dos servos russos (1861) e, poderosamente, as consequências da guerra civil nos Estados Unidos. No século XIX, já era impossível resistir ao impulso internacional. A primeira globalização, a das grandes descobertas marítimas do século XVI e do capitalismo comercial, ficaria marcada pelo signo da escravidão. O povoamento e a ocupação dos territórios conquistados exigiram a transplantação de milhões de homens do continente africano para a América. Três séculos depois, já no capitalismo industrial, uma onda libertadora, influenciada pelo racionalismo iluminista, pela Revolução Francesa de 1789 e pela noção de direitos do homem, sacudiu e varreu o modo de produção escravista.

A abolição não teria acontecido sem a ação revolucionária de um grupo de estudantes da Faculdade de Direito de São Paulo entre 1868 e 1870: Castro Alves, Joaquim Nabuco, Luiz Gama e Rui Barbosa. Os primeiros estudantes revoltaram-se contra a queda do gabinete liberal de Zacarias de Góis, em 1868. Criaram o Clube Radical e o jornal *Radical Paulistano*. Nessa luta, entrou a nova loja maçônica, América. Botaram fogo no circo da falsa ponderação escravista. Detonaram as hesitações do imperador, a quem acusaram de sabotar a emancipação. O escritor Raul Pompeia, estudante de Direito, cumpriu o papel de fazer os republicanos saírem do armário e assumirem posições abolicionistas.

Antônio Prado passou a ser abolicionista quando os militares proclamaram que não queriam mais ser caçadores de escravos fugidos. Era um pragmático. Não se impressionava com os discursos de Rui Barbosa denunciando a escravidão como uma legalidade baseada no tráfico, no rapto, na tortura e no assassinato. Pouco lhe importava que mais alguns anos de cativeiro significassem a morte sem liberdade para milhares de homens. Não lhe sensibilizava ouvir Rui Barbosa dizer que cinco anos para a velhice "é onde começa a morte". Não se sentia atingido por palavras de Rui Barbosa como estas: "Somos então nós os retóricos? Nós? E desde quando as chapas alvares da mediocridade balbuciante começaram a ser o estilo obrigatório da razão, da experiência e do direito?" (*apud*

O PONTO DE VIRADA

Estrada, 2005, p. 147) Não se dava por atingido nem quando Barbosa o alvejava dizendo que sua tabela de depreciação gradual do valor do escravo prolongava os dias de cativeiro, dificultando as alforrias imediatas e mais baratas.

Prado soube que não havia como evitar a abolição quando os militares positivistas já punham em prática a fórmula de Ciro de Azevedo, "conspiração nas casas, revolução nas ruas". (*apud* Estrada, 2005, p. 153) Em 1886, o tenente-coronel Madureira foi repreendido por suas posições. Deodoro da Fonseca, comandante das armas e vice-presidente do Rio Grande do Sul, não coibiu as manifestações de apoio ao oficial punido. Acabou demitido e criticado por Gaspar Silveira Martins, influente político do Rio Grande do Sul. O governo comprava uma briga com os militares que lhe custaria muito caro. Deodoro da Fonseca, em 1887, desferiu o golpe fatal na escravidão em uma carta à princesa Isabel na qual pedia que os militares "que seguem para o interior, com o fim, sem dúvida, de manter a ordem, tranquilizar a população e garantir a inviolabilidade das famílias" não fossem "encarregados da captura dos pobres negros que fogem à escravidão". (*apud* Estrada, 2005, p. 173) Diante disso, Antônio Prado reuniu os amigos e fundou a Sociedade Libertadora e Organizadora do Trabalho. Era chegado o tempo de libertar os escravos sem indenização, mas só depois de três anos de derradeira utilização de serviços gratuitos.

Em 15 de dezembro de 1887, os fazendeiros paulistas se reuniram para tomar providências. O ano que viria não lhes trazia bons augúrios. No caminho de Santos, nas barbas do exército, sumiam seus bens semoventes humanos. O Partido Conservador sangrava dividido entre os que ainda esperavam salvar suas fortunas e os que já se conformavam em libertar os negros e contratar brancos europeus. O ano de 1888 chegou devastador. Em 23 de janeiro, em Campinas, uma tropa do exército foi apedrejada ao defender alguns caçadores de fugitivos. Em 4 de fevereiro, um juiz, Monteiro de Azevedo, envolveu-se em dura polêmica ao não considerar crime o açoitamento de escravos por um padre. Os escravocratas queriam apenas mais alguns anos de parasitismo. De preferência, cinco, mas aceitavam três, o que desse. Antônio Prado tentou uma conciliação esperta e propôs três anos.

Joaquim Nabuco foi a Roma, em 10 de fevereiro de 1888, pedir apoio do papa Leão XIII. Conseguiu. Em 5 de maio de 1888, os jornais publicariam a carta papal *In plurimis*. A escravidão já tinha acabado. Cotegipe conseguira adiar a divulgação do torpedo papal, mas Nabuco havia alardeado seu encontro com o Sumo Pontífice e aberto brechas nos corações cristãos. Em abril, os maiores escravistas do país, os viscondes de São Clemente e Friburgo, libertaram seus quase 2 mil cativos. João Alfredo só aceitou a abolição definitiva quando, em 7 de maio de 1888, foi avisado de que os liberais não apoiariam qualquer tentativa de "empurrar com a barriga" um cadáver ambulante. Adeus ao sonho de conseguir, ao menos, mais três meses de trabalho gratuito e mais seis anos de residência obrigatória dos ex-cativos nos municípios onde serviam gratuitamente a seus cafetões. O último argumento dos escravocratas do Rio de Janeiro foi o de que seria desonesto libertar escravos que pertenciam aos seus credores, os bancos. Uma vez na vida, o sistema financeiro tomou calote.

A virada foi consequência de uma acumulação de elementos que atingiu o ponto de saturação no final dos anos 1880. Os fazendeiros paulistas estavam, na medida do possível, prontos para sofrer a derrota que reivindicariam como vitória e para a qual, forçados pelas circunstâncias, haviam dado alguma colaboração. A guerra simbólica estava ganha pelos abolicionistas, ainda que, paradoxalmente, continuasse a se propagar o vírus do racismo como consequência dos elogios à superioridade racial do imigrante branco europeu. No parlamento, Joaquim Nabuco e Rui Barbosa, entre outros, haviam triturado os argumentos de seus adversários com brilhantismo, retórica, dados e perseverança. Só os fazendeiros do Rio de Janeiro não pareciam dispostos a aceitar o inevitável. O século estava quase no fim, o mundo já era outro, a tecnologia mudava as condições de produção na agricultura e não havia mais espaço para a escravidão.

O Brasil carregava seu passado odioso como um fardo do qual precisava se libertar, mas, acostumado a transportá-lo como um troféu do qual ainda arrancava algum ganho, tentava guardá-lo por mais algum tempo recorrendo aos mais sórdidos subterfúgios. As condições sociais, culturais, morais, tecnológicas e religiosas que haviam legitimado e le-

O PONTO DE VIRADA

galizado o cativeiro, porém, já não mais existiam. O tempo de romper com um passado vergonhoso chegara com certo atraso. Os homens mais hábeis, como o conselheiro Prado, saltaram do barco quando este já adernava. Outros, como Paulino de Sousa, preferiram afundar com o navio, dando-se ares de capitães orgulhosos e altivos. Eram apenas roedores incapazes de aceitar a evolução das águas. A abolição foi uma onda que, enfim, engolfou o país. O exército não quis mais ter soldados escravos. A imprensa adotou um comportamento bélico. Os fazendeiros mais astutos abraçaram a causa que sempre haviam combatido. O imperador, sempre hesitante e desejoso de ficar bem com todos, compreendeu que precisava escolher seu lado. Estudantes, desde 1870, na Faculdade de Direito de São Paulo – onde sentaram Castro Alves, Rui Barbosa e Joaquim Nabuco – forçaram as portas do sistema. A escravidão tornou-se, enfim, aquilo que sempre fora: um câncer, uma infâmia, um mal a ser extirpado.

38. O papel de dom Pedro II na abolição (os olhares de um historiador americano e de brasileiros que participaram da luta)

A monarquia não resistiu ao fim da escravidão. Dom Pedro II e sua filha Isabel, depois de muitas hesitações, abraçaram a causa da abolição. Agiram tarde demais para satisfazer os principais interessados. Desagradaram os escravistas mais resistentes. Fragilizaram-se diante dos republicanos e dos militares, ou dos militares republicanos. Não foram rápidos o suficiente para salvar o trono. Não foram lentos o suficiente para atender, uma última vez, aos desejos dos fazendeiros. A monarquia pecou por inação, por omissão, por hesitação e por temor.

Para o historiador norte-americano Robert Conrad, o imperador dom Pedro II "constitui de longe a mais importante influência singular na aprovação da lei da reforma da escravatura de 1871". (1978, p. 90) Suas possibilidades, contudo, seriam limitadas pela força dos fazendeiros. Esmagado entre a pressão internacional e a resistência do agronegócio, dom Pedro II teria dado repetidas mostras de seu abolicionismo, tornando-se, por exemplo, protetor da Sociedade Ipiranga, cujo mote era a libertação de escravos a cada 7 de setembro, dia da independência nacional. O monarca teria libertado, em 1840, os escravos de sua herança e, em 1864, os do dote da princesa Isabel. Por fim, mais tarde, libertaria 190 cativos de sua propriedade para lutar ou morrer pela pátria no Paraguai. Também teria contribuído com 100 contos de sua fortuna para a libertação de escravos que aceitassem a dádiva de morrer livres em uma guerra suja.

A Guerra do Paraguai proporcionou um interessante momento patriótico e abolicionista por falta de virtudes e excesso de apego à própria vida. A lei permitiu que proprietários enviassem, nos seus lugares, escravos para morrer gloriosamente nos campos de batalha. A esses substitutos cheios de iniciativa, deu-se o pomposo título de Voluntários da Pátria. Nos jornais, anúncios procuravam escravos que pudessem servir na guerra em substituição a quem os quisesse comprar. (Conrad, 1978, p. 96; Girão, 1956, p. 28) Tudo se negociava. Apesar dessas contradições, a Guerra do Paraguai contribuiu para a abolição, na medida em que o Exército passou a ver o soldado negro com outros olhos: como manter na escravidão o companheiro de luta?

Para Conrad, dom Pedro convenceu-se definitivamente da necessidade de reformas na escravatura depois de um encontro com o ministro britânico Edward Thornton, em 1865, em Uruguaiana, no Rio Grande do Sul, no começo da guerra contra o Paraguai. A prova disso seria a encomenda do imperador a José Antônio Pimenta Bueno, marquês de São Vicente, dos projetos de reforma da escravatura. Querer era uma coisa; conseguir era bem outra. A proposta de Pimenta, massacrada pelo marquês de Olinda, presidente do Conselho, foi dormir nos arquivos. Seria preciso esperar mais alguns anos e o fim da Guerra do Paraguai para se arrancar um naco do enorme poder dos escravistas. Conrad endeusa o imperador:

> Na questão da escravatura, dom Pedro foi, de fato, uma figura central, por vezes recomendando medidas progressivas, mas evitando qualquer ação demasiado rápida, chegando mesmo, ocasionalmente, a abandonar sua posição emancipacionista em favor de outras considerações. (1978, p. 100)

Hesitante? Indeciso?

André Rebouças, herói abolicionista e militante de ardor incontestável, que partiria com dom Pedro II para o exílio, considerava o imperador o "sublime mártir da abolição". Até o entusiasmado Conrad (1978, p. 258) teve de admitir que, em 1884, enquanto os proprietários organizavam ligas antiabolicionistas, comandos de caça aos abolicionistas, o imperador "pouco fizera". Mas ao representante americano, o já citado Hilliard, dom Pedro

O PAPEL DE DOM PEDRO II NA ABOLIÇÃO

teria mostrado suas intenções reformistas na questão servil. Seu Conselho de Estado, porém, pensava diferente e rejeitou quase por unanimidade as propostas do projeto Dantas, que previa a libertação dos escravos com 60 anos, obrigando seus senhores a sustentá-los em troca de serviços gratuitos, o que significou deixar tudo como estava.

Há controvérsia quanto ao papel do imperador na abolição. Houve um tempo de endeusamento da ação emancipadora da Coroa. Depois, sobreveio uma época de indiferença. O desvelamento ganhou a guerra. Dom Pedro II fez mais do que se esperava e menos do que podia. Na apresentação ao livro de Duque Estrada, Rui Barbosa lembrou que a abolição enfrentara as três forças organizadas no Brasil imperial: "A riqueza territorial, a polícia conservadora e a Coroa." (Estrada, 2005, p. 16) Os partidos, destacou, desempenhavam um papel subalterno, tendo sido o povo nas ruas e o exército que viraram o jogo. A Coroa sabia adaptar-se ao ritmo das conveniências, fazendo sem fazer.

Dom Pedro II foi dobrado pela Inglaterra. Em 1850, Gladstone, no parlamento inglês, dera o tom definitivo:

> Temos um tratado com o Brasil, tratado que esse país dia a dia quebra, há vinte anos [...] Nós temos o direito mais cabal de exigir a sua execução; e, se temos o direito de exigi-la, não é menos direito obtê-la, em caso de recusa, à ponta de espada. É nosso jus perfeito dirigirmo-nos ao Brasil, reclamar que emancipe todos os escravos introduzidos desde 1830, e, se não o fizer, abrir-lhe guerra até o extermínio. (*apud* Estrada, 2005, p. 37)

Aí tudo se acabou. Mas não tão rápido assim.

Aos abolicionistas que foram visitá-lo certa vez, dom Pedro II afirmou que ninguém podia duvidar de seus sentimentos em relação à causa abolicionista, embora não pudesse ir às festas nem se abrir mais para não chocar os escravocratas. (*apud* Estrada, 2005, p. 100) Essa ambiguidade serviu para criar o mito do imperador abolicionista e para enfurecer os defensores de posições firmes de parte da Coroa. O imperador foi o primeiro brasileiro a praticar o famoso jeitinho? Queria estar bem com todos? Dava um passo à frente e dois para trás?

RAÍZES DO CONSERVADORISMO BRASILEIRO

Um juiz de direito do Rio Grande do Sul, Antófilo Freire de Carvalho, segundo discurso de Rui Barbosa, considerou prevaricação não aplicar a lei de 7 de novembro de 1831. (*apud* Estrada, 2005, p. 38) A Justiça e o governo brasileiro prevaricaram por 19 anos. A Inglaterra não perdoava. Um representante inglês questionou se não seria um roubo maior a privação da liberdade do que o furto que levara ao indiciamento de dois africanos no caso banal. Rui Barbosa definiu os juízes brasileiros como feitores de escravos e denunciou um tríplice roubo contra os escravos: roubo moral; roubo de lesa-pátria na infração aos tratados internacionais; roubo direto, positivo, material, pecuniário. (*apud* Estrada, 2005, p. 40) Dom Pedro II não encontrou meios de enfrentar esses roubos institucionalizados.

Outro tranco que sofreu dom Pedro II foi a mensagem recebida de abolicionistas franceses em julho de 1866. Assinada por uma dezena de intelectuais, entre os quais alguns membros da Academia Francesa, entre eles o duque de Broglie, a carta citava com entusiasmo a abolição da escravatura nos Estados Unidos, referia-se à extinção do tráfico no Brasil como medida incompleta e pedia a liberdade de quase 2 milhões de escravos, alegando que o Brasil certamente não olhava a "servidão como uma instituição divina". A mensagem lembrava as vozes que se levantavam permanentemente na imprensa contra o cativeiro, observava que o número de cidadãos livres já era maior que o de escravos e desejava que o imperador, "ilustre pelas armas, pelas letras, pela arte de governar", obtivesse uma "glória mais bela e mais pura", não manter o Brasil por mais tempo como a "única terra cristã afetada pela escravidão". (*apud* Malheiro, 1976, v. 2, p. 298) Os signatários despediam-se humildemente como servos do imperador.

Dom Pedro II respondeu com a ambiguidade da diplomacia:

> A emancipação dos escravos, consequência necessária da abolição do tráfico, não é senão uma questão de forma e de oportunidade. Quando as circunstâncias penosas em que se encontra o país o permitirem, o governo brasileiro considerará objeto de primeira importância a realização daquilo que o espírito do Cristianismo há muito reclama do mundo civilizado. (*apud* Lyra, 1977, p. 240)

O PAPEL DE DOM PEDRO II NA ABOLIÇÃO

Heitor Lyra, biógrafo do imperador, encontrou uma explicação para a resposta não levar a assinatura do monarca:

> O fato de Martim Francisco ter assinado essa resposta, na sua qualidade de ministro de Estrangeiros, poderia parecer que ela não passava de um documento de simples expediente de ministério, redigido, como tantos outros, numa das seções da Secretaria de Estado e submetido depois à assinatura ministerial. Semelhante versão, se tivesse fundamento, tiraria, de fato, toda a alta significação do documento. A verdade, porém, é que, se ele não foi redigido pelo próprio monarca, foi por este largamente modificado, em sua primitiva redação. (1977, p. 242)

Como provar?

Nem todos reconheceram prontamente o abolicionismo de dom Pedro II. As batalhas e decepções foram tantas que inevitavelmente as críticas também foram duras. Quando da sanção da retrógrada Lei Saraiva-Cotegipe, José do Patrocínio desejou que a última visão de dom Pedro II, na hora da morte, fosse a das "costas retalhadas" de um escravo, "escorrendo sangue apodrecido" e que, morto esse infeliz, servisse de testemunha no julgamento do imperador diante do tribunal "que não se corrompe com dinheiro de fazendeiros". (*apud* Estrada, 2005, p. 15) A paciência do imperador provocava desgosto. Como podia ser tão moderado, tolerante, político e cauteloso? Qual era seu jogo?

Duque Estrada compreendeu o essencial, o que ainda escapa aos apressados: a abolição aconteceu no parlamento e teve a sanção da Coroa, mas veio de fora:

> O que caracteriza a campanha abolicionista no Brasil é exatamente o fato de ter sido ela transportada vitoriosamente das ruas para o parlamento, como uma imposição e uma conquista da imprensa e da tribuna popular. (2005, p. 54)

A demora tinha a mais incontornável das justificativas: o processo foi longo e tortuoso porque se confiou "a proprietários de escravos a incumbência de formular leis contra a escravidão". (Estrada, 2005, p. 122) Foi esse o

RAÍZES DO CONSERVADORISMO BRASILEIRO

paradoxo mais marcante da política brasileira do século XIX. De certa forma, é o paradoxo por excelência das sociedades de classe.

O resultado, destacado por Afonso Celso Júnior, foi a descrença nas instituições. (*apud* Estrada, 2005, p. 129) Primeira descrença em uma sucessão de desencantos? Não, a primeira desilusão viera com a independência. A segunda se impusera com dom Pedro I. Um país de miseráveis obrigado a esperar por mudanças promovidas pelos principais interessados em evitá-las. Para Estrada, a própria princesa Isabel "pareceu por longo tempo alheia e inconsciente à onda invasora e triunfante do abolicionismo revolucionário de 1887". (2005, p. 239)

O papel da família real no processo abolicionista, segundo Estrada, foi nulo. Nada mais do que uma interminável manipulação. Na linguagem popular, a Coroa "empurrava com a barriga" e deixava ficar para não se incomodar com fazendeiros. Até mesmo a aposta em Dantas teria sido uma experiência sob medida, com dom Pedro avisando que, se o chefe do governo fosse rápido demais, ele o puxaria pela aba da casaca. (*apud* Estrada, 2005, p. 238) Rui Barbosa, em 7 de fevereiro de 1892, afirmou que o "consórcio do império com a escravidão" só se dissolveu quando "a dinastia sentiu roçarem-lhe o peito as baionetas da tropa, e a escravaria em massa tomou a liberdade por suas mãos nos serros livres de São Paulo". (*apud* Estrada, 2005, p. 245) Precisa mais?

Para Estrada, no entanto, o império não foi abalado pela abolição, tese bem mais controvertida:

> Outra mistificação, a que procuraram recorrer os estadistas responsáveis pela subversão do regime, consistiu na balela de que a dinastia foi destronada em consequência do 13 de maio, e por lhe faltar o apoio dos senhores de escravos, que se bandearam todos, ou quase todos para as fileiras republicanas. (2005, p. 241)

O trono, segundo ele, não poderia ser abalado pela abolição por sempre ter estado dela separado. Conrad entende o oposto:

> Enfrentando exigências de mais mudança social, a elite tradicional conservou seu poder e autoridade e, depois, varreu o movimento democrático

O PAPEL DE DOM PEDRO II NA ABOLIÇÃO

no golpe de estado militar que provocou o desaparecimento do império de dom Pedro II e estabeleceu uma república conservadora. (1978, p. 336)

A prova disso seria que o programa do Partido Liberal, de 1888, defendia uma reforma no sistema agrário.

Que país era esse? Quem decidia? Quem votava? Quem legislava? O Brasil dos últimos anos da luta pela abolição da escravatura tinha cerca de 15 milhões de habitantes, 145 mil eleitores, sendo que, nas eleições de 1886 para a Câmara Geral, votaram apenas 99.666. (Estrada, 2005, p. 159) Nesse mesmo ano, o país viu o sensacional julgamento da milionária Francisca de Castro, acusada de açoitar as escravas Eduarda e Joana até cobrir-lhes os corpos de equimoses. Foi absolvida. Tudo se precipitou em 1888. O futuro presidente da República, Campos Salles, libertou seus escravos, desde que permanecessem no cativeiro por mais quatro anos. Perdeu. E ganhou. A república seria sua recompensa e seu campo de consagração.

Outro futuro presidente da República, Rodrigues Alves, presidente da província de São Paulo, ainda mandava caçar fugitivos, mas já não era obedecido. O país mudava. Antônio Prado chegara a prometer que libertaria seus cativos no final de 1889. Também não ganhou sua aposta "moderada", mas soube ser maleável para não perder, embora tenha sentido o amargor da derrota. Ele defendeu até quase o fim uma política "flexível". Eis um termo do qual sempre se deve desconfiar. Enquanto isso, nas estradas de São Paulo, fugitivos gritavam "morte aos escravagistas". Depois da abolição, das manchetes ditirâmbicas da imprensa e do feriadão de três dias nas repartições públicas do Rio de Janeiro, nem tudo mudou. No campo, "antigos escravos ainda continuavam sendo fechados nos seus alojamentos durante a noite, ainda eram açoitados e colocados no tronco e seu pagamento eram meros 100 réis por dia". (Conrad, 1978, p. 334)

Osvaldo Orico (1931, p. 183), na biografia de José do Patrocínio, tentou encontrar um ponto de equilíbrio:

> Qual a exata medida da princesa Isabel no processo de abolição? Foi a madrinha dos escravos? A boa fada dos contos de Perrault? Para Nabuco, o rio abolicionista desaguaria na posteridade por duas grandes bocas: a popular, encarnada em José do Patrocínio, e a dinástica, resumida na

regente do trono. E o imperador? Não tinha ele simpatia pela causa? Não era um homem justo, sábio e humano? De certo que o era. Ninguém lhe nega os atributos de educação e de cultura que o tornaram um príncipe superior ao seu tempo, no campo da filosofia e das letras. Tinha, porém, responsabilidades e compromissos que o levaram a contemporizar com a questão, perdendo a virtude de guia do povo nessa fase da história.

Dom Pedro II queria ficar bem com todos. Fugiu.

A missão seria cumprida com ou sem ajuda da Coroa. Uma declaração de André Rebouças, de 28 de novembro de 1888, citada por Robert Conrad (1978, p. 319), resume o trabalho frenético dos abolicionistas e suas lutas:

> Aristocracia territorial e plutocracia; riqueza e prestígio; tudo foi vencido pela propaganda, sem outras armas além da palavra e da imprensa. Fizemo-nos empresários de espetáculos para o público a 500 réis por pessoa; varremos teatros e pregamos cartazes; éramos simultaneamente redatores, repórteres, revisores e distribuidores; leiloeiros nas quermesses; propagandistas por toda a parte, nas ruas, nos cafés, nos teatros, nas estradas de ferro e até nos cemitérios, junto aos túmulos de Paranhos, de Ferreira de Meneses, de Luiz Gama e de José Bonifácio.

A monarquia desabaria em seguida. A república atenderia pelo apelido de ditadura dos cafeicultores. A abolição teria de enfrentar a realidade da exploração dos negros. Quando a lei de 13 de maio de 1888 pegaria?

A dívida com os descendentes de escravos ainda não foi paga.

O preconceito (mal)dissimulado tenta evitar esse acerto de contas. Um universalismo abstrato é usado como chicote contra os que falam de situações concretas. Mas é questão de tempo. A história não para de exumar cadáveres. Não há mais trégua para a infâmia.

O ano esquecido, 1888, é um espectro que ronda.

Agradecimentos

Ao meu velho amigo Álvaro Larangeira, coordenador do Programa de Pós-Graduação em Comunicação da Universidade Tuiuti do Paraná, pela valiosa colaboração nesta pesquisa. Ao historiador Décio Freitas, *in memoriam*, por tudo que me ensinou sobre a história da escravidão no Brasil. Ao CNPq, pela bolsa de Produtividade em Pesquisa (PQ-1B), que me permitiu, ao longo de quatro anos, trabalhar com afinco nesta aventura intelectual da qual jamais me esquecerei. Aos autores que citei fartamente neste livro. Aos jornalistas que, no século XIX, combateram a escravidão sem o mito da imparcialidade.

Referências e interferências

ALENCAR, José de. *Cartas a favor da escravidão*. São Paulo: Hedra, 2008.

_____. *Discursos parlamentares de José de Alencar, deputado-geral pela província do Ceará (1861-1877)*. Brasília, Câmara dos Deputados, 1977.

ALMADA, Vilma Paraíso Ferreira. *Escravismo e transição: o Espírito Santo, 1850/1888*. Rio de Janeiro: Graal, 1984.

ALONSO, Ângela. *Flores, votos e balas: o movimento abolicionista brasileiro (1868-88)*. São Paulo: Companhia das Letras, 2015.

ASSIS, Machado de. *Memorial de Aires*. São Paulo: W. M. Jackson Inc. Editores, 1946.

AZEVEDO, Celia Maria Marinho de. *Onda negra, medo branco: o negro no imaginário das elites século XIX*. São Paulo: Annablume, 2008.

_____. *Abolicionismo: Estados Unidos e Brasil: uma história comparada: século XIX*. São Paulo: Annablume, 2003.

AZEVEDO, Elciene. *O direito dos escravos: lutas jurídicas e abolicionismo na província de São Paulo*. Campinas: Unicamp, 2010.

BARBUJANI, Guido. *A invenção das raças*. São Paulo: Contexto, 2008.

BASTIDE, Roger. *As religiões africanas no Brasil. Contribuição a uma sociologia das interpenetrações de civilizações*. São Paulo: Livraria Pioneira Editora, 1989.

BASTOS, Tavares. *Cartas do solitário*. Rio de Janeiro: Companhia Editora Nacional, 1938.

BEIGUELMAN, Paula. *A crise do escravismo e a grande imigração*. São Paulo: Brasiliense, 1981.

_____. *A formação do povo no complexo cafeeiro: aspectos políticos*. São Paulo: Pioneira, 1977.

BETHELL, Leslie. *A abolição do tráfico de escravos no Brasil*. São Paulo: Edusp, 1976.

BRAGANÇA, Aníbal. *Uma introdução à história editorial brasileira*. Lisboa: Universidade Nova de Lisboa, Centro de História da Cultura, 2002.

BROOKSHAW, David. *Raça & cor na literatura brasileira*. Porto Alegre: Mercado Aberto, 1983.

RAÍZES DO CONSERVADORISMO BRASILEIRO

BROWNLOW, William Gannaway & PRYNE, Abram. *Ought American slavery to be perpetuated?: A debate between Rev. W. G. Brownlow and Rev. A. Pryne*. Held at Philadelphia, September, 1858. Ithaca: Cornell University Library, [s.d.].

BRUNSCHWIG, Henri. *A partilha da África negra*. São Paulo: Perspectiva, 1974.

CAMPOS, Sandoval; LOBO, Amynthas. *Imprensa mineira: memória histórica*. Edição comemorativa do centenário da independência (1822-1922). Belo Horizonte: Typ. Oliveira, Costa & Comp., 1922

CAPELA, José. *Conde de Ferreira & Cia. traficantes de escravos*. Porto: Edições Afrontamento, 2012.

_____. *O tráfico de escravos nos porto de Moçambique*. Porto: Edições Afrontamento, 2002.

CAPELA, José; MEDEIROS, Eduardo. *O tráfico de escravos de Moçambique para as ilhas do Índico, 1720-1902*. Maputo: Núcleo Editorial da Universidade Eduardo Mondlane, 1987.

CARDOSO, Ciro. *Agricultura, escravidão e capitalismo*. Petrópolis: Vozes, 1979.

CARDOSO, Fernando Henrique. *Capitalismo e escravidão no Brasil meridional*. Rio de Janeiro: Paz e Terra, 1997.

CARVALHO, Jose Geraldo Vidigal de. *A Igreja e a escravidão: uma análise documental*. Rio de Janeiro: Presença, 1985.

CARVALHO, José Murilo de (org.). *Paulino José Soares de Sousa. Visconde do Uruguai*. Rio de Janeiro: Editora 34, 1996.

CHALHOUB, Sidney. *Visões da liberdade: uma história das últimas décadas da escravidão na corte*. São Paulo: Companhia das Letras, 1990.

CASTRO ALVES. *Os escravos*. Rio de Janeiro: Francisco Alves, 1988.

CHIAVENATO, Julio José. *Os Voluntários da Pátria e outros mitos*. São Paulo, Editora Global, 1983.

_____. *O negro no Brasil: da senzala à Guerra do Paraguai*. São Paulo: Brasiliense, 1980.

CONRAD, Robert. *Os últimos anos da escravidão no Brasil*. Rio de Janeiro: Civilização Brasileira, 1978.

CRISTIANI, Cláudio Valentim. O direito no Brasil colonial. In: WOLKMER, Antônio Carlos. *Fundamentos de história do direito*. Belo Horizonte: Del Rey, 2003.

COSTA, Emília Viotti da. *Da senzala à colônia*. São Paulo: Unesp, 2012.

_____. *A abolição*. São Paulo: Unesp, 2010.

_____. *Da monarquia à república: momentos decisivos*. São Paulo: Grijalbo, 1977.

COSTA, Milton Carlos. *Joaquim Nabuco entre a política e a história*. São Paulo: Annablume, 2003.

_____. *A abolição*. São Paulo: Unesp, 2010.

COSTA, Paulo de Tarso. "Imprensa, abolição e República". Suplemento centenário de *O Estado de S. Paulo*, nº 22, 31 de maio de 1975.

REFERÊNCIAS E INTERFERÊNCIAS

COUTINHO, Afrânio (org.). *A polêmica Alencar-Nabuco*. Rio de Janeiro: Tempo Brasileiro, 1965.

COUTO, João Gilberto Parenti. *Operação senzala: a trama secreta da elite escravocrata para apagar rastros e promover o esquecimento da escravidão no Brasil*. Belo Horizonte: Mazza, 2004.

COUTY, Louis. *A escravidão no Brasil*. Rio de Janeiro: Fundação Casa de Rui Barbosa, 1988.

CUNHA, Manuela Carneiro da. *Negros, estrangeiros: os escravos libertos e sua volta à África*. São Paulo: Brasiliense, 1985.

DEL PRIORE, Mary. *Príncipe maldito: traição e loucura na família imperial*. Rio de Janeiro: Objetiva, 2007.

DREYS, Nicolau. *Notícia descritiva da Província do Rio Grande de S. Pedro do Sul*. Porto Alegre: Edipucrs, 1990.

ESTRADA, Osório Duque. *A abolição*. Brasília: Senado Federal, 2005. São Paulo: Ática, 1978, 2 vols.

_____. *O negro no mundo dos brancos*. São Paulo: Difel, 1971.

FERNANDES, Florestan. *A integração do negro na sociedade de classes*. São Paulo: Editora Globo, 2008.

FLORENTINO, Manolo. *Em costas negras: uma história do tráfico entre a África e o Rio de Janeiro*. São Paulo: Companhia das Letras, 1997.

FRANCO, Maria Sylvia de Carvalho. *Homens livres na ordem escravocrata*. São Paulo: Unesp, 1997.

FREITAS, Affonso A. de. *A imprensa periódica de São Paulo desde os seus primórdios em 1823 até 1914*. São Paulo: Typograhia do Diário Oficial, 1915.

_____. *Escravidão de índios e negros no Brasil*. Porto Alegre: Escola Superior São Lourenço de Brindes/Universidade de Caxias do Sul, 1980.

FREITAS, Décio. *O escravismo brasileiro*. Porto Alegre: Mercado Aberto, 1982.

_____. *Escravos e senhores de escravos*. Porto Alegre: Escola Superior São Lourenço de Brindes/Universidade de Caxias do Sul, 1977.

_____. *Insurreições escravas*. Porto Alegre: Movimento, 1975.

_____. *Palmares, a guerrilha dos escravos*. Porto Alegre: Movimento, 1971.

FREITAS, M. M. de. *Reino negro de Palmares*. Rio de Janeiro: Americana, 1954.

FREYRE, Gilberto. *Casa-grande & senzala*. Rio de Janeiro: José Olympio, 1961.

_____. *O escravo nos anúncios de jornais brasileiros do século XIX*. São Paulo: Nacional, 1979.

_____. *Sobrados e mucambos: decadência do patriarcado rural e desenvolvimento do urbano*. Rio de Janeiro: Record, 1998.

FURTADO, Celso. *Formação econômica do Brasil*. Rio de Janeiro: Editora Fundo de Cultura, 1959.

FURTADO, Joaci Pereira. *A Guerra do Paraguai (1864-1870)*. São Paulo: Saraiva, 2000.

GENNARI, Emilio. *Em busca da liberdade: traços das lutas escravas no Brasil*. São Paulo: Expressão Popular, 2008.

GIRÃO, Raimundo. *A abolição no Ceará*. Fortaleza: Editora A. Batista Fontenele, 1956.

GOMES, Flávio. *História dos quilombolas: mocambos e comunidades de senzalas no Rio de Janeiro: século XIX*. São Paulo: Companhia das Letras, 2006.

GORENDER, Jacob. *O escravismo colonial*. São Paulo: Ática, 2001.

GOULART, José Alípio. *Da fuga ao suicídio: aspectos da rebeldia de escravos no Brasil*. Rio de Janeiro: Conquista, 1972.

_____. *Da palmatória ao patíbulo: castigos de escravos no Brasil*. Rio de Janeiro: Conquista, 1971.

GOULART, Mauricio. *Escravidão africana no Brasil: (das origens à extinção do tráfico)*. São Paulo: Martins, 1950.

GUIMARÃES, João. *Patrocínio, o abolicionista*. São Paulo: Melhoramentos, 1967.

HARARI, Yuval Noah. *Sapiens: uma breve história da humanidade*. Porto Alegre: L&PM, 2015.

HASENBALG, Carlos A. *Discriminação e desigualdades raciais no Brasil*. Rio de Janeiro: Graal, 1979.

HOLANDA, Sérgio Buarque de. *Raízes do Brasil*. Rio de Janeiro: José Olympio, 1979.

HORNE, Gerald. *O sul mais distante: os Estados Unidos, o Brasil e o tráfico de escravos africanos*. São Paulo: Companhia das Letras, 2010.

IANNI, Octavio. *Escravismo e racismo*. São Paulo: Hucitec, 1978.

_____. *As metamorfoses do escravo: apogeu e crise da escravatura no Brasil Meridional*. São Paulo: Difel, 1962.

_____. *Raças e classes sociais no Brasil*. Rio de Janeiro: Civilização Brasileira, 1972.

ISABELLE, Arsène. *Viagem ao Rio da Prata e ao Rio Grande do Sul*. Brasília: Senado Federal, Conselho Editorial, 2006.

KI-ZERBO, Joseph. *História da África negra*. Lisboa: Publicações Europa-América, 1978.

_____. "Introdução geral". In: KI-ZERBO, Joseph (coord.). *História geral da África: volume 1: metodologia e pré-história da África*. São Paulo: Ática, 1982.

LAMOUNIER, Maria Lúcia. *Da escravidão ao trabalho livre (a lei da locação de serviços de 1879)*. Campinas: Papirus, 1988.

LEÃO XIII. *Sobre a abolição da escravatura: cartas aos bispos do Brasil*. Petrópolis: Vozes, 1987.

LEMOS, Miguel. *O positivismo e a escravidão moderna*. Rio de Janeiro: Templo da Humanidade, 1934.

LEVI, Daniel E. *A família Prado*. São Paulo: Cultura 70, 1940.

LIMA BARRETO, Afonso Henriques de. *Contos completos*. São Paulo: Companhia

REFERÊNCIAS E INTERFERÊNCIAS

das Letras, 2011.

LIMA, Lana. *Rebeldia negra e abolicionismo*. Rio de Janeiro: Achiamé, 1981.

LOPES, Luís Carlos. *O espelho e a imagem: o escravo na historiografia brasileira: 1808-1920*. Rio de Janeiro: Achiamé, 1987.

LUNA, Luís. *O negro na luta contra a escravidão*. Rio de Janeiro: Cátedra, 1976.

LYRA, Heitor. *História de Dom Pedro II* (3 v.). Belo Horizonte: Itatiaia, 1977.

MACHADO, Humberto Fernandes. "Imprensa e abolicionismo no Rio de Janeiro". Artigo apresentado no XXII Simpósio Nacional de História da ANPUH. João Pessoa: 2003. Disponível em: <http://anpuh.org/anais/wp-content/uploads/mp/pdf/ANPUH.S22.297.pdf>. Acesso em 23 de janeiro de 2017.

MAESTRI, Mário. *O escravo no Rio Grande do Sul: trabalho, resistência e sociedade*. 3ª ed. rev. e ampliada. Porto Alegre: UFRGS, 2006.

_____. *O escravismo no Brasil*. São Paulo: Atual, 2002.

_____. *Servidão negra: trabalho e resistência no Brasil escravista*. Porto Alegre: Mercado Aberto, 1988.

_____. *O sobrado e o cativo: arquitetura urbana erudita no Brasil escravista: o caso gaúcho*. Passo Fundo: Editora da UPF, 2001.

MAGALHÃES JR., Raimundo. *A vida turbulenta de José do Patrocínio*. Rio de Janeiro: Editora Sabiá, 1969.

MALERBA, Jurandir. *Os brancos da lei: liberalismo, escravidão e mentalidade patriarcal no Império do Brasil*. Maringá: Editora da Universidade Estadual de Maringá, 1994.

MALHEIRO, Perdigão. *A escravidão no Brasil: ensaio histórico, jurídico e social* (2 v.). Petrópolis: Vozes, 1976.

MANDATO, Jácomo. *Joaquim Firmino: o mártir da Abolição*. Itapira: Ver Curiosidades, 2001.

MARCHANT, Alexander. *Do escambo a escravidão: as relações econômicas de portugueses e índios na colonização do Brasil, 1500-1580*. São Paulo: Companhia Editora Nacional, 1943.

MARQUES, Leonardo. *Por aí e por muito longe: dívidas, migrações e os libertos de 1888*. Rio de Janeiro: Apicuri, 2009.

MARTINS, Robson Luís Machado. *Os caminhos da liberdade: abolicionistas, escravos e senhores na província do Espírito Santo (1884-1888)*. Campinas: Centro de Memória/Unicamp, 2005.

MATTOS, Hebe Maria. *Escravidão e cidadania no Brasil monárquico*. Rio de Janeiro: Jorge Zahar, 2000.

MATTOSO, Katia. *Testamentos de escravos libertos na Bahia no século XIX. Uma fonte para o estudo de mentalidades*. Salvador: Publicações do Centro de Estudos Baianos, UFBA, CEB, 1979.

MENDONÇA, Joseli Maria Nunes. *Entre a mão e os anéis: a lei dos sexagenários e* os caminhos da abolição no Brasil. Campinas: Unicamp, Fapesp; 1999.

MENNUCCI, Sud. *O precursor do abolicionismo no Brasil (Luiz Gama)*. São Paulo: Companhia Editora Nacional, 1938.

MONTELLO, Josué. *Os tambores de São Luís*. Rio de Janeiro: Nova Fronteira, 2002.

MORAES, Evaristo de. *A campanha abolicionista (1879-1888)*. Rio de Janeiro: Martins, 1916.

MOREL, Edgar. *Dragão do Mar. O jangadeiro da abolição*. Rio de Janeiro: Edição do Autor, 1949.

MOTT, Maria Lúcia. *Submissão e resistência: a mulher na luta contra a escravidão*. São Paulo: Contexto, 1988.

MOURA, Clóvis. "Ceará Movimento Abolicionista", *in Dicionário da Escravidão Negra no Brasil*. São Paulo: Edusp, 2004.

_____. *O negro, de bom escravo a mau cidadão*. Rio de Janeiro: Conquista, 1977.

_____. *Os quilombos e as rebeliões negras*. São Paulo: Brasiliense, 1981.

_____. *Rebeliões da senzala*. São Paulo: Ciências Humanas, 1981.

NABUCO, Carolina. *Vida de Joaquim Nabuco, por sua filha Carolina Nabuco*. São Paulo: Companhia Editora Nacional, 1929.

NABUCO, Joaquim. *O abolicionismo*. Rio de Janeiro: Nova Fronteira: 2000.

NOBRE, Freitas. *História da imprensa de S. Paulo*. São Paulo: Leya, 1950.

OLIVEIRA, Talita (org.). *Documentos sobre a repressão ao tráfico de africanos no litoral fluminense*. Niterói: Secretaria de Educação e Cultura/Departamento de Difusão Cultural/Biblioteca Pública do Estado, 1966.

ORDENAÇÕES Filipinas. Lisboa: Calouste Gulbenkian, 1984.

ORICO, Osvaldo. *Para uma história do negro no Brasil*. Rio de Janeiro: Biblioteca Nacional, 1988.

_____. *O tigre da abolição: biografia de José do Patrocínio*. São Paulo: Companhia Editora Nacional, 1931.

PARRON, Tâmis. *A política da escravidão no império do Brasil: 1826-1865*. Rio de Janeiro: Civilização Brasileira, 2011.

PATROCÍNIO, José. *Manifesto da Confederação Abolicionista do Rio de Janeiro*. Rio de Janeiro: Tipografia da Gazeta da Tarde, 1883.

PERAGALLI, Enrique. *Escravidão no Brasil*. São Paulo: Global, 1988.

PEREIRA, Walter Luiz Carneiro de Mattos. "José Gonçalves da Silva: traficante e tráfico de escravos no litoral norte da província do Rio de Janeiro, depois da lei de 1850". *In Tempo*. Niterói: Editora da UFF, vol. 17, n° 31, 2011.

PINHEIRO, Paulo Sérgio. *Trabalho escravo, economia e sociedade*. Rio de Janeiro: Paz e Terra, 1984.

PINHO, Wanderley. *Cotegipe e seu tempo*. São Paulo: Companhia Editora Nacional, 1937.

REFERÊNCIAS E INTERFERÊNCIAS

PRADO JR., Caio. *História econômica do Brasil*. São Paulo: Brasiliense, 1976.

QUEIRÓZ, Suely Robles Reis de. *A abolição da escravidão*. São Paulo: Brasiliense, 1981.

_____. *Escravidão negra em São Paulo: um estudo das tensões provocadas pelo escravismo no século XIX*. Rio de Janeiro: José Olympio, 1977.

RÊGO, José Lins do. *Fogo morto*. Rio de Janeiro: José Olympio, 2008.

REIS FILHO, Daniel Aarão (org.). *Intelectuais, história e política (séculos XIX e XX)*. Rio de Janeiro: 7Letras, 2000.

REIS, João José; SILVA, Eduardo. *Negociação e conflito: a resistência negra no Brasil escravista*. São Paulo: Companhia das Letras, 1989.

_____. *Rebelião escrava no Brasil: a história do levante dos Malês (1835)*. São Paulo: Brasiliense, 1986.

REIS, Liana Maria. *Escravos e abolicionismo na imprensa mineira (1850/1888)*. Dissertação de Mestrado em História. UFMG. 1993.

RIBEIRO, Maria Thereza Rosa. *Controvérsias da questão social. Liberalismo e positivismo na causa abolicionista no Brasil*. Porto Alegre: Zouk, 2012.

RIZZO, Ricardo. *Sobre rochedos movediços: deliberação e hierarquia no pensamento político de José de Alencar*. São Paulo: Fapesp/Hucitec, 2012.

ROCHA PENALVES, Antônio. *Abolicionistas brasileiros e ingleses: a coligação entre Joaquim Nabuco e a British and Foreign*. São Paulo: Unesp, 2008.

RODRIGUES, Jaime. *De costa a costa: escravos, marinheiros, intermediários do tráfico negreiro de Angola ao Rio de Janeiro*. São Paulo: Companhia das Letras, 2005.

RODRIGUES, João Carlos. *Pequena história da África Negra*. São Paulo: Globo, 1990.

RODRIGUES, José Honório. *História e historiografias*. Petrópolis: Vozes, 1970.

RODRIGUES, Nina. *Os africanos no Brasil*. São Paulo: Companhia Editora Nacional, 1977.

ROLIM, I. E. (coord.). *A saga da abolição mossoroense*. Livro I. Acervo Virtual Oswaldo Lamartine de Faria, 2002.

QUINET, Antônio. *A lição de Charcot*. Rio de Janeiro: Jorge Zahar, 2005.

SALLES, Ricardo. *Guerra do Paraguai: escravidão e cidadania na formação do exército*. Rio de Janeiro: Paz e Terra, 1990.

SANTOS, Maria Januário Vilela. *A Balaiada e insurreição de escravos no Maranhão*. São Paulo: Ática, 1993.

SANTOS, Ronaldo Marcos dos. *Resistência e superação do escravismo na província de São Paulo (1885-1888)*. São Paulo: IPE/USP, 1980.

SILVA, Alberto da Costa e. *A manilha e o libambo. A África e a escravidão, de 1500 a 1700*. Rio de Janeiro: Nova Fronteira/Biblioteca Nacional, 2002.

SCHULZ, John. *O exército na política: origens da intervenção militar – 1850-1894*. São Paulo: Edusp, 1994.

SCHWARCZ, Lilia Moritz. *O espetáculo das raças: cientistas, instituições e questão racial no Brasil do século XIX*. São Paulo: Companhia das Letras, 1993.

_____. *Registros escravos: repertório de fontes oitocentistas pertencentes ao acervo da Biblioteca Nacional*. Rio de Janeiro: Fundação Biblioteca Nacional, 2006.

SILVA, João Manuel Pereira. *Christovam Colombo e o descobrimento da America* [1892]. *Project Gutenberg eBook*, 2010.

_____. *Considerações sobre poesia épica e poesia dramática*. Rio de Janeiro: Garnier, 1889.

SILVA, Juremir Machado da. *História regional da infâmia: o destino dos negros farrapos e outras iniquidades brasileiras, ou como se produzem os imaginários*. Porto Alegre: L&PM, 2010.

SKIDMORE, Thomas. *Preto no branco: raça e nacionalidade no pensamento brasileiro (1870-1930)*. São Paulo: Companhia das Letras, 2012.

SODRÉ, Nelson Werneck. *História da imprensa no Brasil*. Rio de Janeiro: Mauad, 1999.

SOUSA, Francisco Belisário Soares de. *Sistema eleitoral no Brasil* [1872]. Brasília: Senado Federal, 1979.

TORAL, André Amaral. A participação dos negros escravos na guerra do Paraguai. *In: Estudos Avançados*. São Paulo. Maio/Agosto, 1995, vol. 9 nº. 24. Disponível em: <http://dx.doi.org/10.1590/S0103-40141995000200015>. Acesso em 23 de janeiro de 2017.

TREVISAN, Leonardo. *Abolição, um suave jogo político*. São Paulo: Moderna, 1888.

VERISSIMO, José. *André Rebouças através de sua autobiografia*. Rio de Janeiro: Companhia Editora Nacional, 1939.

VEYNE, Paul. *Como se escreve a história*. Brasília: UnB, 1998.

WILLIAMS, Eric. *Capitalismo e escravidão*. Rio de Janeiro: Americana, 1975.

Outras fontes e suportes

A abolição no parlamento: 65 anos de luta (1823-1888). Brasília: Senado Federal, 2012 (dois volumes em e-book).

Anais da Câmara dos Deputados

Anais do Senado Federal

Guia brasileiro de fontes para a história da África e da escravidão negra e do negro na sociedade atual: fontes arquivistas (dois volumes). Rio de Janeiro: Arquivo Nacional, 1988.

Para uma história do negro no Brasil. Rio de Janeiro: Biblioteca Nacional, 1988.

O texto deste livro foi composto em
Sabon, desenho tipográfico de Jan
Tschichold, de 1964, baseado nos
estudos de Claude Garamond e Jacques
Sabon no século XVI, em corpo
10,5/14,5. Para títulos e destaques, foi
utilizada a tipografia Frutiger, desenhada
por Adrian Frutiger em 1975.

A impressão se deu sobre papel off-white
no Sistema Digital Instant Duplex da
Divisão Gráfica da Distribuidora Record.